KB090206

GB

한길그레이트북스

인 류 의 위 대 한 지 적 유 산

GB

한길그레이트북스

인류의 위대한 지적유산

한비

한비자 II

이운구 옮김

한길사

GB
HANGILGREATBOOKS

인류의위대한지적유산

韓非

韓非子

Translated by
Lee, Un-gu

Published by Hangilsa Publishing Co., Ltd., Seoul, Korea, 2002

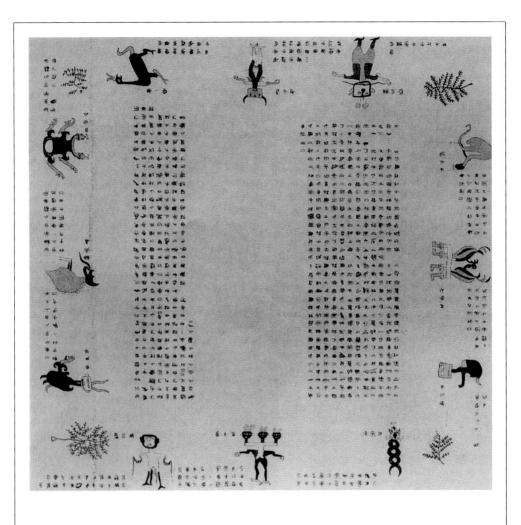

초(楚)나라는 지리적으로 남쪽에 속해 중원의 나라들과는 다른 문화를 갖고 있었다. 신비한 동물화. 신화 등이 기록된 이 백서(帛書)는 당시의 정신문화를 엿볼 수 있는 귀중한 자료이다.

帝舜

大孝格天
玄德配帝
精一執中
聖學攸始
煥乎文章
巍乎成功
千萬世下
仰瞻無窮

堯

大哉帝堯　盛德巍巍
垂衣而治　光被華夷
聖神文武　四岳是咨
揖遜之典　萬世仰之

民乃粒
申命執
功由立
百姓及

유가(儒家)에서 성왕(聖王)으로 받드는 요·순·우(옆쪽)와 탕왕·문왕·무왕의 초상.
그러나 한비는 유가와 달리 인의 도덕보다는 법술(法術)로 통치하는 왕을 성왕으로 인정한다.

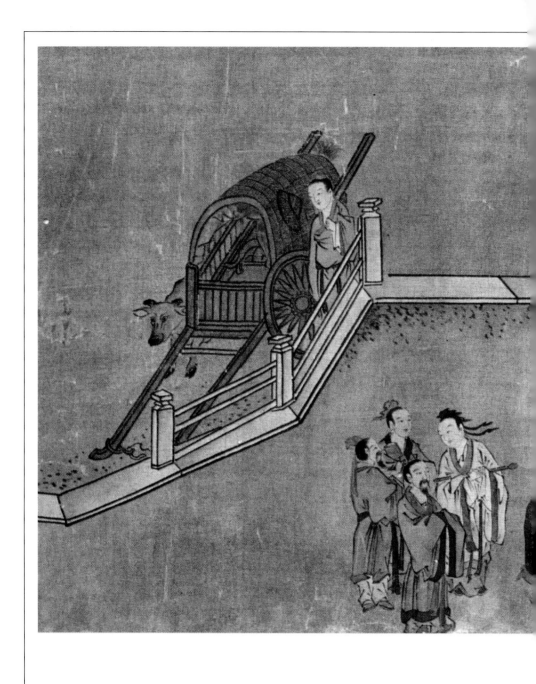

공자가 노자를 찾아가 예에 대해 묻는 광경. 그러나 노자는 역사상 실존인물이 아니라는 것이 학계의 정설이다.

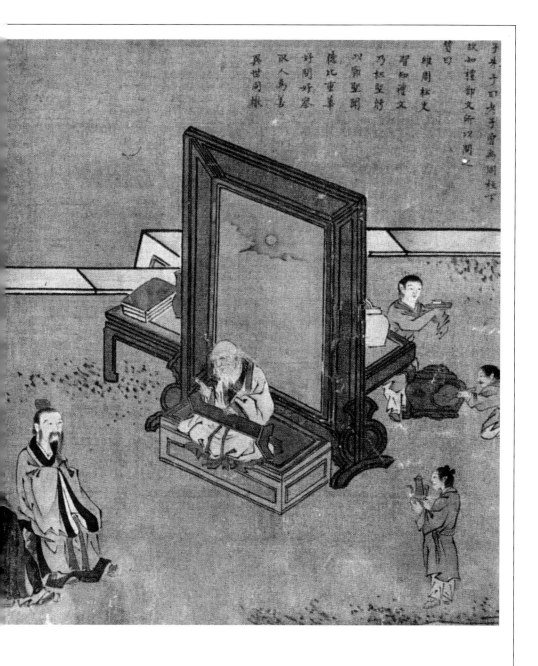

手林于口廣于審為周柱下

故加禮部文所以周之

贊曰

維周柱史

習知禮文

乃扣聖情

以詔聖聞

德比重華

好問好察

取人為善

萬世同揆

하북성(河北省) 평산현(平山縣) 중산국(中山國)의 묘지에서 출토된 사람 형상의 촛대. 양손에 뱀을 쥐고 마귀를 쫓는 신상(神像)이다. 높이 66.4㎝.

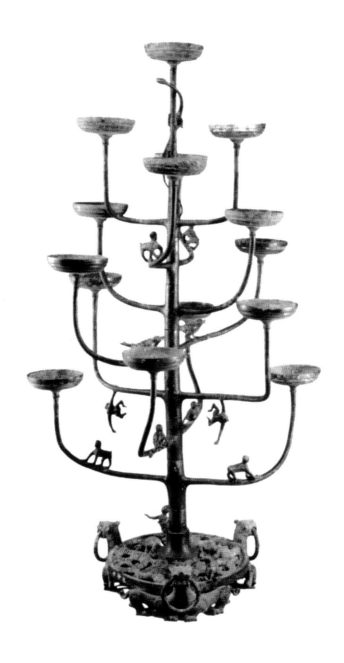

하북성 평산현 중산국의 묘지에서 출토된 나무 모양의 촛대. 머리가 세 개인 호랑이가 떠받치는 둥그런 받침대에 등잔 15개가 나뭇잎처럼 달려 있다. 높이 82.9㎝

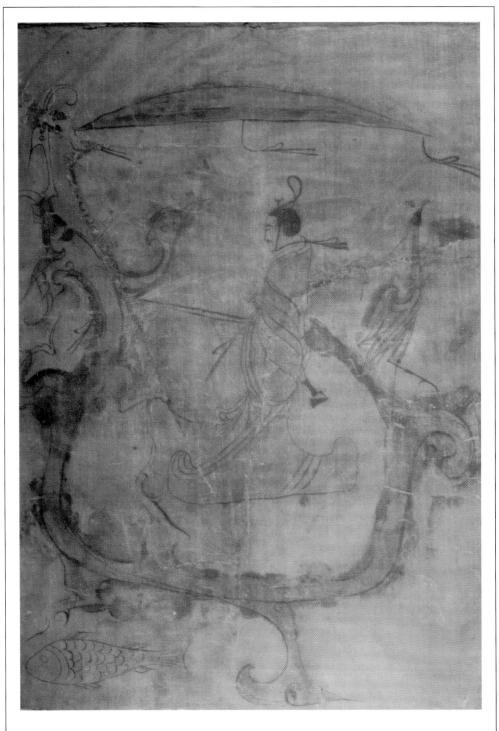

호남성 장사(長沙) 초나라 무덤에서 출토된 인물어룡도(人物御龍圖). 사회적 신분이 높은 남자가 용을 몰고 가는 광경이다. 비단에 그려진 수묵담채화로 크기는 37.5×28㎝.

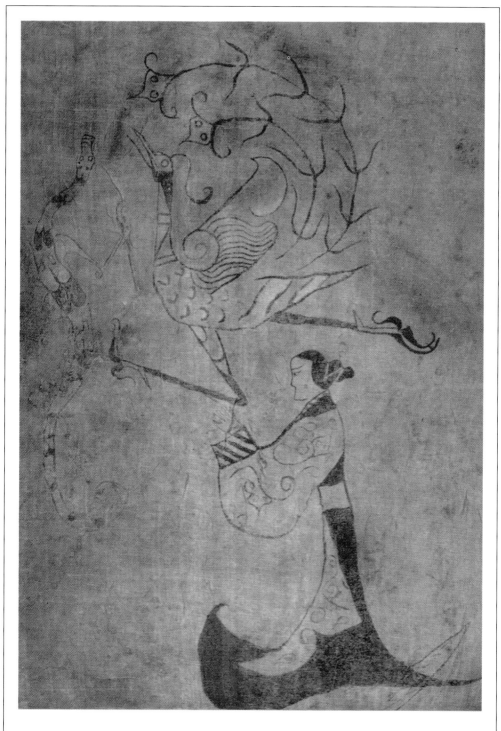

호남성(湖南省) 진가대산(陳家大山) 초나라 무덤에서 출토된 용봉사녀도(龍鳳仕女圖). 무덤의 주인을 그린 초상화인데 윗부분에 용과 봉황이 그려져 있다. 비단에 그려진 수묵담채화로 크기는 31.2×23.2cm.

호북성(湖北省) 증후(曾侯, 기원전 433년경)의 무덤에서 출토된 편종(編鐘). 65개의 종이 세 단으로 배열되어 있다. 증(曾)은 전국시대에 초나라 한가운데에 자리잡은 작은 제후국이었다.

증후의 시신을 안치한 관. 이 내관은 옻칠한 나무로 제작되었다. 관 표면에 새겨진 기묘한 형상들은 마귀를 쫓는 주술의 의미가 있다. 높이 132㎝, 길이 250㎝, 너비 127㎝

옮긴이 **이운구**(李雲九)는 1933년 충남 전의에서 태어났다.
성균관대학교 문리대 동양철학과를 졸업하고 같은 학교 대학원에서
석사·박사 과정을 수료했다.
일본 와세다(早稻田) 대학과 도우시샤(同志社) 대학에서 연구원을 지냈으며,
성균관대학교 동양철학과 교수 및 유학대학 대학원장, 대동문화연구원 원장 등을
역임했다. 저서로는『중국의 비판사상』(여강출판사),
『묵가철학연구』(대동문화연구원) 등이 있다.

GB

한길그레이트북스

인류의 위대한 지적유산

한비

한비자 II

이운구 옮김

한길사

한비자 차례

II

32 외저설 좌상(外儲說左上) ⋯⋯⋯⋯⋯⋯⋯ 547

33 외저설 좌하(外儲說左下) ⋯⋯⋯⋯⋯⋯⋯ 600

34 외저설 우상(外儲說右上) ⋯⋯⋯⋯⋯⋯⋯ 634

35 외저설 우하(外儲說右下) ⋯⋯⋯⋯⋯⋯⋯ 677

36 난일(難一) ⋯⋯⋯⋯⋯⋯⋯⋯⋯⋯⋯⋯⋯ 710

37 난이(難二) ⋯⋯⋯⋯⋯⋯⋯⋯⋯⋯⋯⋯⋯ 735

38 난삼(難三) ⋯⋯⋯⋯⋯⋯⋯⋯⋯⋯⋯⋯⋯ 753

39 난사(難四) ⋯⋯⋯⋯⋯⋯⋯⋯⋯⋯⋯⋯⋯ 775

40 난세(難勢) ⋯⋯⋯⋯⋯⋯⋯⋯⋯⋯⋯⋯⋯ 788

41 문변(問辯) ⋯⋯⋯⋯⋯⋯⋯⋯⋯⋯⋯⋯⋯ 798

42 문전(問田) ⋯⋯⋯⋯⋯⋯⋯⋯⋯⋯⋯⋯⋯ 802

43 정법(定法) ⋯⋯⋯⋯⋯⋯⋯⋯⋯⋯⋯⋯⋯ 806

44 설의(說疑) ⋯⋯⋯⋯⋯⋯⋯⋯⋯⋯⋯⋯⋯ 812

45 궤사(詭使) ⋯⋯⋯⋯⋯⋯⋯⋯⋯⋯⋯⋯⋯ 830

46 육반(六反) ⋯⋯⋯⋯⋯⋯⋯⋯⋯⋯⋯⋯⋯ 840

47 팔설(八說) ⋯⋯⋯⋯⋯⋯⋯⋯⋯⋯⋯⋯⋯ 855

48 팔경(八經) ⋯⋯⋯⋯⋯⋯⋯⋯⋯⋯⋯⋯⋯ 869

49 오두(五蠹) ⋯⋯⋯⋯⋯⋯⋯⋯⋯⋯⋯⋯⋯ 885

50 현학(顯學) ⋯⋯⋯⋯⋯⋯⋯⋯⋯⋯⋯⋯⋯ 912

51 충효(忠孝) ⋯⋯⋯⋯⋯⋯⋯⋯⋯⋯⋯⋯⋯ 927

52 인주(人主) ⋯⋯⋯⋯⋯⋯⋯⋯⋯⋯⋯⋯⋯ 936

53 칙령(飭令) ⋯⋯⋯⋯⋯⋯⋯⋯⋯⋯⋯⋯⋯ 941

54 심도(心度) ⋯⋯⋯⋯⋯⋯⋯⋯⋯⋯⋯⋯⋯ 945

55 제분(制分) ⋯⋯⋯⋯⋯⋯⋯⋯⋯⋯⋯⋯⋯ 949

● 찾아보기 ⋯⋯⋯⋯⋯⋯⋯⋯⋯⋯⋯⋯⋯⋯⋯ 955

I

● 현명한 군주는 도덕보다 법을 앞세운다 ……………… 21

1 초진견(初秦見) ……………………………………… 33
2 존한(存韓) …………………………………………… 50
3 난언(難言) …………………………………………… 67
4 애신(愛臣) …………………………………………… 75
5 주도(主道) …………………………………………… 80
6 유도(有度) …………………………………………… 90
7 이병(二柄) ………………………………………… 106
8 양권(揚權) ………………………………………… 115
9 팔간(八姦) ………………………………………… 129
10 십과(十過) ………………………………………… 139
11 고분(孤憤) ………………………………………… 176
12 세난(說難) ………………………………………… 188
13 화씨(和氏) ………………………………………… 199
14 간겁시신(姦劫弑臣) ……………………………… 205
15 망징(亡徵) ………………………………………… 228
16 삼수(三守) ………………………………………… 240
17 비내(備內) ………………………………………… 245
18 남면(南面) ………………………………………… 252
19 식사(飾邪) ………………………………………… 260
20 해로(解老) ………………………………………… 277
21 유로(喩老) ………………………………………… 326
22 설림 상(說林上) …………………………………… 350
23 설림 하(說林下) …………………………………… 377
24 관행(觀行) ………………………………………… 403
25 안위(安危) ………………………………………… 406
26 수도(守道) ………………………………………… 413
27 용인(用人) ………………………………………… 419
28 공명(功名) ………………………………………… 428
29 대체(大體) ………………………………………… 432
30 내저설 상(內儲說上) 칠술(七術) ………………… 436
31 내저설 하(內儲說下) 육미(六微) ………………… 484

32 외저설 좌상(外儲說左上)

저설(儲說)은 군주에게 진언을 하기 위하여 많은 사례를 모아 놓은 자료집이다. 여기에 들어 있는 설화 내용은 모두 법술사상으로 일관되어 있다. 외저설이란 내저설(內儲說)에 대한 것이다. 좌상(左上)은 전체를 편의상 좌우 두 부로 가르고 또 그것을 상하로 나눈 네 편 중에서 제일편이란 뜻이다. 내저설과 마찬가지로 경(經)과 전(傳)으로 구성되어 있다.

경(經)

[1]

현명한 군주의 길은 유약(有若)¹⁾이 복자(宓子)²⁾에게 응답한 말과 같다. 군주가 신하 말을 들을 경우 변설 잘하는 것을 좋아하고³⁾ 행동을 관찰할 경우 고원한 것을 기특하게 여긴다.⁴⁾ 그래서 여러 신하들과 인민들이 말하는 언어는 우원하고 과장되며⁵⁾ 몸가짐은 현실과 멀다.⁶⁾ 그 까닭 설명은 전구(田鳩)⁷⁾가 초왕(楚王)에게 대답한 말에 있다. 여기서 묵자(墨子)가 나무로 소리개를 만든 이야기와 가수 계(癸)⁸⁾가 무궁(武宮)⁹⁾을 세울 때 노래 부른 예를 든다. 대저 약이 되는 술과 충고의 말¹⁰⁾은 현명한 군주나 성군만이 아는 것이다.

明主之道, 如有若之應宓子也. 人主之聽言也, 美其辯 ; 其觀行也, 賢其遠. 故群臣士民之道言者迂弘 ; 其行身也離世. 其說在田鳩對荊王也. 故墨子爲木鳶, 謳癸築武宮. 夫藥酒忠言, 明君聖主之所獨知也.

1 有若－공자의 제자인 유자(有子)의 자(字). 공자 사후에 제자들이 용모가 닮

은 그를 스승으로 내세움.

2 宓子-공자의 제자 자천(子賤). 복(宓)은 밀(密)자와 통함.
3 美其辯-말이 유창한 것을 좋아함.
4 賢其遠-고상한 것을 훌륭하게 여김.
5 迂弘-우원(迂遠)하고 요란스럽게 과장됨.
6 離世-현실 사회생활에서 멀리 벗어남.
7 田鳩-제(齊) 사람으로 묵자(墨子)의 제자.
8 謳癸-구(謳)는 장단을 맞추어서 노래 부르는 가인(歌人). 계(癸)는 사람 이름.
9 武宮-무공(武功)을 기념하기 위하여 세운 건물.
10 中言-여기서 중(中)은 충(忠)자로 통함.

[2]

군주가 신하의 말을 들을 경우 실제 효용을 목표로 삼지 않으면 말하는 자 다수가 가시나무로 조각한다든가[1] 백마가 말이 아니라는[2] 주장을 하게 되며 정해진 표적을 맞추게[3] 하지 않으면 활쏘는 자가 모두 예(羿)와 같이 될 것이다. 군주가 언설을 대하는 태도는 모두 연왕(燕王)이 도(道)[4]를 배우는 것과 같으며 장광설을 펴는 자는 모두 정(鄭) 사람이 나이를 다투는 것[5]과 같다. 이런 까닭에 말을 섬세하고 찰찰하게[6] 미묘하고 알기 어렵게 하는 것은 급한 일이 아니다. 그러므로 계진(季眞)·혜시(惠施)·송연(宋鈃)·묵적(墨翟)은 모두 대쪽에 그린 그림[7]과 같다. 의론을 심원하고 광대하게 하는 것은 쓸모가 없다. 그러므로 위모(魏牟)·장로자(長盧子)·첨하(瞻何)·진병(陳騈)·장주(莊周)는 모두 요괴[8]와 같다. 행동이 인정에 어긋나고 무리를 하며 고집스러운 것[9]은 실효가 없다. 그러므로 무광(務光)·변수(卞隨)·포초(鮑焦)·개자퇴(介子推)·묵적(墨翟)은 모두가 딱딱한 표주박 같다. 또한 우경(虞慶)은 목수를 설복시켰으나 집이 무너지고 범수(范雎)는 공장이를 궁지로 몰았으나 활이 꺾였다. 이런 까닭에 진실을 구한다는 것은 집에 돌아와 밥을 먹도록[10] 하지 않으면 안 된다고 하는 것이다.

人主之聽言也, 不以功用爲的, 則說者多"棘刺""白馬"之說；不以儀的爲關, 則射者皆如羿也. 人主於說也, 皆如燕王學道也；而長說者, 皆如鄭人爭年也. 是以言有纖察微難而非務也. 故季·惠·宋·墨皆畫策也；論有迂深閎大, 非用也. 故魏·長·瞻·陳·莊皆鬼魅也；行有拂難堅确, 非功也, 故務·卞·鮑·介·墨翟皆堅瓠也. 且虞慶詘匠也而屋壞, 范且窮工而弓折. 是故求其誠者, 非歸餉也不可.

1 棘刺 - 가시나무 끝에 원숭이상을 조각할 수 있다는 거짓말.
2 白馬 - 흰말은 말이 아니라는 논리를 전개하는 공론(空論).
3 爲關 - 과녁에 명중시킴. 관(關)은 관(貫)자로 통용됨.
4 學道 - 불사(不死)하는 방법을 배우기도 전에 죽어 버리는 속임수를 알아차리지 못함.
5 爭年 - 서로 나이를 다투다가 끝까지 버틴 자가 이기게 된 일.
6 纖察 - 자질구레하게 살펴서 끝까지 따지는 논리적인 태도.
7 畫策 - 대나무쪽에 그림을 그려 그 위에 옻칠을 함. 선명하게 분별이 안 됨.
8 鬼魅 - 사람을 놀라게 하는 도깨비를 가리킴.
9 堅确 - 돌이 많고 척박한 땅과 같이 완고함.
10 歸餉 - 어린아이가 밖에 나가서 놀다가 해가 지면 집에 돌아와 밥을 먹는 정서를 가리킴.

[3]

서로 남을 위한다고 여기면[1] 책망을 하게 되나 자신을 위한다고 생각하면 일이 잘 되어 간다. 그러므로 부자간에도 혹 원망하고 꾸짖으며[2] 사람을 사서 농사 짓는 자[3]는 맛있는 국을 내놓게 된다. 그 설명은 문공(文公)이 미리 선언해 둔 일[4]과 구천(勾踐)이 여황(如皇)을 비난한[5] 이야기를 예로 들 수 있다. 그러므로 환공(桓公)은 채(蔡)에 대하여 노여움을 숨기고 초(楚)를 일부러 쳤으며 오기(吳起)는 상처가 나은 후의 보답을 계산하여[6] 고름을 빨았던 것이다. 또한 선왕을 칭송하는 시나 종과 솥에 새긴 명문은 모두가 파오산(播吾山)의 발자국[7]이며 화산(華山)의 바둑판[8] 같은 것이다. 그러나 선왕이 기대하였던 것은 실제 이득이며 사용한 것은 힘이었다. 사사(社祠)를 지을 때의 속담[9]은 자신(진 문공)을 위한 변명의 말이다. 학자들을 시켜[10] 선왕에 대하여 막연히[11] (기리는 말을) 하게 한다면 아마도 오늘에 맞지 않을 것이다. 이와 같은 것을 고칠 수 없는 일은 마치 정(鄭)의 시골 사람이 수레멍에를 손에 든[12] 이야기와 위(衛) 사람이 주살 쏘는 이를 거들어준[13] 이야기와 복자(卜子)의 처가 해진 바지를 만든[14] 이야기와 그리고 연소자[15] 이야기와 같은 것이다. 선왕의 말 가운데 작은 뜻으로 한 것을 세상에서 크게 생각하는 부분이 있는지 큰 뜻으로 한 것을 세상에서 작게 생각하는 부분이 있는지는 반드시 알지 못한다. 그 설명은 송(宋) 사람이 글을 잘못 이해한[16] 이야기와 양(梁) 사람이 기록을 잘못 읽은[17] 이야기를 예로 들 수 있다. 그러므로 선왕 때 영(郢) 사람의 편지가 있었는데[18] 후세에 그것을 달리 해석한 연(燕) 사람이 많았다.[19] 도대체 실제 나라일에 맞추지 않고 선왕만을 모범으로 꾀하려는 것은 모두 집에 돌아가서 발을 잰 잣대를 찾은 자와[20] 마찬가지이다.

挾夫相爲則責望, 自爲則事行. 故父子或怨譙, 取庸作者進美羹. 說在文公之先宣言與句踐之稱如皇也. 故桓公藏蔡怒而攻楚, 吳起懷瘳實而吮傷. 且先王之賦頌, 鍾鼎之銘, 皆播吾之迹, 華山之博也. 然先王所期者利也, 所用者力也. 築社之諺, 目辭說也. 請許學者而行宛曼於先王, 或者不宜今乎? 如是, 不能更也. 鄭縣人得車厄也, 衛人佐弋也, 卜子妻寫弊袴也, 而其少者也. 先王之言, 有其所爲小而世意之大者, 有其所爲大而世意之小者, 未可必知也. 說在宋人之解書與梁人之讀記也. 故先王有郢書, 而後世多燕說. 夫不適國事而謀先王, 皆歸取度者也.

1 挾夫相爲－상대방을 위한다는 생각을 마음속에 품음.
2 怨譙－원망하고 잔소리가 많음. 초(譙)는 초(誚)자로 통함.
3 庸作－용(庸)은 용(傭)자와 같음. 품을 사서 농사를 지음.
4 先宣言－진(晉) 문공(文公)이 송(宋)을 칠 때 미리 백성에게 그 군주의 무도

함을 범한다고 알림.

5 稱如皇-여황(如皇)은 오왕(吳王)이 만든 건물 이름. 그 화려함을 비난함.

6 懷瘳實-오기(吳起)가 사병의 종기를 치료해준 뒤에 거두는 실제 효과를 마음속으로 생각함.

7 播吾之迹-파오(播吾)는 지금의 하북성 평산현(平山縣) 동남에 있는 산 이름. 조(趙)의 주보(主父)가 거인의 발자국을 거기에 새김.

8 華山之博-진(秦) 소왕(昭王)이 산 정상에 큰 바둑판을 만들게 하여 신선과 바둑을 둔 흔적을 남김.

9 築社之諺-토지신을 모시는 사당을 지을 때는 옷자락을 걷어지르지만 완성한 뒤에는 예복을 갖추어서 제사를 지낸다는 속담.

10 請許學者-여기서 청허(請許)는 만약 하게 한다면 하는 가정의 뜻. 학자(學者)는 유묵(儒墨)을 가리킴.

11 行宛曼-근거 없는 주장을 선왕의 이름으로 함. 완만(宛曼)은 한만(汗漫)의 뜻.

12 車厄-여기서 액(厄)은 수레를 끄는 소나 말의 멍에를 가리킴.

13 佐弋-주살로 새 잡는 일을 돕는다고 하여 도리어 새를 날려 보냄.

14 寫弊袴-새로 만든 바지가 헌바지와 똑같게 되어 버림. 사(寫)는 위(爲)자로 통함.

15 其少者-어른이 술마시는 법을 어린애가 흉내냄.

16 解書-옛 글을 액면 그대로만 읽고 실수한 일을 말함.

17 讀記-기록을 잘못 오독(誤讀)한 사례.

18 郢書-영(郢) 사람이 밤에 편지를 잘못 써보낸 일.

19 燕說-글의 본뜻과는 전혀 다르게 이해하여 성과를 올린 사례.

20 歸取度-신을 살 때 자기 발에 맞추지 않고 치수를 재어 놓은 잣대를 찾으려고 집에 돌아간 이야기.

[4]

이익이 있는 곳에 백성이 모여들고 명성이 드러나는 곳에서 선비가 목숨을 버린다. 이런 까닭으로 공적이 법에 어긋나는데도 상을 주게 되면 군주가 이득되는 것을 아래로부터 거둘 수 없으며 명성이 법에 어긋나는데도 영예를 더하게 하면 선비가 명성을 올리는 데 힘쓰고 군주에게 머물러 있으려[1] 하지 않는다. 그러므로 중장(中章) 과 서기(胥己)가 벼슬하자[2] 중모(中牟)의 백성들 가운데 논밭을 버리고 학문[3]을 하는 자가 고을의 반이나 되었으며 평공(平公)이 (숙향을 모실 때) 장딴지가 아프고[4] 발이 저려도 굳이 자세를 흐트러 뜨리지 않자[5] 진(晉) 나라에서 벼슬아치와 식객 가운데 떠나려 하는[6] 자가 나라의 절반이나[7] 되었다. 이 세 선비란 자들[8]은 하는 말이 법에 적합하면[9] 관청의 장부에 오르고 취한 행동이 사업에 알맞으면 법령에 잘 따르는 백성[10]일 따름이다. 두 군주[11]가 취한 예우는 너무 심한 것이었다. 만일 그 말이 법에 어긋나고 행위가 실적과 멀다면 법을 벗어난 백성이 되고 말 것이다. 두 군주는 왜 또한 그들을 예우했는가. 예우를 할 까닭이 없다.[12] 또한 벼슬하지 않는 선비[13]는 나라에 일이 없을 경우 힘쓰려 하지 않고 난리가 일어나도 갑옷을 입지 않는다. 예우를 하면 농사나 전투일을 게을리하고 예우를 하지 않으면 군주가 정한 법을 해친다. 나라가 편안하면 존경받고 영달하며 위태로우면 굴공(屈公)과 같이 겁낸다.[14] 군주가 벼슬하지 않는 선비에게서 무엇을 기대할 것인가. 그러므로 현명한 군주라면 이자(李疵)가 중산(中山)을 정찰하던 경우를 문제로 다루어[15] 볼 만하다.

利之所在, 民歸之, 名之所彰, 士死之. 是以功外於法而賞加焉, 則上不能得所利於下, 名外於法而譽加焉, 則士勸名而不畜之於君. 故中章·胥己仕, 而中牟之民棄田圃而隨文學者邑之半 ; 平公腓痛足痺而不敢壞坐, 晉國之辭仕託者國之錘也. 此三士者, 言襲法, 則官府之籍也 ; 行中事, 則如令之民也 ; 二君之禮太甚. 若言離法而行遠功, 則繩外民也, 二君又何禮之? 禮之當亡. 且居學之士, 國無事不用力, 有難不被甲. 禮之, 則惰耕戰之功 ; 不禮, 則害主上之法. 國安則尊顯, 危則爲屈公之威, 人主奚得於居學之士哉? 故明王論李疵視中山也.

1 不畜之於君 - 군주 곁에 눌러 있지 않음. 축(畜)은 축(蓄)자와 같이 쓰임. 머물 류(留)자와 통함. 정착하여 사는 것.
2 中章胥己 - 조(趙)의 양주(襄主)가 중장(中章)과 서기(胥己) 두 사람의 학문이

훌륭하다고 하여 중대부(中大夫)로 등용하였음.

3 文學 - 법술과 대립되는 유묵(儒墨)의 학문을 가리킴.

4 平公腓痛 - 진(晉) 평공(平公)이 장딴지에 통증을 느낌. 그의 사부인 숙향(叔向)을 모시고 앉은 정중한 자세를 형용함.

5 壞坐 - 바르게 앉은 자세를 흐트러뜨림. 좌(坐)란 정좌(正坐)를 말함.

6 辭仕託 - 벼슬과 식객으로 몸을 의지하던 것을 버리고 떠나감.

7 國之錘 - 여기서 추(錘)는 균형 잡힌 저울, 즉 절반을 가리킴.

8 三士 - 중장(中章)·서기(胥己)·숙향(叔向) 세 사람을 말함.

9 襲法 - 법에 따름. 습(襲)은 인(因)자와 마찬가지의 뜻.

10 如令之民 - 법을 받들어 순종하는 백성. 여(如)는 순(順)자로 통함.

11 二君 - 조(趙) 양주(襄主)와 평공(平公) 두 사람을 가리킴.

12 當亡 - 타당성을 상실함. 적용되지 않음.

13 居學之士 - 밖으로 나와 벼슬하지 않고 집안에 들어앉은 선비.

14 屈公之威 - 적이 무서워서 기절한 정(鄭)의 시골 사람 같은 겁쟁이. 굴(屈)은 기세가 꺾임. 위(威)는 외(畏)자로 통함.

15 論李疵 - 조(趙)의 주보(主父)가 이자(李疵)에게 학자와 거사(居士)만을 존대하여 군사가 약해진 중산(中山)을 칠 것을 의론함.

[5]

『시』(詩)[1]에 이르기를 '몸소 자신이 하지 않으면 서민은 믿지 않는다'고 한다. 관중(管仲)[2]은 이를 자색옷을 입지 말라는 뜻으로 설명하고 정(鄭) 간공(簡公)과 송(宋) 양공(襄公)의 이야기를 인용하여[3] 경작과 전투를 존중하도록 요구하였다. 도대체 직분을 명확히 하지 않고 일한 성과[4]를 추궁하지 않으며 자신이 직접 아래에 임한다면[5] 장차 (수레를) 내려서 달려가고 앉아서 졸며 또한 미복(微服)[6]을 덮어씌우는 이야기가 될 것이다. 공자가 이를 알지 못하기 때문에 물 담는 그릇과 같다고 일컬었고 추군(鄒君)도 알지 못하기 때문에 자신을 먼저 욕보였던[7] 것이다. 현명한 군주의 길이란 숙향(叔向)이 사냥 짐승을 나눈[8] 방식과 소후(昭侯)가 청원을 듣지 않은 이야기와 같다.

《詩》曰："不躬不親, 庶民不信." 傅說之以"無衣紫", 援之以鄭簡·宋

襄, 責之以尊厚耕戰. 夫不明分, 不責誠, 而以躬親位下, 且爲"下走""睡
臥", 與夫"拚弊""微服." 孔丘不知, 故稱猶盂; 鄒君不知, 故先自僇. 明
主之道, 如叔向賦獵與昭侯之奚聽也.

1 詩-『시경』(詩經) 소아(小雅) 절남산(節南山)의 구절.
2 傅-제(齊) 환공(桓公)을 보좌하던 관중(管仲)을 가리킴.
3 援-사례를 들어 인용함.
4 責誠-실제로 이룬 일의 성과를 따짐. 성(誠)은 성(成)자로 통함.
5 位下-신하가 할 일을 군주가 몸소 함. 위(位)는 리(涖)자와 같음.
6 微服-신분을 알 수 없게 옷을 바꿔 입음.
7 自僇-스스로 욕보일 대상으로 삼음. 륙(僇)은 욕(辱)자의 뜻.
8 賦獵-사냥해 온 짐승을 공의 다소에 따라 나눔. 부(賦)는 분배의 뜻을 가짐.

[6]

작은 신의가 이루어져야 큰 신의도 확립된다. 그러므로 현명한 군
주는 신의를 쌓아올린다. 상벌이 확실하지 않으면 금령이 행하여지
지 않는다. 그 설명은 문공(文公)이 원(原)을 칠 때의 이야기[1]와 기
정(箕鄭)이 기근을 구하는 방법[2]에 있다. 이런 까닭으로 오기(吳起)
는 옛 친구를 기다려서[3] 식사하고 문후(文侯)는 우인(虞人)[4]을 만나
서 사냥할 것을 정하였다. 여기서 현명한 군주가 신의를 표시하는
일은 마치 증자(曾子)가 돼지를 잡는[5] 것과 같다. 우려되는 것[6]은
여왕(厲王)이 경계하는 북을 친 일[7]과 이회(李悝)가 경호하는 병사
를 속인 일[8]들이다.

小信成則大信立, 故明主積於信. 賞罰不信則禁令不行, 說在文公之攻原
與箕鄭救餓也. 是以吳起須故人而食, 文侯會虞人而獵. 故明主表信, 如
曾子殺彘也. 患在尊厲王擊警鼓與李悝謾兩和也.

1 攻原-진(晉) 문공이 약속한 날짜에 원(原)을 치지 못하고 돌아가자 그 신의
  에 감동하여 원이 항복한 일.

2 箕鄭救餓 - 기정(箕鄭)은 진의 대부. 문공이 기근을 구하는 방법을 물을 때 그가 신(信)을 강조하였음.
3 須故人 - 식사 약속을 한 친구가 오기까지 기다림.
4 會虞人 - 위(魏) 문후(文侯)가 사냥 약속을 어기지 않으려고 강풍이 부는데도 사냥터 관리인을 만나 그 여부를 물었음.
5 殺彘 - 증자(曾子)가 우는 아들과의 약속대로 돼지를 잡아서 삶아 먹임.
6 患 - 염려가 될 폐단이나 결점을 말함.
7 擊警鼓 - 초(楚) 여왕(厲王)이 술에 취하여 경계하는 북을 잘못쳐서 달려온 병사들에게 사과한 일.
8 謾兩和 - 만(謾)은 신(信)과 반대인 (慢)자와 통함. 군문의 좌우에 세운 병사를 속임. 여기서 화(和)는 정기(旌旗)를 가리킴.

전(傳)

[1]

복자천(宓子賤)이 단보(單父)¹⁾를 다스렸다. 유약(有若)이 그를 만나보고 말하기를 '자네가 어찌하여 그렇게 야위었는가²⁾'라고 물었다. 복자가 말하기를 '군주께서 나의 불초함³⁾을 알지 못하고 단보를 다스리게 하셨습니다. 관청 일이 바쁘고 마음이 걱정되어서 야위었습니다'라고 말하였다. 유약이 말하기를 '옛날에 순(舜)은 다섯 현(絃)의 거문고를 타고 남풍(南風)의 시를 노래 부르면서도 천하를 잘 다스렸다. 지금 단보처럼 작은 지역을 다스리는데도 걱정이 되는가. 천하를 다스리게 되면 장차 어찌할 것인가'라고 하였다. 그러므로 술(術)을 익혀서 다스려 나가면⁴⁾ 몸은 묘당(廟堂)⁵⁾ 위에 앉아 처녀애 같은 안색을 하고 있어도 정치에 해가 없을 것이나 술을 익히지 못하고 다스려 나가면 몸은 비록 고달프고 마르더라도 오히려 도움이 없을 것이다.

宓子賤治單父. 有若見之曰："子何臞也?" 宓子曰："君不知賤不肖, 使治單父, 官事急, 心憂之, 故臞也." 有若曰："昔者舜鼓五絃 · 歌《南風》之詩而天下治. 今以單父之細也, 治之而憂, 治天下將奈何乎? 故有術而

御之, 身坐於廟堂之上, 有處女子之色, 無害於治 ; 無術而御之, 身雖痤
臞, 猶未有益."

1 單父 - 춘추시대 노(魯)의 읍(邑). 지금 산동성 단현(單縣)의 남쪽 땅.
2 臞 - 살찌지 못하고 몸이 마름. 파리함.
3 賤不肖 - 여기서 천(賤)은 복자(宓子) 자신을 가리킴. 불초(不肖)는 무능함을
  말함.
4 御之 - 통어(統御)함. 즉 정치를 해나감.
5 廟堂 - 정치하는 곳을 가리킴. 중요한 정사를 종묘에서 의론하여 결정하였음.

초왕(楚王)이 전구(田鳩)에게 일러 말하기를 '묵자(墨子)란 자는 이
름난 학자[1]다. 그 행동[2]은 옳지만 언론은 장황하고 유창하지 못한
데[3] 왜 그런가'라고 하였다. 대답하기를 '옛날에 진백(秦伯)이 그 딸
을 진(晉) 공자에게 시집보낼 때 진(晉)에서 신부 의상을 꾸미도록[4]
시키고 화려한 옷을 입힌 시녀[5] 칠십 명을 진에 딸려 보냈습니다.
진에 이르자 진 공자는 그 첩들을 좋아하고 공녀는 업신여기게 되
었습니다. 이것은 첩을 잘 시집보냈다고 말할 수는 있어도 딸을 잘
시집보냈다고 말할 수는 없습니다. 또 진주를 정(鄭)에 팔려는 초
(楚) 사람이 있었습니다. 목란(木蘭) 상자를 만들어 계(桂)·초(椒)
를 피우고[6] 주옥을 매달아[7] 붉은 보석으로 장식하고[8] 물총새 깃털
을 모아[9] 그 속에 넣었습니다. 정 사람은 그 상자만을 사고 진주는
돌려주었습니다. 이것은 상자를 잘 팔았다고 말할 수는 있어도 진
주를 잘 팔았다고 말할 수는 없습니다. 지금 세상에서 말하는 담론
이란 모두 교묘하게 꾸민 말[10]을 입에 올리는 것입니다. 군주는 꾸
민 쪽만을 보고 실용을 잊어버립니다. 묵자의 주장은 선왕의 도를
전하고 성인의 말을 논하여 널리 사람들에게 알리는 것입니다. 만
약 말을 꾸며서 하면 사람들이 그 꾸밈에 마음이 끌려 진실[11]을 잊
을까 두렵습니다. 꾸밈 때문에 실용을 해치게 된다는 것입니다. 이

것은 초 사람이 진주를 팔려고 한 것과 진백이 딸을 시집보낸 일과
같은 유의 것입니다. 그러므로 그 언론이 장황하고 유창하지 못한
것입니다'라고 하였다.

楚王謂田鳩曰："墨子者，顯學也. 其身體則可，其言多而不辯，何也?"
曰："昔秦伯嫁其女於晉公子，令晉爲之飾裝，從衣文之媵七十人. 至晉,
晉人愛其妾而賤公女. 此可謂善嫁妾，而未可謂善嫁女也. 楚人有賣其珠
於鄭者，爲木蘭之櫃，薰以桂椒，綴以珠玉，飾以玫瑰，輯以翡翠. 鄭人買
其櫝而還其珠. 此可謂善賣櫝矣，未可謂善鬻珠也. 今世之談也，皆道辯
說文辭之言，人主覽其文而忘其用. 墨子之說，傳先王之道，論聖人之言,
以宣告人. 若辯其辭，則恐人懷其文忘其直，以文害用也. 此與楚人鬻
珠·秦伯嫁女同類，故其言多不辯."

1 顯學 - 세상에 이름이 잘 알려진 학자를 말함.
2 身體 - 여기서 체(體)는 몸소 실천한다는 행(行)자의 뜻.
3 不辯 - 말에 꾸밈이 없음. 변(辯)은 유창한 능변(能辯).
4 飾裝 - 의상을 화려하게 차려입음. 신부의 성장(盛裝)을 가리킴.
5 衣文之媵 - 문(文)은 문양을 가리킴. 잉(媵)은 정부인의 시녀. 즉 화려한 옷
   을 입은 시녀.
6 薰以桂椒 - 계수나무와 산초의 향을 피워 스며들게 함.
7 綴以珠玉 - 주옥을 꿰어 상자에 아로새김.
8 飾以玫瑰 - 보석으로 아름답게 장식함. 매괴(玫瑰)는 붉은 돌.
9 輯以翡翠 - 비취색의 물총새 깃털을 모아서 상자 안에 넣음.
10 辯說文辭 - 교묘한 말솜씨와 꾸민 말을 입에 올림.
11 忘其直 - 실질적인 측면을 망각함. 직(直)은 본바탕이 되는 진실을 말함.

묵자(墨子)가 나무로 소리개를 만드는 데 삼 년이 걸렸지만 하루
날리고[1] 망가뜨렸다. 제자가 말하기를 '선생의 재주[2]가 나무 소리개
를 날을 수 있게 하는 데까지 이르렀습니다'라고 하였다. 묵자가 말
하기를 '나는 수레채의 마구리[3]를 만드는 자만도 못하다. (그는) 짧
은 나무를 사용하여 하루 아침[4]도 걸리지 않고 만들어 내어 서른

섬이나 되는 짐[5]을 끈다. 멀리 갈 만큼 힘이 세고 오랜 세월 길게 견딘다. 지금 나는 소리개를 만드는 데 삼 년 걸렸는데 하루 날리고 망가뜨렸다'고 하였다. 혜시(惠施)가 이를 듣고 말하기를 '묵자는 큰 재주꾼이다. 수레채 마구리 만드는 일을 교(巧)라 하고 소리개 만드는 일을 졸(拙)이라 한다'고 하였다.

墨子爲木鳶, 三年而成, 蜚一日而敗. 弟子曰 : "先生之巧, 至能使木鳶飛." 墨子曰 : "不如爲車輗者巧也. 用咫尺之木, 不費一朝之事, 而引三十石之任, 致遠力多, 久於歲數. 今我爲鳶, 三年成, 蜚一日而敗." 惠子聞之曰 : "墨子大巧, 巧爲輗, 拙爲鳶."

1 蜚−메뚜기. 여기서는 날을 비(飛)자로 쓰임.
2 巧−손재주가 좋음.
3 車輗−수레를 연결하는 부품. 채 마구리.
4 一朝之事−하루 아침에 해낼 수 있는 일의 분량.
5 任−실어 나르는 무거운 짐을 가리킴.

송왕(宋王)이 제(齊)와 다툴 때 무궁(武宮)을 짓게 하였다. 노래 부르는 가수 규(癸)가 선창[1]을 하자 길가던 사람이 멈추어 구경하고 일하던 사람[2]도 지칠 줄 몰랐다. 왕이 듣고 불러서 상을 주었다. 그가 대답하기를 '저의 스승 사계(射稽)의 노래가 저보다 더 훌륭합니다'라고 하였다. 왕이 사계를 불러 노래를 부르게 하였으나 길가던 사람이 멈추지 않고 일하던 사람도 피로를 느꼈다. 왕이 말하기를 '길가던 사람이 멈추지 않고 일하던 사람이 피로를 느낀다. 노래 솜씨가 자네보다 더 아름답지 못한 것은 왜냐'고 물었다. 대답하기를 '왕께서 시험삼아 일한 분량을 재어[3] 보십시오. 저는 판축[4] 네 장을 쌓았지만 사계는 여덟 장을 쌓았습니다. 흙이 굳은 정도를 찔러[5] 보십시오. 저는 다섯 치나 패였지만 사계는 두 치였습니다'라고 하였다.

宋王與齊仇也, 築武宮. 謳癸倡, 行者止觀, 築者不倦. 王聞, 召而賜之. 對曰:"臣師射稽之謳又賢於癸." 王召射稽使之謳, 行者不止, 築者知倦. 王曰:"行者不止, 築者知倦, 其謳不勝如癸美, 何也?" 對曰:"王試度其功. 癸四板, 射稽八板;擿其堅, 癸五寸, 射稽二寸."

1 倡－노동판에서 힘을 돋우는 노래로, 창(唱)의 뜻.
2 築者－건축 공사장에 동원된 인부를 가리킴.
3 度其功－작업한 진척도를 측정함.
4 板－성벽이나 담을 쌓을 때 흙을 넣고 다지는 널판쪽을 말함.
5 擿其堅－다진 흙벽의 경도(硬度)를 재기 위해 들추어봄.

대저 좋은 약이란 입에 쓰지만 지혜로운 자가 힘써[1] 그것을 마시게 하는 것은 그것이 몸에 들어가면 병을 고쳐 준다[2]는 것을 알기 때문이다. 충고하는 말은 귀에 거슬리지만[3] 현명한 군주가 귀기울여 듣는 것은 실제로 효과가 있다는 것을 알기 때문이다.

夫良藥苦於口, 而智者勸而飲之, 知其入而已己疾也. 忠言拂於耳, 而明主聽之, 知其可以致功也.

1 勸－여기서 권(勸)은 힘쓸 면(勉)자로 통함.
2 已己疾－자신의 질병을 치료함. 이(已)는 병낫게 할 지(止)자와 같은 뜻.
3 拂－불(拂)은 거스릴 역(逆)자와 같음.

[2]
송(宋) 사람으로 연왕(燕王)을 위하여 대추나무 가시 끝[1]에 원숭이 조각[2]을 해드리겠다고 청해온 자가 있었다. 그러나 반드시 석 달 동안 재계(齋戒)[3]를 하고 난 다음에야 그것을 볼 수 있다고 하였다. 그래서 연왕은 삼승(三乘)의 녹[4]을 주어 그를 받들게 하였다. 오른쪽에서 모시는 대장장이가 왕에게 일러 말하기를 '제가 듣기로는

군주가 열흘이나 주연(酒宴)[5]을 물리치고 재계할 수는 없다고 합니다. 지금 왕께서 오래도록 재계하면서까지 쓸데없는 물건을 보실 수 없으리라는 것을 알고 일부러 석 달의 기간을 정한 것입니다. 무릇 조각하는 칼[6]이란 대상을 깎는 것이므로 반드시 보다 작아야 된다[7]고 생각합니다. 지금 저는 대장장이이지만 그것을 깎는 칼을 만들지 못합니다. 이것은 실제적인 물건[8]이 아닙니다. 왕께서 반드시 살펴셔야 합니다'라고 하였다. 그래서 왕이 그를 붙잡아 가두고 물어보았는데 정말 엉터리여서 바로 죽였다. 다시 대장장이가 왕에게 일러 말하기를 '사물을 측정할 때 정해진 기준[9]이 없으면 변론을 늘어놓는 선비들 가운데 가시 끝에다 조각한다는 말을 하는 자가 많을 것입니다'라고 하였다.

宋人有請爲燕王以棘刺之端爲母猴者, 必三月齋然後能觀之. 燕王因以三乘養之. 右御冶工言王曰:"臣聞人主無十日不燕之齋. 今知王不能久齋以觀無用之器也, 故以三月爲期. 凡刻削者, 以其所以削必小. 今臣冶人也, 無以爲之削, 此不然物也, 王必察之." 王因囚而問之, 果妄, 乃殺之. 冶又謂王曰:"計無度量, 言談之士多'棘刺'之說也."

1 棘刺之端−극(棘)은 대추나무 조(棗)자와 같음. 가시 끝이란 아주 작은 것을 가리킴.
2 母猴−목후(木猴), 즉 원숭이의 일종. 여기서는 조각품을 말함.
3 齋−술과 고기를 끊고 근신하는 재계(齋戒)를 말함.
4 三乘−전차 세 대 분의 병력을 보유할 영지 또는 그 수준의 봉록.
5 燕−여기서는 연(燕)이 잔치 연(宴)자로 쓰임. 술자리를 벌임.
6 刻削−조각할 때 쓰는 작은 칼을 가리킴.
7 必小−조각칼은 조각 대상보다 작아야만 된다는 뜻.
8 不然物−실제로 존재할 수 없는 물건.
9 度量−사물을 측정하는 표준.

일설(一說)에 이르기를 연왕(燕王)이 세공품[1]을 좋아하였다고 한다.

위(衛) 사람이 말하기를 '대추나무 가시 끝으로 능히 원숭이를 만들 수 있습니다'라고 하였다. 연왕은 마음에 들어 그를 오승(五乘) 몫의 봉록[2]을 주어 먹고 살게 하였다. 왕이 말하기를 '나는 자네[3]가 만든 대추나무 가시의 원숭이 조각을 한번 보고 싶다'고 하였다. 그 객이 말하기를 '군주께서 그것을 보고 싶다면 반드시 반 년 동안 후 궁에 들어가지 말고[4] 술을 마시지 말고 고기를 먹지 않은 다음 비가 개고 해가 뜰 때 양지와 응달[5] 사이로 보시면 대추나무 가시 원숭이가 바로 보일 것입니다'라고 하였다. 연왕은 그래서 위 사람을 먹여 주었으나 원숭이 조각을 볼 수 없었다. 마침 정(鄭)의 궁중에서 벼슬하던[6] 대장장이가 와 있어 연왕에게 일러 말하기를 '저는 나무 깎는 작은 칼을 만드는 사람입니다. 여러 가지 세공품은 반드시 작은 칼로 깎아서 만들어야 하므로 깎이는 것은 반드시 작은 칼보다 더 커야 합니다. 지금 대추나무 가시 끝은 작은 칼날을 받아들일 데가 없으니 대추나무 가시 끝을 다루기는 어려울 것입니다. 왕께서 시험삼아 그 사람의 칼을 한번 살펴보십시오. 할 수 있는가 없는가를 아실 수 있을 것입니다'라고 하였다. 왕이 말하기를 '좋다'고 하고 위 사람에게 일러 말하기를 '자네가 대추나무 가시로 원숭이를 만드는데 무엇을 가지고 그것을 다루는가'라고 물었다. 대답하기를 '작은 칼을 가지고 합니다'라고 하였다. 왕이 다시 말하기를 '내가 그것을 구경하고 싶다'고 하였다. 객이 말하기를 '숙소로 가서[7] 가지고 오겠습니다'라고 하였다. 그렇게 하고는 도망쳐 버렸다는 것이다.

一曰 : 燕王好微巧, 衛人曰 : "能以棘刺之端爲母猴." 燕王說之, 養之以五乘之奉. 王曰 : "吾試觀客爲棘刺之母猴." 客曰 : "人主欲觀之, 必半歲不入宮, 不飮酒食肉. 雨霽日出, 視之晏陰之間, 而棘刺之母猴乃可見也." 燕王因養衛人, 不能觀其母猴. 鄭有臺下之冶者謂燕王曰 : "臣爲削者也.

諸微物必以削削之, 而所削必大於削. 今棘刺之端不容削鋒, 難以治棘刺之端. 王試觀客之削, 能與不能可知也." 王曰 : "善." 謂衛人曰 : "客爲棘削之母猴也, 何以治之." 曰 : "以削." 王曰 : "吾欲觀見之." 客曰 : "臣請之舍取之." 因逃.

1 微巧 – 정교하고 치밀하게 만든 공예품을 가리킴.
2 五乘之奉 – 전차 다섯 대 분의 병력을 보유할 정도의 녹(祿)을 주어서 고용함. 봉(奉)은 봉(俸)자와 같은 뜻.
3 客 – 식객으로 먹여 주고 있는 위(衛) 사람을 가리킴.
4 不入宮 – 여자를 가까이 하지 않음.
5 晏陰 – 하늘이 반은 개이고 반은 흐린 상태. 안(晏)은 맑은 날씨.
6 臺下 – 여기서 대(臺)는 궁정(宮廷)의 뜻이고, 하(下)는 하위직 벼슬을 말함.
7 之舍 – 지(之)는 돌아감. 사(舍)는 식객이 머물고 있는 숙소.

아열(兒說)은 송(宋) 사람으로 변설을 잘하는 자였다. 흰말은 말이 아니라는 논리[1]를 주장하여 제(齊) 직하(稷下)[2]의 논변자들을 설복시켰다. 그가 흰말을 타고 관문을 지나갈 때는 백마에 부과된 세금을 물게[3] 되었다. 그러므로 허사(虛辭)에 의지할[4] 경우는 온 나라 사람을 능히 이길 수 있지만 실제 일을 조사하여 사실을 확인할[5] 경우는 한 사람도 속일 수가 없다는 것이다.

兒說, 宋人, 善辯者也, 持"白馬非馬也"服齊稷下之辯者. 乘白馬而過關, 則顧白馬之賦. 故籍之虛辭, 則能勝一國 ; 考實按形, 不能謾於一人.

1 白馬非馬 – 흰말이라고 하는 복합 개념인 겸사(謙辭)는 일반 말의 개념과 다르다는 논리.
2 稷下 – 제(齊)의 도성 임치(臨淄) 직문(稷門)이 있는 주변으로 전국기에 많은 사상가들이 모였음.
3 顧 – 고(顧)는 수(酬)자로 통함. 대가를 돈으로 환산하여 치름.
4 籍之虛辭 – 빈말, 즉 공리공론을 빌려씀. 자(藉)는 차(借)자와 같음.
5 考實按形 – 실제를 살피고 구체적인 것을 알아봄.

대저 새로 숫돌에 간 화살촉[1]을 큰 활에 걸어 힘껏 당기면[2] 비록 눈을 감고 아무렇게나 쏴도 그 끝이 일찍이 물체[3]를 맞히지 못한 적이 없다. 그러나 두 번 다시 같은 곳을 맞추지 못하면 잘 쏜다고 말할 수 없다. 그것은 일정한 표적[4]이 없기 때문이다. 다섯 치의 과녁을 만들어 열 걸음 거리를 두고[5] 활을 당겨도 예(羿)나 봉몽(逢夢)이 아니면 반드시 완전할[6] 수 없는 것은 일정한 표적이 있기 때문이다. 기준이 있으면 어렵고 기준이 없으면 쉬운 것이다. 일정한 표적이 있으면 예나 봉몽이라도 다섯 치의 과녁 맞히는 것을 교(巧)라 하지만 일정한 표적이 없으면 아무렇게나 쏘아서 미세한 물체 맞히는 것을 졸(拙)이라 한다. 그러므로 법도 없이 응대하면 변설이 능한 자가 번다하게 말을 하지만 법도를 마련하여 그것을 지키면 비록 지자라 할지라도 오히려 실수할까 두려워 감히 아무렇게나 말하지 못한다. 지금은 군주가 변설을 들으면서 법도로 응대하지 않고 말재주만을 좋아하며 실제의 공은 재보지도 않고 행동을 칭찬하므로 형평에 들어맞지[7] 않는다. 이것이야말로 군주가 오래도록[8] 속임당하는 까닭이며 변설하는 자가 언제까지나 녹을 받게 되는 이유이다.

夫新砥礪殺矢, 彀弩而射, 雖冥而妄發, 其端未嘗不中秋毫也, 然而莫能復其處, 不可謂善射, 無常儀之也. 設五寸之的, 引十步之遠, 非羿·逢蒙不能必全者, 有常儀之也. 有度難而無度易也. 有常儀的, 則羿·逢蒙以五寸爲巧 ; 無常儀的, 則以妄發而中秋毫爲拙. 故無度而應之, 則辯士繁說 ; 設度而持之, 雖知者猶畏失也, 不敢妄言. 今人主聽說, 不應之以度而說其辯 ; 不度以功, 譽其行而不入關. 此人主所以長欺, 而說者所以長養也.

1 殺矢－수렵에 쓰이는 날카로운 화살촉. 살(殺)은 첨(尖)자와 같은 뜻.
2 彀弩－돌을 날리는 큰 활에 화살을 걸어 힘껏 당김. 구(彀)는 장(張)자와 통함.
3 秋毫－가을에 가늘어진 짐승의 털. 미세한 물체를 비유하는 말.

5 十步之遠 — 한 발을 규(跬)라 하고 두 발을 보(步)라 함. 원(遠)은 거리 간격
　을 둠.
6 全者 — 백발백중하는 상태를 가리킴.
7 不入關 — 관(關)은 형(衡)자와 같은 뜻으로 균형이 잡히지 않음.
8 長 — 여기서 장(長)은 항상 계속됨을 말함.

어떤 식객 가운데 연왕(燕王)에게 죽지 않는 방법을 가르쳐 주겠다
고 하는 자가 있었다. 왕이 사람을 보내어 그것을 배우게 하였다.
그러나 배우러 보낸 자가 미처 도착하기도 전[1]에 식객이 죽었다. 왕
이 크게 노하여 그를 벌주었다. 왕은 식객이 자기를 속인 것을 알지
못하고 배우러 간 자가 늦었다고 벌한 것이다. 도대체 있을 수 없는
일[2]을 믿고서 죄없는 신하를 처벌한 것은 사실을 살펴보지 못한 재
해다. 또한 사람에게 귀중한 것[3]으로 자신의 몸만한 것이 없다. 자
기 스스로 자신의 몸을 죽지 않게 할 수 없으면서 어찌 왕을 오래
살게 할 수 있다고 하겠는가.

客有敎燕王爲不死之道者, 王使人學之, 所使學者未及學而客死. 王大怒,
誅之. 王不知客之欺己, 而誅學者之晩也. 夫信不然之物而誅無罪之臣, 不
察之患也. 且人所急無如其身, 不能自使其身無死, 安能使王長生哉?

1 未及學 — 배우는 사람이 이르기 전을 가리킴.
2 不然之物 — 될 수 없는 불합리한 일을 말함.
3 所急 — 제일 소중한 것.

정(鄭) 사람 가운데 서로 나이가 많다고 다투는[1] 자가 있었다. 한
사람이 말하기를 ‘나는 요(堯)와 동갑이다’라고 하였다. 다른 한 사
람은 말하기를 ‘나는 황제(黃帝)의 형과 동갑이다’라고 하였다. 이것
을 재판에 걸었으나 결말이 나지 않았는데 맨 마지막까지 그만두지

않는[2] 자가 이기게 될 뿐이었다.

鄭人有相與爭年者. 一人曰 : "吾與堯同年." 其一人曰 : "我與黃帝之兄同
年." 訟此而不決, 以後息者爲勝耳.

1 爭年－술자리에 연장자 순으로 앉는 관례 때문에 나이가 많고 적은 것을
   다툼.
2 後息－논쟁을 끝까지 그만두지 않고 계속하는 편을 가리킴.

식객 가운데 주군(周君)을 위하여 젓가락[1]에 그림을 그리는 자가
삼 년 걸려서 그것을 완성하였다. 군주가 그것을 보니 옻칠한 젓가
락[2]과 똑같은 모양이었다. 주군이 크게 노하였다. 젓가락에 그림 그
린 자가 말하기를 '판축 열 장 높이[3]'의 담장을 쌓아 여덟 자 창구
멍[4]을 뚫어서 해가 뜨기 시작할 때 그 위에 그것을 올려놓고 보십
시오'라고 하였다. 주군이 그대로 하여 그 모양을 바라다보니 모두
용과 뱀, 새, 짐승, 수레, 말이 되어 만물의 모양이 다 갖추어져 있
었다. 주군이 대단히 좋아하였다. 이 젓가락에 그림 그리는 공은 정
교하고 어려운 일[5]이 아닐 수 없겠으나 실용에 있어서는 보통[6] 옻
칠한 젓가락과 같다.

客有爲周君畫筴者, 三年而成. 君觀之, 與髹筴者同狀. 周君大怒. 畫筴者
曰 : "築十版之牆, 鑿八尺之牖, 而以日始出時加之其上而觀." 周君爲之,
望見其狀, 盡成龍蛇禽獸車馬, 萬物之狀備具. 周君大悅. 此畫策之功非
不微難也, 然其用與素髹筴同.

1 畫筴－대젓가락에 그림을 그림. 책(筴)은 콩깍지 협(莢)자로도 쓰임.
2 髹筴－옻칠을 한 보통의 젓가락.
3 十版－성곽을 쌓는 판축(版築) 열 장 분량의 높이를 말함.
4 牖－유(牖)는 햇빛을 방안에 비쳐들게 만든 창구멍.

5 微難－미묘하고 하기 어려운 일을 말함.
6 素－여기서는 그림이 그려지지 않은 상태를 가리킴.

식객 가운데 제왕(齊王)을 위하여 그림을 그리는 자가 있었다. 제왕이 묻기를 '그림을 그리는 데 어느 것이 가장 어려운가'라고 하였다. 대답하기를 '개나 말이 가장 어렵습니다'라고 하였다. 다시 '어느 것이 가장 쉬운가'라고 물었다. 대답하기를 '도깨비가 가장 쉽습니다. 대저 개나 말은 사람이 알고 있는 것이며 아침 저녁으로 눈앞에 보여[1] 그것을 똑같게 그릴[2] 수 없으므로 어렵습니다. 도깨비는 형체가 없는 것이며 눈앞에 보이지도 않기 때문에 쉽습니다'라고 하였다.

客有爲齊王畫者, 齊王問曰：“畫孰最難者?” 曰：“犬馬最難.” “孰最易者?” 對曰：“鬼魅最易. 夫犬馬, 人所知也, 旦暮罄於前, 不可類之, 故難. 鬼魅, 無形者, 不罄於前, 故易之也.”

1 罄於前－사람 눈앞에 나타나 보임. 경(罄)은 현(俔)자의 뜻으로 쓰임.
2 類之－실물과 같게 그림을 그림.

제(齊)에 거사(居士) 전중(田仲)[1]이란 자가 있었다. 송(宋) 사람 굴곡(屈穀)이 그를 만나보고 말하기를 '제가 알기로는 선생의 주장이 남에게 기대어[2] 먹지 않는다고 들었습니다. 지금 저는 표주박 심는 방법을 알고 있습니다. 돌과 같이 단단하고 두터워 구멍이 나 있지 않습니다.[3] 그것을 드리겠습니다'라고 하였다. 전중이 말하기를 '대저 표주박이 귀하다는 것은 그것으로 담을 수 있기 때문입니다.[4] 지금 두텁고 구멍이 나 있지 않으면 물건을 담아도 무게를 견딜 수 없을 것이며 돌과 같이 단단하다면 쪼개서 뜰[5] 수도 없을 것입니다. 나는 표주박을 쓸 데가 없습니다[6]'라고 하였다. 굴곡이 말하기를 '그렇습니다. 저도 장차 그것을 버리려 합니다'라고 하였다. 지금 전중

66

은 남에게 기대어 먹지는 않으나 역시 남의 나라에 도움도 되지 않으니 그것 또한 단단한 표주박과 같은 유의 것이다.

齊有居士田仲者, 宋人屈穀見之, 曰 : "穀聞先生之義, 不恃仰人而食. 今穀有樹瓠之道, 堅如石, 厚而無竅, 獻之." 仲曰 : "夫瓠所貴者, 謂其可以盛也. 今厚而無竅, 則不可以盛物 ; 而任重堅如石, 則不可以剖而以斟. 吾無以瓠爲也." 曰 : "然, 穀將棄之." 今田仲不恃仰人而食, 亦無益人之國, 亦堅瓠之類也.

1 居士田仲 — 거사(居士)는 벼슬하지 않고 숨어 사는 처사(處士)와 같음. 전중(田仲)은 제(齊)의 귀족.
2 恃仰人 — 다른 사람에게 의지하고 기생(寄生)함. 앙(仰)은 망(望)자로 통함.
3 厚而無竅 — 표주박 속살이 두텁게 차 있어 비지 않음.
4 謂 — 여기서 위(謂)는 까닭을 말하는 위(爲)자와 같은 뜻.
5 斟 — 물이나 술을 퍼서 마심.
6 無以 — 이(以)는 용(用)자로 통함. 사용할 데가 없음.

우경(虞慶)이 집을 세웠다. 목수에게 일러 말하기를 '지붕이 너무 높다'[1]고 하였다. 목수가 대답하기를 '이것은 새집입니다. 흙이 젖어 있고[2] 서까래가 생나무입니다. 대저 젖은 흙은 무겁고 생나무 서까래는 굽습니다. 굽은 서까래로 무거운 흙을 떠받치고[3] 있으니 이것은 당연히 낮아질 것입니다'라고 하였다. 우경이 말하기를 '그렇지 않다. 날이 오래 지나면[4] 흙이 마르고 서까래도 건조해진다. 흙이 마르면 가벼워질 것이고 서까래가 건조하면 곧아질 것이다. 곧은 서까래로 가벼운 흙을 떠받치게 되니 이것은 더욱 높아질 것이다'라고 하였다. 목수는 말이 막혀[5] 이르는 대로 하였으나[6] 집이 부서지고 말았다.

虞慶爲屋, 謂匠人曰 : "屋太尊." 匠人對曰 : "此新屋也, 塗濡而椽生. 夫濡塗重而生椽撓, 以撓椽任重塗, 此宜卑." 虞慶曰: "不然, 更日久, 則塗乾而椽燥. 塗乾則輕, 椽燥則直, 以直椽任輕塗, 此益尊." 匠人詘, 爲之而屋壞.

1 屋太尊－옥(屋)은 지붕을 가리킴. 존(尊)은 숭(崇)자로 통함. 지붕이 너무 높아 보임.
2 塗濡－도(塗)는 지붕 위에 올리는 진흙. 유(濡)는 습기가 많아 축축함.
3 任重塗－무거운 흙을 지붕 위에 올려놓고 서까래가 아래에서 그것을 떠받침.
4 更日－날짜가 지나감. 경(更)은 경(經)으로, 지낼 력(歷)자와 같음.
5 詘－여기서 굴(詘)은 할말이 궁해짐.
6 爲之－시키는 일을 하는 척 시늉을 냄.

일설에는 우경(虞慶)이 장차 집을 지으려 했다고 한다. 목수가 말하기를 '재목은 생나무이며 흙이 젖어 있습니다. 대저 재목이 생나무이면 휘고 흙이 젖어 있으면 무겁습니다. 휜 나무로 무거운 흙을 떠받친다면 지금은 비록 된다고[1] 하여도 오래 가면 반드시 부서질 것입니다'라고 하였다. 우경이 말하기를 '재목이 마르면 곧아지고 흙이 마르면 가벼워진다. 지금 만약 집을 다 지어[2] 마르게 되면 날로 가벼워지고 곧아져서 비록 오래되더라도 반드시 부서지지 않을 것이다'라고 하였다. 목수가 말이 막혀 그대로 집을 지었는데 얼마 있다가 그 집이 끝내 부서지고 말았다고 한다.

一曰: 虞慶將爲屋, 匠人曰: "材生而塗濡. 夫材生則撓, 塗濡則重, 以撓任重, 今雖成, 久必壞." 塗慶曰: "材乾則直, 塗乾則輕. 今誠得乾, 日以輕直, 雖久, 必不壞." 匠人詘, 作之成, 有間, 屋果壞.

1 雖成－여기서 성(成)은 집이 완성됨을 말함.
2 今誠－금(今)은 가정조사. 성(誠)은 성(成)자로 통함.

범저(范且)가 말하기를 '활이 부러지는 것은 반드시 끝에 가서이지[1]

568

처음에는 아니다. 대저 활 만드는 공인이 활을 잡아당길 때 삼십 일 동안 그것을 도지개에 끼워 두었다가[2] 발로 활시위를 밟고 하루 만에 쏘아 본다.[3] 이는 처음에는 신중하게 하다가[4] 끝에 가서 거칠게 하는 것이다. 어찌 부러지지 않겠는가. 그러나 내가[5] 활 당기는 법은 그렇지 않다. 하루 그것을 도지개에 끼워 두었다가 발로 활시위를 밟고 삼십 일이 되어 쏘아 본다. 이는 처음에 거칠게 다루다가 끝에 가서 신중히 하는 것이다'라고 하였다. 활 만드는 공인이 궁하여 시키는 대로 하였더니 활이 부러지고 말았다.

范且曰：“弓之折, 必於其盡也, 不於其始也. 夫工人張弓也, 伏檠三旬而踏弦, 一日犯機, 是節之其始而暴之其盡也, 焉得無折？且張弓不然：伏檠一日而踏弦, 三旬而犯機, 是暴之其始而節之其盡也.” 工人窮也, 爲之, 弓折.

1 其盡－여기서 진(盡)은 종(終)자와 같은 뜻.
2 伏檠－경(檠)은 활의 형태를 바로잡는 도구인 도지개. 복(伏)은 그 틀 속에 끼워둠.
3 犯機－시험삼아 활을 쏘아봄. 기(機)는 활 쏘는 용수철.
4 節之－알맞게 신중히 함.
5 且－범저(范且) 자신을 스스로 가리킴.

범저(范且)나 우경(虞慶)이 하는 말은 모두 화려한 변설이며 말솜씨가 뛰어나지만 일의 실정과는 맞지 않는다. 군주가 좋아하고 금하려 하지 않으니 이것이 실패하는 원인이다. 도대체 잘 다스리고 강해지는 실효를 거두려고 도모하지 않으며 변설이 화려하고 아름답다는 명성만을 동경한다.[1] 이는 법술을 익힌 사람을 물리치고 집을 부수거나 활을 부러뜨리는 자에게 일을 맡기는 것이다. 그러므로 군주가 나라를 다스리는 것이 모두 공장이가 집을 짓고[2] 활을 펴는 데에 미치지 못한다. 그럼에도 법술을 익힌 사람이 범저나 우경 같은 자에게 궁해지는 것은 허망한 말이 쓸모가 없는데도 이기고 실제 일은 변함이 없는데도[3] 궁해지기 때문이다. 군주가 쓸데없는 변설을 중히[4] 하고 변함없는 말을 업신여기는 것이 어지러워지는 원인이다. 오늘날 세상에 범저나 우경같이 되는 자가 끊기지 않고 군주도 그들을 좋아하는 것을 그만두지 않는다. 이는 집을 부수고 활을 부러뜨리는 따위[5]의 말을 높이고 법술 익힌 사람을 공장이처럼 생각하는 것이다. 공장이가 뛰어난 재주를 펼칠 수 없었기 때문에 집이 부서지고 활이 부러진 것이다. (마찬가지로) 다스릴 줄 아는 사람이 법술[6]을 행할 수 없기 때문에 나라가 어지러워지고 군주도 위태롭게 된다.

范且·虞慶之言, 皆文辯辭勝而反事之情. 人主說而不禁, 此所以敗也. 夫不謀治强之功, 而艶乎辯說文麗之聲, 是却有術之士而任"壞屋"·"折弓"也. 故人主之於國事也, 皆不達乎工匠之搆屋張弓也. 然而士窮乎范且·虞慶者, 爲虛辭, 其無用而勝; 實事, 其無易而窮也. 人主多無用之辯, 而少無易之言, 此所以亂也. 今世之爲范且·虞慶者不輟, 而人主說之不止, 是貴"敗"·"折"之類而以知術之人爲工匠也. 工匠不得施其技巧, 故屋壞弓折, 知治之人不得行其方術, 故國亂而主危.

1 艶乎—부러워함. 염(艶)은 선(羨)자와 같은 뜻.
2 搆屋—집을 얽어서 지음. 구(搆)는 구(構)자로 통함.
3 無易—불역(不易)과 같음. 바뀌지 않는 상태를 말함.
4 多—여기서 다(多)는 칭찬하고 중하게 여김.
5 敗折之類—패(敗)는 괴(壞)자와 같은 뜻. 류(類)는 그런 종류의 말들을 가리킴.
6 方術—한대(漢代)의 방사(方士)가 쓰는 술(術)이 아닌 정치 방법, 즉 법술을 가리킴.

대저 어린아이가 서로 장난치며 놀 적에 흙[1]을 밥이라 하고 진흙을 국이라 하며 나무를 고기[2]라 한다. 그러나 저녁때가 되면 반드시 집에 돌아가 밥먹는[3] 것은 흙밥과 진흙국을 가지고 놀 수는 있어도 먹을 수는 없기 때문이다. 대저 오랜 옛날의 전설과 기리는 말을 외는 것은 말뿐으로 정성이 담기지 않았으며[4] 선왕의 인의를 말하더라도 나라를 바로잡지 못하는 것은 이 또한 놀이가 될 수는 있어도 그것으로 통치할 수는 없었기 때문이다. 도대체 인의를 우러름으로써 나라가 약해지고 어지럽게 된 것은 삼진(三晉)[5]이다. 우러르지 않아서 다스려지고 강해진 것은 진(秦)이다. 그러나 진이 강해졌으나 아직 제왕이 되지 못한[6] 것은 통치술[7]을 다하지 못하였기 때문이다.

夫嬰兒相與戲也, 以塵爲飯, 以塗爲羹, 以木爲胾, 然至日晚必歸饟者, 塵飯塗羹可以戲而不可食也. 夫稱上古之傳頌, 辯而不慤, 道先王仁義而不能正國者, 此亦可以戲而不可以爲治也. 夫慕仁義而弱亂者, 三晉也 ; 不慕而治强者, 秦也, 然而秦强而未帝者, 治未畢也.

1 塵 - 여기서는 작은 흙뭉치를 가리킴.
2 胾 - 자(胾)는 고깃점, 즉 편육을 말함.
3 饟 - 향(饟)은 먹일 향(餉)자와 같음.
4 不慤 - 각(慤)은 삼갈 근(謹)자의 뜻이나 성(誠)자로도 통함.
5 三晉 - 춘추시대 진(晉)이 셋으로 나누어져 전국 초에 새로 생긴 한(韓) · 위(魏) · 조(趙)를 가리킴.
6 未帝 - 여기서 제(帝)는 천하 통일의 주역이 되는 왕자(王者)임.
7 治 - 한비가 말하는 법술(法術)을 가리킴.

[3]
어린아이일 때 부모가 양육을 등한히하면[1] 자식이 자라서 원망한다. 자식이 장성하고 어른이 되어 부모 봉양을 소홀히 하면 부모가 노여워하고 꾸짖는다. 자식과 부모는 가장 가까운 사이다. 그러나 혹 원망하고 혹 꾸짖는 것은 모두 서로 위한다는 마음만을 가지고[2]

자신을 위한다는 생각에 미치지 못하기[3] 때문이다. 대저 일꾼을 사서[4] 씨를 뿌리고 농사지을 경우 주인 쪽이 자기 돈을 써서[5] 맛있는 음식을 주고 품삯을 주선하여[6] 잘해 주기를 요구하는 것은 일꾼을 사랑해서가 아니다. 이르기를 이와 같이 하면 밭을 갈 때 깊이 갈고 김맬 때 또한 완전하게 하기 때문이라고 한다. 일꾼이 있는 힘을 다하여 애써서 김매고 농사지으며 공을 다 들여 밭두둑과 논길을 정리하는[7] 것은 주인을 사랑해서가 아니다. 이르기를 이와 같이 하면 국이 맛있고 돈도 또한 잘 벌 수 있기 때문이라고 한다. 이런 경우 힘들인 자를 부양하는 데는[8] 부자간의 은덕이 있다. 그러면서 하는 일에 의욕이 철저하게[9] 되는 것은 모두 자기를 위한다는 생각이 들기 때문이다. 그러므로 사람이 일을 하거나 베풀어줄 경우 이익이 된다는 마음으로 하면 먼 월(越) 사람과도 쉽게 부드러워지고 손해 본다는 마음으로 하면 부자 사이가 멀어지고 또한 원망할 것이다.

人爲嬰兒也, 父母養之簡, 子長而怨 ; 子盛壯成人, 其供養薄, 父母怒而誚之. 子・父, 至親也, 而或譙或怨者, 皆挾相爲而不周於爲己也. 夫買庸而播耕者, 主人費家而美食, 調布而求易錢者, 非愛庸客也, 曰 : 如是, 耕者且深, 耨者且熟云也. 庸客致力而疾耘耕, 盡巧而正畦陌畦畛時者, 非愛主人也, 曰 : 如是, 羹且美, 錢布且易云也. 此其養功力, 有父子之澤矣, 而心調於用者, 皆挾自爲心也. 故人行事施予, 以利之爲心, 則越人易和, 以害之爲心, 則父子離且怨.

1 簡 – 간략하게 적당히 함. 간(簡)은 략(略)자와 같음.
2 挾相爲 – 상대방을 위한다고 생각함. 협(挾)은 뢰(賴)자로 통함.
3 不周 – 주도(周到)하지 못함. 철저히 하지 않음. 여기서 주(周)는 진(盡)자와 같음.
4 買庸 – 품파는 사람을 고용하여 씀. 용(庸)은 용(傭)자의 뜻.
5 費家 – 비(費)는 비용을 들임. 가(家)는 집안의 재화를 가리킴. 돈을 들여서 일함.

6 調布 - 여기서 포(布)는 옛날의 화폐. 조(調)는 마련하여 줌.
7 正畦陌 - 휴(畦)는 밭두둑. 백(陌)은 논길. 정(正)은 정(整)자로 통함. 손질하여 바로잡음.
8 養功力 - 힘들여 일의 성과를 올린 자에게 품삯을 지불함.
9 心調於用 - 일하는 데에 의욕이 충분하게 미침.

문공(文公)이 송(宋)을 치면서 먼저 선언하기를 '나는 송군(宋君)이 무도하여 장로들을 경멸하고 재물 분배가 알맞지 않으며[1] 명령[2]이 신임을 받지 못한다고 들었다. 그래서 내가 민을 위하여 그를 벌주려고 온 것이다'라고 하였다.

文公伐宋, 乃先宣言曰 : "吾聞宋君無道, 蔑侮長老, 分財不中, 敎令不信, 余來爲民誅之."

1 不中 - 공정하게 균형잡히지 않음.
2 敎令 - 여기서는 지시 내리는 것을 말함.

월(越)이 오(吳)를 치면서 먼저 선언하기를 '나는 오왕(吳王)이 여황(如皇) 대를 짓고 깊은 연못을 파서 백성들을 괴롭히고[1] 재화를 모두 써버려[2] 민력을 탕진하였다고 들었다. 그래서 내가 민을 위하여 그를 벌주려고 온 것이다'라고 하였다.

越伐吳, 乃先宣言曰 : "我聞吳王築如皇之臺, 掘深池, 罷苦百姓, 煎靡財貨, 以盡民力, 余來爲民誅之."

1 罷苦 - 파(罷)는 피(疲)자로 통함. 고통을 줌.
2 煎靡 - 사치하느라고 재화를 아무렇게나 다 써버림.

채(蔡)의 공녀[1]가 환공(桓公)의 처가 되었다. 환공이 그녀와 함께

배를 탈 때 부인이 배를 흔들었다.[2] 환공이 크게 무서워하며 그것을 못하게 하였으나 그만두지 않았다. 그래서 노하여 내쫓았다. 얼마 있다가 또 다시 부르려 하였으나 (채에서는) 그 때문에 다른 데로 개가시켰다.[3] 환공이 크게 노하여 채를 치려고 하였다. 관중(管仲)[4]이 간하여 말하기를 '도대체 부부간의 일[5]로 남의 나라를 친다는 것은 명분이 충분하지 못합니다. 큰 성과를 기대할[6] 수 없습니다. 청하건대 이것을 가지고 꾀하지[7] 마십시오'라고 하였으나 환공이 듣지 않았다. 관중이 말하기를 '반드시 그만둘 수 없다면 초가 청모(菁茅)[8]를 천자에게 조공바치지 않은 지 삼 년이나 되었으니 군주께서 천자를 위하여 군사를 일으켜 초를 치는 것만 같지 못합니다. 초가 항복하면 그대로 군사를 돌려 채를 습격하고 이르기를 내가 천자를 위하여 초를 치는데 채는 군사를 이끌고 따르지 않았다. 그래서 마침 멸한다고 하십시오. 이것은 명분에 있어 의(義)가 되고 실제에 있어 이(利)가 되는 것이니 반드시 천자를 위하여 벌한다는 명분이 서고 원수도 갚는 실리가 있습니다'라고 하였다.

蔡女爲桓公妻, 桓公與之乘舟, 夫人蕩舟, 桓公大懼, 禁之不止, 怒而出之. 乃且復召之, 因復更嫁之. 桓公大怒, 將伐蔡. 仲父諫曰 : "夫以寢席之戲, 不足以伐人之國, 功業不可冀也, 請無以此爲稽也." 桓公不聽. 仲父曰 : "必不得已, 楚之菁茅不貢於天子三年矣, 君不如擧兵爲天子伐楚. 楚伏, 因還襲蔡, 曰 : '余爲天子伐楚, 而蔡不以兵聽從, 因遂滅之.' 此義於名而利於實, 故必有爲天子誅之名, 而有報讐之實."

1 蔡女－채(蔡)의 공주 희군(姬君)을 가리킴.
2 蕩舟－배를 흔들어서 장난을 침. 탕(蕩)은 요(搖)자와 같은 뜻으로 쓰임.
3 因復更嫁－내쫓았다는 이유를 들어 바로 그녀를 다른 데로 다시 시집 보냄.
4 仲父－환공(桓公)이 관중(管仲)을 존대하여 부른 칭호.
5 寢席之戲－잠자리에서 부부간에 하는 놀이를 말함.
6 功業－큰 일을 해냄. 효과를 거두게 됨.

7 稽－계획을 세움. 뜻을 펼침. 계(稽)가 지(旨)자로 통함.
8 菁茅－띠풀의 일종. 초(楚) 지방의 특산으로 제사 때 술을 붓는 데 쓰임.

오기(吳起)가 위(魏)의 장수가 되어 중산(中山)을 쳤다. 병사 가운데 종기¹⁾를 앓는 자가 있었다. 오기가 꿇어앉아서 직접 고름을 빨아 주었다. 종기 앓는 자의 어머니가 그 자리에서 울어 버렸다. 어느 사람이 묻기를 '장군께서 자네 자식에게 이와 같이 대해 주시는데 오히려 우니 무엇 때문인가'라고 하였다. 대답하기를 '오기가 그 아버지의 등창²⁾을 빨아 주어서 아버지가 죽었다. 지금 이 자식도 또 죽게 될 것이다. 나는 그래서 우는 것이다'라고 하였다.

吳起爲魏將而攻中山. 軍人有病疽者, 吳起跪而自吮其膿. 傷者母立泣, 人問曰："將軍於若子如是, 尙何爲而泣?" 對曰："吳起吮其父之創而父死, 今是子又將死也, 今吾是以泣."

1 病疽－저(疽)는 등창. 악성 종기를 앓음.
2 創－여기서 창(創)은 창(瘡)자와 같음. 종기나 부스럼.

조(趙) 주보(主父)가 공인을 시켜 구제(鉤梯)¹⁾를 걸어서 파오산에 기어올라가 그 정상에 사람 발자국을 새기게²⁾ 하였다. 넓이는 세 자 길이는 다섯 자로 만들고 거기에 새겨³⁾ 이르기를 '주보가 일찍이 이곳에서 노닐었다'고 하였다.

趙主父令工施鉤梯而緣潘吾, 刻疎其上, 廣三尺, 長五尺, 而勒之曰："主父常遊於此."

1 鉤梯－갈고리가 달린 줄사다리.
2 刻疎－소(疎)는 적(迹) 또는 사슴 발자취 속(速)자로 통함.
3 勒之－륵(勒)자는 각(刻)자와 같음.

진(秦) 소왕(昭王)이 공인을 시켜 줄사다리를 걸어서 화산(華山)에 오르게 하여 송백나무의 심[1]으로 바둑판을 만들게 하였다. 전(箭)[2]의 길이가 여덟 자에 바둑알 크기가 여덟 치나 되었는데 거기에 새겨 이르기를 '소왕이 일찍이 천신과 더불어 이곳에서 바둑을 두었다'라고 하였다.

秦昭王令工施鉤梯而上華山, 以松柏之心爲博, 箭長八尺, 棊長八寸, 而勒之曰: "昭王嘗與天神博於此矣."

1 松柏之心 - 솔이나 잣나무의 심으로, 잘 썩지 않음. 심(心)은 심(芯)자로 통함.
2 箭 - 바둑알을 계산하는 나뭇가지. 박전(博箭)을 말함.

문공(文公)이 나라로 돌아왔다. 황하 가에 이르러 영을 내려 말하기를 '변두(籩豆)[1]를 버려라. 석욕(席蓐)[2]도 버려라. 손발에 굳은살이 박히고[3] 얼굴이 여윈[4] 자는 뒤로 세우라'고 하였다. 구범(咎犯)[5]이 그 말을 듣고 밤중에 소리내어 울었다. 문공이 말하기를 '내가 망명하여 이십 년 만에 이제서야 돌아올 수 있게 되었다. 구범은 이를 듣고도 좋아하지 않고 울었다. 아마도 내가 나라로 돌아오는 것을 바라지 않는 것 같다'고 하였다. 구범이 대답하기를 '변두는 밥을 먹었던 것이며 석욕은 잠자던 것인데 군주께서 버리라 하십니다. 손발에 굳은살이 박히고 얼굴이 여윈 자는 고생하며 공을 세운 자들인데 군주께서 뒤로 세우라 하십니다. 이제 저도 함께 뒤에 있게 되었으니 마음속으로[6] 그 슬픔을 견디지 못해서 울었습니다. 또한 제가 군주를 위하여 나라로 돌아갈 수 있도록 속임수를 부렸던 일도 많았습니다. 제가 오히려 (그런 일들이) 스스로 싫은데 하물며 군주께서야 어떻겠습니까'라고 하였다. 그가 재배하고 물러나려 하였다.

문공이 그를 말리며 말하기를 '속담에 이르기를 "사당을 짓는 자는 옷을 걷어[7] 두었다가 의관을 갖추고[8] 제사 지낸다"고 한다. 지금 자네가 나와 함께 취하면서 나와 함께 이를 다스리지 않으며 나와 함께 걸어 두면서 나와 함께 제사 지내지 않으려 하니 어찌하면 좋겠는가'라고 하였다. 그리고 왼쪽 곁말[9]을 풀어서 (희생으로 바쳐) 황하 신에게 맹세하였다.[10]

文公反國, 至河, 令邊豆捐之, 席蓐捐之, 手足胼胝面目黧黑者後之. 咎犯聞之而夜哭. 公曰：“寡人出亡二十年, 乃今得反國. 咎犯聞之不喜而哭, 意不欲寡人反國邪?” 犯對曰：“邊豆, 所以食也, 席蓐, 所以臥也, 而君捐之；手足胼胝, 面目黧黑, 勞有功者也, 而君後之. 今臣有與在後, 中不勝其哀. 故哭. 且臣爲君行詐僞以反國者衆矣, 臣尙自惡也, 而況於君?” 再拜而辭. 文公止之曰：“諺曰：'築社者, 攓撅而置之, 端冕而祀之.' 今子與我取之, 而不與我治之, 與我置之, 而不與我祀之, 焉可?” 解左驂而盟于河.

1 邊豆－음식 담는 굽높은 그릇. 대나무로 된 것이 변(邊)이고 나무로 만든 것이 두(豆)임.
2 席蓐－바닥에 까는 짚방석이나 덮는 거적대기를 말함.
3 胼胝－일하느라고 손발에 생긴 굳은살. 못이 박힘.
4 黧黑－일에 지쳐서 얼굴이 거무스름해 보이는 상태.
5 咎犯－문공(文公)의 충신. 구(咎)는 장인 구(舅)자로 통함.
6 中－여기서는 내심(內心), 즉 마음속으로 생각함.
7 攓撅－건(攓)은 건(攘)으로 통함. 옷을 걷어올림. 작업복으로 갈아입음.
8 端冕－단정한 예복 차림.
9 左驂－세 말이 수레를 끌 때 좌우 두 곁말 중에서 왼쪽을 참(驂)이라 하고 오른쪽을 비(騑)라 함.
10 盟于河－황하의 신 하백(河伯)에게 구범(咎犯)을 버리지 않겠다고 맹세함.

정현(鄭縣) 사람 복자(卜子)가 처를 시켜 바지를 만들게 하였다. 처가 묻기를 '이번 바지를 어떻게 할까요'라고 하였다. 남편이 말하기를 '내 낡은 바지대로[1] 하라'고 하였다. 처가 그래서 새것을 헐어 헌 바지처럼 만들도록 하였다.

鄭縣人卜子使其妻爲袴, 其妻問曰 : "今袴何如?" 夫曰 : "象吾故袴." 妻子因毁新, 令如故袴.

1 象吾故袴－상(象)은 베낄 사(寫)자의 뜻으로 모뜸. 고(故)는 낡을 폐(弊)자와 같음.

정현(鄭縣) 사람 중에 수레의 멍에[1]를 주운 자가 있었다. 그러나 그 이름을 몰랐다. 다른 사람에게 묻기를 '이것이 무슨 물건[2]인가'라고 하였다. 대답하기를 '이것은 수레의 멍에다'라고 하였다. 갑자기 또 다시 한 개를 주워서 그 사람에게 묻기를 '이것은 도대체 무슨 물건인가'라고 하였다. 대답하기를 '이것도 수레의 멍에다'라고 말하였다. 물은 자가 크게 노하여 말하기를 '먼젓번에도 수레의 멍에라 하고 이번에도 수레의 멍에라 하니 도대체 (같은 물건이) 어찌 이렇게 많은가. 이는 네가 나를 속이는 것이다'라고 하였다. 드디어 그와 함께 다투었다.

鄭縣人有得車軛者, 而不知其名, 問人曰 : "此何種也?" 對曰 : "此車軛也." 俄又復得一, 問人曰 : "此是何種也?" 對曰 : "此車軛也." 問者大怒曰 : "曩者曰車軛, 今又曰車軛, 是何衆也? 此女欺我也!" 遂與之鬪.

1 車軛－소나 말의 목에 걸어서 수레를 끌게 하는 멍에.
2 種－어떤 품종의 물건을 가리킴.

위(衛) 사람 중에 주살잡이를 돕는 자[1]가 있었다. 새가 이르자 바로 먼저 끈을 휘둘러[2] 새를 놀라게 하여 (날아가 버려) 쏘지 못하였다.

衛人有佐弋者, 鳥至, 因先以其捲麾之, 鳥驚而不射也.

1 佐弋－주살로 새잡는 일을 보조하는 이를 가리킴.
2 捲麾－주살 끈을 휘둘러 새를 불러들임. 권(捲)은 작(繳)자로 통함.

정현(鄭縣) 사람 복자(卜子)의 처가 시장에 갔다가 자라를 사가지고
돌아왔다. 영수(潁水) 가를 지나다가 자라가 목마를 것이라고 생각하
여 바로 놓아서[1] 물을 마시게 했는데 마침내 자라가 도망쳐 버렸다.

鄭縣人卜子妻之市, 買鼈以歸. 過潁水, 以爲渴也, 因縱而飮之, 遂亡其鼈.

1 因縱－생각이 들자마자 이내 놓아줌. 종(縱)은 방(放)의 뜻.

어느 젊은이가 나이든 어른을 모시고 술을 마시는데 어른이 마시면
역시 자기도 마셨다. 일설에 말하기를 노(魯) 사람 중에 스스로 선
행[1]을 힘쓴 자가 있었다고 한다. 어른이 술을 마시는데 잔을 다 비
울[2] 수가 없어 뱉는 것을 보고 역시 본받아 뱉었다는 것이다. 또 일
설에 말하기를 송(宋) 사람 중에 젊은이가 있어 역시 선행을 본받
으려 하였다고 한다. 어른이 술을 마시면서 남기지 않는 것을 보고
술 마실 줄도 모르면서[3] 다 마셔 버리려 하였다는 것이다.

夫少者侍長者飮, 長者飮, 亦自飮也. 一曰：魯人有自喜者, 見長年飮酒
不能釂則唾之, 亦效唾之. 一曰：宋人有少者亦欲效善, 見長者飮無餘,
非堪酒飮也而欲盡之.

1 自喜－여기서 희(喜)는 선(善)자의 뜻. 선을 행하려고 힘씀.
2 能釂－술잔을 남김없이 비움. 조(釂)는 잔의 술을 다 마심.
3 非堪酒－술을 견디지 못함. 술을 못 마심.

서(書)[1]에 이르기를 '띠를 두르고 또 두르라'고 한다. 송(宋) 사람 중에 배우는 자[2]가 있었다. 그래서 띠를 이중으로 둘러[3] 자신을 죄었다. 다른 사람이 말하기를 '도대체 무슨 짓이냐'고 물었다. 대답하기를 '책에서 말한 대로 예부터 그렇게 하는 것이다'라고 하였다.

書曰 : "紳之束之." 宋人有治者, 因重帶自紳束也. 人曰 : "是何也?" 對曰 : "書言之, 固然."

1 書−여기서는 『상서』(尚書)가 아닌 옛 책을 말함.
2 治者−글 배우는 자. 치(治)는 학습(學習)을 가리킴.
3 重帶−신(紳)과 속(束)을 별개의 띠를 두르라는 것으로 잘못 알고 두 가지 띠를 겹쳐 두름.

서(書)에 이르기를 '옥을 다듬고 또 닦아서 원상태[1]로 되돌린다'고 한다. 양(梁) 사람 중에 배우는 자가 있었다. 동작을 취할 때마다 학문을 말하고 일을 할 때마다 문서를 근거로 삼으려[2] 하였다. 그가 말하기를 '지나치게 배우면[3] 도리어 진실을 잃어버린다'고 하였다. 다른 사람이 말하기를 '도대체 무슨 말이냐'고 하였다. 대답하기를 '책에서 말한 대로 예부터 그렇게 하는 것이다'라고 하였다.

書曰 : "旣雕旣琢, 還歸其樸." 梁人有治者, 動作言學, 擧事於文, 曰 : "難之. 顧失其實." 人曰 : "是何也?" 對曰 : "書言之, 固然."

1 其樸−손을 대지 않은 본래의 옥. 박(樸)은 박(璞)과 같음.
2 擧事於文−사업을 일으킬 때마다 고문서의 기록을 대조함.
3 難之−여기서 난(難)은 학문에 과도하게 치중함을 가리킴.

영(郢) 사람 중에 연(燕)의 재상에게 편지를 보낸 자가 있었다. 밤에 쓰는데 불이 밝지 않았다. 촛불 드는 사람에게 일러 말하기를 촛불을 올리라고 하였다. 그리고는 촛불을 올리라고 잘못 써버렸다. 촛불을 올리라 함은 편지의 본뜻이 아니다. 연 재상이 편지를 받고 해석하여[1] 말하기를 '촛불을 올리라 한 것은 불빛을 밝히라[2]는 것이다. 불빛을 밝힌다는 것은 어진 이를 들어서 임용하라는 뜻이다'라고 하였다. 연 재상이 왕에게 아뢰자 왕이 크게 기뻐하였으며 나라가 그래서 잘 다스려졌다. 다스려지긴 다스려졌으나 편지의 본뜻은 아니었다. 지금 세상의 학자들 가운데는 이런 유와 비슷한 자가 많다.

郢人有遺燕相國書者, 夜書, 火不明, 因謂持燭者曰 : "擧燭云." 而過書擧燭. 擧燭, 非書意也. 燕相受書而說之, 曰 : "擧燭者, 尙明也 ; 尙明也者, 擧賢而任之." 燕相白王, 王大說, 國以治. 治則治矣, 非書意也. 今世學者多似此類.

1 說之 – 뜻을 풀어서 이해함. 설(說)은 해(解)자로 통함.
2 尙明 – 상(尙)은 상(上)자와 같은 뜻으로 들어올림. 명(明)은 불빛으로, 등불을 밝힘.

정(鄭) 사람 중에 장차 신발을 사려고 하는 자가 있었다. 먼저 자신이 발의 치수를 재고[1] 자리에 그것을 놓아 두었는데 시장갈 때 그것을 들고갈[2] 것을 잊어버렸다. 이미 신발을 구하고 바로 말하기를 '내가 잊어버리고 치수 잰 것을 가지고 오지 않았다'라고 하였다. 되돌아가 그것을 가지고 다시 왔으나 시장이 파해서 끝내 신발을 구할 수 없었다. 다른 사람이 말하기를 '왜 발로 재보지 않았는가'라고 하였다. 대답하기를 '치수 잰 것은 믿을 수 있어도 자신은 믿을 수 없다'고 하였다.[3]

鄭人有且買履者, 先自度其足而置之其坐, 至之市而忘操之. 已得履, 乃曰 : "吾忘持度." 反歸取之. 及反, 市罷, 遂不得履. 人曰 : "何不試之以足?" 曰 : "寧信度, 無自信也."

1 自度－자기 발 크기를 잰 잣대. 탁(度)은 측정한다는 뜻.
2 忘操之－치수 잰 것을 들고가야 할 일을 잊어버림.
3 無自信－자기 스스로 자신의 발 크기를 신용할 수 없음.

[4]

임등(壬登)이 중모(中牟) 땅의 장관이 되었을 때 양주(襄主)에게 진언하여 말하기를 '중모에 중장(中章)과 서기(胥己)라고 하는 선비들이 있습니다. 몸가짐이 아주 단정하고 학문이 대단히 해박합니다. 군주께서 왜 그들을 등용하지 않습니까'라고 하였다. 양주가 말하기를 '자네가 그들을 만나보라. 내가 앞으로 중대부[1]로 삼을 것이다'라고 하였다. 재상이 간하여 말하기를 '중대부는 진(晉)의 중요한 자리[2]입니다. 지금 공로도 없이 그것을 받게 되면 진 신하의 뜻[3]에 어긋납니다. 군주께서 그것을 듣기만[4] 하고 아직 보지[5] 않으셨습니다'라고 하였다. 양주가 말하기를 '내가 임등을 발탁할 때 이미 귀로 듣고 눈으로 확인하였다. 임등이 발탁한 것을 또 듣고 확인한다면 이는 사람을 귀로 듣고 눈으로 확인하는 일이 언제까지나 그치지 않을[6] 것이다'라고 하였다. 임등은 하루 만에 두 중대부를 만나보고 전답과 택지를 주었다. 그러자 중모 사람들 가운데 농사 짓는 일을 버리고 집과 밭을 팔아 학문[7]을 따라하는 자가 고을의 절반이나 되었다.

壬登爲中牟令, 上言於襄主曰 : "中牟有士曰中章 · 胥己者, 其身甚修, 其學甚博, 君何不擧之?" 主曰 : "子見之, 我將爲中大夫." 相室諫曰 : "中大夫, 晉重列也, 今無功而受, 非晉臣之意. 君其耳而未之目邪!" 襄主曰 : "我取登, 旣耳而目之矣 ; 登之所取, 又耳而目之. 是耳目人絶無已也." 壬登一日而見二中大夫, 予之田宅. 中牟之人棄其田耘 · 賣宅圃而隨文學者, 邑之半.

1 中大夫－궁중 일을 맡아보는 부서의 장관.
2 重列－요직을 가리킴. 열(列)은 위(位)자와 같은 뜻.
3 晉臣之意－진(晉)에서 신하를 임명하는 기본 취지를 말함.
4 其耳－평판하는 소문을 귀로 들음.
5 未之目－아직 그것을 자기 눈으로 직접 확인해 보지 못하였음.
6 絶無已－끝내 그치지 않음. 여기서 절(絶)은 종(終)자로 쓰임.
7 文學－유(儒)나 묵(墨)의 고전. 법·령과 대립되는 학문.

숙향(叔向)이 평공(平公)을 모시고 앉아 정사를 아뢰었다.[1] 평공은
장딴지가 아프고 발이 저리며 근육에 경련이 일어나도[2] 앉은 자세
를 감히 흐트러뜨리지 않았다. 진(晉) 나라 사람들이 듣고서 모두
말하기를 '숙향은 현자다. 평공이 그를 예우하여 근육에 경련이 일
어나도 앉은 자세를 감히 흐트러뜨리지 않았다'라고 하였다. 그러자
진나라에 벼슬을 그만두고[3] 숙향을 사모하여 모여드는 자가 나라의
절반이나 되었다.

叔向御坐, 平公請事, 公腓痛足痺轉筋而不敢壞坐. 晉國聞之, 皆曰 : "叔
向賢者, 平公禮之, 轉筋而不敢壞坐." 晉國之辭仕託慕叔向者, 國之錘矣.

1 請事－신하가 군주에게 국사에 관한 자기 의견을 진언함.
2 轉筋－장딴지 근육에 경련이 일어남.
3 辭仕託－벼슬하거나 식객이 되어 몸을 의탁하던 것을 그만둠.

정현(鄭縣) 사람 중에 굴공(屈公)이란 자가 있었다. 적이라고 들으면
두려워서 기절하였다가[1] 두려움이 가라앉으면[2] 이내 되살아났다.

鄭縣人有屈公者, 聞敵, 恐, 因死, 恐已, 因生.

1 因死－여기서 사(死)는 실신(失神) 상태를 말함.
2 恐已－공포심이 멈춤. 이(已)는 지(止)자와 같음.

조(趙)의 주보(主父)가 이자(李疵)를 시켜 중산(中山)을 칠 만한가 아닌가를 살펴보게 하였다. 돌아와 보고하기를 '중산은 칠 만합니다. 군주께서 빨리 치지 않으면 장차 제(齊)나 연(燕)에게 뒤질 것입니다'라고 하였다. 주보가 말하기를 '무슨 까닭으로 칠 만하다고 하는가'라고 하였다. 이자가 대답하기를 '그 군주는 은자¹⁾ 만나기를 좋아합니다. 수레 덮개를 기울이고 함께 타²⁾ 가난한 동네 더러운 거리에 사는 선비를 만난 것이 수십 번이며 대등한 예우로³⁾ 처사에게 몸을 낮춘 것이 수백 번이나 됩니다'라고 하였다. 주보가 말하기를 '자네가 말한 것을 생각해 보니 이는 현군이다. 어찌 칠 만하다고 하는가'라고 하였다. 이자가 말하기를 '그렇지 않습니다. 도대체 은자를 드러내기 좋아하여 조정에 세운다면 전사들은 싸움터⁴⁾에서 게을리하게 되며 위로 학자를 높이고 아래로 처사를 조정에 내세운다면⁵⁾ 농부들은 농사일에 게으르게 됩니다. 전사들이 싸움터에서 게을리하게 된다는 것은 군대가 약해지는 것이며 농부들이 농사일에 게으르게 된다는 것은 나라가 가난해지는 것입니다. 군대가 적에게 약하고 나라가 안으로 가난하면서도 망하지 않은 적은 아직 없습니다. 치는 것이 또한 옳지 않겠습니까'라고 하였다. 주보가 말하기를 '좋다'라고 하였다. 군사를 일으켜 중산을 쳐 마침내 멸하였다.

趙主父使李疵視中山可攻不也. 還報曰: "中山可伐也. 君不亟伐, 將後齊·燕." 主父曰: "何故可攻?" 李疵對曰: "其君好見巖穴之士, 所傾蓋與車以見窮閭隘巷之士以十數, 伉禮下布衣之士以百數矣." 君曰: "以子言論, 是賢君也, 安可攻?" 疵曰: "不然. 夫好顯巖穴之士而朝之, 則戰士怠於行陣; 上尊學者, 下朝居士, 則農夫惰於田. 戰士怠於行陣者, 則兵弱也; 農夫惰於田者, 則國貧也. 兵弱於敵, 國貧於內, 而不亡者, 未之有也. 伐之不亦可乎?" 主父曰: "善." 擧兵而伐中山, 遂滅也.

[5]

제(齊) 환공(桓公)이 자주색 옷을 즐겨 입자 온 나라가 모두 자주색 옷을 입게 되었다. 이때를 맞아 흰 비단 다섯 필¹⁾을 가지고도 자주색 한 필을 바꿀 수가 없었다. 환공이 걱정되어 관중(管仲)에게 일러 말하기를 '내가 자주색 옷을 즐겨 입어 자주색 비단값이 대단히 비싸졌다. 온 나라 백성이 자주색 옷 즐겨 입기를 멈추지 않으니 내가 어찌하면 좋겠는가'라고 하였다. 관중이 말하기를 '군주께서 그것을 막으시려 하시면서 왜 자주색 옷을 입지 않도록 시험하지 않으십니까. 좌우 측근에게 일러서 "나는 자주색 옷 냄새가 대단히 싫다"고 말하십시오'라고 하였다. 환공이 말하기를 '좋다'고 하였다. 그래서 측근 중에 혹시²⁾ 자주색 옷을 입고 나오는 자가 있으면 환공이 반드시 말하기를 '좀 물러가라. 나는 자주색 옷 냄새가 싫다'고 하였다. 그날로 궁안³⁾에 자주색 옷을 입은 자가 없게 되었고 그 이튿날은 도성 가운데 자주색 옷을 입은 자가 없었으며 삼 일이 지나자 나라 영역 안에서 자주색 옷을 입은 사람이 없게 되었다.

齊桓公好服紫, 一國盡服紫. 當是時也, 五素不得一紫. 桓公患之, 謂管仲曰：“寡人好服紫, 紫貴甚, 一國百姓好服紫不已, 寡人奈何?” 管仲曰：“君欲止之, 何不試勿衣紫也? 謂左右曰：‘吾甚惡紫之臭.” 公曰：“諾. 於是左右適有衣紫而進者, 公必曰：“少卻, 吾惡紫臭.” 於是日, 郎中莫衣紫；其明日, 國中莫衣紫；三日, 境內莫衣紫也.

1 五素－여기서 소(素)는 생명주실로 짠 비단. 오(五)는 피륙의 분량을 말함.
2 適－혹(或) 또는 약(若)자와 같은 가정의 뜻.
3 郎中－궁안의 낭중(廊中)으로, 역시 군주의 측근을 가리킴.

일설에 말하기를 제왕(齊王)이 자주색 옷 입기를 좋아하여 제 사람 모두가 좋아하였다고 한다. 제나라에서는 흰 비단 다섯 필을 가지고도 자주색 한 필과 바꿀 수 없었다. 제왕은 자주색 비단값이 비싼 것을 걱정하였다. 모시던 이[1]가 왕을 설득하여 말하기를 '『시』(詩)에 이르기를 "몸소 자신이 하지 않으면 서민은 믿지 않는다"고 합니다. 지금 왕께서 민이 자주색 옷을 입지 않기를 바라신다면 왕 자신이 자주색 옷을 벗고 조회[2]를 보십시오. 신하들 가운데 혹 자주색 옷을 입고 나오는 자가 있으면 말씀하시기를 "더 멀리 있으라.[3] 나는 냄새가 싫다"고 하십시오'라고 하였다. 이날로 궁중에 자주색 옷을 입은 자가 없게 되었고 그 달로 도성 가운데 자주색 옷을 입은 자가 없게 되었으며 그 해로 나라 영역 안에 자주색 옷을 입은 사람이 없게 되었다고 한다.

一曰：齊王好衣紫, 齊人皆好也. 齊國五素不得一紫, 齊王患紫貴. 傅說王曰："《詩》云：'不躬不親, 庶民不信.' 今王欲民無衣紫者, 王請自解紫衣而朝. 群臣有紫衣進者, 曰：'益遠! 寡人惡臭.'" 是日也, 郎中莫衣紫；是月也, 國中莫衣紫；是歲也, 境內莫衣紫.

1 傅－시종 드는 신하. 여기서는 관중(管仲)을 가리킴.
2 朝－조정에서 정무를 맡아보는 절차.
3 益遠－거리 간격을 보다 더 멀리 떨어지게 함.

정(鄭)의 간공(簡公)이 자산(子産)에게 일러 말하기를 '나라가 작아서 초(楚)와 진(晉) 사이에 끼여[1] 있다. 지금 성곽이 온전하지 못하고 무기도 다 갖추지 못하였으니 뜻하지 않은 일[2]에 대비할 수가 없다'고 하였다. 자산이 말하기를 '제가 밖을 막는 일을³⁾ 이미 멀리까지 하였으며 안을 지키는 일을⁴⁾ 이미 단단하게 하였습니다. 나라가 비록 작지만 오히려 위험하지 않습니다. 군주께서는 걱정마십시오'라고 하였다. 이 때문에 간공은 죽을 때까지 우환이 없었다.

鄭簡公謂子産曰: "國小, 迫於荊·晉之間. 今城郭不完, 兵甲不備, 不可以待不虞." 子産曰: "臣閉其外也已遠矣, 而守其內也已固矣, 雖國小, 猶不危之也. 君其勿憂." 是以沒簡公身無患.

1 迫－국토가 강대국 사이에 끼여서 압박을 받음.
2 不虞－헤아리지 못하는 불의(不意)의 사태를 말함.
3 閉其外－외적이 쳐들어오지 못하도록 외교수단을 강구함.
4 守其內－인민을 잘 따르게 하여 국내의 안정을 꾀함.

일설에 이르기를 자산(子産)이 정(鄭)의 재상이었다고 한다. 간공(簡公)이 자산에게 일러 말하기를 '술을 마셔도 즐겁지 않거나 제물그릇이 크지 않거나 종과 북과 피리와 거문고 소리가 울리지 않는다면 나의 죄다. (그러나) 정사가 일정하지 않고 국가가 안정되지 못하며 백성이 다스려지지 않고 농사나 전쟁에 마음을 합치지¹⁾ 못한다면 또한 자네의 죄다. 자네가 맡은 직분이 있고 역시 내가 맡은 직분이 있다. 각각 그 직분을 지켜 나가자'라고 하였다. 자산이 물러나와 정사를 오 년 동안 맡아보자 나라 안에 도적이 없어지고 길에 흘린 것을 줍지 않으며 복숭아나 대추가 거리에 가득해도²⁾ 따는³⁾ 자가 없고 송곳을 길에 떨어뜨려도 삼 일 안에 돌아오며 삼 년 동안 흉년이 들어도⁴⁾ 인민이 굶주리지 않았다고 한다.

一曰: 子産相鄭, 簡公謂子産曰: "飮酒不樂, 俎豆不大, 鍾鼓竽瑟不鳴, 寡人之罪. 政事不一, 國家不定, 百姓不治, 耕戰不輯睦, 亦子之罪. 子有職, 寡人亦有職, 各守其職." 子産退而爲政五年, 國無盜賊, 道不拾遺, 桃棗之蔭於街者莫有援也, 錐刀遺道三日可反. 三年不變, 民無飢也.

1 輯睦 – 화목함. 집(輯)은 화(和)자와 같은 뜻. 협력함.
2 蔭於街 – 길거리를 가득 채움. 음(蔭)은 덮을 복(覆)자로 쓰임.
3 援 – 나무에 기어올라가 과일을 땀.
4 不變 – 변(變)은 편(便)자로 통함. 기후가 순조롭지 못함.

송(宋) 양공(襄公)이 초(楚)의 군사[1]와 탁곡(涿谷) 강가[2]에서 싸웠다. 송의 군사는 이미 전열을 갖추었으나[3] 초군은 아직 다 물을 건너오지 못하였다. 우장군[4] 구강(購强)이 종종걸음으로 나와서 간하여 말하기를 '초군은 많고 송군은 적습니다. 청하건대 초군을 반만 건너오게 하여 전열을 갖추기 전에 공격하면 반드시 무찌를 것입니다'라고 하였다. 양공이 말하기를 '내가 듣기로는 군자가 말하기를 "부상자를 두 번 다치게[5] 하지 말고 반백자[6]를 포로로 붙잡지 말며 사람을 험한 곳까지 밀어붙이지 말고 또 궁지로[7] 사람을 몰아넣지 말며 전열을 갖추지 못한 적을 공격하지[8] 말라"고 하였다. 지금 초가 아직 물을 건너오지 않았는데 이를 공격하면 의(義)를 해치게 된다. 초군을 모두 다 건너오게 하여 진지를 만들게 한 다음에 북을 쳐서 군사를 진격시키겠다'고 하였다. 우장군이 (다시) 말하기를 '군주께서는 송의 민초를 아끼지 않고 군사의 안전을 생각지 않으시며[9] 다만 의를 이루려 하실 뿐입니다'라고 하였다. 양공이 (노하여) 말하기를 '전열로 돌아가지 않으면[10] 군법에 걸 것이다'[11]라고 하였다. 우장군이 전열로 되돌아왔다. 초군은 이미 전열을 갖추고 진지를 구축하였다.[12] 양공이 이윽고 진격 북을 쳤다. 송군은 크게 패하고 양공도 허벅다리에 상처를 입어 삼 일 만에 죽었다. 이는 바로 제 스스로 인의를 그리다가 당한 화다. 대저 반드시 군주 자신이 직접 행한[13] 다음에야 민중이 따르게 될 것이라고 기대한다면 이는 바로 장차 군주가 농사지어 먹고 앞장서서 싸워야만[14] 민도 따라서 농사짓고 싸운다는 것이 된다. 그렇다면 군주는 너무나 위험하고 신하는 너무나 편안하지 않겠는가.

宋襄公與楚人戰於涿谷上. 宋人旣成列矣, 楚人未及濟. 右司馬購强趨而諫曰: "楚人衆而宋人寡, 請使楚人半涉未成列而擊之, 必敗." 襄公曰: "寡人聞君子曰: '不重傷, 不擒二毛, 不推人於險, 不迫人於阨. 不鼓不成列.' 今楚未濟而擊之, 害義. 請使楚人畢涉成陣而後鼓士進之." 右司馬曰: "君不愛宋民, 腹心不完, 特爲義耳." 公曰: "不反列, 且行法." 右司馬反列, 楚人已成列撰陣矣, 公乃鼓之. 宋人大敗, 公傷股, 三日而死. 此乃慕自親仁義之禍. 夫必恃人主之自躬親而後民聽從, 是則將令人主耕以爲食, 服戰鴈行也, 民乃肯耕戰, 則人主不泰危乎? 而人臣不泰安乎?

1 楚人-초(楚)의 군대. 인(人)은 군사를 가리킴.
2 涿谷上-지금 하남성 탁현(涿縣) 서쪽을 흐르는 강물가.
3 成列-싸우려고 전투 태세를 정비함. 전열(戰列)를 갖춤.
4 右司馬-여기서 사마(司馬)는 군사령관. 좌우 둘이 있었음.
5 重傷-전상 입은 부상자를 또 다시 다치게 함.
6 二毛-반백(斑白). 백발이 섞인 중노인을 말함.
7 阨-애(阨)는 좁을 애(隘)자와 통함. 막다른 곳.
8 鼓-전투에서 진격 명령의 신호로 북을 침.
9 腹心不完-복심(腹心)은 무부(武夫)를 가리킴. 즉 병사의 안전을 꾀하지 않음.
10 反列-전열의 자기 부서로 복귀함.
11 且行法-항명죄를 적용시켜 군법을 집행함. 차(且)는 앞으로 하겠다는 의사 표시.
12 撰陣-찬(撰)은 구(具)자와 마찬가지의 뜻. 진지를 구축함.
13 躬親-자기 스스로 행동을 직접 취함.
14 服戰鴈行-복전(服戰)은 전투에 참가함. 안행(鴈行)은 안열(雁列)과 같음. 나란히 함께 나아감.

제(齊) 경공(景公)이 소해(少海)[1]로 나가 노닐었다. 파발[2]이 도성으로부터 달려와 보고하기를 '안영(晏嬰)의 병이 심하여 위독합니다.[3] 공께서 늦으실까[4] 걱정입니다'라고 하였다. 경공이 황급하게 일어서는데 파발이 또 도착하였다. 경공이 말하기를 '서둘러 번저(煩且)[5]에 수레를 달고 마부[6] 한추(韓樞)를 시켜 부리게 하라'라고 하였다. 수백 보를 달려가다가 마부가 빨리 부리지 못한다고 여겨 고삐를 낚아채 대신 부렸다. 수백 보 가량[7] 부리다가 말이 잘 나가지 않는다[8]고 여겨 수레를 버리고 달려갔다. 번저와 같은 훌륭한 말과 마부 한추 같은 솜씨를 두고 수레에서 내려 달려가는 것보다 못하다고 생각하였다.

齊景公遊少海, 傳騎從中來謁曰:"嬰疾甚, 且死, 恐公後之." 景公遽起, 傳騎又至. 景公曰:"趣駕煩且之乘, 使騶子韓樞御之." 行數百步, 以騶爲不疾, 奪轡代之御 ; 可數百步, 以馬爲不進, 盡釋車而走. 以煩且之良而騶子韓樞之巧, 而以爲不如下走也.

1 少海 – 동쪽 바닷가의 한 지명. 발해(渤海)를 가리키기도 함.
2 傳騎 – 소식을 빨리 전하는 역말을 가리킴.
3 且死 – 막 죽게 됨. 명이 위독한 상태.
4 後之 – 여기서는 늦게 도착하여 임종을 보지 못한다는 뜻.
5 煩且 – 빨리 달리는 양마(良馬)의 이름.
6 騶子 – 말이나 수레를 부리는 마부. 어부(馭夫).
7 可 – 여기서 가(可)는 약(約)자와 마찬가지로 쓰임.
8 不盡 – 부진(不進). 빨리 나아가지 못함.

위(魏)의 소왕(昭王)이 관리가 하는 일을 참견하고[1] 싶어서 맹상군(孟嘗君)에게 일러 말하기를 '나는 관리가 하는 일을 참견하고 싶다'고 하였다. 맹상군이 말하기를 '왕께서 관리가 하는 일을 참견하고 싶으시다면 왜 법전을 시험삼아 숙독(熟讀)하지[2] 않으십니까'라고 하였다. 소왕이 법전 십여 쪽[3]을 읽다가 졸음이 와 누워서 자버렸다. 왕이 말하기를 '나는 이 법전을 읽을 수 없다'고 하였다. 도대체 자기가 몸소 권력을 행사하지[4] 않고 신하가 마땅히 해야 할 일을 하고 싶다고 하니 졸린 것이 또한 당연하지 않겠는가.

魏昭王欲與官事, 謂孟嘗君曰 : "寡人欲與官事." 君曰 : "王欲與官事, 則何不試習讀法?" 昭王讀法十餘簡而睡臥矣. 王曰 : "寡人不能讀此法." 夫不躬親其勢柄, 而欲爲人臣所宜爲者也, 睡不亦宜乎?

1 與官事 - 관리가 하는 관청 일에 관여함. 여(與)는 간예(干預)의 뜻.
2 習讀法 - 법전(法典)을 되풀이하여 읽음.
3 簡 - 형법을 기록한 대쪽. 죽간(竹簡)을 말함.
4 勢柄 - 권병(權柄)과 같음. 권력의 상태.

공자가 말하기를 '남의 군주가 된 자는 사발[1]과 같고 민은 물과 같다. 사발이 모나면 물의 모양도 모나고 사발이 둥글면[2] 물의 모양도 둥글다'고 하였다.

孔子曰 : "爲人君者, 猶盂也 ; 民, 猶水也. 盂方水方, 盂圜水圜."

1 盂 - 음식을 담는 그릇. 즉 사발.
2 圜 - 천체가 둥근 것처럼 완벽한 상태를 가리킴.

추(鄒)의 군주가 긴 갓끈 매기를 좋아하였다. 측근들도 모두 긴 갓끈을 매게 되어 갓끈 값이 대단히 비싸졌다. 추군이 그것을 걱정하여 측근에게 물었다. 측근이 말하기를 '군주께서 매기를 좋아하셔서 백성들 역시 많이 매기 때문에 비싸졌습니다'라고 하였다. 그래서 군주가 먼저 갓끈을 스스로 잘라 버리고 나오자 나라 안이 모두 긴 갓끈을 매지 않게 되었다. 추군은 명령을 내려 백성의 복장 제도[1]를 만드는 것으로는 그것을 금할 수 없어서 바로 갓끈을 잘라 버리고 나와 민에게 시범을 보였던 것이다. 이는 (자신이) 먼저 욕을 봄으로써[2] 민에게 임하는 태도다.

鄒君好服長纓, 左右皆服長纓, 纓甚貴. 鄒君患之, 問左右, 左右曰 : "君好服, 百姓亦多服, 是以貴." 君因先自斷其纓而出, 國中皆不服長纓. 君不能下令爲百姓服度以禁之, 乃斷纓出以示民, 是先戮以莅民也.

1 服度 - 의복 입는 관례 법도를 말함.
2 戮 - 여기서는 륙(戮)이 욕(辱)자로 통함. 모욕을 당함.

숙향(叔向)이 사냥한 짐승을 나눌 때 공이 많은 자는 많이 받고 공이 적은 자는 적게 받도록 하였다.[1]

叔向賦獵, 功多者受多, 功少者受少.

1 賦獵 - 사냥으로 잡아온 짐승을 실제 올린 공에 따라 분배함.

한(韓)의 소후(昭侯)가 신불해(申不害)[1]에게 일러 말하기를 '법의 규칙이란 실행하기가 대단히 어렵다'라고 하였다. 신불해가 말하기를 '법이란 것은 공을 확인하여 상을 주고 능력에 따라서 관직을 받게 하는 것입니다. 지금 군주께서는 법률 규정을 세우고서도 측근들의 청탁을 들어주고 있습니다. 이것이 실행하기 어려운 이유입니다'라고 하였다. 소후가 말하기를 '내가 오늘 이후로 법 실행 방법을 알았다. 내 어찌 청탁을 받아들이겠는가'라고 하였다. 어느 날 신불해가 종형(從兄)[2]을 관직에 벼슬시켜 달라고 청원하였다. 소후가 말하기를 '자네에게 배운 것과 다르다. 자네 청[3]을 받아들이고 자네의

도(道)를 파기할까[4] 아니면[5] 자네의 도를 써서 자네 청을 파기할까'
라고 하였다. 신불해가 집에 물러나 앉아 죄줄 것을 청하였다.

韓昭侯謂申子曰 : "法度甚不易行也." 申子曰 : "法者, 見功而與賞, 因能
而受官. 今君設法度而聽左右之請, 此所以難行也." 昭侯曰 : "吾自今以
來知行法矣, 寡人奚聽矣." 一日, 申子請仕其從兄官. 昭侯曰 : "非所學於
子也. 聽子之謁, 敗子之道乎, 亡其用子之道敗子之謁?" 申子辟舍請罪.

1 申子－한(韓) 소후(昭侯) 때의 재상 신불해(申不害). 술(術)을 주장한 사상가.
2 從兄－사촌형을 가리킴.
3 謁－청알(請謁)과 같음. 권력자에게 일을 부탁함.
4 敗－여기서는 파기(破棄)의 뜻으로, 일을 저버림.
5 亡－억(抑)자와 같은 뜻. 어조를 바꾸는 조사.

[6]
진(晉) 문공(文公)이 원(原)[1]을 쳤다. 열흘 분의 식량을 싸게 하여
그대로 병사들[2]과 열흘의 기한을 정하였다. 원에 이르러 열흘이 되
었으나 원이 함락되지 않자 종을 쳐서[3] 퇴각시켜 싸움을 그만두고
철수하려 하였다. 사병[4] 중에 원의 성안으로부터 탈출한 자가 있어
말하기를 '원은 삼 일 안에 함락될 것입니다'라고 하였다. 신하들과
측근이 간하여 말하기를 '대체로 원은 식량이 떨어지고 싸울 힘도
다하였습니다. 군주께서는 잠시만 기다리십시오'라고 하였다. 문공
이 말하기를 '나는 병사들과 열흘 기한을 정하였다. 철수하지 않는
다면 이는 신의를 잃는 것이 된다. 원을 얻느라 신의를 저버리는 일
을 나는 하지 않겠다'라고 하였다. 드디어 싸움을 그만두게 하고 되
돌아갔다. 원 사람이 그것을 듣고 말하기를 '군주됨[5]이 저와 같이
신의가 있다면 귀의하지[6] 않을 수 있겠는가'라고 하였다. 이에 문공
에게 항복하였다. 위(衛) 사람도 그것을 듣고 말하기를 '군주됨이

저와 같이 신의가 있다면 따르지 않을 수 있겠는가'라고 하고는 곧 문공에게 항복하였다. 공자가 그것을 듣고 기록하여 말하기를 '원을 쳐서 위까지 얻은 것은 신의 때문이다'라고 하였다.

晉文公攻原, 裹十日糧, 遂與大夫期十日. 至原十日而原不下, 擊金而退, 罷兵而去. 士有從原中出者, 曰 : "原三日卽下矣." 群臣左右諫曰 : "夫原之食竭力盡矣, 君姑待之." 公曰 : "吾與士期十日, 不去, 是亡吾信也. 得原失信, 吾不爲也." 遂罷兵而去. 原人聞曰 : "有君如彼其信也, 可無歸乎?" 乃降公. 衛人聞曰 : "有君如彼其信也, 可無從乎?" 乃降公. 孔子聞而記之曰 : "攻原得衛者, 信也."

1 原－지금의 하남성 제원현(濟源縣) 서북쪽 지역.
2 大夫－여기서는 군의 지휘관 장교를 말함.
3 擊金－금(金)은 쇠북 종(鍾). 전투시에 퇴각 명령으로 종을 치고 진격 명령은 북을 침.
4 士－적정을 염탐하러 들어간 첩자.
5 有君－위군(爲君)과 같음. 군주의 됨됨이. 그 인품을 가리킴.
6 歸－귀순하여 자기 몸을 의탁함.

문공(文公)이 기정(箕鄭)¹⁾에게 묻기를 '기근을 구제하려면 어찌하여야 되는가'라고 하였다. 대답하기를 '신의를 지켜야 합니다'라고 하였다. 문공이 '어떤 신의인가'라고 물었다. 대답하기를 '관직 명칭의 신²⁾입니다. 그 명칭에 믿음이 가면 신하들이 직분을 지키고 아래위 분수를 어기지³⁾ 않으며 모든 일을 게을리하지 않습니다. 일에 믿음이 가면⁴⁾ 농사 시기를 놓치지 않으며 백성들은 소홀히 하지 않습니다. 도리에 신의가 있으면⁵⁾ 가까이 있는 자는 부지런히 일하게 되고 멀리 있는 자는 귀의하게 됩니다'라고 말하였다.

文公問箕鄭曰 : "救餓奈何?" 對曰 : "信." 公曰 : "安信?" 曰 : "信名. 信

名, 則群臣守職, 善惡不踰, 百事不怠 ; 信事, 則不失天時, 百姓不偸 ; 信
義, 則近親勸勉而遠者歸之矣."

1 箕鄭－문공(文公)을 섬긴 진(晉)의 대부(大夫).
2 信名－명(名)은 관의 명칭. 명목을 확실히 세워 실제와 부합할 수 있게 함.
3 善惡不踰－선악(善惡)은 아래위 신분의 구분. 질서가 문란하지 않음.
4 信事－여기서 사(事)는 군주가 민을 사역하는 방식을 말함.
5 信義－의(義)는 군신관계. 도리를 굳게 지켜 어기지 않음.

오기(吳起)가 밖에 나갔다가 옛 친구를 만나 가던 길을 멈추게 하
여 식사하자고 권하였다.[1] 친구가 말하기를 '좋다. 방금 돌아와서
하겠다'[2]고 하였다. 오기가 말하기를 '자네를 기다려서 식사하겠다'
고 하였다. 친구는 해가 지도록 오지 않았다. 오기는 먹지 않고 그
를 기다렸다. 이튿날 일찍이 사람을 시켜 친구를 찾았다. 친구가 와
서 비로소 함께 식사하였다.

吳起出, 遇故人而止之食. 故人曰 : "諾, 今返而御." 吳子曰 : "待公而食."
故人至暮不來, 起不食待之. 明日早, 令人求故人. 故人來, 方與之食.

1 止之食－식사를 함께 들자고 가던 길을 만류함.
2 御－여기서 어(御)는 진식(進食)과 같음. 식사하러 나감.

위(魏) 문후(文侯)가 우인(虞人)[1]과 사냥 날짜를 약속하였다. 이튿날
마침 날씨가 강풍이어서 측근이 말렸다. 문후가 듣지 않고 말하기
를 '안 된다. 바람이 강하다는 이유로 신의를 잃는 일을 나는 하지
않겠다'고 하였다. 그대로 자기가 수레를 몰아 달려가 비바람을 무
릅쓰고[2] 우인을 쉬게 하였다.

魏文侯與虞人期獵. 明日, 會天疾風, 左右止. 文侯不聽, 曰 : "不可. 以風

疾之故而失信, 吾不爲也." 遂自驅車往, 犯風而罷虞人.

1 虞人－왕후의 사냥터를 관리하는 직책의 사람.
2 犯風－비바람 속을 무릅쓰고 나감.

증자(曾子)의 처가 시장에 가는데 아들이 따라오며 울었다. 어머니가 말하기를 '너는 돌아가거라. 돌아와서[1] 너를 위하여 돼지를 잡겠다'고 하였다. 처가 시장에 갔다오자 증자가 돼지를 붙잡아 죽이려 하였다. 처가 그것을 말리며 말하기를 '다만 어린아이와 장난했을 뿐이다'라고 하였다. 증자가 말하기를 '어린아이와 장난하면 안 된다.[2] 어린아이는 아는 것이 없다. 부모를 의지하여 배우므로 부모의 가르침을 듣는다. 만일 자식을 속인다면 이는 자식에게 속임을 가르치는 것이 된다. 어머니가 자식을 속이면 자식이 되어 어머니를 믿지 않게 되니 가르침을 이루는 것이 아니다'라고 하였다. 그대로 돼지를 잡아 삶았다.

曾子之妻之市, 其子隨之而泣. 其母曰:"女還, 顧反爲女殺彘." 妻適市來, 曾子欲捕彘殺之. 妻止之曰:"特與嬰兒戱耳." 曾子曰:"嬰兒非與戱也. 嬰兒非有知也, 待父母而學者也, 聽父母之敎. 今子欺之, 是敎子欺也. 母欺子, 子而不信其母, 非以成敎也." 遂烹彘也.

1 顧反－고(顧)와 반(反) 두 글자 모두 되돌아옴.
2 非與－여기서 비(非)는 불가(不可)의 뜻. 장난 상대가 아님.

초(楚)의 여왕(厲王)은 경보[1]로 북을 쳐서 백성과 함께 방비[2]를 하였다. 술을 마셔 취한 끝에 잘못 북을 쳐 민이 크게 놀랐다. 사람을 시켜 말리며[3] 말하기를 '내가 술에 취하여 측근들과 장난하다가 잘못 쳤다'고 하였다. 민이 모두 파하였다.[4] 몇 달 있다가 경보가 나

북을 쳤으나 민이 달려오지 않았다. 이에 명령을 거듭 내려[5] 분명히 전한[6] 다음에야 민이 그것을 믿게 되었다.

楚厲王有警爲鼓以, 與百姓爲戍. 飮酒醉, 過而擊之也, 民大驚. 使人止之, 曰："吾醉而與左右戱, 過擊之也." 民皆罷. 居數月, 有警, 擊鼓而民不赴. 乃更令明號而民信之.

1 有警 - 비상시의 경보장치. 적의 침입을 알림.
2 爲戍 - 적을 막아 나라를 지킴.
3 止之 - 방어태세에 들어가는 것을 그만두게 함.
4 皆罷 - 경보를 듣고 모여든 민이 모두 해산함.
5 更令 - 반복하여 명령함. 갱(更)은 거듭 신(申)자로 통함.
6 明號 - 호령을 확실하게 함.

이회(李悝)가 좌우 군문(軍門)[1]의 병사들에게 경계하여 말하기를 '엄격하게 경계하라. 적군이 곧 다가와서[2] 너희들을 칠 것이다'라고 하였다. 이와 같은 것을 두세 번 하였으나 적은 오지 않았다. 좌우 군문의 병사들은 군기가 해이해지고 이회의 말을 믿지 않게 되었다. 몇 달 있다가 진(秦)의 군대가 습격해 와서 그 군대가 거의 전멸하기에[3] 이르렀다. 이것은 믿지 않았던 재앙이다.

李悝警其兩和, 曰："謹警, 敵人旦暮且至擊汝." 如是者再三而敵不至. 兩和懈怠, 不信李悝. 居數月, 秦人來襲之, 至幾奪其軍. 此不信患也.

1 兩和 - 좌우 군문(軍門)의 병사를 가리킴. 화(和)는 군의 진지를 표시하려고 세운 깃대.
2 旦暮 - 아침 저녁. 여기서는 막 눈앞에 다가옴을 말함.
3 幾奪 - 군대가 거의 전멸 상태에 이름.

일설에 이르기를 이회(李悝)가 진(秦)의 군대와 싸웠다고 한다. 왼쪽 군문의 병사들에게 일러 말하기를 '속히 올라가라.[1] 오른쪽 병사들은 벌써 다 올라갔다'고 하였다. 또 달려가서 오른쪽 군문에 이르러 말하기를 '왼쪽 병사들은 벌써 다 올라갔다'고 하였다. 좌우 군문의 병사들이 말하기를 '올라가자'고 하고는 모두들 다투어 올라갔다. 그 다음해에 진의 군대와 싸웠다. 진군에게 습격을 당해 그 군대가 거의 전멸하기에 이르렀다. 이것은 믿지 않았던 재앙이다.

一曰 : 李悝與秦人戰, 謂左和曰 : "速上! 右和已上矣." 又馳而至右和曰 : "左和已上矣." 左右和曰 : "上矣." 於是皆爭上. 其明年, 與秦人戰. 秦人襲之, 至幾奪其軍. 此不信之患.

1 速上－여기서 상(上)은 병사가 성벽 위로 올라가 적을 기다림.

서로 다투는[1] 자가 있었다. 자산(子産)이 따로 떼어 놓아 말을 서로 통할 수 없게 하고는 그 말을 거꾸로 일러서 (일의 진상을) 알아냈다.[2]

有相與訟者, 子産離之而毋得使通辭, 到其言以告而知也.

1 相與訟－두 사람이 서로 함께 소송을 제기함.
2 到其言－도(到)는 도(倒)자로 통함. 한 쪽이 한 말을 역으로 다른 쪽에 말해줌.

위(衛)의 사공(嗣公)이 사람을 시켜 거짓으로 관문을 통과하게[1] 하였다. 관문지기가 그를 꾸짖었다. 그래서 돈으로 관문지기에게 사정을 하자[2] 관문지기가 이내 놓아 주었다. 사공이 관문지기에게 일러 말하기를 '아무 때에 통과하는 객이 있었다. 그런데 너에게 돈을 주었기 때문에 보내 주었다[3]고 하였다. 관문지기가 크게 놀라 사공이 잘 살펴볼 줄 안다고 여겼다.

衛嗣公使人僞關市, 關市呵難之, 因事關市以金, 關市乃舍之. 嗣公謂關
市曰：“某時有客過而予汝金, 因譴之.” 關市大恐, 以嗣公爲明察.

1 僞關市－일부러 사람을 시켜 관문을 통과하게 함. 관시(關市)는 국경의 관문
  을 지키는 벼슬아치.
2 因事－잘못을 용서해 달라고 뇌물을 주며 비는 것.
3 譴之－견(譴)은 보낼 견(遣)자와 같이 쓰임.

33 외저설 좌하(外儲說左下)

경(經)

[1]

죄를 가지고 벌을 받으면 사람들이 위를 원망하지 않는다. 발 잘린 자¹⁾가 자고(子皐)²⁾를 살려 주었다. 공로를 가지고 상을 받으면 신하가 군주의 은덕이라 생각하지 않는다. 적황(翟璜)은 우계(右契)³⁾를 손에 든 것같이 하며 수레에 올라탔다.⁴⁾ 양왕(襄王)은 이를 알지 못하였기 때문에 소묘(昭卯)가 오승(五乘)을 받아도 짚신 신은⁵⁾ 것같이 여겼다. 위가 임용을 잘못하지 않고 신하가 재능을 속이지 않으면 신하들은 저 소실주(少室周)⁶⁾와 같이 될 것이다.

以罪受誅, 人不怨上, 跀危生子皐 ; 以功受賞, 臣不德君, 翟璜操右契而乘軒. 襄王不知, 故昭卯五乘而履屬. 上不過任, 臣不誣能, 卽臣將爲夫少室周.

1 跀危－월(跀)은 발을 자르는 형벌. 위(危)는 궤(跪)자로 통함.
2 子皐－공자의 제자 자고(子羔). 법 집행을 신중히 하였다고 전함.
3 右契－계(契)는 일종의 약속어음. 우(右)는 좌(左)보다 고급의 뜻. 응분의 포

600

상이라 생각함.
4 乘軒－헌(軒)은 대부(大夫) 신분 이상의 사람이 타는 수레.
5 履屩－교(屩)는 짚신 갹(屩)자와 같음. 미천한 신분을 말함.
6 少室周－소실(少室)은 성이며 주(周)는 이름. 자기보다 우수한 이를 추천한 자로 알려짐.

[2]

세(勢)를 의지할 것이며 신(信)을 믿어서는 안 된다.[1] 그러므로 동곽아(東郭牙)가 관중(管仲)을 비판하였다. 술(術)을 의지할 것이며 신을 믿어서는 안 된다. 그러므로 혼헌(渾軒)이 문공(文公)을 비난하였다. 따라서 술을 갖춘 군주는 반드시 상을 주어서 능력을 다하게 하고 반드시 벌을 주어서 사악을 금하게 한다. 비록 불순한 일[2]이 있더라도 반드시 이득을 보게 될 것이다. 간주(簡主)가 양호(陽虎)를 가신으로 삼고 애공(哀公)이 발 하나의 뜻을 물은[3] 일이 있다.

恃勢而不恃信, 故東郭牙議管仲；恃術而不恃信, 故渾軒非文公. 故有術之主, 信賞以盡能, 必罰以禁邪, 雖有駮行, 必得所利. 簡主之相陽虎, 哀公問"一足".

1 不恃信－신의는 믿을 것이 못됨. 세(勢)와 술(術)을 강조함.
2 駮行－박(駮)은 잡박(雜駮)하다는 뜻. 순수하지 못한 행동.
3 問一足－노(魯) 애공(哀公)이 공자에게 음악에 능통한 전설적인 악사의 발이 하나였는가 그 진위를 물음.

[3]

신하와 군주 사이의 도리를 상실하여 문왕(文王)은 스스로 신을 신고 조심하게[1] 되었다. 조정과 집[2]에서의 처신을 바꾸지 않아 계손(季孫)은 평생 근엄을 지키다가 해를 입었다.

失臣主之理, 則文王自履而矜. 不易朝燕之處, 則季孫終身莊而遇賊.

1 矜－여기서 긍(矜)은 장(莊) 또는 경(敬)자의 뜻. 엄숙함.
2 朝燕－조(朝)는 조정의 의례. 연(燕)은 안거(安居). 집안에서 느긋하게 쉴 때
  를 말함.

[4]

금하여야 할 것을 이득된다 하고 이득되는 것을 금하면 비록 신(神)
일지라도 행할 수 없다. 처벌할 자를 칭찬하고 상줄 자를 헐뜯으면
비록 요(堯)라고 할지라도 다스리지 못한다. 도대체 문을 만들어 놓
고 들어가지 못하게 하며 이득되는 것을 마련해 놓고[1] 나아가지 못
하게 하면 난을 일으키는 원인이 된다. 제후(齊侯)가 측근의 청을
받아들이지 않고 위주(魏主)가 칭찬하는 말[2]을 듣지 않고 분명히
살펴서 여러 신하들의 형편을 비추어볼 수 있었다면 거(鉅)[3]가 돈
을 들이지 않고 잔(屛)[4]이 옥을 쓰지도 않았을 것이다. 서문표(西門
豹)가 다시 업(鄴) 땅을 다스리고 싶다고 청한 것으로 충분히 알
수[5] 있다. 마치 도둑의 어린아이가 갖옷을 자랑하고 발 잘린 자의
아들이 그 바지[6]를 좋다고 하는 것과 같다. 자작(子綽)이 좌우 두
손으로 그림을 그리고[7] 개미를 쫓거나 파리를 몰아 내는 일과 같다.
어찌 환공(桓公)이 벼슬 구하는 자가 많은 것[8]을 근심하지 않고 선
왕(宣王)이 말 마르는 것[9]을 걱정하지 않게 할 수 있겠는가.

利所禁, 禁所利, 雖神不行 ; 譽所罪, 毁所賞, 雖堯不治. 夫爲門而不使入,
委利而不使進, 亂之所以産也. 齊侯不聽左右, 魏主不聽譽者, 而明察照
群臣, 則鉅不費金錢, 屛不用璧. 西門豹請復治鄴, 足以知之. 猶盜嬰兒之
矜裘, 與跀危子榮衣. 子綽左右畵, 去蟻驅蠅. 安得無桓公之憂索官, 與宣
王之患臞馬也?

1 委利 - 이권 자리를 마련함. 위(委)는 치(置)자와 같은 뜻.
2 譽者 - 추천하려고 지나치게 칭찬해 주는 말.
3 鉅 - 제(齊)의 유명한 거사(居士).
4 屛 - 위(魏)의 유명한 거사.
5 知之 - 측근의 영향력이 크다는 사실을 앎.
6 榮衣 - 발 잘린 자는 바지를 입지 않기 때문에 언제나 새것이라고 좋아함. 의
   (衣)는 고(袴)자의 뜻.
7 左右畫 - 왼손으로 네모난 것을 그리고 오른손으로 동그라미를 그림. 어느 쪽
   도 잘 안됨.
8 索官 - 벼슬자리를 구하는 자가 많음.
9 臞馬 - 구(臞)는 척(瘠)자와 같음. 말이 비쩍 마름.

[5]

신하가 겸손과 검약을 선행으로[1] 여기면 작위가 선을 권하기에[2] 부
족하다. 은총과 광영이 도에 지나치면 신하가 군주를 침해하고 핍
박하게 된다. 이론의 근거는 묘(苗)의 분황(賁皇)이 헌공(獻公)을 비
난하고 공자가 안영(晏嬰)을 비판한 데에 있다. 공자는 관중(管仲)
과 손숙오(孫叔敖)를 논난하였으나 그 들고 나는 모양[3]이 달랐다.
양호(陽虎)가 가신을 추천한 일[4]을 말한 데 대하여 간주(簡主)의 신
하 대하는 응답은 군주의 술(術)을 잃어버린 것이다. 패거리를 지어
서 뭉치며[5] 신하가 바라는 것을 할 수 있다면 군주는 고립된다. 신
하들이 공정하게 천거하고 아랫사람이 패거리를 짓지 않으면 군주
가 밝게 살필 수 있다. 양호도 조무(趙武)의 현명함과 해호(解狐)의
공정을 본받으려[6] 하였는데 간주는 지극(枳棘)[7]처럼 여겼으니 나라
다스리는 가르침의 근본이 아니다.

臣以卑儉爲行, 則爵不足以觀賞 ; 寵光無節, 則臣下侵偪. 說在苗賁皇非
獻伯, 孔子議晏嬰. 故仲尼論管仲與孫叔敖. 而出入之容變, 陽虎之言見
其臣也. 而簡主之應人臣也失主術. 朋黨相和, 臣下得欲, 則人主孤 ; 群
臣公擧, 下不相和, 則人主明. 陽虎將爲趙武之賢, 解狐之公, 而簡主以爲

枳棘, 非所以敎國也.

1 爲行-선행(善行), 즉 미덕으로 삼음.
2 觀賞-상을 주어 선을 행하도록 권장함. 관(觀)은 권(勸)자로 통함.
3 出入之容-분수에 안 맞는 사치를 하거나 검약이 지나친 상태가 서로 같지
  않음을 말함.
4 見其臣-견(見)은 군주를 뵙도록 추천함. 양호(陽虎)가 자신이 추천한 가신에
  게 배신당한 일.
5 相和-서로 패거리를 지어서 굳게 결속을 다짐.
6 將爲-흉내내거나 배워서 똑같이 하려고 함.
7 枳棘-탱자나무와 가시나무. 둘 다 좋지 않은 것을 가리킴.

[6]
공실(公室)의 권위가 떨어지면 진언을 꺼리게 되고 사행(私行)¹⁾이
기승을 부리면 공적이 적어진다. 그 논리의 근거는 문자(文子)²⁾가
직언을 하자 무자(武子)가 매를 들고 자산(子産)이 진심으로 간하자
자국(子國)³⁾이 화내며 꾸짖은 데에 있다. 양거(梁車)가 법을 적용하
자 성후(成侯)가 관인을 거두어들이고 관중(管仲)이 공정히 하자 봉
인(封人)⁴⁾이 그를 원망하며 비방하였다.

公室卑, 則忌直言 ; 私行勝, 則少公功. 說在文子之直言, 武子之用杖 ;
子産忠諫, 子國譙怒 ; 梁車用法, 而成侯收璽 ; 管仲以公, 而封人謗怨.

1 私行-사적으로 명분을 내세우는 행위. 공공(公功)의 대칭.
2 文子-진(晉)의 범문자(范文子). 무자(武子)는 그의 아버지.
3 子國-정(鄭) 자산(子産)의 아버지.
4 封人-제후들의 봉강(封疆) 변경을 지키는 관리.

전(傳)

[1]
공자가 위(衛)에서 재상이었을 때 제자인 자고(子皐)가 법관이 되어

죄인의 발을 잘랐다.[1] 발 잘린 자[2]가 성문을 지켰다. 사람들 가운데 위군에게 공자를 헐뜯는 자가 있어 말하기를 '공자[3]가 반란을 일으키려고 합니다'라고 하였다. 위군이 공자를 잡아들이려고 하였다. 공자는 달아나고 제자들도 모두 도망쳤다. 자고는 뒤늦게 성문을 나가려 하였는데[4] 발 잘린 자[5]가 그를 인도하여 문 아래 방 속으로 도피시켰다. 관리가 쫓아왔으나 붙들지 못하였다. 밤중에 자고가 발 잘린 자에게 묻기를 '내가 군주의 법령을 어길[6] 수 없어서 자네 발을 직접 잘랐다. 이제 자네가 원수를 갚을 때다. 그런데 자네는 무슨 까닭으로 나를 굳이 도망치게 하는가. 내가 무엇 때문에 자네에게 이 덕[7]을 보는가'라고 하였다. 발 잘린 자가 말하기를 '제가 발 잘린 것은 본래 저의 죄에 마땅한 것으로 어찌할 수 없었습니다. 그러나 공께서 막 저를 재판하려 하실 때 법령을 살펴보시고[8] 앞뒤로 말을 거들어 주시며[9] 저의 죄를 면하게 해주시려고 대단히 마음을 쓰셨습니다. 저는 그것을 잘 알고 있습니다. 판결이 나서 죄목이 정해지자 공께서 애처로워하시고[10] 좋지 않은 기색이 얼굴에 보였습니다. 저는 보고서 또 잘 알고 있습니다. 그것은 저 개인에 대한 것이 아니라 천성이 어진 마음이어서 본래 그러신 것이었습니다. 이것이 제가 기꺼이 공에게 은덕을 갚는[11] 이유입니다'라고 하였다. 공자가 말하기를 '관리 구실을 훌륭하게 하는 자는 덕을 심고 관리 구실을 잘 하지 못하는 자는 원한을 심는다. 개(槩)[12]라 하는 것은 말[13]을 고르는 것이며 관리라 하는 자는 법을 고르게 다루는 자다. 나라를 다스리는 자가 공평을 잃어서는 안 된다'라고 하였다.

孔子相衛, 弟子子皐爲獄吏, 刖人足, 所刖者守門. 人有惡孔子於衛君者, 曰：“尼欲作亂.” 衛君欲執孔子. 孔子走, 弟子皆逃. 子皐從出門, 刖危引之而逃之門下室中, 吏追不得. 夜半, 子皐問刖危曰：“吾不能虧主之法令而親刖子之足, 是子報仇之時也, 而子何故乃肯逃我? 我何以得此於子?”

跀危曰："吾斷足也, 固吾罪當之, 不可奈何. 然方公之欲治臣也, 公傾側法令, 先後臣以言, 欲臣之免也甚, 而臣知之. 及獄決罪定, 公憱然不悅, 形於顏色, 臣見又知之. 非私臣而然也, 夫天性仁心固然也. 此臣之所以悅而德公也." 孔子曰："善爲吏者, 樹德；不能爲吏者樹怨. 槩者, 平量者也；吏者, 平法者也. 治國者, 不可失平也."월

1 跀人足 – 월(跀)은 죄인의 발을 자르는 고대 형벌 중의 하나.
2 所跀者 – 월(跀)은 월(刖)자와 같음. 형을 받은 절름발이.
3 尼 – 공자의 자(字)인 중니(仲尼)를 가리킴.
4 從出門 – 뒤따라 성문을 탈출하려고 함.
5 跀危 – 여기서 위(危)는 궤(跪)자와 마찬가지로 발이 불편함을 표현한 말.
6 虧 – 감(減) 또는 손(損)자의 뜻으로 일을 거역함.
7 得此 – 득(得)은 덕(德)자로 통함. 은덕을 가리킴.
8 傾側 – 관심을 기울임. 법령을 곡진하게 검토함.
9 以言 – 죄인을 신문할 때 여러 모로 유리한 조언을 해줌.
10 憱 – 축(憱)은 축(蹙)자와 같음. 걱정스러워하는 표정.
11 德公 – 여기서는 은혜를 갚는다는 뜻으로 쓰임.
12 槩 – 곡식을 잴 때 말을 고르게 미는 막대. 평미래.
13 量 – 여기서 양(量)은 곡식 재는 말을 가리킴.

전자방(田子方)[1]이 제(齊)로부터 위(魏)에 갔다. 적황(翟璜)이 수레를 타고 기마병을 거느리고 밖으로 나가는 것을 멀리 바라보며 전자방은 문후(文侯)[2]의 행차라고 여겼다. 수레를 옆길로 옮겨서[3] 피해 보니 바로[4] 적황이었다. 전자방이 묻기를 '자네가 어떻게 이런 수레를 타는가'라고 하였다. 대답하기를 '군주께서 중산(中山)을 치려고 꾀하실 때 제가 적각(翟角)을 추천하여 계획을 이루었습니다. 실제로[5] 칠 때 악양(樂羊)을 추천하여 중산을 함락시켰습니다. 중산 땅을 얻어 다스리려고 걱정할 때 이극(李克)을 추천하여 중산이 잘 다스려졌습니다. 이런 까닭으로 군주께서 이 수레를 내려 주셨습니다'라고 말하였다. 전자방이 말하기를 '은총이 공로에 비해[6] 오히려 박하다'고 하였다.

田子方從齊之魏, 望翟璜乘軒騎駕出, 方以爲文侯也, 移車異路而避
之, 則徒翟璜也. 方問曰:"子奚乘是車也?"曰:"君謀欲伐中山, 臣
薦翟角而謀得;果且伐之, 臣薦樂羊而中山拔;得中山, 憂欲治之, 臣
薦李克而中山治, 是以君賜此車."方曰:"寵之稱功尙薄."

1 田子方－전국 초기 위(魏) 문후(文侯)의 스승. 이름은 무택(無擇).
2 文侯－위(魏)의 군주. 현인을 잘 예우하였다고 전해짐.
3 異路－샛길. 귀인의 행차를 피하려고 다른 길로 감.
4 徒－여기서 도(徒)는 내(乃)자와 같은 뜻.
5 果且－막상 일을 실제로 하려고 함.
6 寵之稱功－영광이 그 공로에 어울림. 공에 알맞은 상.

진(秦)과 한(韓)이 위(魏)를 치려고 할 때 소묘(昭卯)가 서쪽으로 가
서 달래 진·한을 그만두게 하고 제(齊)와 초(楚)가 위를 치려고 할
때 소묘가 역시 동쪽으로 가서 제·초를 달래어 그만두게 하였다.
위 양왕(襄王)은 그를 오승(五乘)의 장군으로 봉하였다.[1] 소묘가 말
하기를 '백이가 장군의 예우로 수양산 기슭에 묻혔을 때 천하 사람
들이 "도대체 백이의 밝음과 그 높은 인덕을 가지고서 장군의 예우
로 묻혔으니 이는 수족도 가리지 못한[2] 꼴이다"라고 말하였습니다.
지금 제가 네 나라 군사를 막았는데도 왕께서 겨우 오승의 녹을 저
에게 주셨습니다. 이것은 공적에 견주어볼 때 마치 행전을 치고서[3]
짚신을 신는 것[4]과 같습니다'라고 하였다.

秦·韓攻魏, 昭卯西說而秦·韓罷;齊·荊攻魏, 卯東說而齊·荊罷. 魏
襄王養之以五乘將軍. 卯曰:"伯夷以將軍葬於首陽山之下, 而天下曰:
'夫以伯夷之賢與其稱仁, 而以將軍葬, 是手足不掩也.' 今臣罷四國之兵,
而王乃與臣五乘, 此其稱功, 猶贏縢而履蹻."

1 養之 — 봉록을 주어 노고를 치하함. 오승밖에 안 되는 허술한 영주로 봉해줌.
2 手足不掩 — 매장할 때 시신의 손발도 가리지 못할 정도의 박장(薄葬)을 가리
   키는 말.
3 贏縢 — 리(贏)는 얽어맴. 등(縢)은 행전. 이익을 많이 냄.
4 履蹻 — 교(蹻)는 짚신 각(屩)자로 통함. 신분이 낮은 몸차림.

소실주(少室周)라는 자는 옛날의 예의 바르고 청렴 강직한 사람으
로 조(趙) 양주(襄主)의 역사(力士)[1]였다. 그런데 중모(中牟)의 서자
(徐子)와 힘을 겨루어[2] 지자 안에 들어가 양주에게 자기를 바꾸어
달라고 말하였다. 양주가 말하기를 '자네의 그 자리[3]는 남들이 하고
싶어하는 것이다. 무엇 때문에 서자로 자신을 바꾸어 달라고 하는
가'라고 하였다. 대답하기를 '신은 힘을 가지고 군주를 섬기는 자입
니다. 이제 서자의 힘이 신보다 강합니다. 신이 스스로 교체하지 않
는다면 아마도 다른 사람이 말하게 되어 힐책당할[4] 것입니다'라고
하였다.

少室周者, 古之貞廉潔慤者也, 爲趙襄主力士. 與中牟徐子角力, 不若也,
入言之襄主以自代也. 襄主曰: "子之處, 人之所欲也, 何爲言徐子以自
代?" 曰: "臣以力事君者也. 今徐子力多臣, 臣不以自代, 恐他人言之而
爲罪也."

1 力士 — 귀인의 호위를 맡은 힘센 장사. 경호원을 가리킴.
2 角力 — 각(角)은 교(校)자와 같음. 힘 겨루기를 함.
3 處 — 여기서는 자리 위(位)자의 뜻으로 직책을 가리킴.
4 爲罪 — 자기보다 힘센 자를 숨겼다고 죄를 물음.

일설에 따르면 소실주가 양주(襄主)의 참승(驂乘)[1]이 되었다고 한
다. 그가 진양(晉陽)에 갔을 때 우자경(牛子耕)이란 힘센 장사가 있
었다. 함께 힘 겨루기를 하였는데 이기지 못하였다. 소실주가 양주

에게 말하기를 '군주께서 신에게 참승을 시키신 까닭은 신이 힘이 세기 때문입니다. 지금 신보다 힘센 자가 있어 그를 천거하고²⁾ 싶습니다'라고 하였다.

一日：少室周爲襄主驂乘, 至晉陽, 有力士牛子耕, 與角力而不勝. 周言於主曰："主之所以使臣騎乘者, 以臣多力也. 今有多力於臣者, 願進之."

1 驂乘－경호하기 위하여 귀인의 수레 곁에 함께 타는 직책.
2 願進－사람을 추천하겠다는 의사 표시로 간곡히 하는 말.

[2]

제(齊) 환공(桓公)이 장차 관중(管仲)을 세워 중부(仲父)¹⁾로 삼으려 하였다. 신하들에게 명령하여 말하기를 '내가 앞으로 관중을 세워 중부라 부르겠다. 좋다²⁾고 보는 자는 문으로 들어와서 왼쪽에 서고 좋지 않다고 보는 자는 문으로 들어와서 오른쪽에 서라'고 하였다. 동곽아(東郭牙)가 가운데 문으로 들어와서 섰다. 환공이 말하기를 '내가 앞으로 관중을 세워 중부로 삼아도 좋다고 보는 자는 왼쪽에 서고 좋지 않다고 보는 자는 오른쪽에 서라는 명령을 내렸다. 지금 자네는 무엇 때문에 문 가운데 서 있는가'라고 물었다. 동곽아가 말하기를 '관중의 지혜로 능히 천하를 도모할 수 있다고 보십니까'라고 하였다. 환공이 말하기를 '능히 할 수 있다'고 하였다. '결단력³⁾을 가지고 감히 대사를 결행할 수 있다고 보십니까'라고 물었다. 환공이 말하기를 '감히 할 수 있다'고 하였다. 동곽자가 말하기를 '만약 지혜가 능히 천하를 도모할 수 있고 결단력이 감히 대사를 결행할 수 있으며 군주께서 또 국가 권력을 온통 그에게 맡기신다면⁴⁾ 관중의 능력으로 공(公)이라는 세위를 타서 제나라를 다스리게 되는데 위험하지 않을 수 있겠습니까'라고 하였다. 환공이 말하기를 '그렇겠다'고 하였다. 이에 습붕(隰朋)을 시켜 안을 다스리게 하고 관중은 밖을 다스려서 상호 견제하게[5] 하였다.

齊桓公將立管仲爲仲父, 令群臣曰 : "寡人將立管仲爲仲父. 善者入門而左, 不善者入門而右." 東郭牙中門而立. 公曰 : "寡人立管仲爲仲父, 令曰 : '善者左, 不善者右.' 今子何爲中門而立?" 牙曰 : "以管仲之智, 爲能謀天下乎?" 公曰 : "能." "以斷, 爲敢行大事乎?" 公曰 : "敢." 牙曰 : "若知能謀天下, 斷敢行大事, 君因專屬之國柄焉. 以管仲之能, 乘公之勢以治齊國, 得無危乎?" 公曰 : "善." 乃令隰朋治內・管仲治外以相參.

1 仲父 - 부(父)는 스승을 사부(師父)라 부르는 미칭(美稱). 관중의 자(字)에 붙인 존칭.
2 善者 - 여기서는 선(善)이 찬성한다는 뜻으로 쓰임.
3 斷 - 일을 결행할 수 있는 결단력을 가리킴.
4 因專屬 - 계속해서 국가 권력을 모두 맡김.
5 相參 - 정사를 분담시켜 서로 견제할 수 있게 함.

진(晉) 문공(文公)이 망명할 때 기정(箕鄭)이 음식 항아리[1]를 손에 들고 따라갔다. 헤매다가 길을 잃어 문공과 서로 떨어졌다. (기정은) 배가 고파 길에서 울었으나 굶주림을 참고[2] 그 음식을 감히 먹으려 하지 않았다. 문공이 귀국하여 군사를 일으켜 원(原)을 쳤는데 이겨서 함락시켰다. 문공이 말하기를 '도대체 배고픈 고통도 쉽게 참고[3] 음식 항아리를 온전히 지킬 수 있었으니[4] 그가 원 땅을 가지고 장차 배반하지 않을 것이다'라고 하였다. 이에 그를 들어 원의 장관[5]으로 삼았다. 대부 혼헌(渾軒)이 듣고 잘못이라고 일러 말하기를 '음식 항아리에 마음이 동하지 않았다[6]는 까닭으로 그가 원 땅을 가지고 배반하지 않으리라 믿는 것은 계책없는 일이 아니겠습니까. 바로 현명한 군주란 남이 나를 배반하지 않는다고 믿지 않고 내가 배반당하지 않게 할 것을 믿으며 남이 나를 속이지 않는다고 믿지 않고 내가 속임당하지 않게 할 것을 믿습니다'라고 하였다.

晉文公出亡, 箕鄭挈壺餐而從, 迷而失道, 與公相失, 飢而道泣, 寢餓而不
敢食. 及文公反國, 擧兵攻原, 克而拔之. 文公曰 : "夫輕忍飢餒之患而必
全壺餐, 是將不以原叛." 乃擧以爲原令. 大夫渾軒聞而非之, 曰 : "以不動
壺餐之故, 怙其不以原叛也, 不亦無術乎?" 故明主者, 不恃其不我叛也,
恃吾不可叛也 ; 不恃其不我欺也, 恃吾不可欺也.

1 壺餐 − 항아리에 담은 음식. 도시락의 일종.
2 寢餓 − 침(寢)은 침점(浸漸)의 뜻도 있으나 여기서는 배고픈 것을 견디어냄.
3 輕忍 − 경(輕)은 난(難)자의 반대 뜻. 어렵지 않게 참아냄.
4 必全 − 조금도 덜어 내지 않고 온전히 다 지킴.
5 原令 − 원(原)의 현령(縣令). 지방장관을 말함.
6 不動 − 음식을 눈앞에 두고 먹고 싶은 마음이 생기지 않음.

양호(陽虎)[1]가 의견을 내어 말하기를 '군주가 현명하면 마음을 다해
서 섬기며 어리석으면 간특한 일을 꾸며서 시험해볼 것이다'라고
하였다. 그는 노(魯)에서 내쫓기고 제(齊)에서 의심받아 도망쳐서
조(趙)로 갔다. 조의 간주(簡主)가 그를 맞아들여 재상으로 삼았다.
측근들이 말하기를 '양호는 남의 나라 정권을 잘 훔치는데 무슨 까
닭으로 재상으로 삼습니까'라고 하였다. 간주가 말하기를 '양호는
취하려고 애쓰지만[2] 나는 지키려고 애쓴다'고 대답하였다. 마침내
술(術)을 부려서[3] 그를 제어하였다. 양호는 감히 잘못을 저지르지
않고 성실로써 간주를 섬겨 군주의 위력을 강하게 일으키고 거의
패자에 이르게 하였다.

陽虎議曰 : "主賢明, 則悉心以事之 ; 不肖, 則飾姦而試之." 逐於魯, 疑於
齊, 走而之趙, 趙簡主迎而相之. 左右曰 : "虎善竊人國政, 何故相也?" 簡
主曰 : "陽虎務取之, 我務守之." 遂執術而御之. 陽虎不敢爲非, 以善事簡

主, 興主之强, 幾至於霸也.

1 陽虎－노(魯)의 계손(季孫)씨 가신 중의 실력자. 양화(陽貨).
2 務取之－남의 정권을 훔쳐내려고 힘을 씀.
3 執術－법 집행과 마찬가지의 뜻임.

노(魯) 애공(哀公)이 공자에게 묻기를 '내가 듣기로는 옛날에 발이 하나인 기(夔)[1]라는 이가 있다고 한다. 과연 발이 하나인 사람이 정말 있는가'라고 하였다. 공자가 대답하기를 '아닙니다. 기는 발이 하나가 아니었습니다. 기라는 자가 화를 잘 내고[2] 심성이 나빠서 사람들이 많이 좋아하지 않았습니다. 비록 그렇더라도 남에게 해를 입지 않고 면할 수 있었던 것은 신의가 있었기 때문입니다. 사람들이 모두 말하기를 "이 한 가지 점만이 족하다"[3]고 하였습니다. 기는 발이 하나가 아니라 하나로 족한 것이었습니다'라고 말하였다. 애공이 말하기를 '정말 그렇다면[4] 본래 충분한 것이다'고 하였다.

魯哀公問於孔子曰："吾聞古者有夔一足, 其果信有一足乎?" 孔子對曰："不也, 夔非一足也. 夔者忿戾惡心, 人多不說喜也. 雖然, 其所以得免於人害者, 以其信也. 人皆曰：'獨此一, 足矣.' 夔非一足也, 一而足也." 哀公曰："審而是, 固足矣."

1 夔－순(舜) 때 음악을 관장하던 악정(樂正)이라 전해짐.
2 忿戾－심성이 비틀어져서 화를 잘 냄.
3 獨此一足－오로지 이 한 가지 덕만 가지고 족함. 여기서 족(足)은 충분하다는 뜻으로 쓰임.
4 審而是－사실이 정말 이와 같음. 심(審)은 실(實)자로 통함. 이(而)는 같을 여(如)자로 쓰임.

일설에 따르면 애공(哀公)이 공자에게 묻기를 '내가 듣기로는 기(夔)의 발이 하나라고 하는데 정말인가'라고 하였다 한다. 대답하기를 '기는 사람입니다. 어째서 발이 하나이겠습니까. 그는 다름이 아니라[1] 오로지 음악에만 통달하였습니다.[2] 요(堯)가 말하기를 "기는 한 가지만으로 족하다"고 하고 그를 악정(樂正)으로 삼았습니다. 여기서 군자가 말하기를 "기는 한 가지가 있어 충분하다"고 하였습니다. 발이 하나가 아니었습니다'라고 하였던 것이다.

一曰 : 哀公問於孔子曰 : "吾聞夔一足, 信乎?" 曰 : "夔, 人也, 何故一足? 彼其無他異, 而獨通於聲. 堯曰 : '夔一而足矣.' 使爲樂正." 故君子曰 : '夔有一, 足, 非一足也'.

1 無他異－다른 뜻에서 하는 말이 아님.
2 獨通於聲－그 혼자서만 음악에 통달함.

[3]

문왕(文王)이 숭(崇)을 칠 때 봉황(鳳凰)의 언덕[1]에 이르러 신발끈[2]이 풀려서 몸소 묶었다. 태공망(太公望)이 말하기를 '어찌된 일입니까'라고 하였다. 문왕이 말하기를 '훌륭한 군주 주변[3]은 모두가 스승이며 중질의 군주라면 모두가 친구이며 하찮은 군주라면 다 부리는 사람일 것이다. 지금은 모두가 선왕 때의 신하들[4]이므로 시킬 수 없다'라고 하였다.

文王伐崇, 至鳳黃虛, 韈係解, 因自結. 太公望曰 : "何爲也?" 王曰 : "上君與處皆其師 ; 中, 皆其友 ; 下, 盡其使也. 今皆先王之臣, 故無可使也."

1 鳳黃虛－여기서 황(黃)은 봉황 황(凰)자로 통하며 허(虛)는 큰 언덕 허(墟)자와 같음.
2 韈係－버선을 발목에 매는 끈. 계(係)는 계(繫)자로 통함.
3 上君與處－최상의 군주 곁에 함께하는 자를 가리킴. 상(上)은 자질의 등급을 말함.

4 先君之臣 — 선왕 때부터 섬겨 오던 신하.

일설에 따르면 진(晉) 문공(文公)이 초(楚)와 싸울 때 황봉(黃鳳)의 언덕에 이르러 신발끈이 풀려서 몸소 그것을 매었다고 한다. 측근들이 말하기를 '사람을 시켜서는 안 됩니까'라고 물었다. 문공이 말하기를 '내가 듣기로는 훌륭한 군주가 자리를 함께하는 자[1]는 모두가 존경하는 자[2]이며 중질의 군주가 자리를 함께하는 자는 모두가 친애하는 자이며 하찮은 군주가 자리를 함께하는 자는 모두가 경멸하는 자라고 한다. 내가 비록 어리석다 하더라도 선왕 때 사람들이 모두 곁에 있으므로 시키기 어렵다'고 하였다는 것이다.

一曰 : 晉文公與楚戰, 至黃鳳之陵, 履繫解因自結之. 左右曰 : "不可以使人乎?" 公曰 : "吾聞 : 上, 君所與居, 皆其所畏也 ; 中, 君之所與居, 皆其所愛也 ; 下, 君之所與居, 皆其所侮也. 寡人雖不肖, 先君之人皆在, 是以難之也."

1 所與居 — 자리를 함께할 수 있는 사람. 소(所)는 자(者)자의 뜻을 가짐.
2 所畏 — 함부로 할 수 없는 외경의 대상을 가리킴.

계손(季孫)이 양사(養士)를 좋아하여[1] 평생 동안 근엄하고 거동과 옷차림을 늘 조정에 있는 것처럼 하였다. 그런데 계손이 가끔 해이하여 실수를 저지르고 장기간 해낼[2] 수 없었기 때문에 객들이 자기를 업신여긴다[3]고 생각해 서로 원을 품고 마침내 계손을 죽여 버렸다. 그러므로 군자는 도에 지나치지 말고 극단에 이르지 말[4] 것이다.

季孫好士, 終身莊, 居處衣服常如朝廷. 而季孫適懈, 有過失, 而不能長爲也. 故客以爲厭易己, 相與怨之, 遂殺季孫. 故君子去泰去甚.

1 好士 - 식객 거느리기를 좋아함. 사(士)는 갖가지 재주꾼.
2 長爲 - 오랜 기간 예의를 계속 지켜낼 수 있음.
3 厭易 - 싫어하고 얕봄. 이(易)는 경모(輕侮)의 뜻.
4 去泰去甚 - 태(泰)와 심(甚) 두 글자 모두 극한 상태를 말함.

일설에 따르면 남궁경자(南宮敬子)[1]가 안탁취(顏涿聚)[2]에게 묻기를
'계손(季孫)은 공자의 제자들을 거느렸으며[3] 조정의 예복 차림으로
자리를 함께하는 자가 수십 명이나 되었는데도 적을 만난 것이 무
엇 때문이냐'고 하였다 한다. 안탁취가 말하기를 '옛날에 주(周) 성
왕(成王)이 배우나 악사들을 가까이 두고 기분을 풀었으나[4] 정사만
은 군자들과 함께 (의론하여) 결단하였다.[5] 이것으로 그 바람을 천
하에 이룰 수 있었다. 지금 계손은 공자의 제자들을 거느리고 조정
의 예복 차림으로 자리를 함께하는 자가 수십 명이나 되면서도 악
사들과 함께 정사를 결단하였으므로 적을 만나게 된 것이다. 그러
므로 이르기를 "함께 있는 자에게 달려 있지 않고 함께 도모하는
자에게 달려 있다"고 한다'라고 대답하였다는 것이다.

一日 : 南宮敬子問顏涿聚曰 : "季孫養孔子之徒, 所朝服與坐者以十數而
遇賊, 何也?" 曰 : "昔周成王近優侏儒以逞其意, 而與君子斷事, 是能成
其欲於天下. 今季孫養孔子之徒, 所朝服而與坐者以十數, 而與優侏儒斷
事, 是以遇賊. 故曰 : 不在所與居, 在所與謀也."

1 南宮敬子 - 노(魯)의 귀족으로 공자의 제자 남궁경숙(南宮敬叔)을 가리킴.
2 顏涿聚 - 공자에게서 가르침을 받고 제(齊)로 가 벼슬한 사람.
3 養 - 여기서 양(養)은 식객을 거느림. 공자의 제자 염유(冉有)와 계로(季路)가
   계씨(季氏)를 섬긴 일.
4 逞其意 - 마음 내키는 대로 거침없이 행동을 취함. 기분 전환을 말함.
5 斷事 - 정사를 서로 의론하여 결단 내림.

공자가 노(魯) 애공(哀公)을 모시고 앉았다. 애공이 복숭아와 수수

를 내려주었다. 애공이 들어 보라고 권하였다.[1] 공자는 수수를 먼저 먹고 다음에 복숭아를 먹었다. 측근들이 모두 입을 가리고 웃었다. 애공이 말하기를 '수수는 먹는 것이 아니라 그것으로 복숭아를 닦는[2] 것이다'라고 하였다. 공자가 대답하기를 '저[3]도 그것을 알고 있습니다. 그러나 수수는 오곡 가운데 장이며 선왕의 제사에 최상의 제물[4]로 쓰입니다. 과실은 여섯 가지 종류가 있으나 복숭아는 아래 질이라서 선왕의 제사 때 묘당에 들여놓을 수 없습니다. 제가 듣기로 군자는 천한 것으로 귀한 것을 씻는다고 하지 귀한 것으로 천한 것을 씻는다는 말은 듣지 못하였습니다. 지금 오곡 가운데 장을 가지고 과실 중에서도 하찮은 것을 씻는다면 이는 위로부터 아래를 씻는 일이 되는 것입니다. 저는 의(義)[5]를 방해하는 일이라 생각하였기 때문에 감히 종묘 제물보다 먼저 할 수 없었던 것입니다'라고 하였다.

孔子御坐於魯哀公, 哀公賜之桃與黍. 哀公曰 : "請用." 仲尼先飯黍而後啗桃, 左右皆揜口而笑. 哀公曰 : "黍者, 非飯之也, 以雪桃也." 仲尼對曰 : "丘知之矣. 夫黍者, 五穀之長也, 祭先王爲上盛. 果蓏有六, 而桃爲下, 祭先王不得入廟. 丘之聞也, 君子以賤雪貴, 不聞以貴雪賤. 今以五穀之長雪果蓏之下, 是從上雪下也. 丘以爲妨義, 故不敢以先於宗廟之盛也."

1 請用 - 먹어 보라고 권함. 용(用)은 음식물로 쓰임.
2 雪桃 - 설(雪)은 식(拭)자와 같은 뜻. 복숭아는 털이 많아 닦아서 먹어야 함.
3 丘 - 구(丘)는 공자의 이름으로 자신을 낮추어 부를 때 쓰임.
4 上盛 - 상질에 속하는 제물. 성(盛)은 제기에 제물을 담음.
5 妨義 - 의(義)를 방해함. 의란 귀천 상하의 도덕 질서를 뜻함.

간주(簡主)가 측근에게 일러 말하기를 '수레의 깔개가 너무 화려하다.[1] 대저 관은 비록 허술할지라도 반드시 머리에 쓰게 되어 있고 삼신[2]은 비록 귀할지라도 반드시 발에 신게 되어 있다. 지금 수레의 깔개가 이와 같으니 너무 화려하다. 내가 앞으로 어떤 신발을 신고 그것을 밟아야 하겠는가. 도대체 아래를 아름답게 하느라고 위를 문질러 닳게 하는 것은[3] 의(義)를 해치는 근본이다'라고 하였다.

簡主謂左右曰："車席泰美. 夫冠雖賤, 頭必戴之；履雖貴, 足必履之. 今車席如此, 太美, 吾將何屬以履之？夫美下而耗上, 妨義之本也."

1 車席泰美 – 석(席)은 앉는 자리 밑을 가리킴. 태(泰)는 태(太)자와 통함. 도에 지나침.
2 履 – 여기서 구(履)는 삼신, 즉 마리(麻履). 고급 신을 말함.
3 耗上 – 위에 쓰일 예산을 돌려서 소모시킴.

비중(費仲)이 주(紂)를 설득하기를 '서백(西伯) 창(昌)[1]은 현인이라 백성들이 그를 좋아하며 제후들도 마음을 부치고 있으니 쳐죽이지 않을 수 없습니다. 쳐죽이지 않으면 반드시 은(殷)의 우환이 될 것입니다'라고 하였다. 주가 말하기를 '자네 말로는 의로운 군주라 한다. 어떻게 쳐죽일 수 있겠는가'라고 하였다. 비중이 다시 말하기를 '관은 비록 뚫리고 낡았어도 반드시 머리에 쓰며 신은 비록 아름다워도[2] 반드시 땅바닥을 밟게 되어 있습니다. 지금 서백 창은 신하이지만[3] 의를 닦아서 인심이 그에게로 기울어져[4] 있습니다. 끝내 천하의 우환이 되는 것은 반드시 그 창일 것입니다. 누구이든 현명한 지능을 가지고 군주를 위하지 않는다면 쳐죽이지 않을 수 없습니다. 또한 군주가 되어서 신하를 쳐죽이는 것이 어찌 잘못이겠습니까'라고 하였다. 주가 말하기를 '대저 인의라고 하는 것은 위가 아래에게 권하는 바이다. 지금 창은 인의를 좋아하고 있다. 그를 쳐죽이는 일은 옳지 않다'라고 하였다. 세 번 설득했으나 수용되지 않았다. 그런 까닭으로 망하였다.

費仲說紂曰：“西伯昌賢, 百姓悅之, 諸侯附焉, 不可不誅；不誅, 必爲殷禍.” 紂曰：“子言, 義主, 何可誅?” 費仲曰：“冠雖穿弊, 必戴於頭；履雖五采, 必踐之於地. 今西伯昌, 人臣也, 修義而人向之, 卒爲天下患, 其必昌乎? 人人不以其賢爲其主, 非可不誅也. 且主而誅臣, 焉有過?” 紂曰：“夫仁義者, 上所以勸下也. 今昌好仁義, 誅之不可.” 三說不用, 故亡.

1 西伯昌 - 주(周) 문왕(文王). 서쪽의 패자로 은(殷)을 섬겼음. 창(昌)은 그 이름.
2 五采 - 다섯 가지 채색으로 아름답게 꾸민 신발.
3 人臣 - 남의 신하된 신분이라는 뜻으로 쓰인 말.
4 向之 - 인망이 집중됨. 향(向)은 인심의 향배를 말함.

제(齊) 선왕(宣王)이 광천(匡倩)에게 묻기를 ‘유자(儒者)는 장기[1]를 두는가’라고 하였다. 대답하기를 ‘하지 않습니다’라고 하였다. 선왕이 묻기를 ‘왜냐’고 하였다. 광천이 대답하기를 ‘장기를 둘 때 올빼미 말[2]을 소중히 하다가 이길 경우는 반드시 올빼미 말을 버립니다.[3] 올빼미 말을 버린다는 것은 바로 소중히 하던 것을 버리는 일입니다. 유자는 의(義)를 해친다고 여겨서 장기를 두지 않습니다’라고 하였다. 또 묻기를 ‘유자는 주살로 새를 잡는가’[4]라고 하였다. 대답하기를 ‘하지 않습니다. 주살이란 아래로부터 위에 있는 것을 해치게 되어 있습니다. 이는 아래로부터 군주를 해치는 일입니다. 유자는 의를 해친다고 여겨서 주살로 새를 잡지 않습니다’라고 하였다. 또 묻기를 ‘유자는 거문고[5]를 타는가’라고 하였다. 대답하기를 ‘하지 않습니다. 도대체 거문고는 가는 줄로 큰 소리를 내고 굵은 줄로 작은 소리를 냅니다. 이는 크고 작은 차례를 바꾸고 귀천의 자리를 바꾸는 것입니다. 유자는 의를 해친다고 여겨서 타지 않습니다’라고 하였다. 선왕이 말하기를 ‘그렇겠다’고 하였다. 공자가 말하기를 ‘민을 아랫사람에게 첨하도록 시키는 것보다는 차라리 민을 윗사람에게 첨하도록 시키는 것이 더 낫다’고 하였다.

齊宣王問匡倩曰：“儒者博乎?” 曰：“不也.” 王曰：“何也?” 匡倩對曰：“博貴梟, 勝者必殺梟. 殺梟者, 是殺所貴也. 儒者以爲害義, 故不博也.” 又問曰：“儒者弋乎?” 曰：“不也. 弋者從下害於上者也, 是從下傷君也. 儒者以爲害義, 故不弋.” 又問 “儒者鼓瑟乎?” 曰：“不也. 夫瑟以小絃爲大聲, 以大絃爲小聲, 是大小易序, 貴賤易位. 儒者以爲害義, 故不鼓也.” 宣王曰：“善.” 仲尼曰：“與其使民諂下也, 寧使民諂上.”

1 博－박혁(博奕), 즉 장기나 바둑을 말함.
2 梟－올빼미 눈을 새겨 넣은 장기 말의 일종.
3 殺－장기 말을 죽임. 버릴 사(捨)자의 뜻과 같음.
4 弋－화살 끝에 끈을 매달아서 쏘는 주살.
5 鼓瑟－여기서 슬(瑟)은 소금(小琴)에 대하여 대금(大琴)을 가리킴. 고(鼓)는 탄(彈)자와 같음.

[4]

거(詎)는 제(齊)의 처사[1]이고 잔(孱)은 위(魏)의 처사였다. 제나 위의 군주가 눈이 어두워 나라 안의 일을 자신이 직접 살펴보지 못하고 측근들의 말만 받아들이고 있었다. 그래서 두 사람은 돈과 벽옥을 써서[2] 벼슬을 구해 들어갔다.

詎者, 齊之居士 ; 孱者, 魏之居士. 齊・魏之君不明, 不能視照境內, 而聽左右之言, 故二子費金璧而求入仕也.

1 居士－학자이면서 벼슬을 하지 않고 민간에 있는 사람.
2 費金璧－금전이나 벽옥을 뇌물로 바침.

서문표(西門豹)가 업(鄴)의 장관이었을 때 청렴[1] 결백하며 근면 성실하여 털끝만치도 사리를 취하지 않았으나 군주의 측근들을 대단히 소홀하게 대하였다.[2] 그래서 측근들이 함께 뭉쳐[3] 그를 미워하였다. 일 년 있다가 연말 보고[4] 때 군주가 그 관인을 거두어들였다.[5]

서문표가 자청하여 말하기를 '제가 이전에는 업 땅 다스리는 방법을 알지 못하였다가 이제서야 그것을 터득하였습니다. 원컨대 관인을 다시 주시면 한번 더 업 땅을 다스리고 싶습니다. 당치 않으시다면 참형에 처해[6] 주십시오'라고 하였다. 문후(文侯)가 차마 못 보고 다시 그것을 내주었다. 서문표는 백성들로부터 엄하게 거두어들여 부지런히 측근들을 섬겼다. 일 년 되어 연말 보고 때 문후가 마중을 나와 허리를 굽혔다. 서문표가 이에 대하여 말하기를 '지난 해에 제가 군주를 위해 업 땅을 다스렸는데 군주께서 저의 관인을 빼앗았습니다. 지금은 제가 측근들을 위하여 업 땅을 다스렸는데 군주께서 저에게 허리를 굽히십니다. (이런 형편이라면) 제가 다스릴 수 없습니다'라고 하였다. 마침내 관인을 반납하고 떠나가려 하였다. 문후가 그것을 받지 않고 말하기를 '내가 먼젓번에는 자네를 알지 못하였으나 지금은 잘 안다. 자네가 힘써 나를 위하여 다스려 주기 바란다'고 하였다. 그리고 끝내 받지 않았다.

西門豹爲鄴令, 清尅潔慤, 秋毫之端無私利也. 而甚簡左右. 左右因相與比周而惡之. 居期年, 上計, 君收其璽. 豹自請曰 : "臣昔者不知所以治鄴, 今臣得矣, 願請璽, 復以治鄴. 不當, 請伏斧鑕之罪." 文侯不忍而復與之. 豹因重斂百姓, 急事左右. 期年, 上計, 文侯迎而拜之. 豹對曰 : "往年臣爲君治鄴. 而君奪臣璽 ; 今臣爲左右治鄴, 而君拜臣. 臣不能治矣." 遂納璽而去. 文侯不受, 曰 : "寡人曩不知子, 今知矣. 願子勉爲寡人治之." 遂不受.

1 清尅－청렴하고 욕심이 없음. 극(尅)은 극(剋)자와 같음.
2 甚簡－아무렇게나 대함. 경멸하여 홀대함.
3 比周－군주에 대항하여 신하들이 작당을 함.
4 上計－지방장관이 상경하여 연말 회계 보고를 군주에게 함.
5 收其璽－임관 표시로 군주가 내려준 관인을 회수하여 면직시킴.
6 伏斧鑕－부(斧)는 목을 치는 도끼. 질(鑕)은 허리를 자르는 형틀. 죄인을 처형함.

제(齊)에 좀도둑[1] 자식과 절름발이[2] 자식이 장난치며 놀다가 서로
자랑을 하였다. 좀도둑 자식이 말하기를 '내 아버지 가죽옷은 특별
히 꼬리가 달려 있다'고 하였다. 절름발이 자식이 말하기를 '내 아버
지 바지는 유독 겨울에도 떨어지지 않는다'[3]고 하였다.

齊有狗盜之子與刖危子戲而相誇. 盜子曰：“吾父之裘獨有尾.” 危子曰：
“吾父獨冬不失袴.”

1 狗盜 — 개가죽을 머리에 쓰고 몰래 들어가는 좀도둑.
2 刖危 — 죄를 지어 발을 잘린 절름발이. 위(危)는 궤(跪)자임.
3 不失袴 — 여기서 고(袴)는 겨울에 신는 목이 긴 버선. 발이 잘려 신지 않으므
로 해지지 않고 언제나 새것임.

자작(子綽)이 말하기를 '사람이란 왼손으로 네모꼴을 그리면서 오른
손으로 둥근꼴을 그릴 수 없다.[1] 고기를 가지고 개미를 털어 내면
더욱 많아지고 생선을 가지고 파리를 쫓으면 더욱 모여든다'라고
하였다.

子綽曰：“人莫能左畫方而右畫圓也. 以肉去蟻, 蟻愈多 ; 以魚驅蠅, 蠅
愈至.”

1 人莫能 — 사람이 양쪽 손으로 동시에 서로 다른 형태의 그림을 그릴 수 없음.

환공(桓公)이 관중(管仲)에게 일러 말하기를 '벼슬 자리는 적고[1] 찾
는 자는 많다. 나는 그것이 걱정이다'라고 하였다. 관중이 말하기를
'군주께서는 측근들의 청탁을 받아들이지 마십시오. 능력에 따라서
봉록을 주고[2] 업적을 기록하여 벼슬 자리를 준다면 감히 벼슬을 구
하지 않을 것입니다. 군주께서 무엇을 걱정하십니까'라고 하였다.

桓公謂管仲曰 : "官少而索者衆, 寡人憂之." 管仲曰 : "君無聽左右之請,
因能而受祿, 錄功而與官, 則莫敢索官. 君何患焉?"

1 官少 - 관(官)은 직책을 말함. 자리 수가 절대 부족임.
2 受祿 - 수(受)는 수(授)자와 통용됨. 봉록, 즉 급여를 정함.

한(韓) 선왕(宣王)이 말하기를 '내 말에게 콩과 곡물을 많이 먹이는
데도[1] 여위는 것은 무엇 때문이냐. 나는 그것이 걱정이다'라고 하였
다. 주시(周市)가 대답하기를 '마부를 시켜 있는 곡식을 다 먹이게
하면[2] 비록 살찌지 못하게 하려 해도 할 수 없습니다. 그러나 겉으
로[3] 많이 주고 실제로는 적다면 비록 여위지 않게 하려 해도 역시
할 수 없습니다. 군주께서 실제 사정을 살펴보지 않으시고 앉아서
걱정만 하시니 말이 오히려 살찌지 않는 것입니다'라고 하였다.

韓宣子曰 : "吾馬菽粟多矣, 甚臞, 何也? 寡人患之." 周市對曰 : "使驥盡
粟以食, 雖無肥, 不可得也. 名爲多與之, 其實少, 雖無臞, 亦不可得也. 主
不審其情實, 坐而患之, 馬猶不肥也."

1 菽粟多 - 말먹이 사료인 콩이나 날곡식을 많이 배정해줌.
2 盡粟以食 - 배정된 분량을 덜어 내지 않고 다 먹여줌.
3 名爲 - 명(名)이란 책정된 예산상의 명목을 말함.

환공(桓公)이 관리 임명[1]에 관한 일을 관중(管仲)에게 물었다. 관중
이 말하기를 '소송 판결을 명쾌히 하고[2] 재물에 욕심이 없어 결백하
며 인정에 잘 통하기로는[3] 제[4]가 현상(絃商)만 못합니다. 바라건대
그를 내세워 대리(大理)[5]로 삼으십시오. 당(堂)을 오르내리며 겸손
히 인사하고[6] 예의 범절에 밝아 손님 접대 잘하기로는 제가 습붕
(隰朋)만 못합니다. 바라건대 그를 내세워 대행(大行)[7]으로 삼으십

시오. 풀덤불을 개간하여 고을을 만들고[8] 농토를 넓혀 곡식 생산을
하기로는 제가 염척(甯戚)만 못합니다. 바라건대 그를 대전(大田)[9]
으로 삼으십시오. 삼군(三軍) 모두 진을 치게 하고 사병들이 죽기를
마치 집에 돌아가듯이 하도록 시킬 수 있기로는 제가 공자(公子)
성보(成父)만 못합니다. 바라건대 그를 대사마(大司馬)[10]로 삼으십시
오. 대면하여 엄히 간하기로는[11] 제가 동곽아(東郭牙)만 못합니다.
바라건대 그를 내세워 간관(諫官)[12]으로 삼으십시오. 제(齊)를 다스
리는 데는 이 다섯 사람으로 충분합니다. 그러나 장차 패왕(霸王)이
되시려 하신다면 제가 여기에 있겠습니다'라고 하였다.

桓公問置吏於管仲, 管仲曰："辯察於辭, 清潔於貨, 習人情, 夷吾不如絃
商, 請立以爲大理. 登降肅讓, 以明禮待賓, 臣不如隰朋, 請立以爲大行.
墾草刱邑, 辟地生粟, 臣不如甯戚, 請以爲大田. 三軍旣成陳, 使士視死如
歸, 臣不如公子成父, 請以爲大司馬. 犯顏極諫, 臣不如東郭牙, 請立以爲
諫臣. 治齊, 此五子足矣 ; 將欲霸王, 夷吾在此."

1 置吏 - 관리를 적재적소에 배치하는 방법을 말함.
2 辯察於辭 - 도리에 맞도록 변론을 잘함. 사(辭)는 소송, 또는 그 판결을 가
  리킴.
3 習人情 - 경험을 통하여 인간성의 표리를 잘 파악함.
4 夷吾 - 관중(管仲)의 본명. 자기 자신을 가리킴.
5 大理 - 사구(司寇). 리(理)는 치옥(治獄)을 가리킴. 대(大)는 장관이란 뜻.
6 肅讓 - 읍양(揖讓)과 같음. 서로 경례를 함.
7 大行 - 외교를 맡은 장관.
8 刱邑 - 사람이 모여드는 고을을 만듦. 창(刱)은 창(創)자로 통함.
9 大田 - 전관(田官). 농업을 관장하는 장관.
10 大司馬 - 군사를 관장하는 장관. 원수(元帥) 또는 장수.
11 犯顏極諫 - 싫어하는 얼굴 표정을 무릅쓰고 대면하여 엄격히 간함.
12 諫官 - 간언(諫言)하는 부서의 장관을 말함. 사간(司諫).

[5]

맹헌백(孟獻伯)은 노(魯)의 재상이었다. 뜰 아래 잡초[1]가 나고 문 밖에 가시나무가 자랐다. 식사에 두 가지 반찬[2]을 들지 않고 앉을 때 방석을 포개지 않으며 곁에[3] 비단 입은 시녀가 없고 집에 있을 때 말에게 곡식을 먹이지 않으며 밖으로 나갈 때 수레가 따르지 않았다. 숙향(叔向)이 이를 듣고 묘(苗) 분황(賁皇)[4]에게 이야기하였다. 분황이 그를 비난하여 말하기를 '이는 군주가 준 작록을 버리고[5] 아랫것들에게 아부하는 것이다'라고 하였다.

孟獻伯相魯, 堂下生藿藜, 門外長荊棘, 食不二味, 坐不重席, 晉無衣帛之妾, 居不粟馬, 出不從車. 叔向聞之, 以告苗賁皇. 賁皇非之曰 : "是出主之爵祿以附下也."

1 藿藜－곽(藿)은 콩잎. 려(藜)는 명아주잎. 잡초를 가리킴.
2 二味－미(味)는 일품 요리. 맛있는 반찬 두 가지 이상을 말함.
3 晉－진(晉)은 진(進)자로 음이 통함. 옆에서 접대함.
4 苗賁皇－초(楚)의 영윤 두초(斗椒)의 아들. 묘(苗) 땅에 봉후 받음.
5 出－어기고 내던짐. 출(出)이 곡(曲)자와 같은 뜻으로 쓰임.

일설에 따르면 맹헌백(孟獻伯)이 상경(上卿)에 임명되었다[1]고 한다. 숙향(叔向)이 축하하러 갔다. 문에 수레 끄는 말이 있었으나 곡식을 먹이지 않았다. 숙향이 말하기를 '당신에게 두 마리 말과 두 대의 수레[2]가 없으니 어찌된 일이냐'고 물었다. 헌백이 말하기를 '내가 도성 안의 사람들을 보니 아직도 굶주린 기색이 보여서 말에게 여물을 먹이지 않았습니다. 머리가 흰 사람이 많이 걸어서 다니기 때문에 수레 두 대를 두지 않았습니다'라고 하였다. 숙향이 말하기를 '내가 처음에는 당신의 경 벼슬을 축하하려고 하였는데 이제는 당신의 검소한 것을 축하한다'고 하였다. 숙향이 밖에 나와서 묘

(苗) 분황(賁皇)에게 이야기하기를 '나와 함께[3] 헌백의 절검을 축하해 주자'고 하였다. 분황[4]이 말하기를 '무슨 축하입니까. 대저 작록과 기장(旂章)[5]이란 공적인 등급을 달리하고 현우를 구별하는 수단입니다. 그러므로 진(晉)의 국법에 상대부는 두 대의 수레와 끄는 말 이승(二乘),[6] 중대부는 두 대의 수레와 끄는 말 일승, 하대부는 오로지 말 일승으로 되어 있습니다. 이것은 신분의 등급을 명확히 하려는 것입니다. 또한 대저 경이라고 하면 반드시 군사에 참여하게 되어 있습니다. 이런 까닭으로 수레와 말을 잘 정돈하고 병졸과 기마를 모두 갖추어서[7] 싸우는 일에 대비하여야 합니다. 어려운 일이 있으면 그것으로 만일의 사태[8]에 대비하고 평상시[9]에는 그것으로 조정 일을 돕는 것입니다. 지금 진국의 법도를 어지럽히고 만일의 사태에 대한 방비를 줄여 절검을 이루어서 개인의 명성을 꾀하고[10] 있는 헌백의 검약이 옳습니까. 또 무슨 축하입니까'라고 하였다는 것이다.

一曰 : 孟獻伯拜上卿, 叔向往賀, 門有御馬不食禾. 向曰 : "子無二馬二輿, 何也?" 獻伯曰 : "吾觀國人尙有飢色, 是以不秣馬 ; 班白者多以徒行, 故不二輿." 向曰 : "吾始賀子之拜卿, 今賀子之儉也." 向出, 語苗賁皇曰 : "助吾賀獻伯之儉也." 苗子曰 : "何賀焉? 夫爵祿旂章, 所以異功伐別賢不肖也. 故晉國之法, 上大夫二輿二乘, 中大夫二輿一乘, 下大夫專乘, 此明等級也. 且夫卿必有軍事, 是故循車馬, 比卒乘, 以備戎事. 有難, 則以備不虞 ; 平夷, 則以給朝事. 今亂晉國之政, 乏不虞之備, 以成節儉, 以絜私名, 獻伯之儉也可與? 又何賀?"

1 拜上卿 – 경(卿)이라는 관직을 받음. 배(拜)는 수(受)자의 뜻. 상(上)은 등급을 말함.
2 二輿 – 여(輿)는 사람이 속에 들어앉을 공간을 마련해 둔 수레. 여기서 이(二)는 부(副)의 뜻.

3 助吾 – 나를 거들어 달라고 하는 청으로 조(助)는 가세함.
4 苗子 – 묘(苗) 땅에 봉후받은 분황(賁皇)을 가리킴.
5 旂章 – 계급을 나타내는 수레나 복장의 문장 표시. 기(旂)는 쌍룡을 그린 깃대.
6 二乘 – 승(乘)은 말 네 필을 일조로 짠 수레 끄는 사마(駟馬)의 단위로, 이승이란 말 여덟 필을 말함.
7 比卒乘 – 비(比)는 나란히 줄 세움. 졸(卒)은 보졸(步卒). 승(乘)은 기마병을 가리킴.
8 不虞 – 우(虞)는 헤아릴 료(料)자의 뜻. 즉 예측하지 못하는 일.
9 平夷 – 이(夷) 역시 평(平)자와 같음. 평온 무사한 시기.
10 絜 – 여기서 혈(絜)은 잴 탁(度)자와 마찬가지로 일을 도모함.

관중(管仲)이 제(齊)의 재상이 되었다. 환공(桓公)에게 말하기를 '저의 지위가 높습니다만 저는 가난합니다'라고 하였다. 환공이 말하기를 '자네에게 삼귀(三歸)의 곳간[1]을 갖도록 하겠다'고 하였다. 다시 말하기를 '저는 부유합니다만 저의 신분이 낮습니다'라고 하였다. 환공이 고(高)씨와 국(國)씨[2] 위에 서게 하였다. 또 말하기를 '제가 귀해졌습니다만 저는 소원합니다'라고 하였다. 이에 내세워 중부(仲父)라고 불렀다. 공자가 듣고 비난하여 말하기를 '사치가 지나쳐서 군주를 핍박하였다'고 하였다.

管仲相齊, 曰:"臣貴矣, 然而臣貧." 桓公曰:"使子有三歸之家." 曰:"臣富矣, 然而臣卑." 桓公使立於高‧國之上. 曰:"臣尊矣, 然而臣疏." 乃立爲仲父. 孔子聞而非之曰:"泰侈偪上."

1 三歸之家 – 귀(歸)는 조세 징수율. 세수 삼할(三割)에 해당되는 재화. 가(家)는 재물 창고.
2 高國 – 제(齊)에서 역대로 이름난 귀족 고(高)씨와 국(國)씨를 가리킴.

일설에 따르면 관중부(管仲父)는 밖에 나갈 때 자줏빛 덮개를 씌운 수레에 청색 옷을 입고 북을 울리며 식사를 하고[1] 마당에는 진열한

세발솥이 있으며 곳간에 삼귀(三歸)의 재물이 있었다고 한다. 공자
가 말하기를 '훌륭한 대부(大夫)였지만 그 사치가 군주를 위압하였
다'고 하였다.

一曰：管仲父出, 朱蓋靑衣, 置鼓而歸, 庭有陳鼎, 家有三歸. 孔子曰：
"良大夫也, 其侈偪上."

1 置鼓而歸－치(置)는 설치(設置) 또는 립(立)자의 뜻으로 북을 침. 귀(歸)는 궤
　(饋)자로 통함.

손숙오(孫叔敖)가 초(楚)의 재상이 되었다. 잔거(棧車)[1]를 암말로 끌
게 하고 현미밥[2] 나물국에 마른 물고기 찬을 들며 겨울에 염소 가
죽 옷을 입고 여름에 갈포 옷을 입으며 얼굴에는 굶주린 기색이 있
었다. 그는 훌륭한 대부(大夫)였지만 그 검소함이 아랫사람들을 핍
박하였다.

孫叔敖相楚, 棧車牝馬, 糲餅茱羹, 枯魚之膳, 冬羔裘, 夏葛衣, 面有飢
色；則良大夫也, 其儉偪下.

1 棧車－나무나 대를 얽어서 만든 허술한 수레. 대부(大夫)가 타는 식거(飾車)
　와 대칭되는 수레.
2 糲餅－백미가 아닌 궂은 쌀로 지은 밥. 변(餅)은 병(餅)자와 같음. 여기서는
　반(飯)자로 통함.

양호(陽虎)가 제(齊)를 떠나 조(趙)로 달아났다. 간주(簡主)가 묻기를
'나는 자네가 사람을 잘 길러 낸다[1]고 들었다'고 하였다. 양호가 대답
하기를 '제가 노(魯)에 있을 때 세 사람을 길러서 모두 영윤(令尹)[2]을
만들었습니다. 제가 노에서 죄를 짓게 되자[3] 모두가 저에 대하여 수

색하였습니다. 제가 제에 있을 때는 세 사람을 추천하여 한 사람은 왕의 측근이 될 수 있었고 한 사람은 현(縣)의 장관이 되었으며 한 사람은 후리(候吏)[4]가 되었습니다. 제가 죄를 짓게 되자 왕의 측근인 자는 저를 만나 주지 않았고 현의 장관인 자는 저를 기다렸다가 붙잡으려 하였고 후리(候吏)란 자는 저를 쫓아 국경까지 이르렀다가 미치지 못하여 그만두었습니다. 저는 사람을 잘못 길렀습니다'라고 하였다. 간주가 얼굴을 숙이고 웃으며[5] 말하기를 '대저 귤이나 유자나무를 심은 자가 그것을 먹으면 맛있고 냄새를 맡으면 향기롭다. 탱자나 가시나무를 심은 자는 그것이 자라서 사람을 찌를 것이다. 그러므로 군자는 기르는 일을 신중히 하여야 한다'라고 하였다.

陽虎去齊走趙, 簡主問曰 : "吾聞子善樹人." 虎曰 : "臣居魯, 樹三人, 皆爲令尹 ; 及虎抵罪於魯, 皆搜索於虎也. 臣居齊, 薦三人, 一人得近王, 一人爲縣令, 一人爲候吏 ; 及臣得罪, 近王者不見臣, 縣令者迎臣執縛, 候吏者追臣至境上, 不及而止. 虎不善樹人." 主俛而笑曰 : "夫樹橘柚者, 食之則甘, 嗅之則香 ; 樹枳棘者, 成而刺人, 故君子愼所樹."

1 樹人 - 인재를 육성하여 관직에 오르게 함.
2 令尹 - 원래는 초(楚)의 재상을 말하나 여기서는 일반 지방장관을 가리킴.
3 抵罪 - 죄에 상당한 벌을 받게 됨. 저(抵)는 지(至)자의 뜻.
4 候吏 - 범인을 수색하는 관리. 척후(斥候)를 말함.
5 俛而笑 - 비웃는 모양. 면(俛)은 부복(俯伏)의 뜻.

중모(中牟)에 현령이 없었다.[1] 진(晉) 평공(平公)[2]이 조무(趙武)에게 묻기를 '중모는 내 나라의 고굉(股肱)[3]이며 한단(邯鄲)의 견비(肩髀)[4]다. 나는 훌륭한 현령을 두고 싶다. 누구를 시켜야 좋겠는가'라고 하였다. 조무가 말하기를 '형백자(邢伯子)가 좋겠습니다'라고 하였다. 평공이 말하기를 '자네의 원수가 아닌가'라고 물었다. 대답하기를 '사사로운 감정[5]'을 공적인 문 안에 들일 수 없습니다'라고 하였다. 평공이 또 묻기를 '중부(中府)[6]의 장관에 누구를 시키면 좋겠는가'라고 하였다. 대답하기를 '제 자식이 좋겠습니다'라고 하였다. 그러므로 말하기를 '바깥에 천거할 때[7] 원수를 가리지 않고 내직으로 천거를 할 경우[8] 자식이라 하여 피하지 않는다'고 한다. 조무가 추천한 자가 마흔여섯 사람이나 되지만 조무가 죽었을 때 각기 빈객의 자리에 나아갔다.[9] 사적인 은덕을 베풀지 않았던 것이 이와 같았다.

中牟無令, 晉平公問趙武曰: "中牟, 吾國之股肱, 邯鄲之肩髀, 寡人欲得其良令也, 誰使而可?" 武曰: "邢伯子可." 公曰: "非子之讎也?" 曰: "私讎不入公門." 公又問曰: "中府之令, 誰使而可?" 曰: "臣子可." 故曰: "外擧不避讎, 內擧不避子." 趙武所薦四十六人, 及武死, 各就賓位, 其無私德若此也.

1 無令－중모(中牟) 땅에 지방장관 자리가 비어 있음.
2 趙武－평공(平公)의 집정(執政). 조맹(趙孟)이라 부르기도 하며 시(諡)는 문자(文子)임.
3 股肱－수족과 같이 가장 신뢰할 수 있는 위치.
4 肩髀－어깨와 팔. 몸통 가운데 가장 소중한 부분.
5 私讎－사원(私怨)과 같음. 공적인 일에 개인 감정이 개입되어서는 안 된다는 뜻으로 쓰임.
6 中府－왕의 재물을 넣어 두는 창고.
7 外擧－외직(外職), 즉 지방장관을 추천하는 일.
8 內擧－조정 안의 관직 인사문제를 다룸.
9 賓位－장례 절차를 상주 쪽에서 치르지 않고 빈객 자리를 지킴.

평공(平公)이 숙향(叔向)에게 묻기를 '여러 신하들 중에 누가 훌륭한가'라고 하였다. 대답하기를 '조무(趙武)입니다'라고 하였다. 평공이 말하기를 '자네는 윗사람[1]을 편들고 있다'고 하였다. 대답하기를 '조무가 서 있을 때는 입은 옷을 견디지 못할[2] 것 같게 하는 말은 입에서 나오지 않는[3] 것 같았습니다. 그렇지만 천거한 선비들이 수십 명이나 있어 모두 그 뜻대로 할 수 있습니다. 그래서 공실(公室)은 그들을 대단히 신뢰하고 있었습니다. 더구나 조무는 살아 있는 동안 자기 집 이익을 꾀하지 않고 죽어서도 자식을 남에게 의탁하지[4] 않았습니다. 저는 감히 그를 훌륭하다고 생각합니다'라고 하였다.

平公問叔向曰：“群臣孰賢?” 曰：“趙武.” 公曰：“子黨於師人.” 曰：“武立如不勝衣, 言如不出口, 然其所擧士也數十人, 皆得其意, 而公家甚賴之. 況武子之生也不利於家, 死不託於孤, 臣敢以爲賢也.”

1 師人－사(師)는 장(長)자로 통함. 관직에 있어 우두머리 격.
2 不勝衣－입은 옷 무게를 감당 못할 만큼 연약함.
3 不出口－입에서 말이 나오지 않는 것처럼 더듬거림.
4 託於孤－죽을 때 남긴 자식을 남에게 부탁함.

해호(解狐)가 원수를 간주(簡主)에게 추천하여 재상으로 삼았다. 그 원수는 이것이[1] 다행스럽게 자기를 용서한 것이라고 여기고 바로 가서 사례하였다. 해호가 곧바로 활을 당겨 그를 향하여[2] 쏘며 말하기를 '무릇 너를 추천한 것은 공적인 일로 네가 능히 그것을 감당해 낼 수 있기 때문이었다. 한편 너를 원수로 대하는 것은 나의 사적인 원한이다. 너에 대한 사적인 원한이 있다는 까닭으로 하여 내 군주에게 너를 감추지[3] 않았다'라고 하였다. 그래서 사사로운 감정을 공실 문 안에[4] 들이지 않는다고 한다.

解狐薦其讎於簡主以爲相. 其讎以爲且幸釋己也, 乃因往拜謝. 狐乃引弓送而射之, 曰：“夫薦汝, 公也, 以汝能當之也. 夫讎汝, 吾私怨也, 不以私怨汝之故擁汝於吾君.” 故私怨不入公門.

1 且 - 여기서 차(且)는 시(是)자로 함께 쓰임.
2 送 - 송(送)은 영(迎)자와 마찬가지 뜻. 맞아들임.
3 攤 - 옹(攤)은 옹(壅)자로 통함. 일을 숨김.
4 公門 - 공실(公室), 또는 조정(朝廷)의 문.

일설에 따르면 해호(解狐)가 형백류(邢伯柳)를 추천하여 상당(上黨)
지방의 장관으로 삼았다고 한다. 형백류가 찾아가서 사례하며 말하
기를 '자네가 죄를 용서해 주니[1] 감히 재배[2]를 하지 않을 수 없다'
고 하였다. 해호가 말하기를 '자네를 천거한 것은 공적인 일이고 자
네에 대한 원한은 사적인 것이다. 자네는 나가라. 자네에 대한 원한
은 처음과 마찬가지다'라고 하였다는 것이다.

一曰：解狐擧邢伯柳爲上黨守, 柳往謝之, 曰："子釋罪, 敢不再拜?"
曰："擧子, 公也；怨子, 私也. 子往矣, 怨子如初也."

1 釋罪 - 여기서 죄(罪)는 원한을 가리킴. 원한 관계를 푸는 것.
2 再拜 - 예를 정중히 한다는 뜻으로 절을 두 번 함.

정(鄭)의 현인(縣人)[1]이 돼지를 팔고 있었다. 어떤 사람이 그 값을
물었다. 대답하기를 '길이 멀고 날은 저무는데 어떻게 너와 이야기
할 겨를이 있겠는가'라고 하였다.

鄭縣人賣豚, 人問其價. 曰："道遠日暮, 安暇語汝."

1 縣人 - 여기서는 비인(鄙人)으로 쓰임. 시골 사람.

[6]
범문자(范文子)[1]는 직언하기를 좋아하였다. 무자(武子)가 지팡이로
그를 때리면서 말하기를 '도대체 바른 말하는[2] 자를 사람들은 받아

들이지 않는다. 받아들이지 않으면 자신을 위태롭게 하며 자신을 위태롭게 할 뿐만 아니라 또 장차 그 아비까지 위태롭게 할 것이다' 라고 하였다.

范文子喜直言, 武子擊之以杖 : "夫直議者, 不爲人所容, 無所容, 則危身, 非徒危身, 又將危父."

1 范文子－진(晉)의 귀족 범섭(范燮). 무자(武子)는 그의 아버지.
2 直議－직언(直言)과 마찬가지로 바른말을 잘함.

자산(子産)은 자국(子國)의 아들이다. 자산이 정(鄭)의 군주에게 충성하였다. 자국이 그를 꾸짖으며 노해 말하기를 '도대체 다른 신하들을 어기고[1] 혼자서만 군주에게 충성하려고 하면 그 군주가 현명할 때는 능히 네 의견을 들어주지만 현명하지 못할 때는 네 의견을 들어주지 않을 것이다. 들어줄지 들어주지 않을지 반드시 알지 못하는 사이에 벌써 너는 여러 신하들로부터 떨어져 나갈 것이다. 여러 신하들로부터 떨어져 나간다면 네 자신이 반드시 위태로울 것이다. 자기를 위태롭게 할 뿐만 아니라 또 장차 그 아비도 위태롭게 할 것이다'라고 하였다.

子産者, 子國之子也. 子産忠於鄭君, 子國譙怒之曰 : "夫介異於人臣, 而獨忠於主. 主賢明, 能聽汝 ; 不明, 將不汝聽. 聽與不聽未可必知, 而汝已離於群臣. 離於群臣, 則必危汝身矣. 非徒危己也, 又且危父矣."

1 介異－혼자서 남과 다르게 처신함. 개(介)는 특(特) 또는 독(獨)자와 같음.

양거(梁車)가 새로 업(鄴) 땅의 장관이 되었다. 그의 누이가 마중나

632

가 그를 만나보았다. 날이 저물어 폐문 시간[1]에 늦었기 때문에 성곽을 넘어 들어갔는데 양거가 끝내 그 발을 잘랐다.[2] 조(趙) 성후(成侯)가 무자비하다고 여겨 관인을 빼앗고 장관을 면직시켰다.

梁車新爲鄴令, 其姊往看之, 暮而後, 閉門, 因踰郭而入. 車遂刖其足. 趙成侯以爲不慈, 奪之璽而免之令.

1 閉門－성곽 문 닫는 시각을 말함.
2 刖其足－법을 어겼다고 그대로 월(刖) 형벌에 처함.

관중(管仲)이 포박되어 노(魯)로부터 제(齊)로 보내져 가는 도중에 배가 고프고 목이 말라 기오(綺烏)[1]의 봉인(封人)[2]에게 들러 먹을 것을 구걸하였다. 봉인이 무릎을 꿇고 먹이는데 아주 정중히 하였다. 그리고 나서 봉인이 남몰래 관중에게 일러 말하기를 '만일[3] 다행스럽게 제에 이르러 죽지 않고 제에 등용된다면 장차 무엇으로 나에게 보답하겠습니까'라고 하였다. 관중이 말하기를 '자네 말과 같이 된다면 나는 앞으로 현자를 등용하고 유능한 자를 일 시키며 공로 있는 자를 평가하려 하는데 내가 무엇으로 자네에게 보답하겠는가'라고 하였다. 봉인이 그를 원망하였다.

管仲束縛, 自魯之齊, 道而飢渴, 過綺烏封人而乞食焉. 烏封人跪而食之, 甚敬. 封人因竊謂仲曰：“適幸, 及齊不死而用齊, 將何報我？”曰：“如子之言, 我且賢之用, 能之使, 勞之論. 我何以報子？”封人怨之.

1 綺烏－지명. 오(烏)는 취락의 뜻으로 오(隖)자와 통함.
2 封人－봉강(封疆), 즉 국경 지역의 관문을 지키는 관리.
3 適－여기서 적(適)은 약(若)자와 같은 가정조사.

34 외저설 우상(外儲說右上)

경(經)

[1]

군주가 신하를 다스리는 방법에는 세 가지가 있다. 첫째, 권세를 가지고 족히 변화시키지¹⁾ 못하면 그를 제거해 버린다. 사광(師曠)의 대답²⁾과 안자(晏子)의 주장³⁾은 모두 세(勢)라고 하는 용이한 방법을 놓아 두고 행하기 어려운 길을 따르려는⁴⁾ 것이다. 이는 맨발⁵⁾로 짐승을 쫓는 것과 같아 우환을 제거할 줄 모른다. 우환을 제거할 수 있는 방법은 자하(子夏)가 『춘추』(春秋)를 해설한 말 속에 있다. '권세를 잘 지탱할 줄 아는 자는 그 간악한 싹을 빨리 잘라 버린다'고 한다. 그러므로 계손(季孫)은 공자를 꾸짖어⁶⁾ 그 세가 자신과 맞선다⁷⁾고 하였다. 그런데 하물며 그것을 군주에게 두는 경우에 있어서랴. 이런 까닭으로 태공망(太公望)은 광율(狂矞)⁸⁾을 죽였으며 종들도 기(驥)⁹⁾는 타지 않는다. 사공(嗣公)은 그 까닭을 알기 때문에 사슴을 타지 않았다.¹⁰⁾ 설공(薛公)도 그 까닭을 알기 때문에 두 쌍둥이¹¹⁾와 장기를 두었다. 이것은 모두 이해¹²⁾가 엇갈린다는 것을 알기 때문이다. 그러므로 현명한 군주가 신하 기르는 방법은 까마귀를 길들이는 예로 말할 수 있다.

君所以治臣者有三. 勢不足以化則除之. 師曠之對, 晏子之說, 皆舍勢之
易也而道行之難, 是與獸逐走也, 未知除患. 患之可除, 在子夏之說《春
秋》也: "善持勢者蚤絶其姦萌." 故季孫讓仲尼以遇勢, 而況錯之於君乎?
是以太公望殺狂矞, 而臧獲不乘驥. 嗣公知之, 故而駕鹿. 薛公知之, 故與
二欒博. 此皆知同異之反也. 故明主之牧臣也, 說在畜烏.

1 以化－신하를 길들여 태도 변화를 가져오게 함.
2 師曠之對－진(晉) 평공(平公)의 물음에 사광이 은혜를 베풀라고 가르친 말.
3 晏子之說－제(齊) 경공(景公)에게 안영(晏嬰)이 은혜를 가지고 전(田)씨 세
   력을 누르라고 주장함.
4 道行之難－실행하기 어려운 방법을 취함. 도(道)는 유(由)자와 통함.
5 走－수레를 내버려두고 맨발로 달림.
6 讓－양(讓)은 책(責)자와 같은 뜻으로 잘못을 추궁함.
7 遇勢－세력이 서로 맞설 상대가 됨.
8 狂矞－제(齊)의 동쪽 바닷가에 살던 은자(隱者). 광(狂)과 율(矞) 두 형제라는
   설도 있음. 신하 되기를 거부하였다고 함.
9 驥－천리를 달리는 명마. 이름뿐이며 실제로 도움을 주지 못함.
10 而－여기서 이(而)는 부정의 뜻으로 쓰임.
11 欒－란(欒)은 쌍둥이 란(孿)자와 통함.
12 同異－군주와 신하 사이의 이해관계가 상반되는 상태.

[2]

둘째, 군주는 이해가 집중되는 표적[1]이다. 노리는[2] 자가 많으므로 군주는 모두에게 둘러싸인다.[3] 이런 까닭으로 좋아하고 싫어하는 기색이 드러나면 신하에게 실마리를 잡혀서[4] 군주는 갈피를 못 잡게 된다. 고한 말이 새나가면[5] 신하가 말하기를 꺼려하여 군주는 신통치 못하게 된다. 그 설명은 신불해(申不害)가 말한 여섯 가지 삼갈 일과 당이(唐易)가 말한 주살로 새를 잡는 예에 있다. 그 우환[6]

은 국양(國羊)이 잘못을 고쳐 보겠다고 원했던[7] 일과 선왕(宣王)이 크게 탄식한 사례에 있다. 또한 그것을 명확히 하는 것은 정곽(靖郭)씨가 열 개의 귀고리를 바친 일과 서수(犀首)・감무(甘茂)가 구멍으로 엿들은[8] 예로 가능하다. 당계공(堂谿公)은 술(術)을 가릴 줄 알기 때문에 옥술잔을 물었으며 소후(昭侯)는 술을 부릴 능력이 있기 때문에 듣고서[9] 혼자 잠잤다. 현명한 군주의 길은 신불해가 독단(獨斷)[10]을 권한 데에 있다.

人主者, 利害之輗轂也, 射者衆, 故人主共矣. 是以好惡見則下有因, 而人主惑矣 ; 辭言通則臣難言, 而主不神矣. 說在申子之言 "六愼", 與唐易之言弋也. 患在國羊之請變, 與宣王之太息也. 明之以靖郭氏之獻十珥也, 與犀首・甘茂之道穴聞也. 堂谿公知術, 故問玉巵 ; 昭侯能術, 故以聽獨寢. 明主之道, 在申子之勸獨斷也.

1 輗轂 ― 초(輗)는 작은 수레. 곡(轂)은 바퀴통. 바퀴살이 한데 모이는 중심부를 가리킴.
2 射 ― 과녁을 겨눔. 여기서는 사리(射利), 즉 이익을 노림.
3 共 ― 함께 감싸고 도는 것. 사행심의 대상이 됨.
4 有因 ― 달라붙을 곳이 생김. 인(因)은 단서(端緒)의 뜻.
5 辭言通 ― 군주에게 간한 말을 신하들에게 흘림. 통(通)은 누설(漏泄)과 같은 뜻.
6 患 ― 말을 누설시킬 경우 군주가 입게 되는 피해.
7 請變 ― 잘못을 지적해 주면 고쳐 보겠다고 함. 변(變)은 변개(變改)의 뜻으로 통함.
8 道穴聞 ― 구멍을 통하여 군주가 하는 말을 엿들음.
9 以聽 ― 이미 그 말한 뜻을 알아들음. 이(以)는 이(已)자와 같음.
10 獨斷 ― 군주가 자기 혼자서 판단함.

[3]
셋째, 술(術)을 행하지 못하는 것은 까닭이 있다. 그 개를 죽이지 않으면 술이 쉰다.[1] 대저 나라에도 개가 있으며 또한 그 측근들은 모

두 군주의 쥐[2]다. 요즈음 군주는 요(堯)가 두 차례나 신하를 죽이고[3] 장왕(莊王)이 태자를 처벌했던 결단력[4]이 없으며 모두 박의(薄疑)의 노모[5]가 채(蔡) 노파의 결정에 따르는 것[6]만 있다. 능력 없는 자를 버릴 줄 알려면[7] 노래 가르치는 방법을 가지고 먼저 재주를 헤아려 보아야 한다. 오기(吳起)는 사랑하는 처를 내쫓고 문공(文公)이 전힐(顚頡)을 참한 것은 모두 인정에 거슬리는[8] 일이다. 그러므로 남을 시켜서 종기를 터뜨리게 할 수 있는 자는 분명히 고통을 잘 참는 자다.

術之不行, 有故. 不殺其狗, 則酒酸. 夫國亦有狗, 且左右皆社鼠也. 人主無堯之再誅, 與莊王之應太子, 而皆有薄媼之決蔡嫗也. 知貴不能, 以教歌之法先揆之. 吳起之出愛妻, 文公之斬顚頡, 皆違其情者也. 故能使人彈疽者, 必其忍痛者也.

1 酒酸－술 파는 집에 맹견이 있어서 술이 잘 팔리지 않아 쉼.
2 社鼠－사직(社稷)을 갉아먹는 쥐. 사(社)는 군주를 가리킴.
3 再誅－요(堯)가 자기 의견에 반대하는 곤(鯀)과 공공(共工)을 두 번에 걸쳐 죽인 일.
4 應太子－법을 어긴 태자 처벌에 대처하는 의연한 태도를 말함.
5 薄媼－위(衛) 사공(嗣公)의 신하인 박의(薄疑)의 노모.
6 蔡嫗－무당인 채(蔡)씨 성의 노파. 매사를 그가 결정지음.
7 貴不能－능력 없는 자를 저버림. 귀(貴)는 유기(遺棄)의 뜻으로 볼 수 있음.
8 違其情－사람의 정을 버리고 법에 충실함.

전(傳)

[1]

상을 주고 칭찬을 해줘도 힘쓰려 하지 않고 벌을 주고 헐뜯더라도 두려워하지 않으며 이 네 가지가 가해지더라도 변하지 않으면[1] 그를 제거해야 한다.

賞之譽之不勸, 罰之毀之不畏, 四者加焉不變則其除之.

1 不變－신하가 군주에게 길들여지지 않음. 여기서 변(變)은 태도 변화. 화(化)
　자와 같음.

제(齊) 경공(景公)이 진(晉)에 가서 평공(平公)과 술을 마셨다.[1] 사
광(師曠)이 옆에 모시고 앉았다. 처음 시작하는 자리에서 경공이 정
치에 대해 사광에게 묻기를 '태사(太師)[2]께서는 앞으로 무엇을 나에
게 가르쳐 주시렵니까'라고 하였다. 사광이 말하기를 '군주께서는
반드시 인민에게 은혜를 베풀 따름입니다'라고 하였다. 중반쯤[3] 되
어 술이 한창일 때 밖에 나가려고 하면서 또 다시 정치에 대해 사
광에게 묻기를 '태사께서는 무엇을 나에게 가르쳐 주시겠습니까'라
고 하였다. 대답하기를 '군주께서는 반드시 인민에게 은혜를 베풀
따름입니다'라고 하였다. 경공이 밖에 나와 숙소로 갈 때[4] 사광이
그를 전송하자 또 정치에 대해 사광에게 물었다. 사광이 말하기를
'군주께서는 반드시 인민에게 은혜를 베풀 따름입니다'라고 하였다.
경공이 돌아와서 두루 생각하다가 술이 아직 깨기 전에 사광이 이
르는 말뜻[5]을 깨달았다. 공자 미(尾)와 공자 하(夏)는 경공의 두 아
우로서 제의 민심을 크게 얻었다. 집안이 부귀하고 민이 좋아하여[6]
공실(公室)의 위엄과 비슷하였다. '이들은 내 자리를 위태롭게 하는
자다. 지금 나에게 이르기를 인민에게 베풀라고 한 것은 두 아우들
과 다투어서 민심을 잡으라고[7] 하는 것이다'라고 생각하였다. 이에
귀국하자 곡식을 방출하여[8] 빈민들에게 나누어 주고 재화를 풀어
서[9] 고아와 과부에게 내려주었다. 곳간에는 묵은 곡식이 없고 창고
에는 남은 재물이 없었다. 궁안의 여자로서 시중들지 않는 자는 나
가게 하여 시집보내고 일흔이 넘은 자는 녹미(祿米)[10]를 받게 하였
다. 인민에게 덕을 팔아 은혜를 베풀어 두 아우들과의 경쟁을 끝냈

다. 두 해가 지나자 아우들은 밖으로 나갔다.[11] 공자 하는 초(楚)로 도망치고 공자 미는 진(晉)으로 달아났다.

齊景公之晉, 從平公飮, 師曠侍坐. 始坐, 景公問政於師曠曰 : "太師將奚以敎寡人?" 師曠曰 : "君必惠民而已矣." 中坐, 酒酣, 將出, 又復問政於師曠曰 : "太師奚以敎寡人?" 曰 : "君必惠民而已矣." 景公出之舍, 師曠送之, 又問政於師曠. 師曠曰 : "君必惠民而已矣." 景公歸, 思, 未醒, 而得師曠之所謂. 公子尾·公子夏者, 景公之二弟也. 甚得齊民. 家富貴而民說之, 擬於公室. '此危吾位者也. 今謂我惠民者, 使我與二弟爭民邪?' 於是反國, 發廩粟以賦衆貧, 散府財以賜孤寡, 倉無陳粟, 府無餘財, 宮婦不御者出嫁之, 七十受祿米. 鬻德惠施於民也, 已與二弟爭. 居二年, 二弟出走, 公子夏逃楚, 公子尾走晉.

1 從平公飮 – 진(晉)의 평공(平公)과 상대하여 술을 마심.
2 太師 – 천자를 보좌하는 삼공(三公) 중의 하나. 여기서는 사광(師曠)에 대한 호칭.
3 中坐 – 술자리 분위기가 성숙되어갈 무렵을 가리킴.
4 出之舍 – 자리에서 나와 자기 숙소로 감.
5 所謂 – 사광이 일러준 말의 본래 뜻.
6 說之 – 여기서는 두 아우를 우러르고 따름.
7 爭民 – 민심을 잡으려고 경쟁하는 일.
8 發廩粟 – 쌀 창고에 보관해 둔 곡식을 모두 방출함.
9 散府財 – 부(府)는 재물 창고. 보유하고 있는 돈을 모두 내놓음.
10 祿米 – 돌보아주는 부양미를 말함.
11 出走 – 출분(出奔)과 같음. 탈출하여 국외로 망명함.

경공(景公)이 안자(晏子)와 함께 소해(少海)[1]에서 노닐며 백침(柏寢)[2] 대에 올라가 나라를 둘러보며[3] 말하기를 '굉장하다. 넓고[4] 크다.[5] 후세에 누가 이것을 가지게 되려는가'라고 하였다. 안자가 대답하기를 '전성(田成)씨[6]겠습니다'라고 말하였다. 경공이 말하기를 '내가 이 나라를 가지고 있는데 전성씨가 가지게 되리라고 말하는 것은 어째서인가'라고 물었다. 안자가 대답하기를 '저 전성씨가 제(齊)의 민심을 크게 얻고 있습니다. 민을 대하기를 위로는 작록을 청하여 그것을 대신들에게 행사하며[7] 아래로는 사적으로 말[8]을 크게 하여 (곡식을) 빌려 주고 말을 작게 하여 거두어들입니다. 소 한 마리를 잡으면 한 그릇의 고기[9]만을 취하고 나머지를 사인(士人)들에게 나누어 먹입니다. 한 해에 들어오는 베와 비단을 두 제(制)[10]만 취하고 나머지를 사인들에게 나누어 입힙니다. 그러므로 시중의 나뭇값이 산에서보다 더 비싸지 않고 옮겨온[11] 물고기와 소금과 거북과 자라 그리고 소라와 조개[12]가 바닷가보다 더 비싸지 않습니다. 군주께서는 세를 엄히 거두지만 전성씨는 후하게 베풀고 있습니다. 제(齊)에 일찍이 큰 기근이 들었을 때 길가에 굶어죽는 자가 셀 수 없었으나 부자가 서로 이끌고 전성씨에게 가서 의탁해 살지 못했다는 말을 듣지 못하였습니다. 그러므로 널리 진주(秦周)[13]에 사는 인민이 다 함께 노래 불러 말하기를 "아아,[14] 기장을 따자.[15] 전성자에게로 가 의탁하자"고 하였습니다. 『시』(詩)에도 이르기를 "비록 덕이 너에게 미치지 않더라도 그것으로[16] 노래 부르고 또 춤추자"고 하였습니다. 지금 전성씨가 덕을 베풀어 인민이 노래부르고 춤추는 것은 인민이 은덕에 귀의한다는 것입니다. 그래서 말씀드리기를 "전성씨입니다"라고 한 것입니다'라고 말하였다. 경공이 현연(泫然)히[17] 눈물을 흘리며 '슬프지 않은가. 내가 나라를 가지고 있는데 전성씨가 그것을 갖다니. 지금 이 일을 어찌하면 좋겠는가'라고 물었다. 안자가 대답하기를 '군주께서 무엇을 걱정하십니까. 만약 군주께서 민을 돌려받기[18] 원하신다면 현자를 가까이 하고 어리석은 이를 멀리하며 혼란을 다스려 진정시키고 형벌을 가볍게 늦추어 주며 가난한 자를 구제하고[19] 고아나 과부를 가엾게 여기며 은혜를 베풀어서 부족한 것을 채워 준다면 장차 인민이 군주에게 귀의할 것입니다. 그렇게 된다면 비록 전성씨 같은 자가 열 사람 있다고 하더라도 그들이 군주를 어찌하겠습니까'라고 말하였다.

景公與晏子遊於少海, 登柏寢之臺而還望其國, 曰:"美哉! 泱泱乎, 堂堂乎! 後世將孰有此?"晏子對曰:"其田成氏乎!"景公曰:"寡人有此國也, 而曰田成氏有之, 何也?"晏子對曰:"夫田成氏甚得齊民. 其於民也, 上之請爵祿行諸大臣, 下之私大斗斛區釜以出貸, 小斗斛區釜以收之. 殺一牛, 取一豆肉, 餘以食士. 終歲, 布帛取二制焉, 餘以衣士. 故市木之價, 不加貴於山; 澤之魚鹽龜鼈嬴蚌, 不加貴於海. 君重斂, 而田成氏厚施. 齊嘗大飢, 道旁餓死者不可勝數也, 父子相牽而趨田成氏者. 不聞不生. 故秦周之民相與歌之曰:'謳乎, 釆芑其已乎! 其往歸田成子乎!'《詩》曰:'雖無德與女, 式歌且舞.'今田成氏之德而民之歌舞, 民德歸之矣. 故曰:'其田成氏乎!'"公泫然出涕曰:"不亦悲乎! 寡人有國而田成氏有之. 今爲之奈何?"晏子對曰:"君何患焉? 若君欲奪之, 則近賢而遠不肖, 治其煩亂, 緩其刑罰, 振貧窮而恤孤寡, 行恩惠而給不足, 民將歸君, 則雖有十田成氏, 其如君何?"

1 少海－동해쪽 바닷가. 또는 발해(渤海)를 가리키기도 함.
2 柏寢－제(齊)의 지명. 전망대가 있었다고 함. 백(柏)은 백(栢)자로 통함.
3 還望－국토를 멀리 두루 바라봄. 환(還)은 선(旋)자와 같이 쓰임.
4 泱泱－앙(泱)은 물이 깊고 넓은 모양. 가득히 넘침.
5 堂堂－성대한 모양. 위엄이 있어 보임.
6 田成氏－제의 권신(權臣) 전상(田常)을 말함. 진항(陳恒)이라 부르기도 함.
7 行諸－군주의 권한을 빌려서 대신 행사함. 저(諸)는 작록(爵祿)을 가리킴. 경상(慶賞)을 내려줌.
8 斗斛區釜－네 글자 모두 용량의 단위. 두(斗)는 열 되, 곡(斛)은 열 말, 구(區)는 한 말 여섯 되, 부(釜)는 네 구를 한 단위로 일컬음.
9 一豆－극히 작은 분량을 말함. 두(豆)는 고기를 담는 나무그릇.
10 二制－여기서 제(制)는 옷감의 길이를 재는 단위. 한 길 여덟 자를 말함.
11 澤之－해산물을 소택(沼澤)으로 옮겨와 모아둠.
12 嬴蚌－패류(貝類)를 가리킴. 라(嬴)는 라(螺)자로 통함. 방(蚌)은 껍질이 두꺼운 조개.
13 秦周－제나라 전체를 가리킴. 주(周)는 변(遍)자와 같음.

14 嘔乎 − 읊는 소리. 오호(嗚呼)와 같은 뜻.
15 采芑 − 기(芑)는 서직(黍稷)의 일종. 채(采)는 채(採)자로 통함.
16 式 − 여기서 식(式)은 용(用) 또는 이(以)자의 뜻으로 쓰임.
17 泫然 − 눈물이 줄줄 흘러내리는 모양.
18 奪之 − 전성씨에게 빼앗긴 민심을 되돌려받음.
19 振 − 물자를 주어 가난한 자를 구제함. 진(振)은 진(賑)자로 통함.

어떤 이¹¹⁾가 말하기를 '경공(景公)은 권세를 부릴 줄 모르며 사광(師曠)과 안자(晏子)는 재앙을 물리칠 줄 모른다. 대저 사냥하는 자가 수레의 안전에 의탁하고 육마(六馬)²⁾의 발을 이용하며 왕량(王良)이 고삐를 잡도록³⁾ 하면 몸이 피로하지 않으면서도 쉽게 날랜 짐승⁴⁾을 따라잡을 것이다. 만일⁵⁾ 수레의 편리함을 놓아두고 육마의 발과 왕량의 솜씨⁶⁾를 버리고 땅바닥을 달려⁷⁾ 짐승을 쫓는다면 비록 누계(樓季)⁸⁾의 빠른 발일지라도 짐승을 따라잡을 틈이⁹⁾ 없을 것이다. 그러나 훌륭한 말과 튼튼한 수레에 의탁한다면 종¹⁰⁾일지라도 여유가 있을 것이다. 국가란 군주의 수레이며 권세란 군주의 말이다. 도대체 권세부리는 자리에 있어 제멋대로 베푸는¹¹⁾ 신하를 처벌하지 못하고 반드시 덕을 후히 쌓아가며 아랫사람과 똑같은 행동을 하여 민심을 얻으려고 다투니 이것은 모두가 군주의 수레를 타지 않고 말의 편리함에 기대지 않고 수레를 버려둔 채로 땅바닥을 달리는 자와 같다. 그러므로 경공은 권세를 부릴 줄 모르는 군주이며 사광과 안자는 재앙을 물리칠 줄 모르는 신하라고 말하는 것이다'라고 하였다.

或曰：景公不知用勢, 而師曠・晏子不知除患. 夫獵者, 託車輿之安, 用六馬之足, 使王良佐轡, 則身不勞而易及輕獸矣. 今釋車輿之利, 捐六馬之足與王良之御, 而下走逐獸, 則雖樓季之足無時及獸矣. 託良馬固車, 則臧獲有餘. 國者, 君之車也 ; 勢者, 君之馬也. 夫不處勢以禁誅擅愛之臣, 而必德厚以與天下齊行以爭民, 是皆不乘君之車, 不因馬之利, 舍車而下走者也. 故曰 : 景公不知用勢之主也, 而師曠·晏子不知除患之臣也.

1 或 — 앞의 두 설화에 담긴 내용을 비판하는 형식으로 설정된 사람.
2 六馬 — 수레 끄는 사마(駟馬) 네 마리에 곁말인 참마(驂馬) 두 마리가 더 딸린 상태.
3 佐轡 — 고삐를 잡음. 좌(佐)는 일을 담당함.
4 輕獸 — 동작이 재빠른 짐승. 경(輕)은 쾌속(快速)과 같은 뜻.
5 夆 — 여기서는 가정조사로 쓰임.
6 王良之御 — 말을 잘 부리는 어자(御者) 왕량(王良)의 능숙한 솜씨.
7 下走 — 수레에서 내려 도보로 산이나 들을 달려감.
8 樓季 — 옛날에 빨리 달리기로 유명했던 사람. 위(魏) 문후(文侯)의 아우라고도 전함.
9 無時 — 따라잡을 시간 여유가 없음. 시(時)를 능(能)자로 볼 수도 있음.
10 臧獲 — 장(臧)은 사내종, 획(獲)은 계집종을 말함.
11 擅愛 — 군주를 제쳐놓고 신하가 마음대로 민에게 은혜를 베풂.

자하(子夏)가 말하기를 '『춘추』(春秋) 기록에 신하가 군주를 살해하고 자식이 아버지를 죽인 일들이 수십을 헤아린다. 모두 하루아침에 이룬 것이 아니라 점점 쌓여서 이른 것이다'라고 하였다. 무릇 간악한 일이란 오랫동안 행하여져 축적을 이루고 축적이 이루어져서 세력이 강해지며 세력이 강해져서 능히 살해할 수 있는 것이다. 그러므로 현명한 군주는 그것을 일찍 잘라 버린다. 지금 전상(田常)이 일으킨 난[1]은 점차 조짐이 나타난 것인데도 군주가 처벌하지 않았다. 안자(晏子)는 군주로 하여금 침해하는 신하를 누르도록[2] 하지 못하고 군주로 하여금 은혜를 베풀게 하였기 때문에 간공(簡公)[3]이 그 화를 입게 된 것이다. 그러므로 자하가 말하기를 '권세를 잘 유지하는 자는 간악한 싹을 일찍 잘라 버린다'고 하였던 것이다.

子夏曰 : "《春秋》之記臣殺君·子殺父者, 以十數矣. 皆非一日之積也, 有漸而以至矣." 凡姦者, 行久而成積, 積成而力多, 力多而能殺, 故明主蚤絶之. 今田常之爲亂, 有漸見矣, 而君不誅. 晏子不使其君禁侵陵之臣,而使其主行惠, 故簡公受其禍. 故子夏曰: "善持勢者, 蚤絶姦之萌."

1 爲亂－전성자(田成子)가 제(齊) 간공(簡公)을 시해한 사건.
2 禁侵陵－침범을 못하게 막아 버림. 릉(陵)은 릉(凌)자와 같음.
3 簡公－제 경공의 손자. 전상에게 시해당함.

계손(季孫)이 노(魯)의 재상일 때 자로(子路)가 후(郈) 지방의 장관[1]이었다. 노에서 오월에 민중을 동원하여 긴 수로를 만들었다. 이 공사에 즈음하여[2] 자로는 개인이 받은 봉록 쌀[3]로 죽을 끓여 오보(五父) 거리[4]에서 수로 일꾼들을 맞아들여[5] 먹였다. 공자가 그것을 듣고 자공(子貢)으로 하여금 가서 밥을 뒤엎고 그릇을 부수며 '노의 군주가 민을 돌보고 있는데 자네가 어찌하여 그들에게 바로 밥을 먹이는가'라고 말하도록 하였다. 자로가 불끈 성을 내며 팔뚝을 걷어올리고 들어가서 묻기를 '선생은 제[6]가 인의를 행하는 것을 미워하십니까. 선생에게 배운 것은 인의입니다. 인의란 가진 것을 천하와 함께하며 이득을 똑같이 하는 것입니다. 지금 저의 봉록 쌀로 민을 밥먹이는 일이 옳지 않다고 함은 어째서입니까'라고 하였다. 공자가 말하기를 '유(由)는 교양이 없다.[7] 나는 자네가 안다고 여겼는데[8] 자네는 여기에[9] 미치지 못한다. 자네는 본래 이와 같이 예를 알지 못하는구나. 자네가 밥먹이는 것은 사랑하기 때문이다. 대저 예란 천자가 천하를 사랑하고 제후가 그 구역 안을 사랑하며 대부가 그 관속[10]을 사랑하고 사인이 그 집안을 사랑하는 일이다. 사랑해야 할 한계를 넘는 것을 침범이라고 한다. 지금 노의 군주가 민을 돌보고 있는데도 자네가 제멋대로 사랑한다는 것은 바로 자네가 침범한 것이다. 무책임한 일[11]이 아닌가'라고 하였다. 말이 끝나기도 전에 계손의 사자가 이르러 꾸짖어 말하기를 '내[12]가 민중을 동원하여 일을 시키는데 선생이 제자를 시켜 일꾼들을 불러[13] 밥먹이고 있습니다. 장차 내 인민을 빼앗으려는 것입니까'라고 하였다. 공자가 수레를 타고 노를 떠났다. 공자의 현명함으로도 (막지 못한 일을) 계손은 노의 군주가 아닌데도 남의 신하 자격[14]을 가지고 군주의 술수를 빌려 아직 나타나지 않은 일[15]을 일찍 막아서 자로가 사적인 은혜를 베풀 수 없게 하고 실제로 해가 생길 수 없게 하였다. 하물며 군주에게 있어서랴. 경공(景公)의 권세로써 전상(田常)의 침범을 막았더라면 협박받고 시해당하는 재앙은 결코 없었을 것이다.

季孫相魯, 子路爲郈令. 魯以五月起衆爲長溝, 當此之爲, 子路以其私秩粟爲漿飯, 要作溝者於五父之衢而飡之. 孔子聞之, 使子貢往覆其飯, 擊毀其器, 曰："魯君有民, 子奚爲乃飡之?"子路怫然怒, 攘肱而入, 請曰："夫子疾由之爲仁義乎? 所學於夫子者, 仁義也；仁義者, 與天下共其所有而同其利者也. 今以由之秩粟而飡民, 其不可何也?"孔子曰："由之野也! 吾以女知之, 女徒未及也. 女故如是之不知禮也! 女之飡之, 爲愛之也. 夫禮, 天子愛天下, 諸侯愛境內, 大夫愛官職, 士愛其家, 過其所愛曰侵. 今魯君有民而子擅愛之, 是子侵也, 不亦誣乎!"言未卒, 而季孫使者至, 讓曰："肥也起民而使之, 先生使弟子令徒役而飡之, 將奪肥之民耶?"孔子駕而去魯. 以孔子之賢, 而季孫非魯君也, 以人臣之資, 假人主之術, 蚤禁於未形, 而子路不得行其私惠, 而害不得生, 況人主乎!以景公之勢而禁田常之侵也, 則必無劫弒之患矣.

1 郈令－지금 산동성 동평현(東平縣) 근방에 있던 고을의 장관.
2 當此之爲－여기서 위(爲)는 토목공사 일을 하던 때를 가리킴.
3 秩粟－개인 몫으로 받는 봉록 곡식을 말함.
4 五父之衢－곡부(曲阜)의 동남쪽에 있던 거리 이름.
5 要－맞아들여 대접함. 요(要)는 요(邀), 즉 영(迎)자와 같음.
6 由－유(由)는 자로(子路)의 이름. 자기 자신을 불러 말함.
7 野－비속(鄙俗), 즉 촌스럽고 천한 모양. 예를 모름.
8 以女－여기서 이(以)는 이위(以爲)와 같은 뜻으로 쓰임.
9 女徒－도(徒)는 내(乃)자와 통함.
10 官職－벼슬아치. 직책에 딸린 사람들을 가리킴.

11 誣 - 예의에 어긋나는 동닿지 않는 행동을 말함.
12 肥 - 계손(季孫) 자신의 이름. 그의 자(字)는 강자(康子).
13 令徒役 - 토목공사에 종사하는 사람. 령(令)은 소리쳐 부름.
14 資 - 자격, 즉 신분을 가리킴.
15 未形 - 미연(未然)과 같음. 간악한 일이 아직 나타나기 전.

태공망(太公望)[1]이 동편으로 제(齊) 땅을 봉후받았다. 제의 동해 바닷가에 사는 은자[2]가 있어 광율(狂矞) 화사(華士)라고 한다. 이 형제 두 사람이 주장[3]을 내세워 말하기를 '우리는 천자의 신하가 되지 않고 제후의 벗이 되지 않으며 농사지어 먹고 우물 파서 마시니 남에게 바랄 것이 없다. 위로 받은 작위가 없고[4] 군주가 주는 봉록도 없으니 벼슬살 일이 없고 농사에 힘쓸[5] 뿐이다'라고 하였다. 태공망이 영구(營丘)[6]에 이르러 관리를 시켜 그들을 붙잡아 죽여서 최초의 처벌[7]로 삼았다. 주공(周公) 단(旦)이 노(魯)로부터 그것을 듣고 급히 파발마를 띄워 묻기를 '그 두 사람은 현자다. 오늘 나라를 받고서[8] 현자를 죽이다니 무슨 까닭이냐'라고 하였다.

太公望東封於齊, 齊東海上有居士曰狂矞·華士. 昆弟二人者立議曰:"吾不臣天子, 不友諸侯, 耕作而食之, 掘井而飮之, 吾無求於人也. 無上之名, 無君之祿, 不事仕而事力." 太公望至於營丘, 使吏執而殺之以爲首誅. 周公旦從魯聞之, 發急傳而問之曰:"夫二子, 賢者也. 今日饗國而殺賢者, 何也?"

1 太公望 - 주(周) 왕조의 건국공신 여상(呂尙).
2 居士 - 벼슬하지 않고 시골에 사는 처사(處士).
3 立議 - 서로 자기 주의 주장을 내세움.
4 無上之名 - 남의 위에 내세워지는 명예. 또는 천자로부터 받은 작위(爵位)를 말함.
5 事力 - 육체 노동에 종사함. 여기서는 농사일에 힘씀.
6 營丘 - 제(齊)의 도읍 임치(臨緇)에 있는 한 언덕을 가리킴.
7 首誅 - 집권하여 처음 시행하는 처형.

8 饗國－영토를 받고 그 영지로 들어감. 향(饗)은 향(享)자로 통함.

태공망이 대답하기를 '이 형제 두 사람이 주장을 내세워 말하기를 "우리는 천자의 신하가 되지 않고 제후의 벗이 되지 않으며 농사지어 먹고 우물 파서 마시니 우리는 남에게 바랄 것이 없다. 위로 받은 작위가 없고 군주가 주는 봉록도 없으니 벼슬살 일이 없고 농사에 힘쓸 뿐이다"라고 합니다. 그들이 천자의 신하가 되지 않겠다 함은 바로 저[1]도 신하로 삼을 수 없다는 것입니다. 제후의 벗이 되지 않겠다 함은 바로 저도 부릴 수 없다는 것입니다. 농사지어 먹고 우물 파서 마시니 남에게 바랄 것이 없다 함은 바로 제가 상벌로 권하거나 금할 수 없다는 것입니다. 그리고 위로 작위가 없으니 비록 지혜가 있다 하더라도 저에게 도움이 되지[2] 않으며 군주의 봉록도 바라지 않으니 비록 현명할지라도 저에게 공이 되지 않습니다. 벼슬하지 않으면 다스릴 수 없고 일을 맡아 보지 않으면[3] 충성할 수 없습니다. 또한 선왕이 신하와 민을 사역할 수 있던 수단은 작위나 봉록 아니면 형과 처벌이었습니다. 지금 네 가지 것으로도 그들을 족히 부릴 수 없다면 제가 장차[4] 누구에게 군주가 되겠습니까. 전쟁에 나가지 않고서[5] 공명을 드러내고 몸소 농사짓지[6] 않으면서 명성을 얻는 것도 나라 사람을 가르치는 방도가 아닙니다. 지금 여기에 말이 있어 마치 천리마와 같은 기상[7]이라면 천하에서 가장 좋은 말입니다. 그러나 그것을 몰아 대도 나아가지 않고 끌어당겨도[8] 멈추지 않으며 왼쪽으로 가게 하여도 왼쪽으로 가지 않고 오른쪽으로 가게 하여도 오른쪽으로 안 간다면 비록 미천한 종이라도 그 발을 의탁하려고 하지 않습니다. 종이 그 발을 천리마에게 의탁하려고 하는 까닭은 천리마가 이를 얻고 해를 피할 수 있다[9]고 생각하기 때문입니다. 만일 사람에게 도움이 안 된다면 비록 미천한 종이라도 그 발을 의탁하려고 하지 않을 것입니다. 자기가 이 세상에 훌륭한 사람으로 여겨진다고 스스로 말할지라도 군주에게 도움이 안 되고 행동이 지극히 훌륭하더라도 군주에게 등용이 안 되면 현명한 군주의 신하됨이 못되며 역시 천리마를 왼쪽으로도 오른쪽으로도 가게 하지 못하는 것과 같습니다. 이런 까닭으로 그들을 사형에 처한 것입니다'라고 말하였다.

太公望曰 : "是昆弟二人立議曰 : '吾不臣天子, 不友諸侯, 耕作而食之, 掘井而飮之, 吾無求於人也. 無上之名, 無君之祿, 不事仕而事力.' 彼不臣天子者, 是望不得而臣也 ; 不友諸侯者, 是望不得而使也 ; 耕作而食之, 掘井而飮之, 無求於人者, 是望不得以賞罰勸禁也. 且無上名, 雖知, 不爲望用 ; 不仰君祿, 雖賢, 不爲望功. 不仕, 則不治 ; 不任, 則不忠. 且先王之所以使其臣民者, 非爵祿則刑罰也. 今四者不足以使之, 則望當誰爲君乎? 不服兵革而顯, 不親耕耨而名, 又非所以敎於國也. 今有馬於此, 如驥之狀者, 天下之至良也. 然而驅之不前, 郤之不止, 左之不左, 右之不右, 則臧獲雖賤, 不託其足. 臧獲之所願託其足於驥者, 以驥之可以追利辟害也. 今不爲人用, 臧獲雖賤, 不託其足焉. 己自謂以爲世之賢士而不爲主用, 行極賢而不用於君, 此非明主之所臣也, 亦驥之不可左右矣, 是以誅之."

1 望－태공망 자신을 가리킨 이름. 성은 강(姜)씨이며 태공(太公)이란 그 시조가 된다는 뜻.
2 用－도움을 주게 됨. 어떤 역할을 함.
3 不任－직책에 나아가 일을 맡아 보도록 하지 못함.
4 當－여기서 당(當)은 장(將)자와 같은 뜻으로 쓰임.
5 服兵革－복(服)은 군에 복무함. 실제로 전쟁에 참가함.
6 耕耨－농사일을 함. 경운(耕耘)과 마찬가지 뜻.
7 驥之狀－천리마와 같은 모습을 함.
8 郤之－말고삐를 잡아당김. 각(郤)은 각(却)의 원글자.
9 追利辟害－이를 추구하고 해를 물리침. 벽(辟)은 피(避)자로 통함.

일설에 따르면 태공망(太公望)이 동편으로 제(齊) 땅을 봉후받았다고 한다. 바닷가에 현자 광율(狂矞)이 있었다. 태공망이 그것을 듣고 가서 (만나기를) 청하였다. 세 번 말에서 내렸으나[1] 광율은 만나주지[2] 않았다. 그래서 태공망은 그를 사형에 처하였다. 마침 이때를 당하여 주공(周公) 단(旦)이 노(魯)에 있어 말을 달려서 말리려고 하였다. 그러나 거기에 이르렀을 때는[3] 벌써 처형해 버린 후였다. 주공 단이 말하기를 '광율은 천하의 현자입니다. 선생은 무엇 때문에 그를 사형시켰습니까'라고 하였다. 태공망이 대답하기를 '광율이란 자는 천자의 신하가 되지 않고 제후의 벗도 되지 않겠다고 주장합니다. 나는 그가 법을 어지럽히고 가르침을 해칠까[4] 두려워서 최초의 처벌로 삼은 것입니다. 지금 여기에 말이 있어 모습은 천리마를 닮았으나 그 천리마가 가지 않고 잡아끌더라도 나아가지 않는다면 비록 종일지라도 발을 의탁하여 그 수레[5]를 돌리려고 하지 않을 것입니다'라고 말하였다는 것이다.

一曰 : 太公望東封於齊. 海上有賢者狂矞, 太公望聞之往請焉, 三卻馬於門而狂矞不報見也, 太公望誅之. 當是時也, 周公旦在魯, 馳往止之 ; 比至, 已誅之矣. 周公旦曰 : "狂矞, 天下賢者也, 夫子何爲誅之?" 太公望曰 : "狂矞也議不臣天子, 不友諸侯, 吾恐其亂法易敎也, 故以爲首誅. 今有馬於此, 形容似驥也, 然驅之不往, 引之不前, 雖臧獲不託足以旋其軨也."

1 卻馬 - 말에서 내려 돌려보냄. 경의를 표하려고 걸어서 감.
2 報見 - 찾아온 손님을 답례로 만나봄. 보(報)는 반례(返禮)의 뜻을 가리킴.
3 比至 - 도착하게 된 시간. 비(比)는 급(及)자로 통함.
4 易敎 - 가르침을 가볍게 여김. 얕봄.
5 其軨 - 수레 뒷부분의 가로대. 여기서는 수레 자체를 말함.

여이(如耳)가 위(衛)의 사공(嗣公)에게 진언하였다.[1] 위의 사공이 기뻐하며 탄식하였다. 측근들이 말하기를 '공께서는 무엇 때문에 재상으로 삼지 않으십니까'라고 하였다. 사공이 대답하기를 '도대체 말이 사슴을 닮았다면²⁾ 천금의 값이 붙여질³⁾ 것이다. 그러나 백금 나가는 말은 있어도 일금의 사슴이 없다는 것은 말은 사람에게 도움이 되지 만⁴⁾ 사슴은 사람에게 도움이 되지 않기 때문이다. 지금 여이는 만승의 재상감이다. 밖으로 큰 나라를 섬길 뜻은 있어도 그 생각이 위(衛)에 있지 않다. 비록 말을 잘하고 지혜롭다 하더라도 역시 나에게는 도움이 되지 않아 나는 이 때문에 재상으로 삼지 않는 것이다'라고 하였다.

如耳說衛嗣公, 衛嗣公說而太息. 左右曰 : "公何爲不相也?" 公曰 : "夫馬似鹿者而題之千金, 然而有百金之馬而無一金之鹿者, 馬爲人用而鹿不爲人用也. 今如耳, 萬乘之相也, 外有大國之意, 其心不在衛, 雖辯智, 亦不爲寡人用, 吾是以不相也."

1 說－자기의 주의 주장을 내세워 남을 설득시킴.
2 似鹿－사슴과 같이 발이 빠른 것을 가리킴.
3 題之－값이 정해짐. 평가하게 됨.
4 人用－사람에게 사역됨으로써 도움을 줌.

설공(薛公)¹⁾이 위(魏) 소후(昭侯)의 재상일 때 측근에 양호(陽胡)·반기(潘其)라 부르는 쌍둥이²⁾가 있었다. 왕에게 대단히 중용되어 설공을 위하지 않았다. 설공은 그것이 마음에 걸리던 차에 그들을 초대하여 함께 장기를 두었다. 각자에게³⁾ 돈 백금을 내주어 형제끼리 바둑을 두게 하다가 갑자기 또 이백금씩을 더 주었다. 장기판이 한창인데 얼마 있다가 알자(謁者)⁴⁾가 말을 전하기를 '객 중에 장계(張季)란 분⁵⁾이 문밖에 와 있습니다'라고 하였다. 설공이 불끈 화를 내고 칼을 끌러 알자에게 건네주며 말하기를 '죽여 버려라. 나는 장계가 나를 위해 일하지 않는다⁶⁾고 들었다'고 하였다. 서서 얼마 있었는데 때마침 장계의 친구[7]가 곁에 있다가 말하기를 '그렇지 않습니다. 남모르게 듣기로는 장계가 공을 대단히 위한다고 합니다. 생각해 보니 그 사람됨이 나서기를 싫어하여[8] 듣지 못하였을 뿐입니다'라고 하였다. 이에 죽이는 것을 그만두게 하고 그를 빈객으로 크게 예우하여 말하기를 '전번에는 장계가 나를 위하지 않는다고 들었기 때문에 죽이려고 하였다. 지금은 정말 나를 위한다고 하니 어찌 장계를 잊겠는가'라고 하였다. 창고지기에게 일러 천석의 곡식을 주고[9] 금고 관리에게 일러 오백금을 주고 마부에게 일러 개인 마구간의 좋은 말과 튼튼한 수레 두 대를 주었다. 이어서 환관을 시켜 궁녀들 가운데 아름다운 여자 스무 명을 합쳐 장계에게 보내는[10] 선물로 삼았다. 그래서 쌍둥이가 서로 일러 말하기를 '공을 위하는 자는 반드시 이득을 보고 공을 위하지 않는 자는 반드시 해를 입는다. 우리들이 무엇을 아껴[11] 공을 위하지 않겠는가'라고 하였다. 이렇게 하여 다투어 힘써서 마침내 그를 위하게 되었다. 설공은 신하의 권세로 군주의 술수를 빌려 해를 입지 않을 수 있었다. 하물며 그것을 군주의 손안에 둔다면 더 말할 나위도 없을 것이다. 대저 까마귀를 길들이려면 아래 날개를 잘라 버린다. 아래 날개를 잘라 버리면 반드시 사람에게 의지하여 먹게 되니 어찌 길들여지지 않을 수가 있겠는가. 대저 현명한 군주가 신하를 기르는 것도 역시 그러하다. 신하로 하여금 군주의 봉록을 이득으로 여기지 않을 수 없게 하고 위가 주는 작위에 승복하지 않을 수 없게 하는 일이다. 도대체 군주의 봉록을 이득으로 여기고 위가 주는 작위에 승복한다면 어찌 복종하지 않을 수 있겠는가.

薛公之相魏昭侯也, 左右有欒子者曰陽胡·潘其, 於王甚重, 而不爲薛公. 薛公患之. 於是乃召與之博, 予之人百金, 令之昆弟博 ; 俄又益之人二百

金. 方博有間, 謁者言客張季之子在門, 公怫然怒, 撫兵而授謁者曰："殺
之! 吾聞季之不爲文也."立有間, 時季羽在側, 曰："不然. 竊聞季爲公甚,
顧其人陰未聞耳." 乃輟不殺客而大禮之, 曰："囊者聞季之不爲文也, 故
欲殺之；今誠爲文也, 豈忘季哉!"告廩獻千石之粟, 告府獻五百金, 告騶
獻私廐良馬固車二乘, 因令奄將宮人之美妾二十人并遺季也, 欒子因相謂
曰："爲公者必利, 不爲公者必害, 吾曹何愛不爲公?"因私競勸而遂爲之.
薛公以人臣之勢, 假人主之術也, 而害不得生, 況錯之人主乎!
夫馴烏者斷其下翎焉, 斷其下翎, 則必恃人而食, 焉得不馴乎? 夫明主畜
臣亦然, 令臣不得不利君之祿, 不得無服上之名. 夫利君之祿, 服上之名,
焉得不服?

1 薛公－제(齊)의 맹상군(孟嘗君) 전문(田文)을 가리킴. 아버지 전영(田嬰)에
　이어 설(薛) 땅에 봉후받음.
2 欒子－쌍둥이. 란(欒)은 란(孿)자로도 통함.
3 予之人－각자 두 사람에게 따로 돈을 줌.
4 謁者－손님의 말을 주인에게 전해 주는 직분의 사람.
5 張季之子－여기서 자(子)라고 함은 알자가 손님을 대하는 경칭.
6 不爲文－문(文)은 설공 자신의 이름. 자신을 위하여 일해 주지 않음.
7 季羽－장계(張季)의 패거리. 우(羽)는 우익(羽翼), 즉 보좌의 뜻. 우(友)자로
　도 통함.
8 人陰－남 앞에 자기를 내세우지 않는 인품.
9 獻千石－석(石)은 용량의 단위. 열 말이 한 섬임. 헌(獻)은 남에게 물건을
　줌. 사(賜)나 궤(饋)자와 같음.
10 將－여기서 장(將)은 이(以) 또는 송(送)자의 뜻으로 쓰임.
11 何愛－애(愛)는 아까워함. 석(惜)자로 통함.

[2]

신자(申子)[1]가 말하기를 '군주의 총명이 드러나면 사람들은 대비하
고 총명치 못함이 드러나면 사람들은 속이려[2] 한다. 그가 안다고 보
여지면 사람들은 꾸미고 알지 못한다고 보여지면 사람들은 숨기려
한다. 그가 욕심 없다고 알려지면 사람들은 살펴보고[3] 그가 욕심을
갖는다고 알려지면 사람들은 이용하려[4] 한다. 그러므로 이르기를

"나는 밖에서 알지 못하게 하고[5] 오직 무위(無爲)함으로써[6] 살펴볼[7] 수 있다"고 한다'라고 하였다.

申子曰："上明見, 人備之；其不明見, 人惑之. 其知見, 人飾之；不知見, 人匿之. 其無欲見, 人司之；其有欲見, 人餌之. 故曰：吾無從知之, 惟無爲可以規之."

1 申子 - 신불해(申不害)를 가리킴. 군주의 술(術)을 강조하였음.
2 惑之 - 현혹시킴. 기만하여 판단을 흐리게 함.
3 司之 - 군주의 속마음을 탐색함. 사(司)는 엿볼 사(伺)자로 통함.
4 餌之 - 미끼를 주어 이득을 낚으려고 함.
5 無從知之 - 군주가 생각하는 의중을 밖으로부터 알지 못하게 함.
6 無爲 - 아무런 일도 하지 않는 척 술(術)을 부림.
7 規之 - 들여다봄. 규(規)는 규(窺)자와 같음.

일설에 따르면 신자(申子)가 말하기를 '너의 말[1]을 삼가라. 사람들은 너에게 맞추려고[2] 할 것이다. 너의 행동을 삼가라. 사람들은 너를 따르려고 할 것이다. 네가 안다고 보이면 사람들은 너에게 숨기려 할 것이며 네가 모른다고 보이면 사람들은 너를 속이려[3] 할 것이다. 네가 안다면 사람들은 너에게 감추려고 하며 네가 모른다면 사람들은 너에게 마음대로 하려고[4] 한다. 그러므로 이르기를 "오직 무위함으로써 살펴볼 수 있다"고 한다'라고 하였다는 것이다.

一曰：申子曰："愼而言也, 人且和女；愼而行也, 人且隨女. 而有知見也, 人且匿女；而無知見也, 人且意女. 女有知也, 人且臧女；女無知也, 人且行女. 故曰：惟無爲可以規之."

1 而言 - 여기서 이(而)는 여(女), 즉 여(汝)자로 통용됨.
2 和女 - 너의 말에 장단을 맞춤. 영합함.
3 意女 - 의(意)는 억(憶)자와 같은 뜻. 마음을 헤아려 속임.

4 行女 - 제멋대로 재간을 부려 해악을 줌.

전자방(田子方)[1]이 당이국(唐易鞠)에게 묻기를 '주살로 새를 잡는 사람은 무엇을 조심해야 하는가'라고 하였다. 대답하기를 '새는 수백 개 눈으로 당신을 보고 있으나 당신은 두 개의 눈으로 그것을 마주보고[2] 있습니다. 당신은 신중하게 숨기는 데를 모르게[3] 하십시오'라고 하였다. 전자방이 말하기를 '좋다. 자네는 그 (비결)을 새 잡는 데 쓰고[4] 나는 그것을 나라에 쓰겠다'고 하였다. 정(鄭)의 장로가 듣고 말하기를 '전자방은 몸 숨길 데를 만들려고 할 줄은 알아도 몸 숨길 데를 만드는 방법은 터득하지 못하였다. 허무(虛無) 상태로[5] 겉에 드러나 보이지 않게 하는 것이 몸을 숨기는 곳이다'라고 하였다.

田子方問唐易鞠曰 : "弋者何愼?" 對曰 "鳥以數百目視子, 子以二目御之, 子謹周子廩." 田子方曰 : "善. 子加之弋, 我加之國." 鄭長者聞之曰 : "田子方知欲爲廩, 而未得所以爲廩. 夫虛無無見者, 廩也."

1 田子方 - 제(齊) 사람으로 이름은 무택(無擇). 위(魏) 문후(文侯)의 스승.
2 御之 - 어(御)는 영(迎)자와 같은 뜻으로 마주 대함.
3 周子廩 - 름(廩)은 차폐(遮蔽), 즉 감추는 장소. 주(周)는 밀(密)자와 마찬가지로 남모르게 함.
4 加之 - 가(加)는 시(施)자로 통함. 방법을 시행함.
5 虛無 - 마음을 텅 비우는 태도를 가리킴.

일설에 따르면 제(齊) 선왕(宣王)이 당이자(唐易子)에게 주살로 새 잡는 일에 대하여 묻기를 '주살로 새를 잡는 사람은 무엇을 소중하게 여기는가'라고 하였다고 한다. 당이지가 말하기를 '조심스럽게 몸을 감추는[1] 것입니다'라고 대답하였다. 선왕이 다시 '무엇을 가리켜 조심스럽게 몸을 감춘다고 하는가'라고 물었다. 대답하기를 '새는 수십 개의 눈으로 사람을 보지만 사람은 두 개의 눈으로 새를 보게 됩니다. 어찌 조심스럽게 몸을 감추지 않겠습니까. 그러므로 "조심스럽게 몸을 감추는 것이다"라고 말한 것입니다'라고 하였다. 선왕이 말하기를 '그렇다면 천하를 다스리는 데 있어 무엇을 가지고 감추는 것으로 삼아야 하는가. 지금 군주는 두 개의 눈으로 온 나라를 보고 있으나 온 나라가 만 개의 눈으로 군주를 보고 있다. 앞으로 어떻게 하여야 자신을 감출 수 있겠는가'라고 하였다. 대답하기를 '정(鄭)의 장로가 이르는 말에 "허정(虛靜)하며[2] 무위(無爲)의 태도를 취하여 겉으로 드러나 보이지 않게 하여야 그것으로 감추는 것을 할 수 있다"고 하였습니다'라고 하였다는 것이다.

一日：齊宣王問弋於唐易子曰："弋者奚貴？"唐易子曰："在於謹廩." 王曰："何謂謹廩?" 對曰："鳥以數十目視人, 人以二目視鳥, 奈何其不謹廩也? 故曰'在於謹廩'也." 王曰："然則爲天下何以爲此廩? 今人主以二目視一國, 一國以萬目視人主, 將何以自爲廩乎?" 對曰："鄭長者有言曰：'夫虛靜無爲而無見也.' 其可以爲此廩乎!"

1 謹廩 — 주도하게 몸을 감춤. 몸 감추는 일을 소홀히 하지 않음.
2 虛靜 — 허무(虛無)와 같음. 마음을 평정(平靜)한 상태로 유지함.

국양(國羊)이 정(鄭)의 군주에게 중용되었다. 군주가 자기를 미워한다는 소문을 듣자 술자리에 모실 때 먼저[1] 군주에게 아뢰어 말하기를 '제가 만일 불행히도 죄가 있다면 군주께서 은총을 베푸시어 일러 주십시오. 제가 고쳐[2] 보겠습니다. 그러면 제가 죽을 죄를 면하겠지요'라고 하였다.

國羊重於鄭君, 聞君之惡己也, 侍飮, 因先謂君曰："臣適不幸而有過, 願君幸而告之. 臣請變更, 則臣免死罪矣."

2 變更-개과(改過)와 마찬가지 뜻. 잘못을 고침.

객 가운데 한(韓) 선왕(宣王)을 설득하는 자가 있었다. 선왕이 좋아서 탄식하였다. 측근들은 왕이 그를 좋아한다고 거들어[1] 먼저 객에게 일러주고 덕을 베풀려고 하였다.

客有說韓宣王, 宣王說而太息. 左右引王之說之, 以先告客以爲德.

1 引-기대어 의지로 삼음. 여기서 인(引)은 인(因)자로 통함.

정곽군(靖郭君)[1]이 제(齊)의 재상이었을 때 왕후가 죽었는데 누구를 대신 세울지[2] 알지 못하였다. 이에 옥귀고리를 바쳐서 그것을 알아냈다. 일설에 따르면 설공(薛公)이 제의 재상일 때 제 위왕(威王)의 부인이 죽었다고 한다. 궁안에 열 사람의 유자(孺子)[3]가 있어 모두 왕에게 총애를 받았다. 설공은 왕이 세우고자 하는 이를 알아내어 한 사람을 세워 부인으로 삼으라고 권하려 하였다. 왕이 들어준다면 이는 자기 주장이 왕에게 채택되어 부인 세우는 데에 중시될 것이며 왕이 들어주지 않는다면 이는 자기 주장이 채택되지 않아 부인 세우는 데에 경시될 것이다. 그래서 왕이 세우고자 하는 이를 먼저 알아내 왕에게 그를 세우라고 권하려 하였다. 그래서 옥귀고리를 열 개 만들어 그 중에 한 개를 더 아름답게 하여 바쳤다. 왕이 열 사람의 유자에게 나누어 주었다. 이튿날 더 아름다운 귀고리가 있는 데를 가만히 곁에서 살피고[4] 왕에게 권하여 부인으로 삼았다고 한다.

靖郭君之相齊也, 王后死, 未知所置, 乃獻玉珥以知之. 一曰 : 薛公相齊,

齊威王夫人死, 中有十孺子皆貴於王, 薛公欲知王所欲立, 而請置一人以
爲夫人. 王聽之, 則是說行於王, 而重於置夫人也; 王不聽, 是說不行, 而
輕於置夫人也. 欲先知王之所欲置, 以勸王置之, 於是爲十玉珥而美其一
而獻之. 王以賦十孺子. 明日坐視, 美珥之所在而勸王以爲夫人.

1 靖郭君 — 맹상군(孟嘗君)의 아버지 전영(田嬰). 즉 설공(薛公)의 시호.
2 所置 — 뒤를 이어 대신 세울 왕후. 치(置)는 립(立)자와 통함.
3 孺子 — 본래 어린아이라는 뜻이나 여기서는 젊은 여자. 귀족의 첩을 부르는
  일반 칭호.
4 坐視 — 자리에 조용히 앉아서 살펴봄. 묵시(默視)와 같은 뜻.

감무(甘茂)는 진(秦) 혜왕(惠王)의 재상이었다. 혜왕이 공손연(公孫
衍)을 총애하여 그와 은밀히[1] 말을 나누어 이르기를 '내가 앞으로
자네를 재상으로 삼으려 한다'고 하였다. 감무의 아랫사람이 구멍으
로[2] 그것을 듣고 감무에게 일렀다. 감무가 들어가 왕을 뵙고 말하기
를 '왕께서 어진 재상감을 얻으셨습니다. 제가 재배하여 축하드립니
다'라고 하였다. 왕이 말하기를 '내가 나라를 자네에게 맡겼다. 어찌
다시 어진 재상을 얻을 수 있겠는가'라고 하였다. 대답하기를 '서수
(犀首)[3]를 장차 재상으로 삼으신다 합니다'라고 하였다. 왕이 말하
기를 '자네가 어떻게 그것을 들었는가'라고 하였다. 대답하기를 '서
수가 저에게 일러주었습니다'라고 하였다. 왕은 서수가 누설하였다
고 노하여 이내 그를 쫓아 버렸다.

甘茂相秦惠王, 惠王愛公孫衍, 與之間有所言, 曰: "寡人將相子." 甘茂之
吏道穴聞之, 以告甘茂. 甘茂入見王, 曰: "王得賢相, 臣敢再拜賀." 王
曰: "寡人託國於子, 安更得賢相?" 對曰: "將相犀首." 王曰: "子安聞
之?" 對曰: "犀首告臣." 王怒犀首之泄, 乃逐之.

1 間 — 남모르게 비밀로 일을 의논함.

2 道穴 - 벽에 뚫어 놓은 구멍을 통함. 도(道)는 종(從)자와 같음. 엿들음.
3 犀首 - 위(魏)의 벼슬 명칭. 공손연(公孫衍)을 가리킴.

일설에 따르면 서수(犀首)는 천하의 훌륭한 장수로 양왕(梁王)의 신하였다고 한다. 진왕(秦王)이 그를 구하여 함께 천하를 다스리려 하였다. 서수가 말하기를 '나 연(衍)[1]은 남의 신하라서 감히 군주의 나라를 떠나지 못합니다'라고 하였다. 일년 있다가 서수가 양왕에게 죄를 짓고 도망하여 진으로 들어왔다. 진왕이 그를 대단하게 우대하였다. 저리질(樗里疾)[2]은 진의 장수였다. 서수가 그를 대신하여 장수가 될까 두려워 평소 왕이 몰래 상담하는[3] 방 벽에 구멍을 뚫어 놓았다. 이윽고 왕이 과연 서수와 계책을 짜며 말하기를 '나는 한(韓)을 치고 싶은데 어찌하면 좋은가'라고 하였다. 서수가 말하기를 '가을이 좋겠습니다'라고 하였다. 왕이 말하기를 '내가 나라 일로써 자네를 괴롭히고 싶은데 자네는 반드시 누설하지는 말라'고 하였다. 서수가 뒤로 물러나[4] 재배하며 말하기를 '명을 받겠습니다'라고 하였다. 이때 저리질은 구멍을 통해 그것을 들었다. 궁중[5]이 모두 말하기를 '군사가 가을에 일어나 한을 치고 서수가 장수가 될 것이다'라고 하였다. 이날 안으로 궁중이 모두 알고 이달 안으로 국내가 다 알아 버렸다. 왕이 저리질을 불러내 말하기를 '어찌 이리 소란스러운가. 어디로부터 (소문이) 나왔는가'라고 하였다. 저리질이 말하기를 '서수 같아 보입니다'라고 하였다. 왕이 말하기를 '나는 서수와 함께 나눈 말이 없다. 서수 같다고 함이 무엇인가'라고 하였다. 저리질이 말하기를 '서수는 다른 데 사람[6]으로 새로 죄를 짓고 그 심정이 고독합니다. 이 말은 여러 사람들에게 자기를 사려고[7] 한 것입니다'라고 하였다. 왕은 '그렇겠다'고 말하였다. 사람을 시켜서 서수를 불러들였으나 벌써 다른 제후에게로 도망쳐 버렸다.

一曰：犀首, 天下之善將也, 梁王之臣也. 秦王欲得之與治天下, 犀首曰："衍其人臣者也, 不敢離主之國." 居期年, 犀首抵罪於梁王, 逃而入秦, 秦王甚善之. 樗里疾, 秦之將也, 恐犀首之代之將也, 鑿穴於王之所常隱語者. 俄而王果與犀首計, 曰：吾欲攻韓, 奚如？" 犀首曰："秋可矣." 王曰："吾欲以國累子, 子必勿泄也." 犀首反走再拜曰："受命." 於是樗里疾也道穴聽之矣. 郎中皆曰："兵秋起攻韓, 犀首爲將." 於是日也, 郎中盡知之；於是月也, 境内盡知之. 王召樗里疾曰："是何匈匈也, 何道出？" 樗里疾曰："似犀首也." 王曰："吾無與犀首言也. 其犀首何哉." 樗里疾曰："犀首也羈旅新抵罪, 其心孤, 是言自嫁於衆." 王曰："然." 使人召犀首, 已逃諸侯矣.

1 衍－남에게 자신을 낮추어 부르는 서수(犀首) 자신의 이름.
2 樗里疾－진(秦) 혜왕(惠王)의 배다른 아우. 지혜 주머니라고 남들이 부름.
3 隱語－남모르게 비공개로 은밀히 주고받는 말.
4 反走－상대방을 존중하는 표시로 한걸음 물러서는 예의 동작.
5 郎中－궁안의 당직을 맡은 벼슬 이름. 조정 신하를 가리킴.
6 羈旅－타관 사람. 다른 지역으로부터 온 나그네.
7 自嫁－환심을 사려고 자신이 직접 팔아 버림. 전가(轉嫁)시킴. 가(嫁)는 고(賈)자로 뜻이 통함.

당계공(堂谿公)이 소후(昭侯)에게 일러 말하기를 '만일 천금 나가는 옥술잔이 있다 하더라도 속이 텅 비어 바닥이 없다면[1] 물을 담을 수 있겠습니까'라고 하였다. 소후가 말하기를 '안 된다'고 하였다. '질그릇[2]이 있어서 새지 않는다면 술을 담을 수 있겠습니까'라고 하였다. 소후가 말하기를 '할 수 있다'고 하였다. (당계공이 또 다시 소후에) 대하여 말하기를 '대저 질그릇이란 지극히 하찮은 것이지만 새지만 않는다면 술을 담을 수 있습니다. 그러나 비록 천금 나가는 옥술잔이 있어 대단히 귀중하더라도 바닥이 없어 새고 물을 담을[3] 수 없다면 사람들 그 누가 마실 것을 부으려[4] 하겠습니까. 만일 군주가 되어 신하들의 말을 누설한다면 이는 마치 바닥 없는 옥술잔과 같은 것입니다. 비록 훌륭한 지혜가 있더라도 그 술수를 다하지 못하는 것은 바로 그 누설 때문입니다'라고 하였다. 소후가 말하기를 '그렇겠다'고 하였다. 이로부터 후로는 천하의 대사[5]를 펴려고 할 때 혼자서 자지 않은 적이 없었다. 잠꼬대를 하여 남들로 하여금 그 계획을 알게 할까 두려워서였다.

堂谿公謂昭侯曰:"今有千金之玉巵, 通而無當, 可以盛水乎?"昭侯曰:"不可.""有瓦器而不漏, 可以盛酒乎?"昭侯曰:"可."對曰:"夫瓦器, 至賤也, 不漏, 可以盛酒. 雖有千金之玉巵, 至貴而無當, 漏, 不可乘水, 則人孰注漿哉? 今爲人主而漏其群臣之語, 是猶無當之玉巵也. 雖有聖智, 莫盡其術, 爲其漏也."昭侯曰:"然."昭侯聞堂谿公之言, 自此之後, 欲發天下之大事, 未嘗不獨寢, 恐夢言而使人知其謀也.

1 通而無當 – 통(通)은 훤히 뚫림. 당(當)은 밑바닥이 없음.
2 瓦器 – 유약을 바르지 않은 설구이. 토기를 말함.
3 乘水 – 여기서 승(乘)은 성(盛)자와 같은 뜻으로 쓰임.
4 注漿 – 술을 잔에 따름. 장(漿)은 쌀로 만든 음료.
5 大事 – 국가 대사, 즉 전쟁을 가리킴.

일설에 따르면 당계공(堂谿公)이 소후(昭侯)를 만나뵙고 말하기를 '만일 여기에 흰 옥술잔이 있는데 밑바닥이 없고 질그릇 술잔이 있는데 밑바닥이 있다면 군주께서 목이 마르실 때 어떤 것으로 마시겠습니까'라고 하였다 한다. 소후[1]가 말하기를 '질그릇 술잔으로 하겠다'고 하였다. 당계공이 말하기를 '흰 옥술잔이 아름답더라도 군주께서 그것으로 마시지 않는 것은 밑바닥이 없어서 그렇습니까'라고 물었다. 소후가 말하기를 '그렇다'고 하였다. 당계공이 말하기를 '군주가 되어서 신하들이 한 말을 누설하는 것은 비유하건대 마치 밑바닥 없는 옥술잔과 같습니다'라고 하였다. 당계공이 뵙고 나올[2] 때마다 소후는 반드시 혼자서 잤다. 오직 잠꼬대를 처첩에게 누설

할까 두려워하였기 때문이었다는 것이다.

一曰：堂谿公見昭侯曰：“今有白玉之巵而無當, 有瓦巵而有當. 君渴, 將
何以飮?” 君曰：“以瓦巵.” 堂谿公曰：“白玉之巵美而君不以飮者, 以其
無當耶?” 君曰：“然.” 堂谿公曰：“爲人主而漏泄其群臣之語, 譬猶玉巵
之無當也.” 堂谿公每見而出, 昭侯必獨臥, 惟恐夢言泄於妻妾.

1 君 - 여기서는 한(韓) 소후(昭侯)를 가리킴.
2 見而出 - 소후와 함께 계략을 짜고 난 후를 말함.

신자(申子)가 말하기를 '독자적으로[1] 보는 것을 가리켜 명(明)이라 하
고 독자적으로 듣는 것을 가리켜 총(聰)이라 한다. 능히 독자적으로
결단할 수 있는 자라면[2] 가히 천하의 주인이 될 수 있다'고 하였다.

申子曰：“獨視者謂明, 獨聽者謂聰. 能獨斷者, 故可以爲天下主.”

1 獨 - 주변에 흔들리지 않고 혼자서 취하는 태도.
2 故 - 고(故)가 여기서는 즉(則)자로 쓰임.

[3]
송(宋) 사람으로 술 파는 자가 있었다. 말을 되는 데[1] 대단히 공평
하고[2] 손님맞이에 매우 정중하며 만든 술맛이 대단히 좋고 매단 깃
대[3]가 매우 높게 뚜렷히 보였다. 그러나 팔리지 않아 술이 시었다.
그 까닭을 이상하게 여겨 그가 아는 마을 장로 양천(楊倩)에게 물
었다. 양천이 말하기를 '자네 집 개가 사나운가'라고 하였다. 대답하
기를 '개가 사나운데 술이 왜 팔리지 않습니까'라고 하였다. 말하기
를 '사람들이 무서워하기 때문이다. 혹시 어린아이를 시켜 돈을 가
지고 술병[4]을 들고 사러 가게 한다면 개가 뛰어나와서[5] 물 것이다.

이것이 술이 시고 팔리지 않는 까닭이다'라고 하였다. 대저 도(道)를 깨달은 이가 법술을 지니고 만승(萬乘)의 군주에게 밝히고자 해도 대신들이 사나운 개가 되어 그를 맞아 물어뜯는다. 이것이 군주의 눈이 가려지고 협박당하는⁶⁾ 원인이며 도를 깨달은 이가 등용되지 않는 이유다.

宋人有酤酒者, 升槪甚平, 遇客甚謹, 爲酒甚美, 縣幟甚高著, 然而不售, 酒酸. 怪其故, 問其所知閭長者楊倩. 倩曰 : "汝狗猛耶?" 曰 : "狗猛, 則酒何故而不售?" 曰 : "人畏焉. 或令孺子懷錢挈壺罋而往酤, 而狗迓而齕之, 此酒所以酸而不售也." 夫國亦有狗, 有道之士懷其術而欲以明萬乘之主, 大臣爲猛狗迎而齕之, 此人主之所以蔽脅, 而有道之士所以不用也.

1 升槪 - 말을 될 때 곡식 담은 표면을 밀어 고르는 막대.
2 甚平 - 평평하게 함. 술 되는 말 분량을 속이지 않음.
3 縣幟 - 현(縣)은 매달 현(懸)자로 통함. 치(幟)는 자리를 표시하는 깃대.
4 壺罋 - 술 담는 항아리나 술독. 옹(罋)은 옹(甕)자와 같음.
5 迓 - 달려나와 맞아들임. 영(迎)자로 통함.
6 蔽脅 - 군주가 신하에게 눈이 가려져 협박을 당함.

그래서 환공(桓公)이 관중(管仲)에게 묻기를 '나라를 다스리는 데 무엇이 가장 걱정거리인가'라고 하였다. 대답하기를 '가장 걱정거리는 사당의 쥐¹⁾입니다'라고 하였다. 환공이 말하기를 '왜 사당의 쥐가 걱정되는가'라고 하였다. 대답하기를 '군주께서도 사당 짓는 것을 보셨겠지요. 나무를 세우고²⁾ 진흙을 바르지만 쥐가 그 틈을 뚫어 구멍을 파고 그 속에 몸을 의탁합니다. 연기를 피우자니 나무를 태우게 될까 두렵고 물을 대자니 바른 흙이 떨어질까³⁾ 두렵습니다. 이것이 사당의 쥐가 잡히지 않는 까닭입니다'라고 하였다. 지금 군주의 좌우 측근들이 밖에 나가면 권세⁴⁾를 부려 이득을 민으로부터 거두고 안에 들어오면 패거리를 지어 군주에게 악을 숨긴다. 안으로 군주의 정황을 엿보아 그것을 밖에 알리고 안과 밖으로 여러 신하들과 온 벼슬아치들에게 권세를 떨쳐 부를 이룬다. 관리가 이를 처벌하지 않으면 법이 문란해지고 처벌하면 군주가 불안할까 하여 그대로 두게[5] 된다. 이것이 또한 나라에 있어 사당의 쥐다. 그러므로 남의 신하가 권력을 장악하여 마음대로 금령을 내려 자기를 위해주는 자는 반드시 이득을 보고 자기를 위해주지 않는 자는 반드시 해악을 당한다고 명시한다. 이것이 역시 사나운 개다. 도대체 대신들이 사나운 개가 되어 도를 깨달은 이를 물어뜯고 측근들이 또 사당의 쥐가 되어 군주의 정황을 엿보아도 군주가 깨닫지 못하고 있다. 이와 같다면 군주의 눈이 가려지지 않겠으며 나라가 어찌 망하지 않겠는가.

故桓公問管仲曰：“治國最奚患？” 對曰：“最患社鼠矣.” 公曰：“何患社鼠哉？” 對曰：“君亦見夫爲社者乎？ 樹木而塗之, 鼠穿其間, 掘穴託其中. 燻之, 則恐焚木, 灌之, 則恐塗阤, 此社鼠之所以不得也.” 今人君之左右, 出則爲勢重而收利於民, 入則比周而蔽惡於君. 內間主之情以告外, 外內爲重諸臣百吏以爲富. 吏不誅則亂法, 誅之則君不安, 據而有之, 此亦國之社鼠也. 故人臣執柄而擅禁, 明爲己者必利, 而不爲己者必害, 此亦猛狗也. 夫大臣爲猛狗而齕有道之士矣, 左右又爲社鼠而間主之情, 人主不覺. 如此, 主焉得無壅, 國焉得無亡乎？

1 社鼠 - 國家를 상징하는 토지신을 받드는 사당에 사는 쥐.
2 樹木 - 나무를 얽어서 벽 골격을 만듦. 수(樹)는 속(束)자의 뜻을 지님.
3 塗阤 - 벽에 바른 흙이 떨어짐. 치(阤)는 무너질 괴(壞)자로 통함.
4 勢重 - 권세(權勢)와 같음. 중(重) 역시 권력이란 뜻.
5 據而有之 - 죄를 묻지 않고 덮어둠. 유(有)는 유(宥)자로 통함.

일설에 따르면 송(宋)에 술을 파는 장씨(莊氏)라는 자가 있었다고 한다. 그 술은 언제나 맛있었다. 어떤 사람[1]이 종에게 장씨의 술을 사러 가게 하였는데 그 집 개가 사람을 물어뜯었다. 심부름하는 자가 굳이 가려 하지 않고 바로 다른 집 술을 사왔다. 주인이 묻기를 '무엇 때문에 장씨 술을 사오지 않았느냐'고 하였다. 대답하기를 '오늘 장씨의 술이 시었습니다'라고 하였다. 그러므로 일컫기를 '그 개를 죽이지 않으면 술이 신다'고 하는 것이다.

一日:宋之酤酒者有莊氏者, 其酒常美. 或使僕往酤莊氏之酒, 其狗齕人, 使者不敢往, 乃酤佗家之酒. 問曰:"何爲不酤莊氏之酒?" 對曰:"今日莊氏之酒酸." 故曰:不殺其狗則酒酸.

1 或 – 여기서는 일정치 않은 제삼자를 가리킴.

일설에 따르면 환공(桓公)이 관중(管仲)에게 묻기를 '나라를 다스리는 데 무엇이 걱정거리인가'라고 하였다 한다. 대답하기를 '사당의 쥐가 가장 괴롭힙니다. 대저 사당이란 나무를 얽어서 진흙을 바르므로 쥐가 거기에 몸을 의탁하게[1] 됩니다. 연기를 피우면 나무가 불타고 물을 대면 바른 흙이 떨어지게 됩니다. 이것이 사당의 쥐에게 괴롭힘을 당하는 까닭입니다'라고 하였다. 지금 군주의 측근들이 밖에 나가면 권세를 부려 민으로부터 이득을 거두며 안에 들어오면 패거리를 지어 남을 얕보아[2] 악을 숨겨 군주를 속인다. 이를 처벌하지 않으면 법이 문란해지고 처벌하면 군주가 위태로워질까 하여 그대로 두게 된다. 이것이 또한 사당의 쥐다. 그러므로 남의 신하가 권력을 장악하여 마음대로 금령을 내려 자기를 위해주는 자는 반드시 이득을 보고 자기를 위해주지 않는 자는 반드시 해악을 당한다고 명시하니 역시 사나운 개다. 그러므로 측근이 사당의 쥐가 되고 정사 맡은 자[3]가 사나운 개가 되면 법술이 행해지지 않을 것이라고 하는 것이다.

一曰：桓公問管仲曰：“治國何患？” 對曰：“最苦社鼠. 夫社, 木而塗之, 鼠因自託也. 燻之則木焚, 灌之則塗阤, 此所以苦於社鼠也.” 今人君左右, 出則爲勢重以收利於民, 入則比周譖侮蔽惡以欺於君, 不誅則亂法, 誅之則人主危, 據而有之, 此亦社鼠也. 故人臣執柄擅禁, 明爲己者必利, 不爲己者必害, 亦猛狗也. 故左右爲社鼠, 用事者爲猛狗, 則術不行矣.

1 因自託－그것을 이용하여 자기 몸을 의탁할 집을 지음.
2 譖侮－남을 멸시함. 만(譖) 또한 모(侮)자로 통함.
3 用事者－정사를 실제로 맡아 보는 자를 가리킴.

요(堯)가 천하를 순(舜)에게 전해 주려고 하였다. 곤(鯀)[1]이 간하여 말하기를 '상서롭지 못합니다. 누가 천하를 필부[2]에게 전수할 수 있겠습니까'라고 하였다. 요가 듣지 않고 군사를 일으켜 곤을 우산(羽山) 근교에서 쳐죽였다. 공공(共工)[3]이 또 간하여 말하기를 '누가 천하를 필부에게 전수할 수 있겠습니까'라고 하였다. 요가 듣지 않고 또 군사를 일으켜 공공을 유주(幽州)의 도성에서 처형하였다. 여기서 천하는 감히 순에게 천하를 전수하지 말라고 말하지 못하게 되었다. 공자가 그것을 듣고 말하기를 '요가 순의 현명함을 아는 것은 그렇게 어려운 일이 아니다. 도대체 간하는 자를 처형하면서까지 순에게 반드시 전수시켜야만 하는 데 이른 것이 바로 그 어려운 일이다'라고 하였다. 일설에 따르면 '의심을 받으면서도 살펴본 것을 단념하지[4] 않는 일은 어렵다'고 한다.

堯欲傳天下於舜. 鯀諫曰：“不祥哉! 孰以天下而傳之於匹夫乎？” 堯不聽, 擧兵而誅殺鯀於羽山之郊. 共工又諫曰：“孰以天下而傳之於匹夫乎？” 堯不聽, 又擧兵而誅共工於幽州之都. 於是天下莫敢言無傳天下於舜. 仲尼聞之曰：“堯之知舜之賢, 非其難者也. 夫至乎誅諫者必傳之舜, 乃其難也.” 一曰：“不以其所疑敗其所察則難也.”

1 鯀－하(夏) 왕조의 시조 우(禹)의 아버지. 치수 실패의 책임으로 요(堯)에게
　처형당함.
2 匹夫－순(舜)이 제위에 오르기 이전에는 농사짓던 서민의 처지였음.
3 共工－고대에 토목공사를 맡은 부서의 장관 명칭.
4 敗其所察－알아차린 일을 없었던 것으로 돌림. 포기함.

초(楚) 장왕(莊王)이 정한 모문(茅門)[1]에 관한 법이 있어 이르기를
'여러 신하·대부·제공자들이 조회에 들어올 때 말발굽으로 빗물
받이를 밟는 자는 정리(廷理)[2]가 그 수레채를 자르고 구종을 죽인
다'고 하였다. 마침 태자가 조회에 들어오면서 말발굽으로 빗물받이
를 밟자 정리가 그 수레채를 자르고 구종을 죽였다. 태자가 노하여
들어가 왕을 향해[3] 울면서 말하기를 '저를 위하여 정리를 주살해주
십시오'라고 하였다. 왕이 말하기를 '법이란 종묘를 받들고 사직을
높이기 위한 것이다. 그러므로 능히 법을 내세우고 명령에 따라 사
직을 높이 받드는 자를 사직의 신하라 한다. 어찌 주살할 수 있겠는
가. 도대체 법을 어겨 가며 명령을 저버리고 사직을 높이 받들지 않
는 자가 바로 신하이면서 군주를 넘보고[4] 아래로서 위를 거슬리는[5]
자다. 신하가 군주를 넘보면 군주가 권위를 잃고 아래가 위를 거슬
리면 윗자리가 위태롭다. 권위를 잃고 자리가 위태로우면 사직을
지킬 수 없다. 내가 장차 무엇을 가지고 자손에게 물려주겠는가'라
고 하였다. 이에 태자가 바로 되돌아 달려나가 삼일 동안 집을 떠나
노숙하고[6] 북면하여[7] 재배하며 죽을 죄를 청하였다.

荊莊王有茅門之法曰："羣臣大夫諸公子入朝，馬蹄踐霤者，廷理斬其
輈，戮其御."於是太子入朝，馬蹄踐霤，廷理斬其輈，戮其御. 太子怒，入
爲王泣曰："爲我誅戮廷理."王曰："法者，所以敬宗廟，尊社稷. 故能立
法從令尊敬社稷者，社稷之臣也，焉可誅也? 夫犯法廢令不尊敬社稷者，
是臣乘君而下尙校也. 臣乘君，則主失威；下尙校，則上位危. 威失位危，

社稷不守, 吾將何以遺子孫?" 於是太子乃還走, 避舍露宿三日, 北面再拜請死罪.

1 茅門－궁안의 여러 문 가운데 하나로 조정의 안과 밖을 사이에 둔 중간문, 즉 치문(稚門)을 가리킴.
2 廷理－옥사를 다루는 벼슬아치. 정위(廷尉)와 같음.
3 爲王－왕을 향하여 말함. 위(爲)는 위(謂)자의 뜻으로 쓰임.
4 臣乘君－신하가 군주를 이겨냄. 승(乘)은 승(勝)자로 통함.
5 下尙校－상(尙)은 상(上)자와 같으며 교(校)는 릉(陵)자의 뜻으로 업신여김, 또는 반항의 뜻.
6 避舍露宿－스스로 죄를 자인하여 근신하는 태도를 취함.
7 北面－신하가 군주를 대하여 앉는 자리의 방향. 남면(南面)의 반대 뜻.

일설에 따르면 초왕(楚王)이 급히 태자를 불러들였다고 한다. 초나라 법은 수레가 묘문(茆門)[1]까지 이르지 못하게 되어 있다. 그날 비가 내려 마당[2]에 물이 괴어 있어서 태자는 그대로 수레를 몰아 묘문까지 이르렀다. 정리가 말하기를 '수레를 묘문까지 댈 수 없습니다. 불법입니다'라고 하였다. 태자가 말하기를 '왕께서 급히 부르시어 고인 물이 마를 때까지 기다릴 수가[3] 없다'고 하고는 끝내 수레를 몰았다. 정리가 수(殳)[4]를 들어 말을 치고 그 수레를 부수었다. 태자가 궁안에 들어가 왕을 향해 울면서 말하기를 '마당에 괸 물이 많아 수레를 몰아 묘문까지 대었더니 정리가 불법이라고 하면서 수를 들어 저의 말을 치고 저의 수레를 부수었습니다. 왕께서 반드시 그를 처벌해 주십시오'라고 하였다. 왕이 말하기를 '앞에 나이 많은 군주가 있더라도 넘겨버리려 하지 않고[5] 뒤에 세자[6]가 있더라도 기대려 하지 않는 것은 훌륭한 일이다. 이야말로 진정으로 내 법을 지키는 신하다'라고 하였다. 그래서 작위를 두 계급 더 올려 주고 뒷문을 열어 태자를 나가게 하여 다시는 잘못을 저지르지 않게 하였다는 것이다.

一日: 楚王急召太子. 楚國之法, 車不得至於茆門. 天雨, 廷中有潦, 太子遂驅車至於茆門. 廷理曰: "車不得至茆門. 非法也." 太子曰: "王召急, 不得須無潦." 遂驅之. 廷理擧殳而擊其馬, 敗其駕. 太子入爲王泣曰: "廷中多潦, 驅車至茆門, 廷理曰 '非法也', 擧殳擊臣馬, 敗臣駕. 王必誅之." 王曰: "前有老主而不踰, 後有儲主而不屬, 矜矣! 是眞吾守法之臣也." 乃益爵二級, 而開後門出太子. "勿復過."

1 茆門 — 궁안의 중간문. 모문(茅門)과 같음.
2 廷中 — 조정의 안마당 가운데. 정(廷)은 정(庭)으로도 통함.
3 須無潦 — 괸 빗물이 다 말라서 없어질 때까지 기다림.
4 殳 — 여기서 수(殳)는 지팡이 모양으로 만든 무기의 일종.
5 不踰 — 불법을 모른 체하고 넘겨버리지 않음.
6 儲主 — 저군(儲君)과 같음. 뒤를 이을 태자를 가리킴.

위(衛) 사군(嗣君)이 박의(薄疑)에게 일러 말하기를 '자네는 내 나라가 작아서 벼슬하기 부족하다고 생각하지만 내가 힘껏 자네를 벼슬할 수 있게 하겠다. 작위를 올려 자네를 상경(上卿)으로 삼고 싶다'고 하였다. 그리고는 전답 만경(萬頃)¹⁾을 주었다. 박의가 말하기를 '저의 어머니는 저를 귀여워하여 제가 능히 만승 나라의 재상이 되어도 잘 해낼²⁾ 수 있으리라고 생각합니다. 저의 집에 무당인 채구(蔡嫗)라는 자가 있는데 저의 어머니가 그녀를 대단히 신임하여 가사를 맡기고 있습니다. 저의 지혜는 충분히 가사를 꾀할 수³⁾ 있고 저의 어머니는 제 의견을 모두 들어주지만 저와 이미 말한 것이라도 또한 반드시 채구에게 다시 결정짓게 합니다. 그러므로 저의 지능을 논한다면 제가 능히 만승 나라의 재상이 되어도 잘 해낼 수 있으리라고 생각하며 그 친밀함을 논한다면 자식과 어머니 사이지만 오히려 채구와 의론하는 것에서 벗어나지 못합니다. 지금 저는 군주에게 있어서 자식과 어머니의 친밀한 사이가 아니며 군주에게는 모두 채구 같은 이가 있습니다. 군주에게 채구는 반드시 중인(重

人)⁴⁾입니다. 중인이란 자는 능히 사리를 꾀할 수 있는 자입니다. 도대체 사리를 꾀하는 것은 법 바깥의 일⁵⁾이며 제가 말하는 것은 법 안의 일입니다. 법 밖과 법 안은 원수 사이라 서로 받아들일 수 없습니다'라고 하였다.

衛嗣君謂薄疑曰：“子小寡人之國以爲不足仕，則寡人力能仕子，請進爵以子爲上卿.” 乃進田萬頃. 薄子曰：“疑之母親疑，以疑爲能相萬乘所不窕也. 然疑家巫有蔡嫗者，疑母甚愛信之，屬之家事焉. 疑智足以言家事，疑母盡以聽疑也；然已與疑言者，亦必復決之於蔡嫗也. 故論疑之智能，以疑爲能相萬乘而不窕也；論其親，則子母之間也；然猶不免議之於蔡嫗也. 今疑之於人主也，非子母之親也，而人主皆有蔡嫗. 人主之蔡嫗，必其重人也. 重人者，能行私者也. 夫行私者，繩之外也；而疑之所言，法之內也. 繩之外與法之內，讎也，不相受也.”

1 進田萬頃 – 만경의 토지를 작록으로 내려줌. 경(頃)은 백무(百畝)에 해당하는 넓이.
2 不窕 – 일을 빈틈없이 해냄. 조(窕)는 간(間)자로 통함.
3 足以言 – 집안일을 의론하여 충분히 짜낼 수 있음.
4 重人 – 실권을 장악한 중요 인물. 권신(權臣)을 말함.
5 繩之外 – 법의 테두리 바깥.

일설에 따르면 위군(衛君)이 진(晉)에 갈 때 박의(薄疑)에게 일러 말하기를 '나는 자네와 함께 동행하고¹⁾ 싶다'고 하였다 한다. 박의가 말하기를 '노모가 집안에 계시니 돌아가서 노모와 함께 의론해 보겠습니다'라고 하였다. 위군이 자기 스스로 박의의 노모에게 청하였다. 박의의 노모가 말하기를 '박의는 군주의 신하입니다. 군주께서 그를 따라가게 할 뜻을 가지신 것은 대단히 좋습니다'라고 하였다. 위군이 말하기를 '내가 이미²⁾ 노모에게 그것을 청하였고 노모도 나에게 허락하였다'고 하였다. 박의가 집에 돌아가 노모에게 이야기하기를 '위군이 저를 총애하는 것이 어머니와 어떻습니까'[3]라고 하였다. 노모가 말하기를 '내가 자네 사랑하는 것과 같지 않다'고 하였다. '위군이 저를 훌륭하다고 보는 것이 어머니와 어떻습니까'라고 물었다. 말하기를 '내가 자네를 훌륭하다고 보는 것과 같지 않다'고 하였다. '어머니는 저와 집안일을 함께 의논하여 이미 결정지어 놓고서도 이내 다시 점치는 채노파에게 청하여 그것을 결정합니다. 지금 위군께서 저를 따르게 하여 가서 비록 저와 함께 계획을 결정 짓더라도 반드시 다른 채노파 같은 이와 함께 그것을 부수어 버릴 것입니다. 이와 같이 한다면 저는 오래도록 신하 노릇을 할 수 없을 것입니다'라고 말하였다는 것이다.

一日：衛君之晉, 謂薄疑曰：“吾欲與子皆行.” 薄疑曰：“媼也在中, 請歸與媼計之.” 衛君自請薄媼. 薄媼曰：“疑, 君之臣也, 君有意從之, 甚善.” 衛君曰：“吾以請之媼, 媼許我矣.” 薄疑歸, 言之媼也, 曰：“衛君之愛疑 奚與媼？” 媼曰：“不如吾愛子也.” “衛君之賢疑奚與媼也？” 曰：“不如吾 賢子也.” “媼與疑計家事, 已決矣, 乃更請決之於卜者蔡嫗. 今衛君從疑而 行, 雖與疑決計, 必與他蔡嫗敗之. 如是, 則疑不得長爲臣矣.”

1 皆行 - 길을 함께 감. 개(皆)는 해(偕)자와 같은 뜻.
2 以 - 여기서 이(以)는 이(已)자로 통함.
3 奚與 - 여하(如何)와 같음. 양쪽을 비교하여 어느 편이 더 나은가를 묻는 말.

대저 노래 가르치는 자는 먼저 소리를 크게 지르게 하여 변성시켜[1] 그 소리가 맑은 치음(徵音)으로 돌아오는[2] 자라야 바로 가르친다. 일설에 따르면 노래 가르치는 자는 먼저 일정한 기준을 가지고 소리를 측정한다[3]고 한다. 소리를 빨리 내 궁(宮)에 맞추고 천천히 내 치(徵)에 맞추게 한다. 빨리 내 궁에 맞지 않고 천천히 내 치에 맞지 않으면 가르쳤다고 말할 수 없다는 것이다.

夫敎歌者, 使先呼而詘之, 其聲反淸徵者乃敎之. 一曰 : 敎歌者, 先揆以法, 疾呼中宮, 徐呼中徵. 疾不中宮, 徐不中徵, 不可謂敎.

1 詘之-소리를 변하게 함. 굴(詘)은 굴(屈) 또는 전(轉)자로 통함.
2 反淸徵-치(徵)는 오음(五音) 중의 하나. 반(反)이란 굴절시켜서 낮아진 소리가 다시 맑게 높아짐을 말함.
3 揆以法-일정한 기준으로 성량을 헤아림. 음성 시험.

오기(吳起)는 위(衛)의 좌씨(左氏) 지방[1] 사람이다. 그가 처를 시켜 베를 짜게 하였으나 폭이 치수보다 좁았다. 오기가 그것을 다시 시켰다. 그 처가 말하기를 '좋습니다'라고 하였다. 완성되어 다시 재어보니 여전히 치수에 맞지 않았다. 오기가 크게 노하였다. 그 처가 대답하기를 '내가 시작할 때 날을 매놓아서[2] 고칠 수가 없습니다'라고 하였다. 오기는 그를 내쫓았다.[3] 그 처가 형에게 청하여 들어가기를 원하였다.[4] 그 형이 말하기를 '오기는 법을 지키는 자다. 법을 지킨다는 것은 장차 만승의 나라를 위하여[5] 공을 세우려고 하기 때문이다. 반드시 먼저 처첩에게 실천한 다음에 그것을 실행하려는 것이다. 자네는 들어가기를 바라지 말라[6]고 하였다. 그 처의 아우가 또 위군(衛君)에게 중용되어 있었다. 이에 위군의 세[7]를 가지고 오기에게 청하였다. 오기는 듣지 않고 마침내 위를 떠나 초(楚)로 들어갔다.

吳起, 衛左氏中人也, 使其妻織組而幅狹於度. 吳子使更之. 其妻曰 : "諾." 及成, 復度之, 果不中度, 吳子大怒. 其妻對曰 : "吾始經之而不可更也." 吳子出之. 其妻請其兄而索入. 其兄曰 : "吳子, 爲法者也. 其爲法也, 且欲以與萬乘致功, 必先踐之妻妾然後行之, 子毋幾索入矣." 其妻之弟又重於衛君, 乃因以衛君之重請吳子. 吳子不聽, 遂去衛而入荊也.

1 左氏中 - 좌씨(左氏)는 고을 이름. 중(中)은 그 지역을 가리킴.
2 經之 - 베를 짜려고 날줄을 맬 때 그 수에 따라 폭의 넓이가 미리 정해짐.
3 出 - 내쫓김. 여기서는 이혼당함을 말함.
4 索入 - 시집에 다시 들어가기를 원함. 이혼을 다시 돌림.
5 與萬乘 - 여(與)는 위(爲)자의 뜻으로 쓰임.
6 毋幾 - 기대할 수 없음. 무(毋)는 금지사.
7 重 - 여기서는 권세의 뜻.

일설에 따르면 오기가 그 처에게 맬 끈을 보이며 말하기를 '자네가 나를 위해 맬 끈을 짜는데 이것과 같게 만들어 달라'고 하였다 한다. 맬 끈이 다 되어 그것을 써보니[1] 대단히 좋았다.[2] 오기가 말하기를 '자네에게 맬 끈을 짜게 해서 이것과 같게 만들어 달라고 하였는데 지금 것은 대단히 좋으니 어찌된 일이냐'고 하였다. 그 처가 말하기를 '쓴 재료[3]는 한가지이나 힘을 더 써서 좋게 만들었습니다'라고 하였다. 오기가 말하기를 '이른 말과 다르다'[4]라고 하였다. 그리고 (친정으로) 돌아가게[5] 하였다. 그 아버지가 가서 부탁하였다. 오기가 말하기를 '저의 집안은 거짓말을 못합니다'라고 하였다는 것이다.

一曰 : 吳起示其妻以組曰 : "子爲我織組, 令之如是." 組已就而效之, 其組異善. 起曰 : "使子爲組, 令之如是, 而今也異善, 何也?" 其妻曰 : "用財若一也, 加務善之." 吳起曰 : "非語也." 使之衣歸. 其父往請之, 吳起曰 : "起家無虛言."

진(晉) 문공(文公)이 호언(狐偃)에게 묻기를 '나는 맛있고 살찐 고기를 당상(堂上)의 신하들에게 두루 나눠 주고[1] 한잔 술과 한그릇 고기[2]만을 궁안에 남겨서 병술이 맑아질 사이가 없고[3] 날고기를 말릴[4] 여유도 없이 소를 한 마리 잡으면 도성 안에 두루 나누었으며 한해 받아들인 베[5]를 모두 병사들에게 옷해 입혔다. 이로써 민을 충분히 싸우게 할 수 있겠는가'라고 하였다. 호언이 말하기를 '부족합니다'라고 하였다. 문공이 말하기를 '나는 세관이나 시장의 세를 줄이고 형벌을 너그럽게 하였다. 이로써 민을 충분히 싸우게 할 수 있겠는가'라고 하였다. 호언이 말하기를 '부족합니다'라고 하였다. 문공이 말하기를 '나의 민 가운데 상을 치르는[6] 자가 있으면 내가 직접 낭중(郞中)[7]을 시켜 일을 돌보아 주게 하고 죄 있는 자를 용서하며 가난하고 부족한 자에게 베풀어 주었다. 이로써 민을 충분히 싸우게 할 수 있겠는가'라고 하였다. 호언이 말하기를 '부족합니다. 이는 모두가 생을 지키는[8] 수단입니다. 그러나 싸우게 한다는 것은 죽이는 일입니다. 민이 공을 따르는 것은 생을 지키기 때문입니다. 공께서 그렇게 하여 역으로[9] 그들을 죽게 하면 공을 따르게 하는 수단을 잃는 것입니다'라고 하였다. 문공이 말하기를 '그렇다면 어떻게 하여야 민을 충분히 싸우게 할 수 있겠는가'라고 하였다. 호언이 '싸우지 않을 수 없도록 하는 것입니다'라고 대답하였다. 문공이 말하기를 '싸우지 않을 수 없게 하려면 어찌하면 좋겠는가'라고 하였다. 호언이 대답하기를 '신상(信賞) 필벌(必罰)하면 충분히 싸우게 할 것입니다'라고 하였다. 문공이 말하기를 '형벌의 극한이 어디까지 이르러야 되는가'라고 하였다. 대답하기를 '가깝거나 높은 자를 피하지 말고 법을 총애하는 자에게 집행하십시오'라고 하였다. 문공이 말하기를 '좋다'고 하였다.

晉文公問於狐偃曰："寡人甘肥周於堂, 巵酒豆肉集於宮, 壺酒不清, 生肉不希, 殺一牛徧於國中, 一歲之功盡以衣士卒, 其足以戰民乎?" 狐子曰: "不足." 文公曰: "吾弛關市之征而緩刑罰, 其足以戰民乎?" 狐子曰: "不足." 文公曰: "吾民之有喪資者, 寡人親使郎中視事. 有罪者赦之, 貧窮不足者與之. 其足以戰民乎?" 狐子對曰: "不足, 此皆所以愼産也; 而戰之者, 殺之也. 民之從公也, 爲愼産也, 公因而迎殺之, 失所以爲從公矣." 曰: "然則何如足以戰民乎?" 狐子對曰: "令無得不戰." 公曰: "無得不戰奈何?" 狐子對曰: "信賞必罰, 其足以戰." 公曰: "刑罰之極安至?" 對曰: "不辟親貴, 法行所愛." 文公曰: "善."

1 周於堂─주(周)는 보급이 골고루 다 미침. 당(堂)은 조정 신하를 가리킴.
2 卮酒豆肉─극히 적은 분량의 술과 고기를 말함.
3 不清─병에 담긴 술앙금이 맑아질 겨를이 없음. 빨리 마심.
4 不希─희(希)는 희(晞)자로 통함. 건조시킴.
5 一歲之功─공(功)은 여공(女功)의 뜻. 한해 공물로 바친 직물.
6 喪資─장례를 치르느라고 재물을 소비함. 자(資)는 상복 자(齊)자로 통함. 자최(齊衰)의 뜻.
7 郎中─낭문(廊門) 안에 숙직하는 시종 관원.
8 愼産─산(産)은 생계 또는 생업에 종사함. 신(愼)은 순(順)자로 통함.
9 迎─영(迎)은 정반대라는 역(逆)자의 뜻으로 쓰임.

이튿날 포륙(圃陸)에서 사냥하기로 명령하여 시각을 정오로 정하고 늦는 자를 군법으로 다스리게[1] 하였다. 여기에 문공이 총애하는 전힐(顚頡)이라는 자가 시각에 늦었다. 관리가 죄줄 것을 청하자 문공은 눈물을 떨어뜨리며 슬퍼하였다. 관리가 말하기를 '일을 집행하게[2] 해주십시오'라고 하였다. 드디어 전힐의 등을 베어 백성들에게 돌려보임으로써[3] 법 집행이 확실한 것을[4] 밝혔다. 그리고 난 후로는 백성들이 모두 두려워하며 말하기를 '군주가 전힐을 소중히 여김이 그렇게 대단한데도 군주는 오히려 법을 집행하였다. 하물며 우리들에게는 무엇이 있겠는가'라고 하였다. 문공은 민을 싸우게 할 수 있다고 보아 이에 군사를 일으켜 원(原)을 쳐서 이겼다. 위(衛)를 쳐

서 그 밭두렁을 동쪽으로 향하게 만들어⁵⁾ 오록(五鹿) 땅을 빼앗았
다. 양(陽)을 공략하고 괵(虢)을 이기고 조(曹)를 쳤다. 남으로 나아
가 정(鄭) 도성을 포위하여 성벽을 무너뜨렸다.⁶⁾ 송(宋)을 포위했던
것을 풀고 되돌려 초(楚)의 군사와 성복(城濮)에서 싸워 초군을 대
패시키고 돌아오는 길에 천토(踐土)의 맹주⁷⁾가 되어 마침내 형옹(衡
雍)에서 대의(大義)⁸⁾를 성취하였다. 한번 일을 일으켜서 여덟 가지
공적을 이루었다. 그렇게 할 수 있었던 까닭은 다른 이유 없이 호언
의 꾀에 따르고 전힐의 등을 빌렸기 때문이다.

明日令田於圃陸, 期以日中爲期, 後期者行軍法焉. 於是公有所愛者曰顚
頡. 後期, 吏請其罪, 文公隕涕而憂. 吏曰：“請用事焉.” 遂斬顚頡之脊,
以徇百姓, 以明法之信也. 而後百姓皆懼曰：“君於顚頡之貴重如彼甚也,
而君猶行法焉, 況於我則何有矣.” 文公見民之可戰也, 於是遂興兵伐原,
克之. 伐衛, 東其畝, 取五鹿. 攻陽. 勝虢. 伐曹. 南圍鄭, 反之陴. 罷宋圍.
還與荊人戰城濮, 大敗荊人, 返爲踐土之盟, 遂成衡雍之義. 一擧而八有
功. 所以然者, 無他故異物, 從狐偃之謀, 假顚頡之脊也.

1 行軍法－군법에 적용시켜 어긴 자를 처벌함.
2 用事－일을 집행함. 사(事)는 칼꽂을 사(剚)자와 같음.
3 徇百姓－경계의 뜻으로 백성들에게 널리 돌려서 알림.
4 法之信－법이 틀림없이 집행된다는 확신을 갖게 함.
5 東其畝－밭두렁을 동서로 갈라서 언제라도 통할 수 있도록 길을 터놓음.
6 反之陴－비(陴)는 성벽 위에 쌓은 담. 반(反)은 복(覆)자와 마찬가지 뜻.
7 踐土之盟－제후들의 회맹(會盟)을 주관함. 천토(踐土)는 한남성 수무현(修武
   縣)의 한 지명.
8 衡雍之義－천자를 받들고 화목하는 의식을 거행함. 형옹(衡雍)은 천토와 가
   까운 지역.

대저 뾰루지나 등창의 아픔이란 뼛속까지 찌르지 않고서는 그 고통
을¹⁾ 이겨낼 수 없다. 이를 알지 못한다면²⁾ 사람을 시켜 반 치되는 돌

침으로 그것을 퉁기게[3] 할 수 없을 것이다. 지금 군주가 나라를 다스림도 역시 그렇다. 고통이 있어야만 편안할 수 있다는 것을 모르지 않는다. 나라를 다스리려 하면서 이를 알지 못하면 뛰어난 신하의 말을 듣고서[4] 난신(亂臣)을 주벌할 수 없을 것이다. 난신이란 자는 반드시 중인(重人)이다. 중인이란 자는 반드시 군주가 대단히 친애하는 자이다. 군주가 대단히 친애하는 자라면 이는 견백(堅白)과 같은[5] 사이다. 도대체 서민의 신분[6]으로 군주가 견백처럼 사랑하는 자를 떼어놓기를 바란다면 이는 왼쪽 넓적다리를 잘라 내라고[7] 오른쪽 넓적다리를 설득시키는 것과 같다. 바로 자신이 죽음을 당하고 그 설득은 행해지지 못한다.

夫痤疽之痛也, 非刺骨髓, 則煩心不可支也 ; 非如是, 不能使人以半寸砥石彈之. 今人主之於治亦然. 非不知有苦則安 ; 欲治其國, 非如是 不能聽聖知而誅亂臣. 亂臣者, 必重人 ; 重人者, 必人主所甚親愛也. 人主所甚親愛也者, 是同堅白也. 夫以布衣之資, 欲以離人主之堅白所愛, 是以解左髀說右髀者, 是身必死而說不行者也.

1 煩心 ─ 마음속에 번열증이 생김. 고통당함.
2 非如是 ─ 아픔을 참아내야만 병을 고칠 수 있다는 것을 알지 못함. 여기서 여(如)는 지(知)자로 통함.
3 砥石彈之 ─ 지석(砥石)은 숫돌에 잘 간 돌침. 탄(彈)은 아픈 부위를 칼로 도려냄.
4 聽聖知 ─ 뛰어난 지혜를 지닌 신하의 고언(苦言)을 받아들임.
5 同堅白 ─ 단단함과 흰색은 다른 개념이지만 하나의 같은 돌을 가리킴. 서로 떨어질 수 없는 군신관계.
6 布衣之資 ─ 베옷을 입은 서민의 신분을 말함. 여기서 자(資)는 일종의 자격.
7 解左髀 ─ 왼쪽 넓적다리를 해체시킴. 좌비(左髀)는 중인(重人)을 가리키고 우비(右髀)는 군주를 가리켜 비유함.

35 외저설 우하(外儲說右下)

경(經)

[1]

상벌을 함께하면[1] 금령이 행해지지 않는다. 무엇을 가지고 그것을 증명하겠는가. 조보(造父)나 어기(於期)[2]의 예로써 알 수 있다. 자한 (子罕)은 뛰어나온 돼지 구실을 하게 되고 전항(田恒)이 농장 연못 구실을 하게 되었다. 그런 까닭으로 송군(宋君)과 간공(簡公)이 시해 당하였다. 그 폐해는 왕량(王良)과 조보가 수레를 함께 몰고 전련(田 連)과 성규(成竅)[3]가 거문고를 함께 탄 데에 있다.

賞罰共, 則禁令不行. 何以明之? 以造父·於期. 子罕爲出彘, 田恆爲圃 池, 故宋君·簡公弑. 患在王良·造父之共車, 田連·成竅之共琴也.

1 賞罰共－상주고 처벌하는 권한을 군주가 독점하지 않고 신하와 함께 행사함.
2 於期－조보(造父)와 함께 말 잘 부리는 사람인 왕량(王良)의 자(字).
3 田連成竅－두 사람 모두 거문고의 명수인 백아(伯牙)의 스승.

[2]

잘 다스려지고 강해지는 것은 법이 지켜지는 데서 생기고 약해지고
어지러워지는 것은 법이 바르지 못한[1] 데서 생긴다. 군주가 여기에
밝다면 상벌이 엄정하고 아랫사람들에게 인자하지 않을 것이다. 작
위와 봉록을 공적에 따라 얻고 형벌을 지은 죄에 따라 받는다. 신하
가 여기에 밝다면 죽을 힘을 들여 군주를 위하여 충성하지는 않을
것이다. 군주가 인자하지 않은 데에 철저하고[2] 신하가 충성스럽지
않은 데에 철저하면 가히 왕노릇을 할 수 있을 것이다. 소양왕(昭襄
王)은 군주의 처지[3]를 알기 때문에 다섯 동산을 개방하지 않았다.[4]
전유(田鮪)는 신하의 처지를 알기 때문에 전장(田章)을 가르쳤다.[5]
그리고 공의휴(公儀休)는 바친 생선을 거절하였다.

治强生於法, 弱亂生於阿, 君明於此, 則正賞罰而非仁下也. 爵祿生於功,
誅罰生於罪, 臣明於此, 則盡死力而非忠君也. 君通於不仁, 臣通於不忠,
則可以王矣. 昭襄知主情而不發五苑, 田鮪知臣情故教田章, 而公儀辭魚.

1 阿 – 아(阿)는 곡(曲), 또는 사(私)자로 쓰임. 법을 비뚤어지게 함.
2 通於不仁 – 인자하게 대하지 않는 원칙에 통달함.
3 主情 – 군주가 대처해야 할 진정한 길.
4 不發五苑 – 기근이 들더라도 동산에 나는 구황식물을 굶주린 민이 채취할 수
  있도록 개방하지 않음.
5 教田章 – 전유(田鮪)가 아들인 전장에게 자기 중심으로 살아갈 수 있도록 가
  르침.

[3]

군주된 자는 외국을 거울삼아야 하지만 외국 일[1]을 정확히 알지 못
하면 성공할 수 없다. 그러므로 소대(蘇代)[2]는 제왕(齊王)을 거짓
비방하였다. 군주는 고대의 일을 거울삼아야 하지만 거사의 설명이
적합하지 않으면[3] 명성이 드러나지 않는다. 그러므로 반수(潘壽)는

우(禹)의 일⁴⁾을 속여서 말하였다. 군주가 깨닫지 못하기 때문이다. 방오(方吾)가 그것을 알기 때문에 같은 옷을 입고 일족과 함께하는⁵⁾ 것을 두려워하였다. 하물며 권세를 빌리는 데에 있어서랴. 오장(吳章)이 그것을 알기 때문에 거짓 표정을 조심시켜⁶⁾ 말하였다. 하물며 진심을 빌리는 데에 있어서랴. 조왕(趙王)은 호랑이 눈이 보기 싫다고 하여 눈이 가려졌다. 현명한 군주의 길은 마치 주(周)의 행인(行人)⁷⁾이 위후(衛侯)를 물리친 것과 같다.

人主者, 鑒於外也, 而外事不得不成, 故蘇代非齊王. 人主鑒於上也, 而居者不適不顯, 故潘壽言禹情. 人主無所覺悟, 方知知之, 故恐同衣於族, 而況借於權乎! 吳章知之, 故說以佯, 而況借於誠乎! 趙王惡虎目而壅. 明主之道, 如周行人之卻衛侯也.

1 外事－외국에 대한 정통한 정보를 가리킴.
2 蘇代－소진(蘇秦)의 아우. 연(燕)과 제(齊) 사이를 왕복하며 외교적으로 암약하였음.
3 居者不適－거자(居者)는 거사(居士)와 같음. 민간학자가 전하는 설이 실제 사실과 맞지 않음.
4 禹情－우(禹)가 현인 익(益)에게 자리를 넘기려다가 아들 계(啓)에게 물려준 경위.
5 於族－군주가 그 일족과 거처를 함께함. 어(於)는 여(與)자로 통함.
6 說以佯－거짓일지라도 표정이 드러나 보여서는 안 된다는 주장.
7 行人－외교사절을 접대하는 벼슬아치 명칭.

[4]
군주란 법을 지키고 성과를 구하여 공적을 세우는 자다. 관리가 있어 비록 어지럽히더라도 혼자서 잘하는 민이 있다는 예는 들었으나 어지럽히는 민이 있는데도 혼자서 잘하는 관리가 있다는 예는 듣지 못하였다. 그러므로 현명한 군주는 관리를 다스리지 민을 다스리지 않는다. 그 설명은 나무 밑동을 흔들고 그물 밧줄을 끌어당기는 예

로 들 수 있다. 여기서 불낸 농부[1]를 생각하지[2] 않을 수 없다. 불을 끌 경우 관리가 물동이를 들고 불속으로 달려간다면 한 사람을 부리는 것이 된다. 채찍을 들어 남을 시킨다면 만 사람을 부리는 것이 된다. 그러므로 술(術)을 부리는[3] 자는 조보(造父)가 놀란 말을 다루는 것과 같다. 말을 잡아끌고 수레를 밀면 나아갈 수 없으나 구종을 대신하여 고삐를 잡고 채찍을 들면 말이 모두 빨리 달린다. 그러므로 그 설명은 철퇴로 쇠를 평평히 하고[4] 도지개로 나무를 바로잡는[5] 예로 들 수 있다. 그렇지 않을 경우 폐해[6]가 된 예는 요치(淖齒)가 제(齊)에 등용되어 민왕(閔王)을 죽이고 이태(李兌)가 조(趙)에 등용되어 주보(主父)를 굶겨 죽인 일을 들 수 있다.

人主者, 守法責成以立功者也. 聞有吏雖亂而有獨善之民, 不聞有亂民而有獨治之吏, 故明主治吏不治民. 說在搖木之本, 與引網之綱. 故失火之薔夫, 不可不論也. 救火者, 吏操壺走火, 則一人之用也; 操鞭使人, 則役萬夫. 故所遇術者, 如造父之遇驚馬, 牽馬推車則不能進, 代御執轡持筴則馬咸驚矣. 是以說在椎鍛平夷, 榜檠矯直. 不然, 敗在淖齒用齊戮閔王, 李兌用趙餓主父也.

1 薔夫 ― 민과 직접 대하는 하위직 벼슬아치. 여기서는 농부를 가리켜 말함.
2 不論 ― 론(論)은 문제삼아서 논란을 벌임.
3 所遇 ― 우(遇)는 우(寓)자로 통함. 여기서는 어(御)자의 뜻으로 쓰임.
4 椎鍛平夷 ― 추단(椎鍛)은 쇠몽치를 말함. 이(夷)도 역시 평(平)자와 같은 뜻.
5 榜檠矯直 ― 도지개를 사용하여 굽은 나무를 곧게 바로잡음.
6 敗 ― 폐해가 되는 경우를 가리킴. 패(敗)가 환(患)자로 쓰임.

[5]

사물의 이치에 따르면 힘들이지 않고 성사가 된다. 그러므로 자정(玆鄭)이 멍에채에 걸터앉아 노래를 불러서 그 때문에 높은 다리 위로 올라갈[1] 수 있었다. 그 폐해[2]는 조(趙) 간주(簡主)의 세리가 경중을 물었던³⁾ 경우와 박의(薄疑)가 도성 안이 모두 배부르다고 말하자 간주가 좋아하였으나 창고는 텅 비고 백성들은 굶주리며 간악한 관리만 부해진 사례에 있다. 그래서 환공(桓公)은 민을 순시하고 관중(管仲)은 썩어 남는 재화나 원망하는 여자가 없게 하였다. 그렇지 않을 경우의 폐해는 연릉(延陵)⁴⁾ 사람이 말을 탔으나 나아갈 수 없고 조보(造父)가 지나다가 그 때문에 울었던 사례에 있다.

因事之理, 則不勞而成. 故茲鄭之踞轅而歌以上高梁也. 其患在趙簡主稅吏請輕重；薄疑之言"國中飽", 簡主喜而府庫虛, 百姓餓而姦吏富也. 故桓公巡民而管仲省腐財怨女. 不然, 則在延陵乘馬不得進, 造父過之而爲之泣也.

1 上高梁 – 무거운 수레를 다른 사람의 도움으로 높은 다리 위로 올라갈 수 있게 함.
2 其患 – 여기서는 그 반대로 폐해가 되는 사례를 가리킴.
3 請輕重 – 부과할 세율의 표준을 물어봄.
4 延陵 – 오(吳)의 고을 명칭. 지금의 절강성 무진현(武進縣).

전(傳)
[1]
조보(造父)는 네 마리 사마를 부리면서 빨리 달리게 하거나 돌게 하여¹⁾ 말을 제 하고 싶은 대로 다루었다.²⁾ 말을 제 하고 싶은 대로 다룬다는 것은 고삐나 채찍질³⁾을 제 마음대로 한다는 것이다. 그러나 갑자기 뛰어나온 돼지에 말이 놀라면 조보도 제지할 수 없게 된다는 것은 고삐나 채찍의 엄함이 부족해서가 아니라 그 위세가 뛰어나온 돼지에게로 갈라지기⁴⁾ 때문이다. 왕어기(王於期)가 곁말을 수레에 붙여 모는데⁵⁾ 고삐나 채찍을 쓰지 않고 말을 제 하고 싶은 대로 다룬다⁶⁾는 것은 여물과 물을 제 마음대로 먹이기⁷⁾ 때문이다.

그러나 말이 농장이나 연못가를 지날 때 곁말이 날뛰는[8] 것은 여물과 물 먹이는 것이 부족해서가 아니라 그 주는 이득[9]이 농장이나 연못으로 갈라지기 때문이다. 여기서 왕량(王良)[10]과 조보는 천하의 말 잘 부리는 자다. 그러나 왕량으로 하여금 왼쪽 고삐[11]를 잡고서 말을 꾸짖게 하고 또 조보로 하여금 오른쪽 고삐를 잡고서 채찍질하게 한다면 말이 십리도 갈 수 없으니 그것을 함께하기 때문이다. 전련(田連)과 성규(成竅)는 천하의 거문고를 잘 타는 자다. 그러나 전련이 위를 퉁기고 성규가 아래를 누른다면[12] 곡을 이룰 수 없으니 이 역시 함께하기 때문이다. 대저 왕량이나 조보의 솜씨로도 고삐를 함께 잡고 부리면 말을 가게 할 수 없다. 군주가 어찌 신하와 권력을 함께 가지고 다스릴 수 있겠는가. 전련과 성규의 솜씨로도 거문고를 함께 타면 곡을 이룰 수 없다. 군주가 또 어찌 신하와 위세를 함께 가지고 공적을 이룰 수 있겠는가.

造父御四馬, 馳驟周旋而恣欲於馬. 恣欲於馬者, 擅轡筴之制也. 然馬驚於出彘, 而造父不能禁制者, 非轡筴之嚴不足也, 威分於出彘也. 王於期爲騈駕, 轡筴不用而擇欲於馬, 擅芻水之利也. 然馬過於圃池而騈馬敗者, 非芻水之利不足也, 德分於圃池也. 故王良·造父, 天下之善御者也, 然而使王良操左革而叱咤之, 使造父操右革而鞭笞之, 馬不能行十里, 共故也. 田連·成竅, 天下善鼓琴者也, 然而田連鼓上·成竅撅下而不能成曲, 亦共故也. 夫以王良·造父之巧, 共轡而御不能使馬, 人主安能與其臣共權以爲治? 以田連·成竅之巧, 共琴而不能成曲, 人主又安能與其臣共勢以成功乎?

1 馳驟周旋 - 말을 빨리 달리게 하고 빙글빙글 돌게 하여 훈련시킴.
2 恣欲 - 자기가 하고 싶은 것을 마음대로 할 수 있음.
3 轡筴之制 - 고삐나 채찍으로 말을 제어함.
4 威分 - 말에게 가해지는 채찍의 위력이 양쪽으로 갈라짐.
5 騈駕 - 부(騈)는 곁말 부마(副馬)와 같음. 수레에 많은 말을 붙여서 끌게 함.

6 擇欲－자욕(恣欲)과 같은 뜻. 택(擇)은 석(釋)자로 통함.
7 芻水之利－말에게 여물과 물을 먹여 주는 이득을 가리킴.
8 敗－날뛰는 말을 통제할 수 없는 상태.
9 德－말에게 베푸는 실제 은덕을 말함.
10 王良－왕어기(王於期)의 이름.
11 革－혁(革)은 륵(勒)자로 통함. 말고삐 또는 굴레.
12 撅下－거문고줄 아래쪽을 손가락으로 누름.

일설에 따르면 조보(造父)가 제왕(齊王)의 수레 끄는 곁말 구종이
되어 말에게 물을 안 먹이고 길들여 냈다[1]고 한다. 농장 안에서 수
레 끄는 시험[2]을 하였다. 목마른 말이 연못을 발견하자 수레를 버리
고 연못으로 달려가 수레 끄는 일이 실패하였다. 왕어기(王於期)가
조(趙) 간주(簡主)의 길잡이[3]가 되어 천리 밖[4]까지 다투어 달려갔다.
출발할 때 돼지가 도랑 속에 엎드려 있었다. 왕어기가 한꺼번에 고
삐를 잡고 채찍질을 하며 나아가는데 돼지가 갑자기 도랑 속에서
뛰어나와 말이 놀라 수레 끄는 일이 실패하고 말았다는 것이다.

一曰：造父爲齊王駙駕, 渴馬服成, 效駕圃中. 渴馬見圃池, 去車走池, 駕
敗. 王於期爲趙簡主取道爭千里之表, 其始發也, 彘伏溝中. 王於期齊轡
筴而進之, 彘突出於溝中, 馬驚駕敗.

1 渴馬服成－말에게 물을 적게 먹여가며 훈련을 시킴. 복(服)은 습(習)자와 같음.
2 效駕－수레를 끌어 보게 함. 말을 시험함. 효(效)는 고(考)자로 통함.
3 取道－길가는 방향을 정하여 말을 몰아감.
4 千里之表－천리나 되는 먼 길을 달려감. 표(表)는 표(標)자와 같은 뜻으로 목
  표 지점을 말함.

사성(司城)[1] 자한(子罕)이 송군(宋君)에게 일러 말하기를 '칭찬하고
상주는 일[2]은 민이 좋아하는 것이니 군주께서 몸소 행하십시오. 죽
이고 처벌하는 일은 민이 싫어하는 것이니 제가 그것을 담당하고

싶습니다'라고 하였다. 송군이 말하기를 '좋다'고 하였다. 그래서 위령(威令)[3]을 내리거나 대신들을 처벌할 때마다 송군이 말하기를 '자한에게 물으라'고 하였다. 이에 대신들이 그를 두려워하였고 서민들은 그를 따르게[4] 되었다. 일년 있다가 자한은 송군을 살해하고 정권을 탈취하였다. 그러므로 자한이 뛰어나온 돼지가 되어 그 군주의 나라를 빼앗은 셈이다.

司城子罕謂宋君曰 : "慶賞賜與, 民之所喜也, 君自行之 ; 殺戮誅罰, 民之所惡也, 臣請當之." 宋君曰 : "諾." 於是出威令, 誅大臣, 君曰 : "問子罕也." 於是大臣畏之, 細民歸之. 處期年, 子罕殺宋君而奪政. 故子罕爲出彘以奪其君國.

1 司城－토지나 민사에 관한 문제를 맡아보던 관직명.
2 慶賞賜與－칭찬하여 상을 주고 물건을 내려줌.
3 威令－엄중하게 금하는 명령을 가리킴.
4 細民歸之－가난한 천민이 귀의하게 됨.

간공(簡公)이 군주 자리에 있을 때 벌을 무겁게 하고 형을 엄하게 하였으며 세금을 많이 매겨 민을 살상하였다. 전성항(田成恆)[1]은 자애를 베풀고 너그러우며 정중한 태도를 보였다.[2] 간공은 제(齊)의 민을 물 먹이지 않는 말처럼 다루어 민에게 은혜를 입히지 않았으나 전성항은 인자함과 온후한 정으로 농장의 연못 구실을 하였다.

簡公在上位, 罰重而誅嚴, 厚賦斂而殺戮民. 田成恆設慈愛, 明寬厚. 簡公以齊民爲渴馬, 不以恩加民, 而田成恆以仁厚爲圃池也.

1 田成恆－제(齊)의 권신 전상(田常). 항(恆)은 그의 시호.
2 明寬厚－관대하고 친절함을 보임. 명(明)은 시(示)자의 뜻.

일설에 따르면 조보(造父)가 제왕(齊王)의 수레 끄는 곁말 구종이 되어 물 안 먹이는 것으로 말을 훈련시켜 백일 만에 길들였다고 한다. 그 훈련이 끝나자 제왕에게 수레 끄는 시험을 청하였다. 왕이 말하기를 '농장 가운데서 수레 끄는 시험을 해보라'고 하였다. 조보가 수레를 몰아 농장에 들어서자 말이 농장의 연못을 보고 달려가 조보도 막을 수 없었다. 조보가 물을 안 먹이면서 말을 훈련시킨지 오래되었다. 지금 말이 연못을 보고 사납게[1] 달려가면 비록 조보라 할지라도 진정시킬[2] 수 없는 것이다. 지금 간공(簡公)이 법으로 민중들을 억눌러온 지 오래되었다. 그런데 전성항(田成恆)이 그들에게 이익을 주었다. 이는 전성항이 농장의 연못을 기울여 목마른 민중들에게 보인 것과 같다는 것이다.

一曰 : 造父爲齊王駙駕, 以渴服馬, 百日而服成. 服成, 請效駕齊王, 王曰 : “效駕於圃中.” 造父驅車入圃, 馬見圃池而走, 造父不能禁. 造父以渴服馬久矣, 今馬見池, 駻而走, 雖造父不能治. 今簡公之法禁其衆久矣, 而田成恆利之, 是田成恆傾圃池而示渴民也.

1 駻 – 몹시 거칠게 미쳐 날뛰는 상태를 가리킴.
2 不能治 – 여기서 치(治)는 진정시킴. 말이 미쳐 날뛰지 못하게 억눌러 다스림.

일설에 따르면 왕어기(王於期)가 송군(宋君)을 위하여 천리 달리기 경주[1]를 하였다고 한다. 이미 수레를 달고 침을 발라 손바닥을 비비며[2] 출발하려고 하였다. 말을 몰아 앞으로 나아가게 하니 수레바퀴가 곧게 서고[3] 끌어당겨 뒤로 물러서게 하니 말이 제자리걸음[4]을 하였다. 매를 쳐서 출발하자 돼지가 구멍 속에서 갑자기 뛰어나왔다.[5] 말이 뒷걸음질하여[6] 채찍질하여도 앞으로 나아가게 할 수 없었고 말이 날뛰며 달아나 고삐를 당겨도 멈추게 할 수 없었다는 것이다.

一曰 : 王於期爲宋君爲千里之逐. 已駕, 察手吻文. 且發矣, 驅而前之, 輪
中繩 ; 引而卻之, 馬掩迹. 拊而發之, 彘逸出於竇中. 馬退而卻, 笑不能進
前也 ; 馬騂而走, 轡不能止也.

1 千里之逐 - 여기서 축(逐)은 구(驅)자와 같음. 말달리기 경주.
2 察手吻文 - 말고삐를 꽉 쥐는 모양. 찰(察)은 찰(擦)자로 통함. 문(吻)은 입술
  을 내밀어 침뱉음. 문(文)은 문(紋)자의 뜻으로 손바닥에 무늬가 생김.
3 輪中繩 - 수레바퀴가 먹줄을 친 것과 같이 일직선으로 가지런해짐.
4 掩迹 - 말이 뒷걸음치면서 제 발자국을 그대로 밟음.
5 逸出 - 갑작스럽게 뛰어나옴. 분출(奔出)과 같음.
6 退而卻 - 여기서는 갈팡질팡하여 어찌할 줄 모르는 상태를 말함.

일설에 따르면 사성(司城) 자한(子罕)이 송군(宋君)에게 일러 말하
기를 '칭찬하고 상주는 일은 민이 좋아하는 것이니 군주께서 몸소
행하십시오. 죽이거나 처벌하는 일은 민이 싫어하는 것이니 제가
그것을 담당하고 싶습니다'라고 하였다 한다. 그래서 서민을 죽이거
나 대신들을 처형할 경우에는 송군이 말하기를 '자한과 그것을 의
논하라'고 하게 되었다. 일년 지나 민이 그들을 죽이거나 살리는 명
령[1]이 자한에게서 마련된다는 것을 알았기 때문에 온 나라가 그쪽
으로 귀의하게 되었다. 그래서 자한이 송군을 위협하여 그 정권을
빼앗았지만 법으로 금할 수 없었다. 그러므로 이르기를 '자한은 뛰
어나온 돼지 구실을 하고 전성상(田成常)은 농장의 연못 구실을 하
였다'고 하는 것이다. 만일 왕량(王良)과 조보(造父)로 하여금 수레
를 함께 타게 하여 각자[2] 한쪽 고삐를 잡고 마을 문안으로 들어오
게 한다면 분명히 수레를 끌 수 없어 길을 가지 못할 것이다. 전련
(田連)과 성규(成竅)로 하여금 거문고를 함께 타게 하여 각자 줄 하
나를 뜯어[3] 소리나게 한다면 반드시 소리를 내지 못해 곡이 이루어
지지 않으리라는 것이다.

一日：司城子罕謂宋君曰：“慶賞賜予者，民之所好也，君自行之；誅罰殺戮者，民之所惡也，臣請當之.” 於是戮細民而誅大臣，君曰：“與子罕議之.” 居期年，民知殺生之命制於子罕也，故一國歸焉. 故子罕劫宋君而奪其政，法不能禁也. 故曰：“子罕爲出彘，而田成常爲囿池也.” 今令王良・造父共車，人操一邊轡而入門閭，駕必敗而道不至也. 令田連・成竅共琴，人撫一絃而揮，則音必敗曲不遂矣.

1 殺生之命 – 사람을 죽이거나 살릴 수 있는 권한을 말함.
2 人 – 여기서 인(人)이란 각자 한 사람씩을 가리킴.
3 撫一絃 – 거문고줄 하나를 손으로 뜯음. 무(撫)는 탄(彈)자와 같은 뜻.

[2]

진(秦)의 소왕(昭王)이 병에 걸렸다. 백성들이 마을마다 소를 사서[1] 집집이 왕을 위해 기도하였다.[2] 공손술(公孫述)이 밖에 나가 그것을 보고 들어가 왕에게 축하해 말하기를 ‘백성들이 이에 모두 소를 사서 왕을 위해 기도합니다’라고 하였다. 왕이 사람을 시켜 물어보니 과연 그대로였다. 왕이 말하기를 ‘벌금으로[3] 사람마다 갑옷 두 벌 값씩을 물게 하여라. 대저 명령도 없이 제멋대로 기도하고 있으니 이는 나를 사랑하는 것이다. 도대체 나를 사랑하면 나도 역시 장차 법을 바꾸어 마음이 그들과 서로 통하여야만 되니 이는 법이 서지 못하는 것이다. 법이 서지 못한다는 것은 어지러워지고 망하는 길이다. 사람마다 벌로 갑옷 두 벌 값을 물게 하여 다시 정치를 바르게 하는 것만 못하다’라고 하였다.

秦昭王有病，百姓里買牛而家爲王禱. 公孫述出見之，入賀王曰：“百姓乃皆里買牛爲王禱.” 王使人問之，果有之. 王曰：“訾之人二甲. 夫非令而擅禱者，是愛寡人也. 夫愛寡人，寡人亦且改法而心與之相循者，是法不立；法不立，亂亡之道也. 不如人罰二甲而復與爲治.”

일설에 따르면 진(秦)의 양왕(襄王)이 병을 앓았다고 한다. 백성들
이 그를 위해 빌어 병이 낫자[1] 소를 잡아 굿을 하였다.[2] 당직 시종
인 염알(閻遏)과 공손연(公孫衍)이 밖에 나가 그것을 보고 '희생 바
칠[3] 시기도 아닌데 어찌하여[4] 소를 잡아서 사신에게 제사를 지내는
가'라고 이상하게 여겨 물었다. 백성들이 말하기를 '군주께서 병환
이 나서 그를 위해 빌었으며 지금은 병환이 다 나으셔서 소를 잡아
굿하는 것입니다'라고 하였다. 염알과 공손연이 기뻐하며 왕을 뵙고
축하인사를 올려 말하기를 '요순보다 더한 일입니다'라고 하였다.
왕이 놀라 말하기를 '무엇을 이르는 것이냐'고 하였다. 대답하기를
'요순도 그 민이 그를 위해 비는 데까지는 이르지 않았습니다. 지금
왕께서 병환이 나자 민이 소를 바쳐[5] 빌었으며 병이 다 나으시자
소를 잡아 굿을 벌이고 있습니다. 그래서 저희들은 마음속으로 왕
께서 요순보다 더하다고 생각하는 것입니다'라고 하였다. 왕이 그로
인해 사람을 시켜 어느 마을에서 하였는가 알아보게 하였다. 그리
고 그 마을의 장로[6]와 오장[7]에게 벌금을 물리고 촌락[8]마다 갑옷 두
벌 값을 내게 하였다. 염알과 공손연은 부끄러워[9] 감히 말을 하지
못하였다. 몇 달 지나 왕이 술을 마시며 한껏 즐기는데 염알과 공손
연이 왕에게 일러 말하기를 '전번에 저희들이 외람되게 왕께 요순
보다 더하다고 말씀드린 것은 다만 감히 보비위하려는 것이 아니었
습니다. 요순은 병을 앓아도 또한 그 민이 그를 위하여 비는 데 이
르지는 못하였습니다. 지금 왕께서 병환이 나 민이 소를 바쳐서 빌
었고 병환이 나으시자 소를 잡아 굿을 하였던 것입니다. 그런데 그
마을의 장로와 오장에게 벌금을 물리고 촌락마다 갑옷 두 벌 값을

내게 하셨으므로 저희들이 마음속으로 이상하게 생각하고 있습니다'라고 하였다. 왕이 말하기를 '자네들은 어째서 이에 대하여 모르는가. 저들 민이 나를 위하여 일해 주는 이유는 내가 그들을 사랑한다고 여겨서 나를 위하여 일해 주는 것이 아니라 내 권세가 나를 위하여 일해 주게 하는 것이다. 내가 권세를 버리고 민과 함께 서로 어울려[10] 그와 같이 하여 내가 만일 사랑하지 않게 된다면 민은 바로 나를 위하여 일해 주지 않을 것이다. 그래서 마침내 사랑에 의한 방법[11]'을 끊은 것이다'라고 하였다는 것이다.

一曰：秦襄王病, 百姓爲之禱 ; 病愈, 殺牛塞禱. 郎中閻遏·公孫衍出見之, 曰 : "非社臘之時也, 奚自殺牛而祠社?" 怪而問之. 百姓曰 : "人主病, 爲之禱 ; 今病愈, 殺牛塞禱." 閻遏·公孫衍說, 見王, 拜賀曰 : "過堯·舜矣." 王驚曰 : "何謂也?" 對曰 : "堯·舜其民未至爲之禱也. 今王病, 而民以牛禱 ; 病愈, 殺牛塞禱. 故臣竊以王爲過堯·舜也" 王因使人問之, 何里爲之, 訾其里正與伍老屯二甲. 閻遏·公孫衍媿不敢言. 居數月, 王飮酒酣樂, 閻遏·公孫衍謂王曰 : "前時臣竊以王爲過堯·舜, 非直敢諛也. 堯·舜病, 且其民未至爲之禱也 ; 今王病而民以牛禱, 病愈, 殺牛塞禱. 今乃訾其里正與伍老屯二甲, 臣竊怪之." 王曰 : "子何故不知於此? 彼民之所以爲我用者, 非以吾愛之爲我用者也, 以吾勢之爲我用者也. 吾釋勢與民相收, 若是, 吾適不愛而民因不爲我用也, 故遂絶愛道也."

1 病愈－병을 고침. 유(愈)는 병나을 유(癒)자로 통함.
2 塞禱－원을 들어준 데 대한 보답으로 제를 지냄. 새(塞)는 굿할 새(賽)자로 통함.
3 社臘－춘추로 소를 잡아서 토지 신에게 제를 지내는 것과 동지에 지내는 납향제(臘享祭).
4 奚自－무슨 까닭. 자(自)는 처음부터 끝까지 사유를 가리킴.
5 以牛－희생으로 소를 잡아 신에게 바침.
6 里正－마을의 장로(長老) 이장(里長)을 가리킴.
7 伍老－다섯 세대 단위 취락의 우두머리.

진(秦)에 큰 흉년이 들었다. 응후(應侯)가 청해 말하기를 '다섯 동산[1]의 초물 채소와 도토리 열매와 대추나 밤으로 민을 충분히 살릴 수 있습니다. 그것을 개방하십시오[2]'라고 하였다. 소양왕(昭襄王)이 말하기를 '내 진의 법은 민으로 하여금 공이 있으면 상을 받고 죄가 있으면 벌을 받게 되어 있다. 지금 다섯 동산의 채소와 과일을 개방하여 준다는 것은 민에게 공이 있으나 공이 없으나 다 함께 상을 주는 것이다. 대저 민에게 공이 있으나 공이 없으나 다 함께 상을 주는 것은 바로 어지럽혀지는 길이다. 도대체 다섯 동산을 개방하여 어지러워지기보다는 대추나 채소를 버려두고 다스려지는 것만 못하다'고 하였다. 일설에 따르면 '만일 다섯 동산의 풀씨나 채소, 대추, 밤을 개방하면 민을 충분히 살릴 수 있으나 이는 민으로 하여금[3] 공 있는 자와 공 없는 자가 서로 다투어 빼앗도록 하는 것이 된다. 무릇 살더라도 어지럽혀진다는 것은 죽더라도 다스려지는 것만 못하다. 대부들은 그만두라[4]'고 말하였다는 것이다.

秦大饑, 應侯請曰 : "五苑之草著‧蔬菜‧橡果‧棗栗, 足以活民, 請發之." 昭襄王曰 : "吾秦法, 使民有功而受賞, 有罪而受誅. 今發五苑之蔬果者, 使民有功與無功俱賞也. 夫使民有功與無功俱賞者, 此亂之道也. 夫發五苑而亂, 不如棄棗蔬而治." 一曰 : "令發五苑之蓏‧蔬‧棗‧栗, 足以活民, 是用民有功與無功互爭取也. 夫生而亂, 不如死而治, 大夫其釋之."

1 五苑 — 왕이 사냥을 즐기려고 설정한 다섯 동산. 새나 짐승을 놓아 기르는 지역을 가리킴.
2 發之 — 금지구역을 민간이 출입할 수 있도록 열어줌.

3 用民-여기서 용(用)은 사역의 뜻으로 사(使)자와 같이 쓰임.
4 其釋之-다섯 동산을 개방하라는 건의 주장을 포기시킴. 석(釋)은 사(捨)자로 통함.

전유(田鮪)가 그 아들 전장(田章)을 가르쳐 말하기를 '네 자신[1]이 이득을 얻고자 한다면 먼저 네 군주를 이득보게 할 것이며 네 집안을 부하게 하고자 한다면 먼저 네 나라를 부하게 만들 것이다'라고 하였다. 일설에 따르면 전유가 그 아들 전장을 가르쳐 말하기를 '군주란 관작을 팔고 신하란 지혜와 능력을 파는 것이니 그러므로 자기만을 믿고[2] 남을 믿지 말라'고 하였다는 것이다.

田鮪敎其子田章曰 : "欲利而身, 先利而君 ; 欲富而家, 先富而國."
一曰 : "田鮪敎其子田章曰 : "主賣官爵, 臣賣智力, 故自恃無恃人."

1 而身-자기 자신을 가리킴. 이(而)는 여(汝)자로 통함.
2 自恃-자기만을 믿고 의지할 수 있음.

공의휴(公儀休)는 노(魯)의 재상으로 생선을 즐겨 먹었다. 온 나라가 모두 앞다투어 생선을 사서 바쳤다. 그러나 공의휴는 받지 않았다. 그 아우가 충고하여 말하기를 '당신이 생선을 즐겨 드시면서 받지 않으시니 왜 그렇습니까'라고 하였다. 대답하기를 '오로지 생선을 즐겨 먹기 때문에 받지 않는 것이다. 만약에[1] 생선을 받는다면 반드시 남에게 낮추는 태도를[2] 가지게 될 것이다. 남에게 낮추는 태도를 가지게 되면 앞으로 법을 굽히게[3] 될 것이다. 법을 굽히게 되면 재상 자리를 면직당할 것이다. 비록 생선 먹기를 즐긴다 하더라도 이렇게 되면 분명 나에게 생선을 보내줄 리가 없으며 나 또한 생선을 스스로 구할[4] 수 없을 것이다. 만약에 생선을 받지 않으면 재상 자리를 면직당하지 않을 것이며 비록 생선 먹기를 즐긴다 하더라도 내가 능히 오래도록 생선을 스스로 구할 수 있다'라고 하였다. 이것은 도대체 남을 믿는 것이 자신을 믿는 것만 같지 못함을 밝힌 것이다. 남이 자기를 위해준다는 것이 자기가 자신을 위하는 것만 못하다는 것을 밝힌 것이다.

公儀休相魯而嗜魚, 一國盡爭買魚而獻之, 公儀子不受. 其弟諫曰 : "夫子嗜魚而不受者, 何也?" 對曰 : "夫唯嗜魚, 故不受也. 夫卽受魚, 必有下人之色 ; 有下人之色, 將枉於法 ; 枉於法, 則免於相. 雖嗜魚, 此必不能致我魚, 我又不能自給魚. 卽無受魚而不免於相, 雖嗜魚, 我能長自給魚." 此明夫恃人不如自恃也 ; 明於人之爲己者不如己之自爲也.

1 夫卽 - 여기서 부(夫)와 즉(卽)은 모두 약(若)자로 통함.
2 下人之色 - 남에게 자신을 낮추어 겸손해하는 태도.
3 枉於法 - 법을 왜곡시켜서 적용함을 가리킴.
4 自給魚 - 생선을 자기가 직접 구하여 먹을 수 있음.

[3]
자지(子之)가 연(燕)의 재상으로서 높은 지위에서 국정을 독단하고[1] 있었다. 소대(蘇代)가 제(齊)를 위하여 연에 사신으로 왔다. 왕이 그에게 묻기를 '제왕(齊王)은 도대체 어떠한 군주인가'라고 하였다. 대답하기를 '반드시 패자가 되지 못할 것입니다'라고 하였다. 연왕이 '왜 그런가'라고 물었다. 대답하기를 '옛날에 환공(桓公)은 조정 안의 일은 포숙(鮑叔)에게 맡기고 밖의 일은 관중(管仲)에게 맡겨둔 채 환공 자신은 머리칼을 풀어헤치고[2] 부인을 수레에 함께 태워[3] 매일같이 시장바닥으로 놀러다녔습니다. 그러나 지금의 제왕은 대신들을 불신하고 있습니다'라고 하였다. 여기서 연왕은 그 때문에 자지를 더 크게 신용하게 되었다. 자지가 그것을 듣고 사람을 시켜 돈 백일을 소대에게 보내어 그가 쓰고 싶은 대로 맡겼다.[4]

子之相燕, 貴而主斷. 蘇代爲齊使燕, 王問之曰 : "齊王亦何如主也?" 對
曰 : "必不霸矣." 燕王曰 : "何也?" 對曰 : "昔桓公之霸也, 內事屬鮑叔,
外事屬管仲, 桓公被髮而御婦人, 日遊於市. 今齊王不信其大臣." 於是燕
王因益大信子之. 子之聞之, 使人遺蘇代金百鎰, 而聽其所使之.

1 主斷 - 정치 권력을 마음대로 결단하여 행사함.
2 被髮 - 머리칼을 묶지 않고 풀어헤침. 관을 쓰지 않음.
3 御婦人 - 여자들을 수레에 태워 데리고 다님.
4 聽 - 여기서는 청(聽)이 임(任)자와 같은 뜻.

일설에 따르면 소대(蘇代)가 제(齊)를 위해 연(燕)에 사신으로 왔다
고 한다. 자지(子之)에게 이득을 주지 않고서는 반드시 사명을 다하
지[1] 못하고 돌아가게 되어 상금[2] 또한 나오지 않을 것이라고 보았다.
이에 연왕(燕王)을 만나보자 바로 제왕(齊王)을 칭찬하였다. 연왕이
말하기를 '제왕이 어찌하여 이와 같이 훌륭한가. 그렇다면 장차 반드
시 천하를 제패할[3] 것이다'라고 하였다. 소대가 말하기를 '망해 가는
것을 구하느라 겨를이 없으니 어찌 천하를 제패할 수 있겠습니까'라
고 하였다. 연왕이 '왜냐'고 물었다. 대답하기를 '총애하는 자를 신임
하는 것이[4] 한결같지 않습니다'라고 하였다. 연왕이 말하기를 '그 망
해 간다는 것이 무슨 뜻이냐'고 물었다. 대답하기를 '옛날에 제 환공
은 관중(管仲)을 총애하여 중부(仲父)라고 추켜세워[5] 조정 안 일을
다스리게 하고 바깥 일을 결단하게 하여 온 나라를 모두 그에게 맡
겼습니다.[6] 그래서 천하를 하나로 바로잡고 제후들을 여러 번 모이
게[7] 하였던 것입니다. 그러나 지금 제는 총애하는 자를 신임하는 것
이 한결같지 않습니다. 이런 까닭으로 그 망해 가는 것을 알 수 있
습니다'라고 하였다. 연왕이 말하기를 '지금 내가 자지를 신임하고
있으나 천하에 이것이 아직 들려지지 않고 있는가'라고 하였다. 여기
서 이튿날 조회를 열어서[8] 자지에게 정사를 맡겼다는 것이다.

一日：蘇代爲秦使燕, 見無益子之, 則必不得事而還, 貢賜又不出, 於是
見燕王, 乃譽齊王, 燕王曰：“齊王何若是之賢也？ 則將必王乎？” 蘇代
曰：“救亡不暇, 安得王哉？” 燕王曰：“何也？” 曰：“其任所愛不均.” 燕
王曰：“其亡何也？” 曰：“昔者齊桓公愛管仲, 置以爲仲父, 內事理焉, 外
事斷焉, 擧國而歸之, 故一匡天下, 九合諸侯. 今齊任所愛不均, 是以知其
亡也.” 燕王曰：“今吾任子之, 天下未之聞也？” 於是明日張朝而聽子之.

1 得事－주어진 임무를 완수할 수 있음.
2 貢賜－공로를 기려 내려주는 상금. 상사(賞賜)와 같음.
3 必王－여기서 왕(王)이란 천하를 제압하는 패자(覇者)를 말함.
4 任所愛－총애하는 신하에게 일을 믿고 맡김.
5 置－격려하기 위하여 끌어올림. 치(置)는 립(立)자로 통함.
6 歸之－정사를 모두 다 관중(管仲)에게 맡김.
7 九合諸侯－제후들을 여러 차례 회합에 모이게 함.
8 張朝－조정 회의를 임시로 개최함. 장(張)은 설(設)자의 뜻.

반수(潘壽)가 연왕(燕王)에게 일러 말하기를 ‘왕께서 나라를 자지
(子之)에게 물려주는 것만 같지 못합니다. 사람들이 요(堯)를 가리
켜 현자라고 말하는 까닭은 천하를 허유(許由)에게 물리려 하였기
때문입니다. 그러나 허유는 받지 않았습니다.[1] 그렇다면 이는 요가
허유에게 물려주었다는 이름만[2] 있고 실제로 천하를 잃지는 않은
것입니다. 지금 왕께서 나라를 자지에게 물려주신다면 자지는 반드
시 받지 않을 것입니다. 그렇다면 이는 왕께서 나라를 자지에게 물
려주셨다 하는 이름을 얻고 요와 마찬가지 행동을 하게 되는 것입
니다’라고 하였다. 여기서 연왕은 그대로 국정을 모두 다 맡겨 자지
의 권세가 대단히 커졌다.

潘壽謂燕王曰：“王不如以國讓子之. 人所以謂堯賢者, 以其讓天下於許
由, 許由必不受也, 則是堯有讓許由之名而實不失天下也. 今王以國讓子
之, 子之必不受也, 則是王有讓子之之名而與堯同行也.” 於是燕王因擧國

而屬之, 子之大重.

1 必不受-아무리 하여도 기필코 받지 않음.
2 名-여기서는 미명(美名)이나 명분을 가리킴.

일설에 따르면 반수(潘壽)는 은자였다고 한다. 연(燕)에서 사람을
시켜서 그를 초빙하였다. 반수가 연왕(燕王)을 만나뵙고 말하기를
'저는 자지(子之)가 익(益)[1]과 같이 되지 않을까 걱정입니다'라고 하
였다. 왕이 '어째서 익과 같이 된다고 하는가'라고 물었다. 대답하기
를 '옛날에 우(禹)가 죽자 익에게 천하를 전하려 하였습니다. 그랬
더니 계(啓)의 사람들이 서로 패를 지어[2] 익을 치고 계를 세웠습니
다. 지금 왕께서는 자지를 믿고 총애하시어 장차 나라를 자지에게
전해 주려 하십니다. 그러나 태자의 사람들이 모두 관인을 지니고[3]
관리가 되어 있고 자지의 사람은 한 사람도 조정에 있지 않습니다.
왕께서 불행하게도 여러 신하를 버리시게[4] 되면 자지 또한 익과 같
이 될 것입니다'라고 하였다. 왕이 그로 인해 삼백 석[5] 이상 되는
관리들의 관인을 거두어 모두 자지에게 건네주어 자지의 권세가 대
단히 커졌다는 것이다.

一曰:潘壽, 隱者. 燕使人聘之. 潘壽見燕王曰:臣恐子之之如益也." 王
曰:"何益哉?"對曰:"古者禹死, 將傳天下於益, 啓之人因相與攻益而立
啓. 今王信愛子之, 將傳國子之, 太子之人盡懷印爲吏, 子之之人無一人
在朝廷者. 王不幸棄群臣, 則子之亦益也." 王因收吏璽, 自三百石以上皆
效之子之, 子之大重.

1 益-하(夏) 왕조 때의 현인. 우(禹)의 아들 계(啓)를 피하여 제왕 자리를 받지
  않았다고 전해짐.
2 相與-서로 한패가 되어 결속을 다짐함.
3 懷印-관리가 된 표시로 관인을 몸에 지님.

4 棄群臣-군주의 죽음을 완곡하게 표현하는 말.
5 自三百石-봉록의 단위로 삼백 섬 이상 받는 관리부터 적용시킴.

대저 군주가 자신을 비추어볼 수 있는 거울이 되는 자는 제후를 섬기는 관료들[1]이다. 지금 제후를 섬기는 관료들이 모두 사가(私家)의 패거리[2]가 되어 있다. 군주 자신을 높이는 데[3] 도움을 주는 자는 산중에 사는[4] 은자들이다. 지금 산중에 사는 은자들은 모두 사가의 식객이 되어 있다. 이것이 왜 그런가. 벼슬 빼앗는 힘[5]이 자지(子之) 같은 자에게 있기 때문이다. 그러므로 오장(吳章)이 말하기를 '군주란 거짓으로 남을 미워하거나 사랑하는 기색을 보여서는 안 된다. 거짓으로 남을 사랑하면 또 다시 남을 미워할 수 없으며 거짓으로 남을 미워하면 또 다시 남을 사랑할 수 없게 된다'고 하였다.

夫人主之所以鏡照者, 諸侯之士徒也, 今諸侯之士徒皆私門之黨也. 人主之所以自淺媠者, 巖穴之士徒也, 今巖穴之士徒皆私門之舍人也. 是何也? 奪褫之資在子之也. 故吳章曰: "人主不佯憎愛人. 佯愛人, 不得復憎也;佯憎人, 不得復愛也."

1 士徒-제후를 섬기는 조정의 신하들을 가리킴.
2 私門之黨-특정 권력자 개인의 부하 패거리들.
3 淺媠-험한 산비탈길 잔초(棧媠)와 같은 뜻. 높아 보임.
4 巖穴-깊은 산림 속에 숨어서 세상 밖으로 나오지 않음.
5 奪褫之資-벼슬을 주거나 빼앗을 수 있는 권세. 치(褫)는 옷 따위를 벗겨 빼앗음.

일설에 따르면 연왕(燕王)이 나라를 자지(子之)에게 맡기려고 반수(潘壽)에게 물었다고 한다. 대답하기를 '옛날에 우(禹)는 익(益)을 사랑하여 천하 일을 익에게 맡겼습니다. 이미 그렇게 하고 나서 계(啓) 편의 사람들을 관리로 삼았습니다. 늙게 되자 계가 천하를 맡기에 부족하다고 생각하였습니다. 그래서 천하를 익에게 전했습니다. 그러나 권세[1]는 모두가 계 편에 있었습니다. 이미 그렇게 되어 계와 그 패거리[2]가 함께 익을 쳐서 천하를 빼앗았습니다. 이는 우가 이름만 천하를 익에게 전한 것이며 실은 계를 시켜서 스스로 그것을 취하게 한 것입니다. 이것으로 우가 요(堯)・순(舜)에 미치지 못하는 것이 분명합니다. 지금 왕께서 나라를 자지에게 전하려 하시지만 관리들은 태자 사람이 아닌 자가 없습니다. 이는 이름만 전하려는 것이지 실은 태자를 시켜서 스스로 그것을 취하도록 하는 것이 됩니다'라고 하였다. 연왕이 이에 (봉록이) 삼백 석 이상 되는 관인을 거두어 모두 그것을 자지에게 건네주어 자지의 권세가 드디어 커졌다는 것이다.

一曰 : 燕王欲傳國於子之也, 問之潘壽, 對曰 : "禹愛益而任天下於益, 已而以啓人爲吏. 及老, 而以啓爲不足任天下, 故傳天下於益, 而勢重盡在啓也. 已而啓與友黨攻益而奪之天下, 是禹名傳天下於益, 而實令啓自取之也, 此禹之不及堯・舜明矣. 今王欲傳之子之, 而吏無非太子之人者也, 是名傳之而實令太子自取之也." 燕王乃收璽, 自三百石以上皆效之子之, 子之遂重.

1 勢重 – 권세를 가리킴. 여기서 중(重)은 권력이란 뜻임.
2 友黨 – 하나로 뭉치는 패거리. 교당(交党)과 같음.

방오자(方吾子)가 말하기를 '내가 듣기로는 옛 예(禮)에 정하기를 "나가 다닐 때 같은 옷을 입은 자와 수레를 함께 타지 않고 거처할 때 동족끼리 같은 집에 살지 않는다"고 한다. 그런데 하물며 군주라는 자가 바로 그 권력을 남에게 빌려 주고 그 위세를 내놓겠는가'라고 하였다.[1]

方吾子曰：“吾聞之古禮：行不與同服者同車，居不與同族者共家，而況君人者乃借其權而外其勢乎！”

1 外其勢 — 가지고 있던 자신의 위세를 남에게 넘겨줌.

오장(吳章)이 한(韓) 선왕(宣王)에게 일러 말하기를 '군주는 거짓으로 사람을 사랑하는 척 할 수 없습니다. 다른 날[1] 다시 미워할 수 없기 때문입니다. 또 거짓으로 사람을 미워하는 척 할 수 없습니다. 다른 날 다시 사랑할 수 없기 때문입니다. 그러므로 거짓 미워하거나 거짓 사랑하는 기미가 드러나보이면 아첨하는 자들이 거기에 빌붙어서 헐뜯거나 칭찬하게 될 것입니다. 그렇다면 비록 현명한 군주라 할지라도 다시 수습할[2] 수가 없습니다. 하물며 진심으로 남의 손에 (권력을) 빌려 주는 데 있어서이겠습니까'라고 하였다.

吳章謂韓宣王曰：“人主不可佯愛人，一日不可復憎：不可以佯憎人，一日不可復愛也. 故佯憎佯愛之徵見，則諛者因資而毀譽之. 雖有明主，不能復收，而況於以誠借人也！”

1 一日 — 날을 달리함. 이일(異日)과 같은 표현.
2 復收 — 전과 같은 상태로 다시 돌려놓음.

조왕(趙王)이 궁안의 동물원[1]을 노닐었다. 측근 사람이 토끼를 호랑이에게 주는 시늉을 하다가 멈추었다. (호랑이가) 반연(盼然)히[2] 눈알을 굴리며 노려보았다. 왕이 말하기를 '보기 싫도다, 호랑이의 눈매가!'라고 하였다. 측근이 말하기를 '평양군(平陽君)[3]의 눈초리가 보기 싫은 것이 이보다 더합니다. 호랑이의 눈을 보면[4] 해를 입지는 않지만 평양군의 눈초리가 이와 같은 것을 보게 된 자는 반드시 죽습니다'라고 하였다. 그 이튿날 평양군이 듣고 사람을 시켜 말한 자를 죽였다. 그러나 왕은 그를 처벌하지 않았다.

趙王遊於圃中, 左右以菟與虎而輟, 虎盼然環其眼. 王曰："可惡哉, 虎目也!" 左右曰："平陽君之目可惡過此. 見此未有害也, 見平陽君之目如此者, 則必死矣." 其明日, 平陽君聞之, 使人殺言者, 而王不誅也.

1 圃中－궁안에 있는 남새밭. 여기서는 포(圃)가 유(囿)자로 함께 쓰이기도 함.
2 盼然－눈알을 굴리면서 돌아다보는 모양.
3 平陽君－조표(趙豹)의 봉호(封號). 조(趙) 효성왕(孝成王)의 숙부로 한때 재상이었던 실권자.
4 見此－차(此)는 호랑이가 눈알 굴리는 것을 가리킴.

위군(衛君)[1]이 주(周)에 입조(入朝)하였다. 주의 행인(行人)[2]이 이름을 물었다. 대답하기를 '제후 벽강(辟疆)[3]이다'라고 하였다. 주의 행인이 그를 물리치며 말하기를 '제후가 천자와 같은 이름을 쓸 수는 없습니다'라고 하였다. 위군이 이에 이름을 스스로 바꾸어 말하기를 '제후 훼(燬)다'라고 하였다. 그런 후에 안에 들여졌다. 공자가 이를 듣고 말하기를 '멀리 생각하여 다가서는 것을 막는도다![4] 허명(虛名)일지라도 남에게 빌려 주지 않는데 하물며 실제 일에 있어서라'라고 하였다.

衛君入朝於周, 周行人問其號, 對曰："諸侯辟疆." 周行人卻之曰："諸侯不得與天子同號." 衛君乃自更曰："諸侯燬." 而後內之. 仲尼聞之曰："遠哉禁偪, 虛名不以借人, 況實事乎?"

1 衛君－위(衛) 문공(文公)으로, 이름은 벽강(辟疆). 후에 훼(燬)라고 개명함.
2 行人－외국 사절을 접대하는 벼슬아치. 외교담당 역.
3 辟疆－강토를 개척한다는 뜻으로 천자만이 할 수 있는 사업. 천자에게 붙여진 칭호.
4 禁偪－천자의 자리를 노려 다가서는 일을 미리 차단함.

[4]

나무를 흔드는 자가 그 잎을 하나하나 잡아당기면 힘만 들고 전체로 미치지는 못한다. 그 밑동을 좌우로 때리[1]면[2] 잎이 모두 흔들린다. 연못가에 나아가 나무를 흔들면 새가 놀라 높이 날고 고기가 놀라 깊이 숨는다. 그물을 잘 치는 자는 그 밧줄을 잡아끈다. 만약[3] 그 많은 눈을 하나하나 흔들어서 그런 다음에 펴려고[4] 하면 힘만 들고 하기 어렵다. 그러나 그 밧줄을 잡아끌면 고기가 이미 자루 속에 들게 된다. 여기서 관리란 민의 밑동이나 그물 밧줄이 되는 자다. 그러므로 성인은 관리들을 다스리고 민을 다스리지 않는다.

搖木者――攝其葉, 則勞而不徧 ; 左右拊其本, 而葉徧搖矣. 臨淵而搖木, 鳥驚而高, 魚恐而下. 善張網者引其綱, 不――攝萬目而後得, 則是勞而難 ; 引其綱, 而魚已囊矣. 故吏者, 民之本綱也, 故聖人治吏不治民.

1 拊其本－부(拊)는 격(擊)자와 달리 가볍게 침.
2 而－여기서 이(而)는 즉(則)자로 통함.
3 不－가정의 표시로 약(若)자와 같이 쓰임.
4 後得－그물눈을 팽팽하게 펼칠 수 있음.

불을 끄려 할 때 관리에게 항아리나 독을 들고 불속으로 달려들게 하면 이는 한 사람을 부리는 것일 뿐이다. 채찍[1]을 들고 지휘하여 사람을 몰아 시키면[2] 만 사람을 다룰 수 있다. 이런 까닭으로 성인은 인민을 직접 대하지 않고 현명한 군주는 작은 일을 몸소 하지 않는다.

救火者, 令吏挈壺甕而走火, 則一人之用也, 操鞭箠指麾而趣使人, 則制萬夫. 是以聖人不親細民, 明主不躬小事.

조보(造父)가 막 김을 매고 있을 때 어떤 부자가 수레를 타고 지나가는 것을 보았는데 말이 놀라 앞으로 나아가지 않았다. 그 아들이 수레에서 내려 말을 끌고 아버지도 내려서 수레를 밀다가 조보에게 수레 미는 자기를 도와 달라고 청하였다. 그래서 조보가 농기구를 거두어 일을 멈추고 수레에 올라타[1] 그 부자의 손을 끌어 타게 하였다. 이내 고삐를 졸라매고[2] 채찍을 들었는데 아직 쓰기도 전에 말이 일제히 달리기[3] 시작하였다. 만일 조보로 하여금 말을 부릴 수 있도록 하지 않았다면 비록 힘을 다 들여 몸이 지치도록 그들을 도와 수레를 밀더라도 오히려 말을 나아가게 하지 못하였을 것이다. 지금 몸을 편안히 하고 또 수레를 탄 채로 남에게 덕을 보일 수 있는 것은 술(術)이 있어서 그것을 부릴 수 있었기 때문이다. 여기서 나라란 것은 군주의 수레이며 세란 것은 군주의 말이다. 술 없이 이를 부리면 몸은 비록 지치지만 어지럽혀지는 데서 면하지 못한다. 술로써 이를 부리면 몸은 안락한 처지에 두고 또한 제왕의 공적을 다할 수 있다.

造父方耨, 見有子父乘車過者, 馬驚而不行, 其子下車牽馬, 父下推車, 請造父助我推車. 造父因收器, 輊而寄載之, 援其子父乘, 乃始檢轡持筴, 未之用也, 而馬咸騖矣. 使造父而不能御, 雖盡力勞身助之推車, 馬猶不肯行也. 今使身佚, 且寄載, 有德於人者, 有術而御之也. 故國者, 君之車也 ; 勢者, 君之馬也. 無術以御之, 身雖勞, 猶不免亂 ; 有術以御之, 身處佚樂之地, 又致帝王之功也.

1 寄載 – 몸을 수레에 붙여 실음. 우승(寓乘)과 같은 뜻.
2 檢轡 – 고삐를 졸라서 잡아당김. 검(檢)은 제(制)자로 통함.
3 咸騖 – 여러 말이 모두 네 발굽을 놓고 달림.

쇠망치라는 것은 울퉁불퉁한 것[1]을 두들겨 평평하게 만드는 도구다. 도지개[2]란 것은 곧지 못한 것을 바로잡는 도구다. 성인이 법을 정한 것은 울퉁불퉁한 상황을 평평하게 하고 굽은 상황을 바로잡으려 하기 때문이다.

椎鍛者, 所以平不夷也 ; 榜檠者, 所以矯不直也. 聖人之爲法也, 所以平不夷·矯不直也.

1 不夷－사물이 평탄치 못한 상태를 가리킴.
2 榜檠－방(榜)과 경(檠) 두 글자 모두 활을 바로잡는 기구.

요치(淖齒)가 제(齊)에 등용되어 (권력을 장악하자) 민왕(閔王)의 힘줄을 추려서 죽이고 이태(李兌)가 조(趙)에 등용되자 주보(主父)[1]를 굶겨서 죽였다. 이 두 군주는 모두 쇠망치나 도지개를 쓸 수가 없었다. 그러므로 자신은 죽고 욕을 당하여[2] 천하의 웃음거리가 되었다.

淖齒之用齊也, 擢閔王之筋 ; 李兌之用趙也, 餓殺主父. 此二君者, 皆不能用其椎鍛榜檠, 故身死爲戮, 而爲天下笑.

1 主父－조(趙)의 군주 자리를 양위한 무령왕(武靈王)의 칭호.
2 爲戮－쳐죽임당하는 치욕. 륙(戮)이 욕(辱)자로 쓰임.

일설에 따르면 제(齊)에 들어서자 오직 요치(淖齒)의 평판만 들리고[1] 제왕(齊王)의 일은 들리지 않으며 조(趙)에 들어서자 오직 이태(李兌)의 평판만 들리고 조왕(趙王)의 일은 들리지 않았다고 한다. 그러므로 말하기를 '군주된 자가 술을 잡지 못하면[2] 위세가 가벼워져서 신하가 명성을 마음대로 떨친다'고 하는 것이다.

一曰 : 入齊, 則獨聞淖齒而不聞齊王 ; 入趙, 則獨聞李兌而不聞趙王. 故
曰 : 人主者不操術, 則威勢輕而臣擅名.

1 獨聞 - 단 한 사람을 평가하는 소리만 들림.
2 操術 - 이른바 법(法)과 술(術)을 장악함.

일설에 따르면 전영(田嬰)이 제(齊)의 재상이었을 때 사람 중에 왕
을 설득하는 자가 말하기를 '한해의 마지막 회계¹⁾를 왕께서 며칠 간
의 짬을 내어 직접 듣지 않으면 관리들의 속임수나 그 득실²⁾을 알
까닭이 없습니다'라고 하였다 한다. 왕이 '좋다'고 말하였다. 전영이
그것을 듣고는 급히 왕에게 청하여 회계보고를 들으시라고 하였다.
왕도 그것을 들으려고 하였다. 전영이 담당관을 시켜 서명한 문서³⁾
와 곡식 분량을 기록한⁴⁾ 회계장부를 갖추게 하였다. 왕 자신이 직접
회계보고를 들었으나 그 회계보고를 다 알아들을 수가 없어서 그만
두었다가 식사 후에 다시 앉았으나 또 다시 저녁 식사도 하지 못하
였다. 전영이 다시 일러 말하기를 '여러 신하들이 한해가 끝나도록
밤낮으로 감히 게을리하지 않고 애쓴 일입니다. 왕께서 하루 저녁
들어 주신다면 신하들은 더욱 힘쓰게 될 것입니다'라고 하였다. 왕
이 '그렇다'고 말하였다. 문득 보니 왕은 이미 잠들어 있었다. 관리
들이 모두 칼을 끌어당겨 그 서명한 문서와 곡식 기록을 깎아 버렸
다.⁵⁾ 왕이 회계보고를 직접 들으면서 이내 난(亂)이 생기기 시작한
것이다.

一曰 : 田嬰相齊, 人有說王者曰 : "終歲之計, 王不一以數日之間自聽之,
則無以知吏之姦邪得失也." 王曰 : "善." 田嬰聞之, 卽遽請於王而聽其計.
王將聽之矣, 田嬰令官具押券斗石區升之計. 王自聽計, 計不勝聽, 罷, 食
後, 復坐, 不復暮食矣. 田嬰復謂曰 : "群臣所終歲日夜不敢偸怠之事也,
王以一夕聽之, 則群臣有爲勸勉矣." 王曰 : "諾." 俄而王已睡矣, 吏盡揄

刀削其押券升石之計. 王自聽之, 亂乃始生.

1 終歲之計－일년 동안의 회계보고를 가리킴. 상계(上計)와 같음.
2 姦邪得失－간악한 일들의 이해 득실을 말함.
3 押券－계약증서에 서명함. 화압(花押)과 같은 뜻으로 쓰임.
4 斗石區升－도량형의 단위. 곡식의 용량으로 예결산 수치를 표시함.
5 踰刀削－대나 나무쪽에 기록한 글자를 칼로 깎아서 고침.

일설에 따르면 무령왕(武靈王)이 혜문왕(惠文王)을 시켜 정사를 맡
아보게 하였다고 한다. 이태(李兌)가 재상이 되었다. 무령왕은 자신
이 몸소 살리고 죽이는 권력을 직접 행사하지¹⁾ 아니하였다. 그러므
로 이태에게 협박당하였다는 것이다.

一曰 : 武靈王使惠文王莅政, 李兌爲相, 武靈王不以身躬親殺生之柄, 故
劫於李兌.

1 躬親－자신이 직접 일을 행함.

[5]
자정자(玆鄭子)가 손수레¹⁾를 끌고 높은 다리 위를 오르려고 하였
으나 버틸 수가 없었다. 자정이 멍에채에 걸터앉아 노래를 부르자
앞에 가던 자가 멈추고 뒤에 오던 자가 달려와 수레가 이내 올라
갔다. 만일 자정에게 사람들을 끌어모을²⁾ 재주가 없었다면 자신이
비록 힘을 다하여 죽게 되더라도³⁾ 손수레는 올라가지 못하였을 것
이다. 지금 자신은 수고를 하는 데 이르지 않고서도 손수레를 올
라가게 할 수 있었던 것은 사람들을 끌어모으는 재주를 가졌기 때
문이다.

茲鄭子引輦上高梁而不能支. 茲鄭踞轅而歌, 前者止, 後者趨, 輦乃上. 使茲鄭無術以致人, 則身雖絶力至死, 輦猶不上也. 今身不至勞苦而輦以上者, 有術以致人之故也.

1 輦 - 여기서는 두 사람이 끄는 손수레를 가리킴.
2 致人 - 사람들이 모여들도록 끌어당김.
3 絶力至死 - 있는 힘을 다 들여 죽을 지경에 이름.

조 간주가 세리[1]를 출장보내려 하였다. 세리가 그 경중을 물었다.[2] 간주가 말하기를 '가볍게도 하지 말고 무겁게도 하지 말라. 무겁게 하면 이득이 위에 들어가고 만약 가볍게 하면 이득이 민에게 돌아갈 것이다. 사리를 꾀하지 않도록 하여[3] 공정히 할 일이다'라고 하였다. 박의(薄疑)가 조 간주에게 일러 말하기를 '군주의 나라 안이 풍성합니다'[4]라고 하였다. 간주가 흔연히 좋아하여 말하기를 '어떻다는 것인가'라고 물었다. 대답하기를 '위로는 창고가 텅 비어 있고 아래로는 백성들이 가난에 굶주리고 있는데도 간악한 세리들은 풍부합니다'라고 말하였다.

趙簡主出稅者, 吏請輕重. 簡主曰: "勿輕勿重. 重則利入於上; 若輕, 則利歸於民. 吏無私利而正矣." 薄疑謂趙簡主曰: "君之國中飽." 簡主欣然而喜曰: "何如焉?" 對曰: "府庫空虛於上, 百姓貧餓於下, 然而姦吏富矣."

1 稅者 - 여기서는 세금 징수하는 관리를 가리킴.
2 請輕重 - 세금 징수하는 기준을 제시해 달라고 청함.
3 吏無私利 - 개인의 이득을 취할 수 없도록 함. 리(吏)는 사(使)자로 통함.
4 國中飽 - 도성 안에 사는 사람들, 즉 관리들은 배불리 먹고 풍족하게 사는 상태.

제(齊) 환공(桓公)이 미복[1] 차림으로 민가를 순시하였다. 사람 중에 늙었는데도 혼자서 지내는[2] 자가 있었다. 환공이 그 까닭을 물었다.

대답하기를 '저에게 아들 셋이 있으나 집이 가난하여 장가들[3] 수가 없어 벌이하러 나가[4] 아직 돌아오지 못하였습니다'라고 하였다. 환공이 돌아와 관중(管仲)에게 그것을 알렸다. 관중이 말하기를 '창고[5]에 썩어서 버리는 재물이 있으면 민이 굶주리게 되며 궁안에 원녀(怨女)[6]가 있으면 민이 처를 얻지 못하게 됩니다'라고 하였다. 환공이 말하기를 '그렇다'고 하였다. 이에 궁안에 여자가 있는지 조사하여 그들을 시집보냈다. 또 민에게 영을 내려 '남자 스물이면 장가들고[7] 여자 열다섯이면 시집가게 하라'고 말하였다.

齊桓公微服以巡民家, 人有年老而自養者, 桓公問其故. 對曰 : "臣有子三人, 家貧無以妻之, 傭未反." 桓公歸, 以告管仲. 管仲曰 : "畜積有腐棄之財, 則人飢餓 ; 宮中有怨女, 則民無妻." 桓公曰 : "善." 乃論宮中有婦人而嫁之. 下令於民曰 : "丈夫二十而室, 婦人十五而嫁."

1 微服 - 남의 눈에 잘 나타나지 않게 남루한 옷차림을 함.
2 自養 - 손수 식사를 마련하여 먹음. 자취(自炊)를 가리킴.
3 妻之 - 장가들어 처를 거느림. 처(妻)는 취(娶)자와 같음.
4 傭 - 남의 집에 품팔이로 들어감. 췌서(贅婿), 즉 데릴사위.
5 畜積 - 궁안에 재물을 비축해 두는 곳간.
6 怨女 - 나이 들었으나 아직도 시집을 못 간 여자를 가리킴.
7 室 - 장가들어 가정을 이루게 됨. 처를 거느림.

일설에 따르면 환공(桓公)이 미복 차림으로 민가 사이를 다녔다고 한다. 녹문직(鹿門稷)[1]이란 자가 나이 칠십이 되도록 처가 없었다. 환공이 관중(管仲)에게 묻기를 '민 가운데 늙도록 처가 없는 자가 있느냐'고 하였다. 관중이 말하기를 '녹문직이란 자가 나이 칠십이 되었으나 처가 없습니다'라고 하였다. 환공이 말하기를 '어떻게 하여야 처를 갖게 할 수 있겠는가'라고 하였다. 관중이 말하기를 '제가 듣기로는 위에 쌓아둔 재물이 있으면 아래로 민과 신하들이 반드시 궁핍해지며 궁안에 원녀가 있으면 늙어서도 처 없는 자가 있게 된다고 합니다'라고 하였다. 환공이 '그렇겠다'고 말하였다. 궁안에 명령하여 아직 한번도 모셔 보지 않은[2] 여자를 내보내어 시집가게 하였다. 그리고 이내 영을 내려 남자는 나이 스물에 장가들고 여자는 나이 열다섯에 시집가도록 하였다. 그래서 안으로 원녀가 없고 밖으로 광부(曠夫)[3]가 없게 되었다는 것이다.

一曰：桓公微服而行於民間, 有鹿門稷者, 行年七十而無妻. 桓公問管仲曰：“有民老而無妻者乎?” 管仲曰：“有鹿門稷者, 行年七十矣而無妻.” 桓公曰：“何以令之有妻?” 管仲曰：“臣聞之：上有積財, 則民臣必匱乏於下；宮中有怨女, 則有老而無妻者.” 桓公曰：“善.” 令於宮中, 女子未嘗御, 出嫁之. 乃令男子年二十而室, 女年十五而嫁. 則內無怨女, 外無曠夫.

1 鹿門稷 – 녹문(鹿門)은 제(齊)의 성문. 직(稷)은 이름. 성문 밖에 산다 하여 성으로 삼은 예가 있음.
2 未嘗御 – 일찍이 왕을 곁에서 모셔본 일이 없음.
3 曠夫 – 장가들어 보지 못한 남자로 원녀(怨女)의 대칭이 됨.

연릉(延陵)의 탁자(卓子)가 파란 얼룩무늬 말[1]이 끄는 수레를 탔다. 갈고리 달린 장식 띠[2]가 앞에 있고 날카로운 쇠끝 채찍[3]이 뒤에 있었다. 말이 앞으로 나아가려 하면 갈고리 장식이 가로막고 뒤로 물러서려 하면 날카로운 채찍이 찔렀다. 그래서 말이 옆으로 뛰어나갔다. 조보(造父)가 지나가다가 그것을 보고[4] 울며 말하기를 '옛날에 사람 다스리는 것도 역시 그러했다. 도대체 상이란 권장하기 위한 것인데 도리어 훼방을 받게 되고 벌이란 금하기 위한 것인데 도리어 칭찬을 더하게 된다. 민은 중간에 서서 갈 바를 알지 못한다. 이 또한 성인이 울었던 이유다'라고 하였다.[5]

延陵卓子乘蒼龍挑文之乘, 鉤飾在前, 錯錣在後, 馬欲進則鉤飾禁之, 欲退則錯錣貫之, 馬因旁出. 造父過而爲之泣涕, 曰: "古之治人亦然矣. 夫賞所以勸之而毀存焉, 罰所以禁之而譽加焉. 民中立而不知所由, 此亦聖人之所爲泣也."

1 蒼龍挑文 – 창룡(蒼龍)은 털이 파란 큰 말을 가리킴. 도(挑)는 적(翟)자와 같은 뜻으로 꿩의 깃털 모양의 반점을 표현함.
2 鉤飾 – 말 앞가슴에 두른 띠에 갈고리 장식을 붙임.
3 錯錣 – 착(錯)은 금을 입힌 채찍이며 철(錣)은 가시처럼 끝이 날카로운 쇠끝.
4 爲之 – 그 상황을 보고 안타까워하는 모습.
5 中立 – 가지도 오지도 못하여 꼼짝 못하는 상태.

일설에 따르면 연릉(延陵)의 탁자(卓子)가 파란 털과 꿩 깃털 무늬의 말을 맨 수레[1]를 탔다고 한다. 앞쪽에는 뒤얽힌 굴레[2]가 있으며 뒤쪽에는 날카로운 가시 채찍이 있었다. 나아가려고 하면 잡아당겨지고 물러나려고 하면 채찍이 가해졌다. 말은 앞으로 나아갈 수도 없고 뒤로 물러설 수도 없어서 드디어 옆으로 비켜서 벗어났다. 그래서 수레에서 내려 칼을 뽑아 그 발을 베어 버렸다.[3] 조보(造父)가 그것을 보고 울며 하루 종일 먹지도 않고 그대로 하늘만 쳐다보며 탄식하여 말하기를 '채찍이란 나아가게 하기 위한 것인데 뒤얽힌 굴레가 앞에 있고 잡아당기기란 물러서게 하기 위한 것인데 날카로운 가시 채찍이 뒤에 있다. 지금 군주가 신하를 청렴 결백하다고 여겨 자리에 나아가게 하면서도 그 측근에 맞지 않는다고 하여 물러나게 하며 신하가 공정하다고 여겨 칭찬하면서도 말에 잘 따르지[4] 않는다 하여 그만두게 한다. 민은 두려워 중간에 서서 가야 할 바를 알지 못한다. 이것이 성인이 울었던 이유다'라고 하였다는 것이다.

一曰: 延陵卓子乘蒼龍與翟文之乘, 前則有錯飾, 後則有利錣, 進則引之, 退則筴之. 馬前不得進, 後不得退, 遂避而逸, 因下抽刀而刎其脚. 造父見之, 終日不食, 因仰天而歎曰："筴, 所以進之也, 錯飾在前；引, 所以退之也, 利鏃在後. 今人主以其清潔也進之, 以其不適左右也退之, 以其公正也譽之, 以其不聽從也廢之. 民懼, 中立而不知所由, 此聖人之所爲泣也.

---

1 翟文之乘 — 꿩 깃털 모양의 얼룩무늬 말이 끄는 수레. 여기서는 네 마리 말이 달린 수레를 말함.
2 錯飾 — 식(飾)은 륵(勒)자의 뜻으로 쓰임. 뒤얽혀 있는 굴레.
3 刎其脚 — 말의 다리를 절단함. 문(刎)은 목찌를 경(剄)자와 구별됨.
4 不聽從 — 군주의 의향대로 말을 듣지 않음.

36 난 일(難一)

난(難)이란 비난 또는 논난(論難)한다는 의미다. 일반에게 잘 알려진 역사적 고사나 설화를 먼저 제시하고 이를 문제삼아 한비(韓非) 자신의 입장에서 비판을 가했다. 혹왈(或曰)이라고 하는 형식을 가지고 취해진 논박 서술에는 법가(法家) 성향의 논리가 짙게 반영되어 있다.

[1]

진(晉) 문공(文公)이 장차 초(楚)의 군대와 결전을 벌이려고 하였다. 구범(舅犯)¹⁾을 불러내 묻기를 '내가 장차 초의 군대와 결전을 벌이고 싶다. 저쪽은 많고 내 쪽은 적다. 어찌하면 좋겠는가'라고 하였다. 구범이 말하기를 '제가 듣기로는 번잡하게 예를 지키는 군자는 진심 다하기를 마다하지 않으나²⁾ 전쟁터에서는 속이는 일도 마다하지 않는다고 합니다. 군주께서 속임수를 부릴 따름입니다'라고 하였다. 문공이 구범을 물러나게 하고 바로 옹계(雍季)를 불러내어 묻기를 '내가 장차 초의 군대와 결전을 벌이고 싶다. 저쪽은 많고 내 쪽은 적다. 어찌하면 좋겠는가'라고 하였다. 옹계가 대답하기를 '숲에 불을 질러서 사냥하면 더 많은 짐승을 잡을 수 있으나 후에 반드시 짐승이 없게 될 것입니다. 속임수를 가지고 민을 대하면 한때는 더 이득을 취할 수 있으나³⁾ 후에 반드시 두 번 다시 없을 것입니다'라고 하였다. 문공이 말하기를 '좋다'고 하였다. 옹계를 물러나게 하고 구범의 계략을 써서 초의 군대와 결전을 벌여 이를 격파하였다. 돌아와서 상을 주는데[4] 옹계를 먼저하고 구범을 뒤로 하였다. 여러 신하들이 말하기를 '성복(城濮)의 승리[5]는 구범의 계략입니다. 도대체 그 의견을 따르면서 그를 뒤로 돌려도[6] 되는 일입니까'라고 하였다. 문공이 말하기를 '이는 자네들이 알 바가 아니다. 대저 구범의 계략이란 한때의 술수[7]이며 옹계의 의견은 만대에 걸쳐 이득이 되는 것이다'라고 하였다. 공자가 그것을 듣고 말하기를 '문공의 패업은 당연하다. 한때의 권모술수를 이미 익히고 또 만대에 이득이 될 일까지 아는구나'라고 하였다.

晉文公將與楚人戰, 召舅犯問之, 曰："吾將與楚人戰, 彼衆我寡, 爲之奈何？" 舅犯曰："臣聞之：繁禮君子, 不厭忠信；戰陣之間, 不厭詐僞. 君其詐之而已矣." 文公辭舅犯, 因召雍季而問之, 曰："我將與楚人戰, 彼衆我寡, 爲之奈何？" 雍季對曰："焚林而田, 偸取多獸, 後必無獸；以詐遇民, 偸取一時, 後必無復." 文公曰："善." 辭雍季, 以舅犯之謀與楚人戰以敗之. 歸而行爵, 先雍季而後舅犯. 群臣曰："城濮之事, 舅犯謀也. 夫用其言而後其身, 可乎？" 文公曰："此非若所知也. 夫舅犯言, 一時之權也；雍季言, 萬世之利也." 仲尼聞之, 曰："文公之霸也, 宜哉! 旣知一時之權, 又知萬世之利."

1 舅犯 - 호언(狐偃) 구범(咎犯)을 말함. 진(晉) 문공(文公)의 외숙.
2 不厭 - 싫다하지 않음. 염(厭)은 염(饜)자로 통함.
3 偸取多獸 - 많은 짐승을 더 잡을 수 있음. 투(偸)는 유(愈)자의 뜻으로 쓰임.
4 行爵 - 논공행상하여 작을 내림. 행(行)은 사(賜)자와 같음.
5 城濮之事 - 진 문공이 패업을 이룬 결정적인 전투를 가리킴. 성복(城濮)은 산동성 범현(范縣)의 남쪽.
6 後其身 - 계략을 말한 자에 대한 포상을 먼저 하지 않음.
7 一時之權 - 한때 필요로 하는 임기응변의 조치. 권(權)은 저울질하여 이해득실을 가늠함.

어떤 이가 말하기를[1] '옹계(雍季)의 대답은 문공(文公)의 질문에 맞지 않다. 무릇 질문한 것에 대한 대답이란 크고 작거나 더디거나 급한 데에 따라서 대답하게 되어 있다. 질문한 바가 높거나 큰데도 대답을 낮거나 좁은 것을 가지고 하면 현명한 군주는 받아들이지 않을 것이다. 지금 문공이 적은 수로 많은 수를 상대하는 방법을 물었는데도 대답하기를 "후에 반드시 두 번 다시 없을 것입니다"라고 하였다. 이는 응답하는 방법이 아니다. 그리고 문공은 한때의 권모도 알지 못하고 만대에 걸친 이득도 알지 못한다. 싸워서 이기면 나라가 편안하고 몸이 안정되며 병력이 강해지고 위엄이 서게 될 것이다. 비록 뒤에 다시 있다 하더라도 이보다 더 크지는 않을 것이다. 만대에 걸치는 이득이 오지 않을까 어찌 근심하겠는가. 싸워서 이기지 못하면 나라가 망하고 병력도 약해지며 몸은 죽고 명성도 그치게 되어 오늘의 죽음을 떨어 버리려고[2] 하여도 미치지 못할 것이다. 어느 여가에 만대에 걸칠 이득을 기다리겠는가. 만대에 걸칠 이득을 기다리는 것은 오늘의 승리에 있다. 오늘의 승리는 적을 속이는 데에 있다. 적을 속이는 일만이 만대에 걸칠 이득이다. 그러므로 "옹계의 대답은 문공의 질문에 맞지 않는다"고 말할 수 있다'라고 하였다.

或曰 : 雍季之對, 不當文公之問. 凡對問者有因, 問小大緩急而對也. 所問高大, 而對以卑狹, 則明主弗受也. 今文公問"以少遇衆", 而對曰"後必無復", 此非所以應也. 且文公不知一時之權, 又不知萬世之利, 戰而勝, 則國安而身定, 兵强而威立, 雖有後復, 莫大於此, 萬世之利奚患不至. 戰而不勝, 則國亡兵弱, 身死名息, 拔拂今日之死不及, 安暇待萬世之利? 待萬世之利, 在今日之勝 ; 今日之勝, 在詐於敵 ; 詐敵, 萬世之利也. 故曰 : 雍季之對, 不當文公之問.

---

1 或曰－혹(或)이란 한비(韓非) 자신을 가리킴. 앞의 일들을 비판하여 이르는 말을 객관화시킴.

2 拔拂―치욕을 깨끗이 씻어 버림. 발(拔) 또한 불(拂)자와 같은 뜻으로 반복해서 쓰임.

'그리고 문공(文公)은 또 구범(舅犯)의 말을 알지 못하였다. 구범이 이른 속임수도 마다하지 않는다고 한 것은 그 민을 속이라고 이르는 말이 아니라 그 적을 속이라고 청한 것이었다. 적이란 쳐야만 될 나라다. 뒤에 비록 두 번 다시 없다 하더라도 어찌 마음이 아프겠는가. 문공이 옹계(雍季)에게 상을 먼저 준 이유가 그 공 때문이었다면 초(楚)를 이겨 내고 군대를 격파할 수 있었던 것은 바로 구범의 계략 때문이었다. 그 선언(善言)[1] 때문이었다면 옹계는 여기서 그 뒤에 두 번 다시 없다고 말하였다. 이것은 선언이 되지 못한다. 구범은 이미 그것을 다 갖추었다.[2] 구범이 말하기를 "복잡하게 예를 지키는 군자는 진심 다하기를 마다하지 않는다"라고 하였는데 충(忠)이란 것은 아랫사람을 사랑하는 도리이며 신(信)이란 것은 민을 속이지 않는 도리이다. 도대체 이미 사랑하면서 속이지 않았으니 선언 중에 이보다 어느 것이 더 훌륭하겠는가. 그런데도 반드시 속임수로 나서야 한다고 말한 것은 전쟁터의 계략이었기 때문이다. 구범은 먼저 선언이 있었고 후에 전승의 공이 있었다. 그러므로 구범이 두 가지 공을 가지게 되었는데도 논공이 뒤돌려지고[3] 옹계는 공이 하나도 없는데 먼저 상을 받았다. "문공의 패업이 또한 당연하다"고 하였으니 공자는 상을 훌륭하게 주는 법을 알지 못하는 것이다'라고 하였다.

且文公又不知舅犯之言. 舅犯所謂"不厭詐僞"者, 不謂詐其民, 謂詐其敵也. 敵者, 所伐之國也；後雖無復, 何傷哉? 文公之所以先雍季者, 以其功耶? 則所以勝楚破軍者, 舅犯之謀也, 以其善言耶? 則雍季乃道其後之無復也. 此未有善言也. 舅犯則以兼之矣. 舅犯曰"繁禮君子, 不厭忠信"者,

忠, 所以愛其下也 ; 信, 所以不欺其民也. 夫旣以愛而不欺矣, 言孰善於
此. 然必曰"出於詐僞"者, 軍旅之計也. 舅犯前有善言, 後有戰勝. 故舅犯
有二功而後論, 雍季無一焉而先賞. "文公之霸也, 不亦宜乎?" 仲尼不知
善賞也.

1 善言－군주에게 드리는 말 중에 훌륭한 내용을 가리킴.
2 以兼之－공(功)과 선언(善言) 두 가지를 이미 다 갖춤. 이(以)는 이(已)자로
  통함.
3 後論－공로를 가려서 상주는 일에 서열이 뒤떨어짐.

[2]

역산(歷山)의 농민이 밭 경계를 다투었다.[1] 순(舜)이 가서 농사를
지었더니 일 년 되어 밭도랑 경계[2]가 바로잡혔다. 황하 물가의 어부
가 어장[3]을 다투었다. 순이 가서 고기잡이를 하다가 일 년 되어 나
이 많은 이에게 내주었다. 동이(東夷) 땅의 도공이 만든 그릇이 약
하게[4] 구워졌다. 순이 가서 굽는 일을 하였더니 일 년 되어 그릇이
단단히[5] 구워졌다. 공자가 감탄하여 말하기를 '농사나 고기잡이나
그릇 굽는 일은 순의 직책이 아니다. 그런데도 순이 가서 한 것은
폐풍을 바로잡기 위함이었다. 순은 정말 인자(仁者)이시다. 바로 몸
소 밭갈이하며[6] 고생하니 민이 따랐던 것이다. 그러므로 "성인의 덕
이 사람을 감화시켰다"고 말하는 것이다'라고 하였다.

歷山之農者侵畔, 舜往耕焉, 朞年, 甽畝正. 河濱之漁者爭坻, 舜往漁焉,
朞年而讓長. 東夷之陶者器苦窳, 舜往陶焉, 朞年而器牢. 仲尼歎曰: "耕,
漁與陶, 非舜官也, 而舜往爲之者, 所以救敗也. 舜其信仁乎! 乃躬藉處苦
而民從之. 故曰 : 聖人之德化乎!"

1 侵畔－밭이랑을 침범하여 서로 경계를 다툼.
2 甽畝－견(甽)은 견(畎)자와 같음. 밭 가운데 물을 대는 도랑. 무(畝)는 밭두둑.

714

3 坻－내 가운데 있는 모래섬. 고기잡이에 적격인 곳.
4 苦窳－약하여 깨지기 쉬움. 유(窳)는 질그릇이 이지러짐.
5 牢－로(牢)가 견(堅) 또는 고(固)자로 통함.
6 躬藉－여기서 자(藉)는 임금이 친히 가는 밭을 가리킴.

어떤 이가 유자(儒子)[1]에게 묻기를 '마침 그때 요(堯)는 어디에 있었는가'라고 하였다. 그 사람이 말하기를 '요는 천자였다'고 하였다. '그렇다면[2] 공자가 요를 성인이라 부른 것은 어찌된 일인가. 성인이 군주 자리에서 밝혀 살피는 것은 장차 천하에 간악한 일이 없도록 하려는 것이다. 만약에 농사 짓고 고기 잡는 데 다툼이 없고 질그릇이 일그러지지 않는다면 순이 또 무슨 덕을 베풀어서 감화를 시키겠는가. 순을 현인이라 한다면 요의 명찰(明察)이 있을 수 없고[3] 요를 성인이라 한다면 순의 덕화(德化)가 있을 수 없다. 두 가지를 동시에 얻을 수는 없다. 초(楚) 사람으로 방패와 창을 파는 자가 있었다. 그것을 자랑하여 말하기를 "내 방패는 단단하여 꿰뚫을 수가 없다[4]"고 하였다. 또 그 창을 자랑하여 말하기를 "내 창이 날카로워 어떤 물건도 꿰뚫지 못하는 것이 없다"고 하였다. 어떤 이가 말하기를 "너의 창으로 네 방패를 뚫으면 어찌되는가"라고 하였다. 그 사람은 대답할 수가 없었다. 도대체 꿰뚫을 수 없는 방패와 뚫지 못함이 없는 창은 같은 시대에 존재할[5] 수가 없다. 지금 요와 순 양쪽을 동시에 칭찬할 수 없는 것이 바로 창과 방패에 얽힌 이론이다. 또한 순이 폐풍을 바로잡았다고 하는 이야기도 일 년 걸려 한 가지 잘못을 고치고[6] 삼 년 걸려 세 가지 잘못을 고쳤다는 것이니 순에게는 한계가 있으며[7] 그 수명도 한계가 있어서 천하에 잘못이 그칠 때가 없을 것이다. 한계가 있는 몸을 가지고 그칠 줄 모르는 것을 쫓는다면 그만두게 할 수 있는 것이 적을 것이다. 상벌이란 천하 사람들을 반드시 행하도록 시키는 것이다. 명령하여 이르기를 "법에 맞는[8] 자는 상주고 법에 안 맞는 자는 벌할 것이다"라고 한다면 영이 아침에 이르면 민이 저녁에 변하고 저녁에 이르면 아침에 변하여 열흘이면 천하에 고루 다 미치게 될 것이다. 어찌 일 년을 기다리겠는가. 순은 오히려 이를 가지고 요를 설득하여 민이 따라오게[9] 하지 않고 자신이 몸소 행하였으니 술(術)을 터득하지 못하였던 것이 아닌가. 그리고 도대체 몸으로 직접 고생을 한 뒤에라야 민을 감화시킬 수 있다는 것은 요순도 하기 어려운 일이다. 한편 권세 있는 자리에서 아랫사람을 바로잡는[10] 것은 평범한 군주도 하기 쉬운 일이다. 장차 천하를 다스리려고 하면서 평범한 군주도 하기 쉬운 것을 버려 두고 요순도 하기 어려운 일을 거치려[11] 한다면 정사를 함께할 수 없는 것이다'라고 하였다.

或問儒者曰: "方此時也, 堯安在?" 其人曰: "堯爲天子." "然則, 仲尼之聖堯奈何? 聖人明察在上位, 將使天下無姦也. 今耕漁不爭, 陶器不窳, 舜又何德而化? 舜之救敗也, 則是堯有失也. 賢舜, 則去堯之明察; 聖堯, 則去舜之德化: 不可兩得也. 楚人有鬻楯與矛者, 譽之曰: '吾楯之堅, 物莫能陷也.' 又譽其矛曰: '吾矛之利, 於物無不陷也.' 或曰: '以子之矛陷子之楯, 何如?' 其人弗能應也. 夫不可陷之楯與無不陷之矛, 不可同世而立. 今堯·舜之不可兩譽, 矛楯之說也. 且舜救敗, 朞年已一過, 三年已三過. 舜有盡, 壽有盡, 天下過無已者; 以有盡逐無已, 所止者寡矣. 賞罰, 使天下必行之. 令曰: '中程者賞, 弗中程者誅.' 令朝至暮變, 暮至朝變, 十日而海內畢矣, 奚待朞年? 舜猶不以此說堯令從, 己乃躬親, 不亦無術乎? 且夫以身爲苦而後化民者, 堯·舜之所難也; 處勢而驕下者, 庸主之所易也. 將治天下, 釋庸主之所易, 道堯·舜之所難, 未可與爲政也."

1 儒者—요(堯)·순(舜)을 신봉하는 유가(儒家) 사상을 비판 대상으로 삼기 때문에 특히 명시하였음.
2 然則—어떤 이가 유자의 말을 논박하기 위하여 취한 형식.
3 去—논리가 성립되지 않는다고 부정 거부함.

4 莫能陷 - 함(陷)은 무너뜨림. 즉 사물을 관통시킴.
5 立 - 논리적으로 존립의 타당성 여부를 말함.
6 已一過 - 잘못 중에 한 가지를 그만두게 함. 이(已)는 지(止)자로 통함.
7 有盡 - 그 자신의 능력에 한계가 있음을 말함.
8 中程 - 정(程)은 준칙 규정의 뜻. 법령을 가리킴.
9 令從 - 명령을 내려 민이 그대로 따르게 시킴.
10 驕下 - 아랫사람의 잘못을 고침. 교(驕)는 교(矯)자로 통함.
11 道 - 경유, 또는 의존함. 유(由)자와 같은 뜻으로 쓰임.

[3]

관중(管仲)이 병중에 있었다. 환공(桓公)이 가서 그에게 묻기를 '중부(仲父)[1]는 병들었다. 불행하게도 죽게 되면[2] 장차 무슨 말을 나에게 남기려[3] 하는가'라고 하였다. 관중이 말하기를 '군주의 말씀이 없어도[4] 제가 일부러 아뢰려고[5] 하였습니다. 군주께서는 수조(豎刁)를 버리고 역아(易牙)를 물리치고 위(衛) 공자 개방(開方)을 멀리하십시오. 역아가 군주를 위하여 음식 요리를 맡았습니다. 군주께서 오직 인육만은 맛보지 않으셨다 하여 역아가 그 아들의 머리를 삶아서[6] 바쳤습니다. 도대체 인정으로는 자식을 사랑하지 않을 수 없습니다. 지금 자식을 사랑하지 않으면서 어찌 군주를 사랑할 수 있겠습니까. 또 군주께서 시샘이 많아 안을 좋아하신다[7] 하여 수조가 스스로 거세함으로써 궁안 단속[8]을 맡았습니다. 사람의 마음이란 자신의 몸을 사랑하지 않을 수 없습니다. 자기 몸도 사랑하지 않으면서 어찌 군주를 사랑할 수 있겠습니까. 개방은 군주를 섬긴 지 십오 년이나 되었습니다. 제(齊)와 위 사이가 며칠 안 걸리는데도 어머니를 버리고 오랫동안 벼슬하려고[9] 돌아가지 않았습니다. 어머니도 사랑하지 않으면서 어찌 군주를 사랑하겠습니까. 제가 듣기로는 "억지로 꾸미는 거짓[10]이 오래가지 않고 속 빈 것을 덮어 숨기려[11] 하여도 오래 지탱하지 못한다"고 합니다. 바라건대 군주께서는 이 세 사람을 물리치십시오'라고 하였다. 관중이 이미 죽고 나서[12] 환

공은 그것을 실행하지 않았다. 환공이 죽자 벌레가 집 밖으로 나오
도록 장례를 치르지 못하였다.

管仲有病, 桓公往問之, 曰:"仲父病, 不幸卒於大命, 將奚以告寡人?"管
仲曰:"微君言, 臣故將謁之. 願君去竪刁, 除易牙, 遠衛公子開方. 易牙
爲君主味, 君惟人肉未嘗, 易牙烝其子首而進之. 夫人情莫不愛其子, 今
弗愛其子, 安能愛君? 君妒而好內, 竪刁自宮以治內. 人情莫不愛其身, 身
且不愛, 安能愛君? 開方事君十五年, 齊·衛之間, 不容數日行, 棄其母,
久官不歸. 其母不愛, 安能愛君? 臣聞之:'務僞不長, 蓋虛不久, 願君去
此三子者也."管仲卒死, 而桓公弗行. 及桓公死, 蟲出戶不葬.

1 仲父-환공(桓公)이 관중(管仲)을 부르는 존칭.
2 卒於大命-수명을 다함. 대명(大命)은 천명(天命)을 가리킴.
3 告-마지막으로 일러주는 말로 유언과 같음.
4 微君言-군주가 하는 말이 없음. 미(微)는 미(未)자로 통함.
5 謁之-여기서 알(謁)은 백(白)자와 같은 뜻으로 쓰임.
6 烝其子首-자식을 죽여서 머리를 삶음. 증(烝)은 찔 증(蒸)자로 통함.
7 好內-내(內)는 궁녀를 가리킴. 왕이 여자를 좋아함.
8 治內-궁안의 여자들을 단속하고 관리함.
9 久官-오랫동안 벼슬살이를 함. 관(官)은 사환(仕宦)의 뜻.
10 務僞-위선을 애써서 함. 때에 따라 거짓을 행함.
11 蓋虛-내용이 없는 것을 가려서 속임.
12 卒死-여기서 졸(卒)은 이미 이(已)자로 통함.

어떤 이가 말하기를 '관중(管仲)이 환공(桓公)을 만나 일러준 것은
법도를 분간할 줄 아는 자[1]의 말이 아니다. 수조(竪刁)와 역아(易牙)
를 물리치라고 한 이유는 그 자신을 사랑하지 않고 군주의 욕심에
맞추려 하였기 때문이다. (관중은) 말하기를 "자신도 사랑하지 않으
면서 어찌 군주를 사랑할 수 있겠는가"라고 하였다. 그렇다면 죽을
힘을 다하여 군주를 위하는 신하가 있더라도 관중은 등용하지 않으
려고 할 것이다. 그리고 "죽을 힘을 아끼지 않으면서 어찌 군주를

사랑할 수 있겠는가"라고 말할[2] 것이다. 이는 군주가 충신을 물리치기를 바라는 것이 된다. 또 자신을 사랑하지 않는다 하여 군주를 사랑하지 않으리라고 짐작하면[3] 이는 장차 관중이 공자 규(糾)를 위하여 죽을 수[4] 없었던 일을 가지고 그가 환공을 위하여 죽지 않으리라는 짐작이 될 것이다. 이 또한 관중도 물리쳐질 범위 안에 있는 것이다. 현명한 군주가 하는 방법은 그렇지 않다. 민이 바라는 것을 마련하여 공을 요구한다. 그러므로 작록을 만들어서 권유한다. 한편 민이 싫어하는 것을 마련하여 악을 막는다. 그러므로 형벌을 만들어서 위협한다. 상을 어김없이 주고 형벌을 반드시 가한다. 그러므로 군주는 공 있는 자를 신하로부터 등용하고 악한 자를 윗자리에 쓰지 않는다. 비록 수조 같은 자가 있다 하더라도 그 군주를 어찌하겠는가'라고 하였다.

或曰 : 管仲所以見告桓公者, 非有度者之言也. 所以去竪刁·易牙者, 以不愛其身, 適君之欲也. 曰 : "不愛其身, 安能愛君?" 然則臣有盡死力以爲其主者, 管仲將弗用也. 曰 : "不愛其死力, 安能愛君?" 是欲君去忠臣也. 且以不愛其身, 度其不愛其君, 是將以管仲之不能死公子糾度其不死桓公也, 是管仲亦在所去之域矣. 明主之道不然, 設民所欲以求其功, 故爲爵祿以勸之 ; 設民所惡以禁其姦, 故爲刑罰以威之. 慶賞信而刑罰必, 故君擧功於臣, 而姦不用於上, 雖有竪刁, 其奈君何?

1 有度者－법도를 터득한 사람. 도(度)는 법(法)을 가리킴.
2 曰－관중이 한 말에 대하여 그 논리적 필연을 가리킴.
3 度－미루어 헤아림. 촌탁(忖度)의 뜻으로 쓰임.
4 死公子糾－사(死)는 순사(殉死)를 가리킴. 관중이 공자 규(糾)를 섬겼으나 싸움에 패했을 때 함께 따라 죽지 않은 일.

(어떤 이가 또 비판하여 말하기를) '더욱이 신하는 죽을 힘을 다하여 군주와 그것으로 흥정하고[1] 군주는 작록을 내보여서[2] 흥정한다.

군주와 신하 사이는 부자간의 친근한 관계가 아니라 이해를 타산하여[3] 나온 것이다. 군주가 도를 행하면[4] 신하는 있는 힘을 다하고 악이 일어나지 않으며 도를 행하지 못하면 신하가 위로는 군주의 총명을 막고 아래로는 사욕을 이루게 된다. 관중(管仲)은 이런 원칙[5]을 환공(桓公)에게 밝히지 않고 수조(豎刁)만을 물리치도록 하였으나 다른 수조가 또 이르렀으니 악을 끊는 방법이 아니었다. 그리고 환공 자신이 죽어 벌레가 집밖으로 흘러나와도 장례를 치르지 못한 까닭은 바로 신하의 권세가 강하였기 때문이다. 신하의 권세가 강하다는 실상은 군주를 제멋대로 조종한다는 것이다. 군주를 제멋대로 조종하는 신하가 있으면 군주의 명령이 아래로 이르지[6] 못하고 신하의 실정이 위로 통하지 않게 된다. 한 사람의 힘으로 능히 군주와 신하 사이를 떼어놓을 수 있고 일의 선패[7]가 들리지 않고 화와 복도 통하지 않게 할 수 있기 때문에 장례를 치르지 못하는 재앙이 나타나게 되는 것이다. 현명한 군주가 취하는 방법은 한 사람이 여러 관직을 겸하게 하지 않고 하나의 관직에 여러 일을 겸하게 하지도 않는다. 신분이 낮은 자도 높은 자를 통하지[8] 않고 군주에게 나아갈 수 있고 대신들은 측근이 거들지[9] 않아도 뵐 수 있다. 백관들이 군주와 거침없이 소통하고[10] 신하들은 군주에게로 한데 모인다.[11] 상 받는 자가 있으면 군주가 그 공을 지켜보고 벌 받는 자가 있으면 군주가 그 죄상을 분간한다. 먼저 사실 확인[12]에 틀림이 없고 그 결과로 상벌이 잘못 베풀어지지[13] 않는다면 어찌 장례를 치르지 못하는 재앙이 있었겠는가. 관중은 이 말을 환공에게 밝혀 주지 않고 세 사람을 물리치라고 한 것이다. 그러므로 "관중은 법도를 터득하지 못하였다"고 말하는 것이다'라고 하였다.

且臣盡死力以與君市, 君垂爵祿以與臣市. 君臣之際, 非父子之親也, 計數之所出也. 君有道, 則臣盡力而姦不生 ; 無道, 則臣上塞主明而下成私.
管仲非明此度數於桓公也, 使去豎刁, 一豎刁又至, 非絶姦之道也. 且桓
公所以身死蟲流出戶不葬者, 是臣重也. 臣重之實, 擅主也. 有擅主之臣,
則君令不下究, 臣情不上通. 一人之力能隔君臣之間, 使善敗不聞, 禍福
不通, 故有不葬之患也. 明主之道 : 一人不兼官, 一官不兼事 ; 卑賤不待
尊貴而進論, 大臣不因左右而見 ; 百官修通, 群臣輻湊 ; 有賞者君見其功,
有罰者君知其罪. 見知不悖於前, 賞罰不弊於後, 安有不葬之患? 管仲非
明此言於桓公也, 使去三子, 故曰 : 管仲無度矣.

1 市 – 대가를 서로 주고받는 장사 거래를 말함.
2 垂爵祿 – 벼슬 자리와 봉급 액수를 제시함.
3 計數 – 이와 해를 수치로 계산하여 따져봄.
4 有道 – 법술로 다스리는 방식. 그 원칙대로 실행함.
5 度數 – 객관적 기준이 되는 원칙. 법도와 술수를 가리킴.
6 下究 – 아래까지 영이 미침. 구(究)는 달(達) 혹은 도(到)자로 통함.
7 善敗 – 선과 악, 또는 일의 성공 여부를 말함.
8 待尊貴 – 신분이 높은 자의 안내를 기다림.
9 因左右 – 군주 측근의 도움을 받고자 의지함.
10 修通 – 주변 사람의 방해를 받지 않고 군주와 직접 통함.
11 輻湊 – 수레바퀴살이 바퀴통에 모여 있듯이 군주 한 사람에게로 집중함.
12 見知 – 명실론의 입장에서 사실 인식을 말함. 법가의 전문용어.
13 弊於後 – 폐단이 결과적으로 그 다음에 나타남.

[4]

양자(襄子)가 진양(晉陽) 성안에 포위되었다. 포위를 뚫고나와[1] 공
있는 자 다섯 사람에게 상을 주었다. 고혁(高赫)이 첫째로 상을 받
았다. 장맹담(張孟談)이 말하기를 '진양의 싸움[2]에서 혁은 큰 공이
없는데 지금 상을 첫번째로 주는 것은 무슨 까닭입니까'라고 하였
다. 양자가 말하기를 '진양의 싸움은 내 나라가 망하고 사직이 무너
지는 위험한 상태였다. 나의 여러 신하들 가운데 교만하게 나를 업
신여기는 생각을 갖지 않은 자가 없었는데 오직 혁만이 군신의 예

를 잃지 않았기 때문에 그에게 먼저 준 것이다'라고 하였다. 공자가 그것을 듣고 말하기를 '상주는 법이 훌륭하다, 양자여! 한 사람 상을 주어서 천하에 신하된 자들이 감히 예를 벗어나지 못하게 하였다'라고 하였다.

襄子圍於晉陽中, 出圍, 賞有功者五人, 高赫爲賞首. 張孟談曰 : "晉陽之事, 赫無大功, 今爲賞首, 何也?" 襄子曰 : "晉陽之事, 寡人國家危, 社稷殆矣. 吾群臣無有不驕侮之意者, 惟赫不失君臣之禮, 是以先之." 仲尼聞之曰 : "善賞哉, 襄子! 賞一人而天下爲人臣者莫敢失禮矣."

1 出圍 - 조(趙) 양자(襄子)가 지금의 산서성 태원(太原)의 서남쪽 진양(晉陽) 땅에 포위되었다가 지백(知伯)의 도움으로 풀려나옴.
2 晉陽之事 - 진양에서 싸우던 전쟁을 가리킴.

어떤 이가 말하기를 '공자는 훌륭하게 상주는 법을 알지 못한다. 대저 상벌을 훌륭하게 하면 모든 백관들은 감히 남의 직책을 침범하지 못하고 여러 신하들은 감히 예를 벗어나지 못한다. 위가 지킬 법을 마련하면 아랫사람에게 간사한 마음이 없게 된다. 이와 같다면 상벌을 훌륭히 한다고 말할 수 있다. 만약[1] 양자(襄子)가 진양(晉陽)에서 영을 내려도 행해지지 않고 금하여도 그쳐지지 않았다면 이는 양자가 나라를 잃고 진양에 군주가 없는 것이 된다. 그런데 더욱이 누구와 함께 지키겠는가. 실제로 양자가 진양에 있을 때 지씨(知氏)가 물을 대어[2] 절구통이나 부엌 아궁이에 맹꽁이가 살 지경이었어도 민이 모반할 생각을 일으키지 않은 것은 군신 사이가 친밀하였기 때문이다. 양자에게 군신간의 친밀한 덕[3]이 있는 한편 명령하면 행해지고 금지하면 그쳐지는 법을 손에 쥐고서도 오히려 오만하게 군주를 업신여기는 신하가 있었다면 이는 양자가 벌을 잘못 내렸기 때문이다. 남의 신하된 자에게는 일을 꾀하여[4] 공이 있으면 상을 준

722

다. 지금 겨우 혁이 오만하게 군주를 업신여기지 않았다는 것만으로 양자가 상을 주었다면 이는 상주는 방법이 잘못된 것이다. 현명한 군주라면 공 없는 자에게 상을 주지 않고 죄 없는 자에게 벌을 가하지 않는다. 지금 양자는 오만하게 군주를 업신여기는 신하를 처벌하지 않고 공이 없는 혁에게 상을 주었다. 어디에 양자가 상 잘 주는 방법이 있는가. 그러므로 "공자는 상을 훌륭하게 주는 법을 알지 못한다"고 말한 것이다'라고 하였다.

或曰 : 仲尼不知善賞矣. 夫善賞罰者, 百官不敢侵職, 群臣不敢失禮. 上設其法, 而下無姦詐之心. 如此, 則可謂善賞罰矣. 使襄子於晉陽也, 令不行, 禁不止, 是襄子無國, 晉陽無君也, 尙誰與守哉? 今襄子於晉陽也, 知氏灌之, 臼竈生鼃, 而民無反心, 是君臣親也. 襄子有君臣親之澤, 操令行禁止之法, 而猶有驕侮之臣, 是襄子失罰也. 爲人臣者, 乘事而有功則賞. 今赫僅不驕侮, 而襄子賞之, 是失賞也. 明主賞不加於無功, 罰不加於無罪. 今襄子不誅驕侮之臣, 而賞無功之赫, 安在襄子之善賞也? 故曰 : 仲尼不知善賞.

1 使－가정조사로 약(若)자와 똑같이 쓰임.
2 灌之－지백(知伯)이 진양(晉陽) 성안에 물을 댄 수공(水攻) 작전을 말함.
3 親之澤－친숙히 하는 온정을 가리킴. 친밀한 덕을 갖춤.
4 乘事－일을 도모함. 승(乘)은 계(計)자의 뜻으로 통함.

[5]
진(晉) 평공(平公)이 여러 신하들과 술을 마셨다. 술이 한창 취하자 한숨을 쉬며 말하기를'군주가 된 즐거움이 없다. 말을 하더라도 그 말을 어기지 않으니'라고 하였다. 사광(師曠)이 앞에 모시고 앉아 있다가 거문고를 들어 치려 하였다.[1] 평공이 옷소매를 풀어헤쳐 피하고 거문고가 벽에 부딪혀 부서졌다. 평공이 말하기를'태사(太師)[2]

는 누구를 쳤는가'라고 하였다. 사광이 말하기를 '지금 소인 곁에서 말하는 자가 있기 때문에 쳤습니다'라고 하였다. 평공이 말하기를 '나였다'라고 하였다. 사광이 말하기를 '아아![3] 이는 군주된 자의 말이 아닙니다'라고 하였다. 측근들이 그를 처벌하자고[4] 청하였다. 평공이 말하기를 '놓아 두어라, 나의 경계로 삼겠다'라고 하였다.

晉平公與群臣飮, 飮酣, 乃喟然歎曰 : "莫樂爲人君, 惟其言而莫之違." 師曠侍坐於前, 援琴撞之. 公披衽而避, 琴壞於壁. 公曰 : "太師誰撞?" 師曠曰 : "今者有小人言於側者, 故撞之." 公曰 : "寡人也." 師曠曰 : "啞! 是非君人者之言也." 左右請除之, 公曰 : "釋之, 以爲寡人戒."

1 援琴撞之 — 거문고를 끌어당겨서 평공(平公)을 치려고 함.
2 太師 — 악사의 우두머리. 여기서는 사광(師曠)을 가리킴.
3 啞 — 경탄(驚歎), 즉 놀라 지르는 소리.
4 除之 — 제거함. 제(除)는 주(誅)자로 통함.

어떤 이가 말하기를 '평공(平公)은 군주의 도를 잃고 사광(師曠)은 신하의 예를 그르쳤다. 대저 행동이 잘못되었다 하여 그의 몸에 벌을 가하는 것은 군주가 신하를 대하는 태도다. 그 행위가 잘못되었다고 여긴다면 말을 여쭈어 간하고[1] 듣지 않으면 자신이 물러나는[2] 것은 신하가 군주를 대하는 태도다. 지금 사광은 평공의 행위를 잘못이라 여기면서 신하로서 간하는 말을 진술하지 않고 거문고를 번쩍 들어 그 몸을 범하였다.[3] 이는 아래위 자리를 뒤집고 남의 신하된 예를 잃은 것이다. 대저 남의 신하된 자는 군주에게 잘못이 있으면 간을 하고 간하여도 듣지 않으면 작록을 가볍게 여기고[4] 기다려야만 한다. 이것이 남의 신하가 되는 예의이다. 그런데 지금 사광은 평공의 잘못을 비난하고 거문고를 번쩍 들어 그 몸을 범하였다. 비록 엄한 아버지일지라도 자식에게 가할 수 없는 것을 사광이 군주에게 행하였다. 이는 중대한 반역 행위[5]다. 신하가 중대한 반역 행위를 하였는데도 평공은 좋아하고 들어주었다. 이는 군주의 도를 잃은 것이다. 그러므로 평공의 행적을 명시해서는[6] 안 된다. 군주가 잘못 받아들이고서도 그 실수를 깨닫지 못하게 하였기 때문이다. 사광의 행위도 역시 명시해서는 안 된다. 간사한 신하로 하여금 엄히 간하여 군주 시해한 죄를 위장하는[7] 방법을 답습하게 하기 때문이다. 둘 다 현명하다고 말할 수 없다. 이것은 둘 다 잘못이다. 그러므로 "평공은 군주의 도를 잃고 사광은 신하의 예를 그르쳤다"고 말하는 것이다'라고 하였다.

或曰 : 平公失君道, 師曠失臣禮. 夫非其行而誅其身, 君之於臣也 ; 非其行, 而陳其言, 善諫不聽, 則遠其身者, 臣之於君也. 今師曠非平公之行, 不陳人臣之諫, 而行人主之誅, 擧琴而親其體, 是逆上下之位, 而失人臣之禮也. 夫爲人臣者, 君有過則諫, 諫不聽, 則輕爵祿以待之, 此人臣之禮義也. 今師曠非平公之過, 擧琴而親其體, 雖嚴父不加於子, 而師曠行之於君, 此大逆之術也. 臣行大逆, 平公喜而聽之, 是失君道也. 故平公之迹不可明也, 使人主過於聽而不悟其失 ; 師曠之行亦不可明也, 使姦臣襲極諫而飾弑君之道. 不可謂兩明, 此爲兩過. 故曰 : 平公失君道, 師曠亦失臣禮矣.

1 善諫 ─ 여러 번 반복하여 간함. 선(善)은 가정조사 약(若)자로도 통함.
2 遠其身 ─ 자신의 자리에서 물러남. 원(遠)은 거(去)자와 같음.
3 親其體 ─ 군주의 몸에 가까이 다가감. 친(親)은 박(迫)자의 뜻.
4 輕爵祿 ─ 미련없이 작록을 버릴 각오를 함.
5 術 ─ 여기서 술(術)은 행(行)자로 통함.
6 明 ─ 모범이 되도록 남에게 제시하여 보임.
7 飾弑君 ─ 어떤 명분을 내세워 군주 죽이는 죄를 꾸밈.

[6]

제(齊) 환공(桓公) 때 소신직(小臣稷)[1]이라 하는 처사가 있었다. 환공이 세 번이나 가서도 만나볼 수가 없었다. 환공이 말하기를 '내가 듣기로는 벼슬하지 않은 인사가 작록을 가볍게 여기지 않는다면 만승이나 되는 군주를 아무렇게나 생각할 리²⁾가 없고 만승이나 되는 군주가 인의를 좋아하지 않는다면 벼슬하지 않은 인사를 겸손하게 대할 리가 없다고 한다'라고 하였다. 그리고 다섯 번 찾아가서 겨우 만나볼 수 있었다.

齊桓公時, 有處士曰小臣稷, 桓公三往而弗得見. 桓公曰:"吾聞布衣之士
不輕爵祿, 無以易萬乘之主 ; 萬乘之主不好仁義, 亦無以下布衣之士." 於
是五往乃得見之.

1 小臣稷 – 소신(小臣)은 성이며 직(稷)은 그 이름임.
2 以易 – 이(易)는 경모(輕侮)의 뜻. 깔보는 이유.

어떤 이가 말하기를 '환공(桓公)은 인의를 알지 못한다. 대저 인의란 것은 천하의 해악을 근심하고 한 나라의 환난에 달려가 천시나 굴욕도 피하려고 하지 않는 것을 가리켜 인의라 말한다. 그러므로 이윤(伊尹)은 중국(中國)¹⁾이 어지럽다고 생각하여 요리를 맡음으로써²⁾ 탕(湯)을 섬기려³⁾ 하였고 백리해(百里奚)⁴⁾는 진(秦)이 어지럽다고 생각하여 노예가 됨으로써 목공(穆公)을 섬기려 하였다. 모두가 천하의 해악을 근심하고 한 나라의 환난에 달려가 천시나 굴욕도 피하려고 하지 않았기 때문에 이를 가리켜 인의라 말한다. 지금 환공은 만승의 세를 가지고 한낱 필부인 인사에게 몸을 낮추어 장차 제(齊) 나라를 걱정하려고 한다. 그럼에도 소신(小臣)이 나아가서 뵈려 하지 않으니 소신이 민임을 망각한⁵⁾ 것이다. 민임을 망각하면 이를 가리켜 인의라 말할 수 없다. 인의란 것은 남의 신하된 예를 벗어나지 않고 군신간의 위계 질서를 깨뜨리지 않는 것이다. 이런 까닭으로 나라 안[6]에서 새를 손에 들고 조정에 참예하는[7] 자를 이름하여 신(臣)이라 한다. 신 가운데 관리가 되어 직책을 분담하여 일을 떠맡은 자를 이름하여 맹(萌)[8]이라 한다. 지금 소신은 민이나 맹이라 하는 무리 가운데 있으면서 군주가 바라는 의욕을 거슬리고 있기 때문에 이를 가리켜 인의라 말할 수 없다. 인의가 없는데도 환공이 거듭 그를 쫓아가서 예우하였던 것이다. 만일 소신이 지혜와 능력을 갖고서도 환공을 피해 달아났다면 이는 숨은 것으로 형벌받아야 마땅하다. 만약 지혜나 능력도 없으면서 겉으로만 환공에게 뽐냈다면[9] 이는 속인 것이니 죽여야 마땅하다. 소신의 행동은 형벌을 받든가 아니면 죽음을 당해야 마땅하다. 그런데 환공은 능히 군신의 도리로 다스리지 못하고 형벌받거나 죽여야 할 사람을 예우하였다. 이는 환공이 위를 얕보고 군주를 모독하는 습속을 제나라 사람에게 가르친 것이 된다. 잘 다스리는 방법이 아니다. 그러므로 "환공은 인의를 알지 못한다"고 하는 것이다'라고 하였다.

或曰 : 桓公不知仁義. 夫仁義者, 憂天下之害, 趨一國之患, 不避卑辱, 謂之仁義. 故伊尹以中國爲亂, 道爲宰干湯 ; 百里奚以秦爲亂, 道爲虜干穆公. 皆憂天下之害, 趨一國之患, 不辭卑辱, 故謂之仁義. 今桓公以萬乘之勢, 下匹夫之士, 將欲憂齊國, 而小臣不行見, 小臣之忘民也. 忘民不可謂仁義. 仁義者, 不失人臣之禮, 不敗君臣之位者也. 是故四封之內, 執禽而朝名曰"臣", 臣吏分職受事名曰"萌." 今小臣在民萌之衆, 而逆君上之欲, 故不可謂仁義. 仁義不在焉, 桓公又從而禮之. 使小臣有智能而遁桓公, 是隱也, 宜刑 ; 若無智能而虛驕矜桓公, 是誣也, 宜戮. 小臣之行, 非刑則戮. 桓公不能領臣主之理, 而禮刑戮之人. 是桓公以輕上侮君之俗敎於齊國也, 非所以爲治也. 故曰 : 桓公不知仁義.

1 中國 – 천하의 중앙. 이때는 하(夏) 왕조 말 걸(桀)이 지배하던 지역을 가리킴.
2 道爲宰 – 재(宰)는 포재(庖宰), 즉 궁안의 요리 담당자를 말함. 도(道)는 유(由)

자로 통함.

3 干湯 - 탕(湯)을 섬기려고 벼슬자리를 구함.

4 百里奚 - 춘추 초기 진(秦) 목공(穆公)의 재상. 목공을 섬기려고 일부러 노예가 되었다고 함.

5 忘民 - 자기 신분이 그 나라의 민이라는 사실을 잊고 하는 행위.

6 四封之內 - 사방으로 경계를 친 지역 안에 사는 주민을 가리킴.

7 執禽而朝 - 처음 신하가 된 예로 새를 폐백으로 삼아 조정에 참예함. 신분에 따라 폐백 종류가 다름.

8 萌 - 인민을 가리킴. 맹(萌)은 맹(氓)자와 같음.

9 驕矜 - 교만 방자하게 자랑하고 뻐김.

[7]

미계(靡笄) 싸움[1]에서 한헌자(韓獻子)[2]가 어떤 사람을 참형하려고 하였다. 극헌자(郤獻子)[3]가 그 소식을 듣고 말을 달려가서 그를 구하려 하였다. 거기에 이르렀을 때[4]는 이미 그를 참형한 뒤였다. 극헌자가 그래서 말하기를 '왜 널리 알리지[5] 않는가'라고 하였다. 그 아래 종이 말하기를 '먼젓번에는 그를 구하려 하지 않았습니까'라고 하였다. 극헌자가 말하기를 '내가 감히 그 비방을 나누어 받지[6] 않아서야 되겠는가'라고 하였다.

靡笄之役, 韓獻子將斬人. 郤獻子聞之, 駕往救之. 比至, 則已斬之矣. 郤子因曰：“胡不以徇?” 其僕曰：“曩不將救之乎?” 郤子曰：“吾敢不分謗乎?”

1 靡笄之役 - 미계(靡笄)는 제(齊)의 산 이름. 지금의 산동성 제남의 천불산에서 벌였던 전투.

2 韓獻子 - 군법을 관장한 사마(司馬) 한궐(韓厥). 헌자(獻子)는 그의 시호.

3 郤獻子 - 당시 중군(中軍)의 장수, 즉 총대장이었던 극극(郤克).

4 比至 - 그 장소에 도착할 무렵. 비(比)는 급(及)자로 통함.

5 徇 - 그 죄상을 전군에 두루 알려서 본때를 보임.

6 分謗 - 잘못하였다는 비방을 둘이 나누어 가짐.

어떤 이가 말하기를 '극헌자(郤獻子)가 한 말은 살펴 생각하지 않을 수 없다. (이는) 남의 비방을 나누어 받은 게 되지 않는다. 한헌자 (韓獻子)가 참형시킨 사람이 만약 죄인이었다면 구할 수가 없다. 죄인을 구하면 법이 무너지는 원인이 된다. 법이 무너지면 나라가 어지러워진다. 만약 죄인이 아니었다면 본때를 보이라고[1] 권할 수 없다. 본때를 보이라고 권하면 이는 누명을 중복시키는[2] 것이다. 누명을 중복시키면 민이 원망을 일으키는 원인이 된다. 민이 원망하면 나라가 위태롭다. 극헌자가 한 말은 위태롭게 하지 않으면 어지럽게 하는 것이니 살펴 생각하지 않을 수 없다. 또한 한헌자가 참형시킨 사람이 만약 죄인이었다면 극헌자가 어째서 비방을 나누어 갖겠는가. 참형당한 사람이 혹 죄인이 아니었더라도 이미 참형을 끝낸 다음 극헌자가 여기에 이르렀던 것이다. 이는 한헌자에 대한 비방이 벌써 이루어지고 극헌자는 그런 뒤에 늦게 이른 것이 된다. 도대체 극헌자가 "그것으로 본때를 보이라"고 말한 것은 족히 (죄없는) 사람을 참형시켰다는 비방을 나누어 받을 수 없을 뿐더러 본때를 보이게 시켰다는 비방만을 새로 낳을 것이다. 이런데도 그가[3] 비방을 나누어 갖겠다는 말을 하겠는가. 옛날에 주(紂)가 포락(炮烙)[4]을 만들었다. 숭후(崇侯)・악래(惡來)[5]가 또 말하기를 "물 건너는 자[6]의 정강이를 잘라 보십시오"라고 하였다. 그렇다고 하여 어찌 주에 대한 비방을 나누어 갖겠는가. 한편 민이 위에 바라는 기대는 크다. 한헌자가 할 수 없으면[7] 극헌자가 그것을 할 수 있기를 바랄 것이다. 만일 극헌자도 함께할 수 없다면 민은 위에 대한 기대를 끊을 것이다. 그러므로 말하기를 "극헌자가 한 말은 비방을 나누어 갖지 못하며 비방을 더 불릴 뿐이다"라고 하는 것이다. 또한 극헌자가 가서 죄인을 구하려고 한 것은 한헌자가 잘못이라고 생각하였기 때문이다. 그 잘못된 이유는 말하지 않고서 본때만 보이라고 권하였다. 이는 한헌자로 하여금 그 잘못을 알아차리지 못하도록 한 것이 된다. 도대체 아래로 민의 위에 대한 기대를 끊도록 하고 또 한헌자로 하여금 자기 실수를 알아차리지 못하도록 한 것이다. 나는 극헌자가 비방을 나누어 갖게 되는 까닭이란 것이 납득되지 않는다'라고 하였다.

或曰: 郤子言, 不可不察也, 非分謗也. 韓子之所斬也, 若罪人, 則不可救, 救罪人, 法之所以敗也, 法敗, 則國亂; 若非罪人, 則不可勸之以徇, 勸之以殉, 是重不辜也, 重不辜, 民所以起怨者也, 民怨, 則國危. 郤子之言, 非危則亂, 不可不察也. 且韓子之所斬若罪人, 郤子奚分焉? 斬若非罪人, 則已斬之矣, 而郤子乃至, 是韓子之謗已成而郤子且後至也. 夫郤子曰"以徇", 不足以分斬人之謗, 而又生徇之謗, 是子言分謗也? 昔者紂爲炮烙, 崇侯‧惡來又曰 斬涉者之脛也, 奚分於紂之謗? 且民之望於上也甚矣, 韓子弗得, 且望郤子之得之也; 今郤子俱弗得, 則民絶望於上矣. 故曰: 郤子之言非分謗也, 益謗也. 且郤子之往救罪也, 以韓子爲非也; 不道其所以爲非, 而勸之"以徇", 是使韓子不知其過也. 夫下使民絶望於上, 又使韓子不知其失, 吾未得郤子之所以分謗者也.

1 殉 - 여기서 순(殉)은 조리돌릴 순(徇)자로 통함. 죄인을 목베어 매달음.
2 重不辜 - 죄없는 억울한 누명을 두 번 겹쳐서 뒤집어쓰게 함.
3 是子 - 자(子)는 극헌자(郤獻子)를 가리킴. 논리적으로 미루어 그에게 반문하는 형식.
4 炮烙 - 동으로 만든 기둥에 기름을 발라 숯불 위에 걸쳐 놓고 죄인을 걷게 하여 떨어져 타죽도록 하는 형틀.
5 崇侯惡來 - 숭후(崇侯)‧악래(惡來) 두 사람 모두 주(紂)의 간신.
6 涉者 - 겨울철에 찬물을 맨발로 건너가는 사람. 그 정강이가 얼마나 강한가 장난삼아 잘라봄.
7 弗得 - 취한 행동이 민의 기대에 어긋남. 기대를 걸 수 없음.

[8]

환공(桓公)이 관중(管仲)을 묶은 포박을 풀고 재상으로 삼았다. 관중이 말하기를 '제가 총애를 받고 있습니다만 저의 신분이 낮습니다'라고 하였다. 환공이 말하기를 '자네를 고(高)씨와 국(國)씨[1] 위에 서도록 하겠다'고 하였다. 관중이 또 말하기를 '저의 신분이 귀해 졌습니다만 저는 가난합니다'라고 하였다. 환공이 말하기를 '자네에게 삼귀(三歸)의 곳간[2]을 갖도록 하겠다'고 하였다. 다시 관중이 말하기를 '제가 부자가 되었습니다만 저는 소원한 사이[3]입니다'라고 하였다. 이에 그를 내세워서 중부(仲父)라 불렀다. 소략(霄略)이 말하기를 '관중은 미천한 신분을 가지고 나라를 다스릴 수 없다고 생각하였기 때문에 고씨·국씨 위로 되기를 청하였던 것이다. 또 가난을 가지고 부를 다스릴 수 없다고 생각하였기 때문에 삼귀의 집을 청하였던 것이다. 그리고 소원한 관계를 가지고 친족을 다스릴 수 없다고 생각하였기 때문에 중부로 처신하였던 것이다. 관중은 탐욕스러운 것이 아니라 다스리는 데 편리하였기 때문이다'라고 하였다.

桓公解管仲之束縛而相之. 管仲曰："臣有寵矣, 然而臣卑." 公曰："使子立高·國之上." 管仲曰："臣貴矣, 然而臣貧." 公曰："使子有三歸之家." 管仲曰："臣富矣, 然而臣疏." 於是立以爲"仲父." 霄略曰："管仲以賤爲不可以治國, 故請高·國之上 ; 以貧爲不可以治富, 故請三歸 ; 以疏爲不可以治親, 故處"仲父." 管仲非貪, 以便治也."

1 高國 – 제(齊)에서 신분이 가장 높은 두 귀족 성씨.
2 三歸之家 – 십분의 삼 비율로 거두는 세금 액수에 상당하는 봉급. 가(家)는 재물창고.
3 疏 – 공실(公室)과 혈육이나 친족관계가 아닌 먼 사이를 말함.

어떤 이가 말하기를 '만약 종[1]으로 하여금 군주의 명령을 받들게 하여 공경과 재상에게 일러도 감히 듣지 않을 수 없다. 공경과 재상의 신분이 낮고 종이 높아서가 아니다. 군주의 명령이 가해지는 자가 감히 따르지 않을 수 없어서이다. 만일 관중(管仲)의 정치로써 환공(桓公)을 따르게 하지 못하면[2] 이는 군주가 없는 것이 된다. 나라에 군주가 없으면 정치를 해낼 수가 없다. 만약 환공의 위세를 업고 환공의 명령을 내린다면 이는 종일지라도 펼칠 수 있는 방법[3]이 될 것이다. 어찌 고(高)씨·국(國)씨나 중부(仲父) 같은 높은 신분을 기다린 다음에야 행해진다는 것인가. 오늘날 행사(行事)나 도승(都丞)[4]이 징집 명령을 내릴 경우 신분이 높다고 피하지 않고 낮은 자에게만 나가지 않는다. 그러므로 집행하여 법에 맞을 경우 비록 항백(巷伯)[5]일지라도 공경 재상에게 펼치고 집행하여 법에 맞지 않을 경우 비록 고관일지라도 민맹에게 물리쳐진다. 지금 관중은 군주를 높이고 법을 밝히는 데 힘쓰지 아니하고 은총을 늘리고 작록을 더하는 것을 일삼고 있다. 이는 관중이 부귀를 탐내는 것이 아니라면 반드시 암우하여 법술을 알지 못하는 것이다. 그러므로 말하기를 "관중은 잘못 행동하였으며 소략(霄略)은 잘못 칭찬하였다"고 하는 것이다'라고 하였다.

或曰：今使臧獲奉君令詔卿相, 莫敢不聽, 非卿相卑而臧獲尊也, 主令所加, 莫敢不從也. 今使管仲之治不緣桓公, 是無君也, 國無君不可以爲治. 若負桓公之威, 下桓公之令, 是臧獲之所以信也, 奚待高·國·"仲父"之尊而後行哉? 當世之行事·都丞之下徵令者, 不辟尊貴, 不就卑賤. 故行之而法者, 雖巷伯信乎卿相；行之而非法者, 雖大吏詘乎民萌. 今管仲不務尊主明法, 而事增寵益爵. 是非管仲貪欲富貴, 必闇而不知術也. 故曰：管仲有失行, 霄略有過譽.

1 臧獲－노예와 같이 부리는 신분 낮은 자를 가리킴.
2 不緣－명령에 따르지 않음. 연(緣)은 순(循)자와 같음.
3 所以信－반복하여 행할 수 있는 길. 신(信)은 신(伸)자로 통함.
4 行事都丞－둘 다 신분이 낮은 관리. 행사(行事)는 관서의 사무장이며 도승(都

5 巷伯-궁안의 환관 중에서 지위가 낮은 자, 또는 작은 마을의 장.

[9]

한(韓) 선왕(宣王)이 규류(繆留)에게 묻기를 '내가 공중(公仲)과 공숙(公叔) 둘을 함께 등용하고 싶은데 괜찮은가'라고 하였다. 규류가 대답하기를 '옛날에 위(魏)가 누비(樓鼻)·적강(翟强)[1] 둘을 함께 등용하여 서하(西河) 땅을 잃었으며 초(楚)가 소(昭)씨와 경(景)[2]씨 둘을 함께 등용하여 언(鄢)과 영(郢)[3] 땅을 잃었습니다. 만일 군주께서 공중과 공숙 둘을 함께 등용하시면 반드시 앞으로 정사를 다투고 외국과 거래하게[4] 될 것입니다. 그렇게 된다면 분명 나라의 우환이 될 것입니다'라고 말하였다.

韓宣王問於繆留 : "吾欲兩用公仲·公叔, 其可乎?" 繆留對曰 : "昔魏兩用樓·翟而亡西河, 楚兩用昭·景而亡鄢·郢. 今君兩用公仲·公叔, 此必將爭事而外市, 則國必憂矣."

1 樓翟-누비(樓鼻)와 적강(翟强)을 가리킴.
2 昭景-초(楚)의 왕족들 가운데 두 대성(大姓).
3 鄢郢-초의 두 도시. 언(鄢)은 호북성 의성(宜城). 영(郢)은 강릉(江陵)을 말함.
4 外市-외국과 정치적 흥정을 취함.

어떤 이가 말하기를 '옛날에 제(齊) 환공(桓公)이 관중(管仲)과 포숙(鮑叔) 둘을 등용하였고 성탕(成湯)[1]은 이윤(伊尹)과 중훼(仲虺) 둘을 등용하였다. 도대체 신하 둘을 등용하는 것이 나라의 걱정거리라면 환공이 패자가 될 수 없었으며 성탕도 왕자가 될 수 없었을 것이다. 민왕(湣王)은 요치(淖齒) 하나를 등용하였지만[2] 동묘(東廟)[3]에서 살해당하고 주보(主父)는 이태(李兌) 하나를 등용하였지만 감식(減食)당해[4] 죽었다. 군주가 술(術)을 익히고 있다면 둘을 함께 등용하더라도 환란이 일지 않을 것이다. 술을 익히지 못하고 있다면 둘을 함께 등용할 경우 정사를 다투고 외국과 거래하게 될 것이며 하나를 등용할 경우 제멋대로 전횡하여[5] 협박하고 시해하게 될 것이다. 지금 규류(樛留)는 군주를 바르게 이끌[6] 술을 익히지 못하고 군주로 하여금 둘을 버리고 하나를 등용하도록 하고 있다. 이렇게 하면 서하(西河)나 언(鄢) · 영(郢)을 잃을 걱정이 일어나지 않으면 반드시 자신이 살해되거나 감식당하는 환란을 부르게 될 것이다. 이는 규류가 올바른 식견을 가지고 말[7]을 잘하지 못한 것이 된다'라고 하였다.

或曰 : 昔者齊桓公兩用管仲 · 鮑叔, 成湯兩用伊尹 · 仲虺. 夫兩用臣者國之憂, 則是桓公不覇, 成湯不王也. 湣王一用淖齒, 而身死乎東廟 ; 主父一用李兌, 減食而死. 主有術, 兩用不爲患 ; 無術, 兩用則爭事而外市, 一則專制而劫弑. 今留無術以規上, 使其主去兩用一, 是不有西河 · 鄢 · 郢之憂, 則必有身死, 減食之患. 是樛留未有善以知言也.

1 成湯 — 은(殷)의 탕왕(湯王)이 죽은 뒤 그의 호칭으로 부른 시호(諡號). 성(成)은 미칭(美稱).
2 一用 — 신하 한 사람만을 믿고 그를 등용함.
3 東廟 — 제(齊)의 종묘로 지금의 산동성 거현(莒縣)에 있었음.
4 減食 — 음식량을 줄여서 굶어죽게 함.
5 專制 — 신하가 군주를 업고 정치권력을 대신 휘두름.
6 規上 — 군주에게 충고하여 바로잡음. 군주에게 간함.
7 知言 — 바른말을 할 줄 앎. 언(言)은 정치 식견을 갖는 답변. 적절한 대답을 가리킴.

37 난 이(難二)

[1]

경공(景公)이 안영(晏嬰)의 집에 들러¹⁾ 말하기를 '자네 집은 작고 시
장에 가깝다. 자네 집을 예장(豫章)의 남새밭 쪽으로 옮겨 주겠다'
고 하였다. 안영이 재배하고 사양하며 말하기를 '역시 저의 집은 가
난합니다. 시장 상대로 먹기 때문에²⁾ 아침 저녁으로 달려가야 합니
다. 멀리할 수가 없습니다'라고 하였다. 경공이 웃으며 말하기를 '자
네 집이 시장과 밀접하다면³⁾ 값싸고 비싼 것을 알겠다'고 하였다.
이때에 경공은 처형을 빈번히 하였다. 안영이 대답하기를 '용(踊)⁴⁾
값은 비싸고 삼신은 쌉니다'라고 하였다. 경공이 '무슨 까닭이냐'고
물었다. 대답하기를 '처형이 많기 때문입니다'라고 하였다. 경공이
놀라 안색을 바꾸며⁵⁾ 말하기를 '내가 포악했던가'라고 하였다. 그래
서 형벌 다섯 단계를 낮추기로 하였다.

景公過晏子, 曰:"子宮小, 近市, 請徙子家豫章之圃." 晏子再拜而辭曰:
"且嬰家貧, 待市食, 而朝暮趨之, 不可以遠." 景公笑曰:"子家習市, 識貴
賤乎?" 是時景公繁於刑. 晏子對曰:"踊貴而屨賤." 景公曰:"何故?" 對

曰："刑多也." 景公造然變色曰："寡人其暴乎!" 於是損刑五.

1 過晏子－안영(晏嬰)의 집을 우연히 지나가는 길에 들름.
2 待市食－시장이 열리는 때를 기다려서 그 덕에 먹고 살게 됨.
3 翟市－시장 거래와 밀접한 관계, 또는 친숙한 사이.
4 踊－용(踊)은 형벌로 발 잘린 자가 신는 신발. 용(踴)자로 통함.
5 造然變色－깜짝 놀라 마음이 가라앉지 않는 얼굴 기색.

어떤 이가 말하기를 ‘안영(晏嬰)이 용(踊) 값이 비싸다고 한 것은
사실이 아니다. 말을 꾸며서[1] 형벌이 많은 것을 그만두게 하려는 것
이었다. 이것은 정치의 본질을 살피지 못한 실수다.[2] 도대체 형벌이
정당하다면 많더라도 많지가 않으며[3] 정당치 못하다면 적더라도 적
지가 않은 것이다. 정당하지 못한 것을 가지고 아뢰지[4] 않고 너무
많다고 주장하는 것은 술(術)을 부리지 못한 실수다. 패전의 처형[5]
이 몇 백 몇 천을 센다고 해도 도망자를 막지는 못한다. 마찬가지로
난을 다스리는 형벌 역시 이겨 내지 못할까 싶게[6] 할지라도 간악은
여전히 다 없어지지 않는다. 지금 안영은 그 정당성 여부를 살펴보
지 않고 너무 많다는 것을 문제로 삼고 있으니 망녕되지 않은가. 대
저 풀과 띠를 아까워하는[7] 자는 벼이삭을 줄이고 도적에게 은혜를
베푸는 자는 양민을 상하게 한다. 지금 형벌을 느슨히 하고 너그러
운 은혜를 베푼다면 이는 간악한 자를 이롭게 하고 선량한 사람을
해치게 되는 것이다. 이것은 잘 다스리기 위한 길이 아니다’라고 하
였다.

或曰：晏子之貴踊, 非其誠也, 欲便辭以止多刑也. 此不察治之患也. 夫
刑當無多, 不當無少. 無以不當聞, 而以太多說, 無術之患也. 敗軍之誅以
千百數, 猶北不止 ; 卽治亂之刑如恐不勝, 而姦尚不盡. 今晏子不察其當
否, 而以太多爲說, 不亦妄乎? 夫惜草茅者耗禾穗, 惠盜賊者傷良民. 今緩

刑罰, 行寬惠, 是利姦邪而害善人也, 此非所以爲治也.

1 便辭 - 구실을 붙여 일부러 교묘하게 돌려 말함.
2 治之患 - 정치 문제를 바로 인식하지 못해서 일어난 잘못.
3 刑當無多 - 처벌이 죄 지은 것과 일치되면 그 수량이 많아도 결코 많다고 할
　수 없음.
4 聞 - 군주에게 아뢰어 그것을 듣도록 함. 주상(奏上)과 같은 뜻.
5 敗軍之誅 - 전쟁에 패배한 책임을 물어서 처형함.
6 如恐不勝 - 그 이상 더 줄일 수 없을 정도로 엄격하게 다스림.
7 惜草茅 - 풀이나 띠, 즉 잡초를 아까워하여 제거하지 못함.

[2]

제(齊) 환공(桓公)이 술에 취하여 관을 잃어버렸다. 그것을 부끄러
워하여 사흘 동안 조정에 나가지 않았다. 관중(管仲)이 말하기를
'이것은 나라를 가진 자의 수치가 아닙니다. 공께서는 어찌[1] 정사를
하셔서 그것을 씻지 않으십니까'라고 하였다. 환공이 말하기를 '그
렇겠다'고 하였다. 그래서 쌀창고를 열어 가난한 자에게 베풀고 감
옥을 살펴[2] 경한 죄인을 내주었다. 사흘 있다가 민이 노래하여 말하
기를 '공께서 어찌 다시 관을 잃어버리시지 않는가'라고 하였다.

齊桓公飮洒醉, 遺其冠, 恥之, 三日不朝. 管仲曰: "此非有國之恥也, 公
故其不雪之以政?" 公曰: "善." 因發倉困, 賜貧窮, 論囹圄, 出薄罪. 處三
日而民歌之曰: "公乎, 公乎, 胡不復遺冠乎!"

1 故其 - 여기서 고(故)는 하고(何故)의 줄인 말. 기(其)는 어조를 높이는 조사.
2 論囹圄 - 감옥에 갇힌 죄인의 죄상을 다시 조사함.

어떤 이가 말하기를 '관중(管仲)은 소인에 대하여 환공(桓公)의 수
치를 씻었으나 군자에 대하여 환공의 수치를 또 만들었다.[1] 만일 환
공이 쌀창고를 열어 가난한 자에게 베풀고 감옥을 살펴 경한 죄인

을 내준 일이 의가 아니라면 수치를 씻을 수 없을 것이다. 그것이 만일 의라 하더라도 환공은 의를 묵혀 두고[2] 관 잃어버리기를 기다려서 그런 뒤에 행한 것이 된다. 그렇다면 환공이 의를 행한 것은 관을 잃어버렸기 때문이 아닌가. 이는 비록 소인에 대하여 관을 잃어버린 수치를 씻었다 하더라도 군자에 대하여는 의를 지연시킨[3] 수치를 만든 것이 된다. 그리고 도대체 쌀창고를 열어 가난한 자에게 베푼다는 것은 바로 공 없는 자에게 상을 주는 일이며 감옥을 살펴 경한 죄인을 내준다는 것은 잘못한 자를 처벌하지 않는 일이다. 도대체 공 없는 자에게 상을 준다면 민은 일하지 않고[4] 위로 요행을 바랄 것이며 잘못한 자를 처벌하지 않는다면 민은 혼나지 않고 쉽게 잘못을 할 것이다. 이것이 난의 근본이다. 어찌 수치를 씻을 수 있겠는가'라고 하였다.

或曰 : 管仲雪桓公之恥於小人, 而生桓公之恥於君子矣. 使桓公發倉困而賜貧窮, 論囹圄而出薄罪, 非義也, 不可以雪恥, 使之而義也, 桓公宿義, 須遺冠而後行之, 則是桓公行義, 非爲遺冠也? 是雖雪遺冠之恥於小人, 而亦生遺義之恥於君子矣. 且夫發困倉而賜貧窮者, 是賞無功也 ; 論囹圄而出薄罪者, 是不誅過也. 夫賞無功, 則民偸幸而望於上 ; 不誅過, 則民不懲而易爲非. 此亂之本也, 安可以雪恥哉?

1 而生－그것과 별도로 또 다른 것을 만들어냄.
2 宿義－옳은 일을 지연시킴. 숙(宿)은 하지 못하게 만류함.
3 遺義－의를 실행하지 않고 날짜를 늦춤.
4 偸幸－하는 일 없이 적당히 요행만을 기다림.

[3]
옛날에 문왕(文王)이 우(盂)를 침략하고 거(莒)와 싸워 이기고 풍

(鄑)을 무찔렀다. 세 번이나 전쟁을 일으켜서[1] 주(紂)가 그를 미워했다. 이에 문왕이 두려워 낙서(洛西)[2] 땅 비옥한 지역[3] 사방 천리를 드리겠다 하고 포락(炮烙)의 형벌을 풀도록 청하였다. 천하 사람들은 모두 좋아하였다. 공자가 그것을 듣고 '어질도다 문왕이여! 천리나 되는 지역을 가볍게 여기고 포락의 형벌을 풀도록 청하였으니. 지혜롭도다 문왕이여! 천리나 되는 땅을 내던지고 천하 사람들의 마음을 얻어 냈으니'라고 말하였다.

昔者文王侵盂・克莒・舉鄑, 三舉事而紂惡之. 文王乃, 懼, 請入洛西之地・赤壤之國方千里, 以請解炮烙之刑. 天下皆說. 仲尼聞之, 曰："仁哉, 文王! 輕千里之國而請解炮烙之刑. 智哉, 文王! 出千里之地而得天下之心."

1 舉事 − 국가의 대사, 즉 전쟁을 일으킴.
2 洛西 − 낙수(洛水) 서쪽 지금의 섬서성(陝西省) 일대를 가리킴.
3 赤壤之國 − 토질이 비옥한 지역. 미지(美地)의 땅을 말함.

어떤 이가 말하기를 '공자가 문왕(文王)을 지혜롭다고 여긴 것은 또한 잘못이 아니겠는가. 대저 지혜로운 자는 어려운 경우[1]를 알고 그것을 피하는 자이다. 이런 까닭에 자신은 화를 당하지 않는다. 만일 문왕이 주(紂)에게 미움받는 이유가 인심을 얻지 못하였기 때문이라면 비록 인심을 구하여서 미움을 풀더라도 좋을 것이다. 주는 그가 크게 인심을 얻었기 때문에 이미 미워하였으며 또 토지를 가볍게 여김으로써 인심을 거두었으니 이는 거듭 의심받게 된 것이다. 본래 그가 족쇄에 채워져 유리(羑里)에 갇힌 까닭이 당연하다.[2] 정(鄭)의 장로가 "도를 체득하면 하지도 않고 드러내지도 않는다"[3]고 말하였는데 이것은 문왕에게 꼭 들어맞는다. 남들로 하여금 의심하지 않게 하는 것이다. 공자가 문왕을 지혜롭다고 여긴 것은 이런 논의에 미치지 못한 것이다'라고 하였다.

或曰：仲尼以文王爲智也, 不亦過乎? 夫智者, 知禍難之地而辟之者也, 是以身不及於患也. 使文王所以見惡於紂者, 以其不得人心耶? 則雖索人 心以解惡可也. 紂以其大得人心而惡之已, 又輕地以收人心, 是重見疑也, 固其所以桎梏·囚於羑里也. 鄭長者有言 ; "體道, 無爲無見也." 此最宜 於文王矣, 不使人疑之也. 仲尼以文王爲智, 未及此論也.

1 禍難之地 – 재난을 입게 될 상황 인식. 지(地)는 그 경우.
2 固 – 처음부터 그렇게 되는 당연한 귀결. 고연(固然)과 같음.
3 無見 – 겉으로 드러나 보이지 않게 처신함.

[4]

진(晉) 평공(平公)이 숙향(叔向)에게 묻기를 '옛날에 제(齊) 환공(桓 公)이 제후들을 크게 모아[1] 천하를 하나로 바로잡았다. 신하의 힘인 지 군주의 힘인지 알지 못하겠다'라고 하였다. 숙향이 대답하기를 '관중(管仲)이 재단[2]을 잘하고 빈서무(賓胥無)가 바느질[3]을 잘하고 습붕(隰朋)은 단을 잘 둘러[4] 옷이 완성되자 군주가 고스란히 그것 을 입었습니다. 역시 신하의 힘입니다. 군주가 무슨 힘이 있었겠습 니까'라고 하였다. 사광(師曠)이 거문고에 엎드려서 웃었다. 평공이 말하기를 '태사는 어째서 웃는가'라고 하였다. 사광이 대답하기를 '저는 숙향이 군주께 대답하는 것이 우습습니다. 무릇 남의 신하가 된 자는 마치 요리사[5]가 다섯 가지 맛을 조화시켜서 군주께 올리는 것과 같습니다. 군주가 먹지 않는다면 누가 감히 강제로 하겠습니 까. 제가 그것을 비유하여 말씀드린다면 군주란 토양이고 신하란 초목입니다. 반드시 토양이 좋아야만 그런 뒤에 초목이 크게 되는 것입니다. 역시 군주의 힘입니다. 신하가 무슨 힘이 있겠습니까'라 고 하였다.

晉平公問叔向曰：“昔者齊桓公九合諸侯，一匡天下，不識臣之力也，君之力也？”叔向對曰：“管仲善制割，賓胥無善削縫，隰朋善純緣，衣成，君舉而服之. 亦臣之力也，君何力之有？”師曠伏琴而笑之. 公曰：“太師奚笑也？”師曠對曰：“臣笑叔向之對君也. 凡爲人臣者，猶炮宰和五味而進之君. 君弗食，孰敢强之也？臣請譬之：君者，壤地也；臣者，草木也. 必壤地美，然後草木碩大. 亦君之力也，臣何力之有？”

1 九合 – 여러 차례 회합을 소집하여 모이도록 함.
2 制割 – 제(制)나 할(割) 둘 다 재(裁)자의 뜻임.
3 削縫 – 삭(削) 역시 봉(縫)자로 통함. 옷을 꿰맴.
4 純緣 – 옷단을 다듬음. 순(純)은 옷가에 선을 둘러 꾸밈.
5 炮宰 – 요리 담당자. 포(炮)는 포(庖)자로 통함.

어떤 이가 말하기를 ‘숙향(叔向)과 사광(師曠)의 대답은 모두 불공평한 언사다.[1] 대저 천하를 하나로 바로잡고 여러 제후들을 모은 것은 장한 일 가운데 큰 것이다. 군주의 힘만이 아니고[2] 또 신하의 힘만도 아니다. 옛날에 궁지기(宮之奇)는 우(虞)에 있었으며 희부기(僖負羈)는 조(曹)에 있었다. 두 신하의 지혜가 말하면 일에 알맞고 행하면 공을 차지하였으나[3] 우와 조가 다같이 망한 것은 어째서인가. 이것은 신하가 있더라도 군주가 없었기 때문이다. 또한 건숙(蹇叔)이 간(干)을 섬겼으나[4] 간은 망하였고 진(秦)을 섬기자 진은 패자가 되었다. 건숙이 간에 있어서는 어리석었으며 진에 있어서는 지혜로웠던 것이 아니다. 이것은 군주가 있었거나 군주가 없었기 때문이다. 숙향이 말하기를 “신하의 힘입니다”라고 한 것은 그렇지 않다. 옛날에 환공이 궁안에 시장 두 개를 만들고 부인의 거처[5]를 이백이나 두었다. 머리털을 풀어헤치며 부인의 종노릇[6]을 하였으나 관중(管仲)을 얻어 오패 가운데 장이 되었다.[7] 관중이 죽어 수조(竪刁)를 얻게 되면서 자신도 죽자 벌레가 집밖으로 흘러나오도록 장례를 치르지 못하였다. 신하의 힘이 아니라고 생각한다면 관중 때문에 패자가 되지 못했을 것이다. 군주의 힘이 아니라고 생각한다면 수조 때문에 어지럽게 되지도 않았을 것이다. 옛날에 진(晉) 문공(文公)이 제녀(齊女)를 좋아하여[8] 돌아갈 것을 잊었다. 구범(咎犯)이 강하게 간하였기 때문에 진나라로 돌아가게 할 수 있었다. 그러므로 환공은 관중 때문에 제후들을 모을[9] 수 있었고 문공은 구범(咎犯)[10] 때문에 패자가 될 수 있었다. 그런데도 사광이 말하기를 "군주의 힘입니다"라고 말한 것은 역시 그렇지 않다. 무릇 다섯 패자가 능히 천하에 공명을 이룰 수 있었던 까닭은 반드시 군주와 신하가 힘을 함께하였기 때문이다. 그러므로 말하기를 "숙향과 사광의 대답은 모두 불공평한 언사다"라고 하는 것이다'라고 하였다.

或曰：叔向・師曠之對, 皆偏辭也. 夫一匡天下, 九合諸侯, 美之大者也, 非專君之力也, 又非專臣之力也. 昔者宮之奇在虞, 僖負羈在曹, 二臣之智, 言中事, 發中功, 虞・曹俱亡者, 何也? 此有其臣而無其君者也. 且蹇叔處干而干亡, 處秦而秦霸, 非蹇叔愚於干而智於秦也, 此有君與無君也. 向曰 "臣之力也", 不然矣. 昔者桓公宮中二市, 婦閭二百, 被髮而御婦人. 得管仲, 爲五伯長；失管仲・得豎刁而身死, 蟲流出戶不葬. 以爲非臣之力也, 且不以管仲爲霸；以爲君之力也, 且不以豎刁爲亂. 昔者, 晉文公慕於齊女而忘歸, 咎犯極諫, 故使得反晉國. 故桓公以管仲合, 文公以舅犯霸. 而師曠曰 "君之力也", 又不然矣. 凡五霸所以能成功名於天下者, 必君臣俱有力焉. 故曰：叔向・師曠之對, 皆偏辭也.

1 偏辭－한쪽으로 치우친 의견을 가리킴.
2 非專－오로지 그것만이 아님. 전(專)은 독(獨)자로 통함.
3 發中功－실제로 일을 실행하면 반드시 성공을 거둠.
4 處干－간(干)이란 작은 나라에 벼슬살이함.
5 婦閭－려(閭)는 마을 문. 부인들을 모여 살게 한 곳을 말함.
6 御婦人－부인을 모심. 여기서는 여색에 빠짐.
7 五伯長－춘추시대 다섯 패자의 우두머리. 백(伯)은 패(霸)자와 같은 뜻으로 쓰임.

8 慕於齊女-문공(文公)이 망명중에 제(齊)의 공녀에게 마음이 끌림.
9 管仲合-관중이 환공으로 하여금 제후들을 회합시킨 일.
10 舅犯-문공의 장인 구범(咎犯)을 부르는 호칭.

[5]
제(齊) 환공(桓公) 때 진(晉)으로부터 손님이 왔다. 담당 관리가 예우를 어떻게 할 것인가 물었다.[1] 환공이 "중부(仲父)에게 고하라"[2]고 세 번이나 말하였다. 그래서 배우[3]가 말하기를 '손쉽습니다, 군주되기가. 하나도 중부라 하시고 둘도 중부라 하시니'라고 하였다. 환공이 말하기를 '내가 듣기로는 "남의 군주가 된 자는 사람을 찾는 일은 고생스럽지만 그 사람을 쓰는 것은 편안하다"고 한다. 나는 중부를 얻기까지 이미 어려움을 겪었다. 중부를 얻고 난 후로는 어찌 손쉽지 않겠는가'라고 하였다.

齊桓公之時, 晉客至, 有司請禮. 桓公曰 "告仲父"者三. 而優笑曰 "易哉, 爲君! 一曰仲父, 二曰仲父." 桓公曰 : "吾聞君人者勞於索人, 佚於使人. 吾得仲父已難矣, 得仲父之後, 何爲不易乎哉?"

1 請禮-손님 접대를 어느 수준으로 할 것인가 그 지시를 기다림.
2 曰告仲父-관중(管仲)에게 물어서 처리하라고 일러줌.
3 優笑-군주의 측근에 두고 즐기는 광대. 소(笑)는 우스꽝스럽게 시시덕거리는 역할을 가리킴.

어떤 이가 말하기를 '환공(桓公)이 배우에게 응답한 것은 군주된 자의 말이 아니다. 환공은 군주가 사람을 찾는 것이 고생스럽다고 여긴다. 어찌 사람 찾는 일이 고생스러운가. 이윤(伊尹)은 스스로 요리 담당이 됨으로써 탕(湯)에게 벼슬을 구하고 백리해(百里奚)는 스스로 종이 됨으로써 목공(穆公)에게 벼슬을 구하였다. 종은 욕된 것이며 요리 담당은 부끄러운 것이다. 부끄러움과 욕됨을 무릅쓰고[1] 군주에게 접근하려는 것은 현자의 세상 걱정이 다급해서이다. 그렇다면 군주란 자는 현자를 저버리지 않으면²⁾ 그만일 따름이다. 현자를 찾는 일이 군주의 어려움은 되지 않는다. 또한 관직은 현자를 임용하는 수단이며 작록은 공을 상주는 수단이다. 관직을 마련하여 작록을 벌여 놓으면 인사들이 저절로 이른다. 군주된 자에게 어찌 그것이 고생스럽겠는가. 사람을 부리는 일 또한 편안하지는 않다. 군주가 비록 사람을 부린다 하더라도 반드시 법도로써 기준을 삼아야 하고³⁾ 형명(刑名)으로써 확인하여야⁴⁾ 된다. 사업이⁵⁾ 법에 들어맞으면 실행하도록 하고 맞지 않으면 중지시킨다. 공적이 그 말과 일치하면 상주고 일치하지 못하면 처벌한다. 형명으로 가지고 신하를 장악하고⁶⁾ 법도로써 아랫사람을 단속하는 일은 풀어 둘 수 없는 것이다. 군주된 자가 어찌 편안할 것인가. 사람을 찾는 것은 고생스럽지 않지만 사람을 부리는 것은 편안하지 않다. 그런데 환공이 "사람 찾는 일은 고생스럽고 사람 부리기는 편안하다"고 말한 것은 그렇지 않다. 환공이 관중(管仲)을 얻은 일도 역시 어렵지 않았다. 관중은 그 군주를 위하여 죽지 않고 환공에게로 돌아왔으며 포숙(鮑叔)은 관직을 가볍게 여기고 유능한 자에게 양보하여 그를 임명하게 하였다. 환공이 관중을 얻은 일 역시 어렵지 않았던 것은 분명하다.

或曰 : 桓公之所應優, 非君人者之言也. 桓公以君人爲勞於索人, 何索人爲勞哉? 伊尹自以爲宰干湯, 百里奚自以爲虜干穆公. 虜, 所辱也 ; 宰, 所羞也. 蒙羞辱而接君上, 賢者之憂世急也. 然則君人者無遺賢而已矣, 索賢不爲人主難. 且官職, 所以任賢也 ; 爵祿, 所以賞功也. 設官職, 陳爵祿, 而士自至, 君人者奚其勞哉? 使人又非所佚也. 人主雖使人, 必以度量準之, 以刑名參之 ; 以事遇於法則行, 不遇於法則止 ; 功當其言則賞, 不當則誅. 以刑名收臣, 以度量準下, 此不可釋也, 君人者焉佚哉?

索人不勞, 使人不佚, 而桓公曰 : "勞於索人, 佚於使人"者, 不然. 且桓公得管仲又不難. 管仲不死其君而歸桓公, 鮑叔輕官讓能而任之, 桓公得管仲又不難, 明矣.

1 蒙羞辱 – 치욕 입는 것을 마다하지 않음. 몽(蒙)은 모(冒)자로 통함.
2 無遺 – 여기서 유(遺)는 거역(拒逆)의 뜻을 가짐.
3 度量準之 – 도량(度量)은 법도(法度)를 가리킴. 준(準)은 량(量)자와 같음. 일을 공정하게 다룸.
4 刑名參之 – 일한 성적과 내건 말과의 일치 여부를 대조하여 봄.
5 以事 – 사업 계획을 검토하여 결재함.
6 收臣 – 신하를 다룸. 수(收)는 목(牧)자로도 통함.

이미 관중(管仲)을 얻고 난 뒤에도 어찌 편안하였겠는가.[1] 관중은 주공(周公) 단(旦)이 아니다. 주공 단은 대신 칠 년 동안 천자가 되었다가[2] 성왕(成王)이 장성하자 정사를 그에게 넘겨주었다. 천하를 위한 계략이 아니라 그 직무를 행한 것이다. 대저 세자 자리를 빼앗아[3] 천하에 정치를 행하려 들지 않는 자는 결코 죽은 군주를 배반하고 그 원수를 섬기지 않는다. 죽은 군주를 배반하고 그 원수를 섬기는 자는 반드시 세자 자리를 빼앗아 천하에 정치 행하기를 꺼리지 않는다.[4] 세자 자리를 빼앗아 천하에 정치 행하기를 꺼리지 않는 자는 반드시 그 군주의 나라를 빼앗는 것을 꺼리지 않는다. 관중은 공자 규(糾)의 신하로 환공(桓公)을 죽이려 하다가 하지 못했으며 구 군주가 죽자 환공의 신하가 되었다. 관중의 선택[5]은 주공 단과 달라 알 수가 없다. 만일 관중이 대단한 현자였다면 탕(湯)이나 무왕(武王)과 같이 되려고 하였을 것이다. 탕과 무왕은 걸(桀)과 주(紂)의 신하였으나 걸과 주가 난폭하여[6] 탕과 무왕이 빼앗은 것이다. 지금 환공은 편안하게 윗자리에 있는데 이는 걸과 주 같은 행동으로 탕이나 무왕의 윗자리에 있는 것이 된다. 환공은 위험하다. 만일 관중이 못난 사람이었다면 전상(田常)같이 되려고 할 것이다. 전상은 간공(簡公)의 신하이면서 그 군주를 시해하였다. 지금 환공은 편안하게 윗자리에 있는데 이는 간공의 편안함을 가지고 전상의 윗자리에 있는 것이 된다. 환공은 역시 위험하다. 관중이 주공단과 다름은 이미 분명하다.[7] 그러나 탕이나 무왕과 같이 될지 전상같이 될지 알 수 없다. 탕이나 무왕같이 된다면 걸과 주 같은 위험이 있을 것이며 전상같이 된다면 간공 같은 난이 있을 것이다. 이미 관중을 얻고 난 뒤라 해도 어찌 환공이 편안하겠는가. 만약 환공이 관중을 임명하면서 반드시 자기를 속이지 않는다는 것을 알았기 때문이라면 이는 군주를 속이지 않는 신하를 분별할 줄 아는 것이다. 그러나 비록 군주를 속이지 않는 신하를 분별할 줄 알았더라도 환공은 관중에게 맡긴 전권을 수조(豎刁)나 역아(易牙)에게 내주어 벌레가 집 밖으로 나오기까지 장례를 치르지 못하게 되었다. 환공이 군주를 속이는 신하와 군주를 속이지 않는 신하를 분별할 줄 모른다는 것은 벌써 분명하다. 그러므로 "환공은 암군[8]이다"라고 말하는 것이다'라고 하였다.

已得管仲之後, 奚遽易哉? 管仲非周公旦. 周公旦假爲天子七年, 成王壯, 授之以政, 非爲天下計也, 爲其職也. 夫不奪子而行天下者, 必不背死君而事其讎 ; 背死君而事其讎者, 必不難奪子而行天下 ; 不難奪子而行天下者, 必不難奪其君國矣. 管仲, 公子糾之臣也, 謀殺桓公而不能, 其君死而臣桓公. 管仲之取舍非周公旦, 未可知也. 若使管仲大賢也, 且爲湯‧武. 湯‧武, 桀‧紂之臣也 ; 桀‧紂作亂, 湯‧武奪之. 今桓公以易居其上, 是以桀‧紂之行, 居湯‧武之上, 桓公危矣. 若使管仲不肖人也, 且爲田常. 田常, 簡公之臣也, 而弑其君. 今桓公以易居其上, 是以簡公之易, 居田常之上也, 桓公又危矣. 管仲非周公旦以明矣, 然爲湯‧武與田常, 未可知也. 爲湯‧武, 有桀‧紂之危 ; 爲田常, 有簡公之亂也. 已得仲父之後, 桓

公奚遽易哉? 若使桓公之任管仲, 必知不欺己也. 是知不欺主之臣也. 然
雖知不欺主之臣, 今桓公以任管仲之專, 借豎刁・易牙, 蟲流出戶而不葬,
桓公不知臣欺主與不欺主已明矣, 而任臣如彼其專也, 故曰桓公闇主.

1 奚遽易 ─ 거(遽) 또한 의문부사로 쓰임. 이(易)는 편한 자세.
2 假爲天子 ─ 천자를 대신하여 정사를 봄. 섭정을 말함.
3 奪子 ─ 대이을 자리를 빼앗음. 자(子)는 세자, 즉 성왕(成王)을 가리킴.
4 不難 ─ 어려운 일이라고 여기지 않음. 난(難)은 탄(憚)자와 같은 뜻으로 쓰임.
5 取舍 ─ 물러서거나 나아가는 거취(去就)를 결정함.
6 作亂 ─ 군주가 포악하게 장난을 저지름.
7 以明 ─ 이(以)는 이(已)자로 통함. 이미 밝혀진 사실.
8 闇主 ─ 정치 감각이 없어 현실 파악을 전혀 할 줄 모르는 어리석은 군주.

[6]

이극(李克)이 중산(中山)을 다스리고 있었다. 고경(苦陘) 땅의 현령
이 회계보고를 하는데[1] 수입이 많았다. 이극이 말하기를 '말솜씨가
좋으면 듣기는 좋으나 의에 벗어난 것을 일러 겉치레말[2]이라고 한
다. 산림과 소택과 천곡(川谷)의 이득이 없는데 수입이 많은 것을
일러 속빈 재화라고 한다. 군자는 겉치레말을 듣지 않고 속빈 재화
를 받지 않는다. 자네는 일단 그만두라'라고 하였다.

李克治中山, 苦陘令上計而入多. 李克曰 : "語言辨, 聽之說, 不度於義,
謂之窕言. 無山林澤谷之利而入多者, 謂之窕貨. 君子不聽窕言, 不受窕
貨. 子姑免矣."

1 上計 ─ 매년 현에서 일년 동안의 회계보고를 함.
2 窕言 ─ 내용이 없는 성실치 못한 꾸밈말.

어떤 이가 말하기를 '이극(李克)이 문제를 내걸어[1] "도대체 말솜씨
가 좋으면 듣기는 좋으나 의에 벗어난 것을 일러 겉치레말이라고

한다"라고 하였다. 말솜씨는 말하는 자 쪽에 있고 좋아하는 것은 듣는 자 쪽에 있다. 말하는 자가 듣는 자가 아니라면 "의에서 벗어났다"고 이르는 것은 듣는 자 쪽을 가리킨 말이 아니라 반드시 그 듣는 것²⁾을 말한다. 듣는 자 쪽은 소인이 아니면 군자다. 소인은 의를 모르므로³⁾ 반드시 의에서 벗어날 수 없다. 군자는 의에 알맞으므로 반드시 좋아하려고 들지 않는다. 도대체가 "말솜씨가 좋으면 듣기는 좋으나 의에서 벗어난다"고 말한 것은 반드시 성실치 못한 말이다. "수입이 많은 것을 속빈 재화라 한다"고 말한 것도 멀리 쓰이지⁴⁾ 못한다. 이극이 악을 일찍 금하지 못하고 회계보고를 하기에 이르도록 만든 것이 바로 잘못이다. 수입이 많아지는 근원을 알아차리는 술(術)을 몰랐던 것이다. 수입이 많아진 것은 풍년이 들었기 때문이다. 비록 수입이 갑절이나 된다고 하더라도 장차 어찌하겠는가'라고 하였다.

或曰 : 李子設辭曰 : "夫言語辨, 聽之說, 不度於義者, 謂之窕言." 辯在言者, 說在聽者 ; 言非聽者也. 所謂不度於義, 非謂聽者, 必謂所聽也. 聽者, 非小人, 則君子也. 小人無義, 必不能度之義也 ; 君子度之義, 必不肯說也. 夫曰"言語辨, 聽之說, 不度於義"者, 必不誠之言也. 入多之爲窕貨也, 未可遠行也. 李子之姦弗蚤禁, 使至於計, 是遂過也. 無術以知而入多, 入多者, 穰也, 雖倍入, 將奈何?

1 設辭 - 말의 전제를 일부러 미리 설정해 놓음.
2 所聽 - 여기서는 듣는 말의 내용을 가리킴.
3 無義 - 의(義)가 무엇인지 분별할 줄 모름.
4 遠行 - 멀리 미루어 나감. 일반에게 통용되는 말.

(또 말하기를) '음양의 조화에 따라 농사일을 하고¹⁾ 사계절의 적당한 시기에 맞추어 나무를 심으며 빠르거나 늦는 실수와 춥고 더운

피해가 없다면 수입이 많아질 것이다. 작은 공[2] 때문에 큰 일을 방해하지 않고 사욕 때문에 농사를[3] 해치지 않으며 남자는 농경에 힘을 다하고 여자는 베짜기에 힘쓴다면 수입이 많아질 것이다. 가축 기르는 이치를 궁리하고 토질에 알맞은가 살펴서 육축(六畜)이 잘 자라고[4] 오곡이 불어나면 수입이 많아질 것이다. 계량[5]을 명확히 하고 지형을 조사하여 배와 수레와 도구[6]를 이용하고 힘을 적게 들여서 효과를 크게 하면 수입이 많아질 것이다. 시장이나 관문 교량의 통행을 편리하게 하여 능히 남는 것을 없는 곳에 이르게 하고 객상이 오도록 하여 외화가 모여들게[7] 하며 쓰임새를 줄여 의식을 절약하며 집과 도구는 쓸 만큼 충족하고[8] 노름을 일삼지 않으면 수입이 많아질 것이다. 수입이 많아진다는 것은 모두가 인위에 의한 것이다. 자연과 같은 일도 바람과 비가 때를 맞추고 추위와 더위가 적당하며 토지가 더 넓어지지 않아도 풍년의 공이 있다면 수입이 많아질 것이다. 사람이 하는 일과 자연의 공이 두 가지가 모두 수입을 늘리는 것이지 산림과 소택과 천곡(川谷)의 이득만은 아니다. 도대체 "산림과 소택과 천곡의 이득도 없는데 수입이 많아진다면 그것을 일러 속빈 재화라 한다"고 하는 것은 술(術)을 알지 못하는 말이다'라고 하였다.

擧事愼陰陽之和, 種樹節四時之適, 無早晚之失·寒溫之災, 則入多. 不以小功妨大務, 不以私欲害人事, 丈夫盡於耕農, 婦人力於織紝, 則入多. 務於畜養之理, 察於土地之宜, 六畜遂, 五穀殖, 則入多. 明於權計, 審於地形·舟車·機械之利, 用力少, 致功大, 則入多. 利商市關梁之行, 能以所有致所無, 客商歸之, 外貨留之, 儉於財用, 節於衣食, 宮室器械周於資用, 不事玩好, 則入多. 入多, 皆人爲也. 若天事風雨時, 寒溫適, 土地不加大, 而有豐年之功, 則入多. 人事·天功, 二物者皆入多, 非山林澤谷之利也. 夫無山林澤谷之利入多, 因謂之宄貨者, 無術之言也.

1 愼-신(愼)은 순(順)자로 통함. 거사(擧事), 즉 농사짓는 일은 음양의 조화에 따라야 됨.
2 小功-농민을 각종 부역에 동원시킴.
3 人事-인위(人爲)와 같음. 농민이 농사짓는 일을 가리킴.
4 六畜遂-소·말·돼지·양·개·닭이 잘 번식함.
5 權計-저울질과 되질. 무게를 달고 재는 도량형.
6 機械-조작하는 틀. 도구나 장치를 말함. 기계(器械)도 같음.
7 留之-외화가 그곳에 남아돌아감. 류(留)는 집(集)자의 뜻으로도 쓰임.
8 周於資用-일상생활의 수요에 충족됨. 주(周)는 비(備)자로 통함.

[7]

조(趙) 간자(簡子)가 위(衛)의 성곽[1]을 포위하였다. 큰 방패를 세워[2] 화살이나 돌이 미치지 않는 곳에 서서 북을 쳤으나 병사들이 일어서지 않았다. 간자가 북채를 던지며 말하기를 '아아 내 병사들이 쉽게 지쳐 버렸나[3]라고 하였다. 행인(行人)[4] 촉과(燭過)가 투구를 벗으면서 대답하기를 '역시 군주에게 능력이 없을 따름입니다. 병사들이 지치지는 않았습니다. 제가 듣기로는 옛날에 선군 헌공(獻公)께서 열일곱 나라를 병합하시고 서른여덟 나라를 복종시켰으며 열두 번 싸워서 이기셨다고 합니다. 이는 같은 민의 힘[5]입니다. 헌공이 돌아가시고 혜공(惠公)이 즉위하시자 음란[6] 난폭하고 미녀를 좋아하여 진(秦)의 군대가 강(絳) 십칠 리 거리까지 제멋대로 침입하였습니다.[7] 역시 이는 같은 사람의 힘입니다. 혜공이 돌아가시고 문공(文公)이 이어받으시자[8] 위를 포위하여 업(鄴)을 빼앗고 성복(城濮)의 싸움에서 초(楚)의 군대를 다섯 번이나 격파하여 천하에 존명(尊名)을 떨치셨습니다. 역시 이는 같은 사람의 힘입니다. 역시 군주에게 능력이 없을 따름입니다. 병사들이 지치지는 않았습니다'라고 하였다. 간자가 이에 큰 방패를 물리치고 화살과 돌이 닿는 데에 서서 북을 치자 병사들이 이 기세를 타서 싸워 크게 이겼다. 간자가 말하기를 '내가 혁거(革車)[9] 천 대를 얻는 것이 행인 촉과의 한마디를 듣는 것만 못하다'고 하였다.

趙簡子圍衛之郛郭, 犀楯·犀櫓, 立於矢石之所不及, 鼓之而士不起. 簡
子投枹曰：“烏乎! 吾之士數弊也.” 行人燭過免胄而對曰：“亦有君之不
能耳, 士無弊者. 臣聞之：昔者吾先君獻公幷國十七, 服國三十八, 戰十
有二勝, 是民之用也. 獻公沒, 惠公卽位, 淫衍暴亂, 身好玉女, 秦人恣侵,
去絳十七里, 亦是人之用也. 惠公沒, 文公授之, 圍衛, 取鄴, 城濮之戰, 五
敗荊人, 取尊名於天下, 亦此人之用也. 亦有君不能耳, 士無弊也.” 簡子
乃去楯櫓, 立矢石之所及, 鼓之而士乘之, 戰大勝. 簡子曰：“與吾得革車
千乘, 不如聞行人燭過之一言也.”

1 郛郭 – 도성 바깥을 둘러싼 성곽. 부(郛)는 큰 성을 말함.
2 犀楯犀櫓 – 무소 가죽으로 만든 견고한 방패. 노(櫓)는 순(楯)보다 더 큰 방패.
3 數弊 – 삭(數)은 빠를 속(速)자로 통함. 빨리 지침.
4 行人 – 빈객을 접대하는 관명으로 여기서는 잔심부름을 하는 사람.
5 是民之用 – 지금과 마찬가지로 진(晉)의 민중이 전투에 동원된 것을 뜻함.
6 淫衍 – 음란한 행동을 함. 연(衍)은 행(行)자의 잘못된 표기임.
7 恣侵 – 마음놓고 쳐들어옴. 자(恣)는 자(恣)자로 통함.
8 授之 – 자리를 물려받아 이음. 수(授)는 수(受)자와 같음.
9 革車 – 가죽으로 무장한 수레. 지금의 장갑차와 같음.

어떤 이가 말하기를 '행인(行人)은 아직 어떤 말도 하지[1] 않았다. 바
로 혜공(惠公)은 이 민중을 가지고[2] 패하였으며 문공(文公)은 이 민
중을 가지고 패자(覇者)가 된 것을 말할 뿐이었지 아직 민중을 부
리는 방법은 제시하지 않았다. 간자(簡子)가 서둘러서 방패를 철거
할 수는 없다. 엄친이 포위당했을 때 화살이나 돌 맞는 것을 가볍게
여김은 효자가 부모를 사랑하는 까닭이다. 그러나 부모를 사랑하는
효자는 백을 세어야 한 명 정도다. 지금 자신이 위험에 처하면 민중
이 오히려 싸울 것이라고 생각한다. 이는 모든 민중[3]을 부모를 사랑
하는 효자로 생각하기 때문이다. 이것이 바로 행인의 속임수다. 이

를 좋아하고 해를 싫어함은 모든 사람[4]의 성향이다. 상이 후하고 틀림없으면 모든 사람이 적을 가볍게 여기며 형벌이 중하고 확실하면 모든 사람이 도망치지[5] 않는다. 오랫동안 싸우면서 군주를 따르는 이는[6] 백을 세어 한 명도 없으나 이를 좋아하고 죄를 두려워하는 것은 그렇지 않은 사람이 없다. 민중을 거느리는 자가 (누구나 다) 그렇게 하지 않을 수 없는 법도에 따르지 않고 백에 한 사람도 할 수 없는 행동에 의존하려[7] 하였다. 행인은 아직 민중을 부리는 방법을 알지 못한다'라고 하였다.

或曰 ; 行人未有以說也, 乃道惠公以此人是敗, 文公以此人是霸, 未見所以用人也. 簡子未可以速去楯櫓也. 嚴親在圍, 輕犯矢石, 孝子之所愛親也. 孝子愛親, 百數之一也. 今以爲身處危而人尚可戰, 是以百族之子於上, 皆若孝子之愛親也, 是行人之誣也. 好利惡害, 夫人之所有也. 賞厚而信, 夫人輕敵矣 ; 刑重而必, 夫人不北矣. 長行徇上, 數百不一 ; 喜利畏罪, 人莫不然. 將衆者不出乎莫不然之數, 而道乎百無一人之行, 行人未知用衆之道也.

1 以說 - 자기 주장이나 논리를 구체적으로 제시하여 말함.
2 此人 - 전쟁에 동원되는 민중은 언제나 마찬가지로 그 사람이란 뜻.
3 百族之子 - 모든 사람들의 자제. 백족(百族)은 백성(百姓)과 같이 쓰임.
4 夫人 - 부(夫)는 범(凡) 또는 중(衆)자로 통함. 민중 모두를 가리킴.
5 不北 - 전쟁에 져서 도망가는 일이 없음.
6 長行徇上 - 장행(長行)은 오랫동안 싸움터에 나가 있음. 순(徇)은 종(從) 또는 순(殉)자로 통함.
7 道乎 - 의존함. 여기서 도(道)나 출(出) 모두 유(由)자와 마찬가지로 쓰임.

38 난 삼(難三)

[1]

노(魯)의 목공(穆公)이 자사(子思)¹⁾에게 묻기를 '내가 듣기로는 방간 씨(龐繝氏)의 자식이 불효라고 한다. 그 행동이 어떠한가'라고 하였 다. 자사가 대답하기를 '군자는 현자를 존중하여 덕을 높이고 착한 이를 들어서 민을 권합니다.²⁾ 잘못된 행동 같은 것은 바로 소인이나 아는 것이어서 저는 알지 못합니다'라고 하였다. 자사가 나가자 자 복려백(子服厲伯)이 들어가 뵈었다. 방간씨 자식에 대해 묻자 자복 려백이 대답하기를 '잘못이 세 가지 있습니다. 모두 군주께서 아직 듣지 못하신 것입니다'라고 하였다. 이로부터 군주는 자사를 존중하 고 자복려백을 경시하였다.

魯穆公問於子思曰 : "吾聞龐繝氏之子不孝, 其行奚如?" 子思對曰 : "君 子尊賢以崇德, 擧善以觀民. 若夫過行, 是細人之所識也, 臣不知也." 子 思出, 子服厲伯入見. 問龐繝氏子, 子服厲伯對曰 : "其過三, 皆君之所未 嘗聞." 自是之後, 君貴子思而賤子服厲伯也.

1 子思－공급(孔伋). 공자의 손자로 증자(曾子)의 제자.
2 觀民－민중에게 선을 권고함. 관(觀)은 권(勸)자로 통함.

어떤 이가 말하기를 '노(魯)의 공실이 삼대에 걸쳐[1] 계씨(季氏)에게 협박당한 것은 역시 당연하다. 현명한 군주는 착한 이를 찾아서 상주고 간악한 자를 찾아서 처벌한다. 그 찾아내는 일은 똑같다.[2] 그러므로 선을 알리는[3] 자는 선을 좋아함이 군주와 같은 자이며 악을 알리는 자는 악을 미워함이 군주와 같은 자이다. 이것은 마땅히 상과 명예가 주어지는 바다. 간악을 알리지 않음은 바로 군주와 달리하여 아래로 악과 결탁하는[4] 자다. 이것은 마땅히 비난과 처벌이 미치는 바다. 지금 자사는 잘못을 알리지 않았는데도 목공이 그를 존중하고 여백은 악을 알렸는데도 목공이 그를 경시하였다. 인정이란 모두 존중받기를 좋아하고 경시당하기를 싫어한다. 그러므로 계씨의 반란이 성숙되도록[5] 군주에게 알려지지 않았다. 이것이 노의 군주가 협박당한 이유다. 또한 이것은 멸망한 왕 때의 풍속으로 추(鄒)・노(魯)[6]의 민이 스스로를 찬미하는 까닭인데도 목공만이 홀로 그를 존중한다는 것은 역시 거꾸로 된 것이 아니겠는가'라고 하였다.

或曰 : 魯之公室, 三世劫於季氏, 不亦宜乎? 明君求善而賞之, 求姦而誅之, 其得之一也. 故以善聞之者, 以說善同於上者也 ; 以惡姦聞之者, 以惡姦同於上者也, 此宜賞譽之所加也. 不以姦聞, 是異於上而下比周於姦者也, 此宜毁罰之所及也. 今子思不以過聞而穆公貴之, 厲伯以姦聞而穆公賤之. 人情皆喜貴而惡賤, 故季氏之亂成而不上聞, 此魯君之所以劫也. 且此亡王之俗, 取・魯之民所以自美, 而穆公獨貴之, 不亦倒乎?

1 三世－노(魯)의 소공(昭公)・정공(定公)・애공(哀公) 삼대를 가리킴.
2 得之－－선과 악을 찾아내는 중요성에 있어 양쪽이 동일함.
3 聞之－상문(上聞), 즉 군주에게 일을 보고하여 알림.
4 比周－사적으로 한패가 되어 동아리 지음.

5 亂成 – 반란 일으킬 준비가 다 되어감을 말함.
6 取魯 – 취(取)는 추(陬)자로 통하며, 추(陬)는 추(鄒)와 통용됨. 유교 영향권의
  추(鄒)와 노(魯)의 지역을 가리킴.

[2]

문공(文公)이 도망쳐 나갔다.[1] 헌공(獻公)이 환관 피(披)[2]를 시켜 포
성(蒲城)[3]을 치게 하였다. 피가 그의 소맷자락을 잘랐다. 문공은 적
(翟)[4]으로 달아났다. 혜공(惠公)이 즉위하자 또 혜독(惠竇)[5]을 치도
록 하였으나 붙잡지 못하였다. 문공이 도성으로 돌아오게 되자 피
가 만나뵙기를 청하였다. 문공이 말하기를 '포성의 싸움에서 군주가
하룻밤 사이에 치라고[6] 명령하였는데 너는 그날로 왔다. 혜독의 싸
움에서도 군주는 사흘 밤 사이에 치라고 명령하였는데 너는 하룻밤
사이에 쳐들어왔다. 어찌 그렇게 빨리 서둘렀는가'라고 하였다. 피
가 대답하기를 '군주의 명령은 어길 수 없습니다.[7] 군주의 악(惡)[8]을
제거하는 데 있어 오직 감당하지 못할까 두려워할 뿐입니다. 포성
사람과 적 사람이 저와 무슨 상관이 있겠습니까. 지금 공께서 즉위
하셨지만 (앞으로 또) 포성이나 적 같은 일이 없겠습니까. 또한 환
공(桓公)은 혁대고리 쏜 일을 놓아 두고서[9] 관중(管仲)을 재상으로
삼았습니다'라고 하였다. 군주가 이에 만나보았다.

文公出亡, 獻公使寺人披攻之蒲城, 披斬其袪, 文公奔翟. 惠公卽位, 又使
攻之惠竇, 不得也. 及文公反國, 披求見. 公曰 : "蒲城之役, 君令一宿, 而
汝卽至 ; 惠竇之難, 君令三宿, 而汝一宿, 何其速也?" 披對曰 : "君令不
二. 除君之惡, 惟恐不堪. 蒲人 · 翟人, 余何有焉? 今公卽位, 其無蒲 · 翟
乎? 且桓公置射鉤而相管仲." 君乃見之.

1 文公出亡 – 진(晉) 문공(文公) 중이(重耳)가 공자 시절에 여희(驪姬) 때문에
  도성 밖으로 도망침.

2 寺人披－사(寺)는 시(侍)자로 통함. 피(披)는 환관의 이름.
3 蒲城－중이의 봉지. 지금의 산서성 습현(隰縣).
4 翟－이민족 적(狄)이 살던 지역. 지금의 산서성 북쪽 땅.
5 惠竇－위수(渭水) 가를 말함. 독(竇)은 독(瀆)자로 통함.
6 一宿－만 하루 걸리는 일정을 말함. 즉 삼일에 걸치는 기간.
7 不二－이(二)는 어길 이(貳)자의 뜻으로, 여기서는 배(背)자와 같음.
8 君之惡－군주의 자리를 위협하는 대상. 정적을 말함.
9 置射鉤－혁대고리를 쏘아 맞춘 일을 문제삼지 않음.

어떤 이가 말하기를 '제(齊)와 진(晉)의 멸망[1]이 또한 마땅하지 않은가. 환공(桓公)은 능히 관중(管仲)의 역량을 사주어 혁대갈고리를 쏜 원한을 잊을 수 있었으며 문공(文公)도 능히 환관의 말을 받아들여 소맷자락 자른 죄를 저버릴 수 있었다. 환공과 문공은 능히 두 인물을 용서할 수 있었다. 그러나 후세의 군주는 명찰함이 두 공들에게 미치지 못하였으며 후세의 신하는 현명함이 두 인물들만 못하였다. 불충스런 신하로 명찰하지 못한 군주를 섬기게 되었으니 군주가 알지 못하면 연조(燕操)[2]나 자한(子罕)·전상(田常) 같은 역적이 나타날 것이며 알아차리면 관중이나 환관의 사례로써 스스로 해명할 것이다. 군주는 반드시 처벌하지 않고 자신이 환공이나 문공의 덕을 지녔다고 생각할 것이다. 이는 신하가 원수가 되어도 그 명찰함이 능히 비추어 내지 못하고 (도리어) 밑천을 많이 빌려 주며[3] 자신이 어질다고 여기고 경계하지 않는 것이 된다. 그렇다면 후사가 없다 하더라도 또한 옳지 않겠는가. 또한 환관의 말은 다만 꾸밈일 따름이다. "군주가 명령하면 어길 수 없다"고 말한 것은 바로 군주에 대한 정절이다. 죽은 군주가 다시 살아나더라도 신하가 부끄럽지 않아야 그런 다음에 정절이 되는 것이다. 지금 혜공이 아침에 죽었는데 저녁에 문공을 섬기고 있다. 환관이 어기지 않는다고 말한 것은 어떤 것인가'라고 하였다.

或曰：齊·晉絕祀, 不亦宜乎? 桓公能用管仲之功而忘射鉤之怨, 文公能
聽寺人之言而棄斬袪之罪, 桓公·文公能容二子者也. 後世之君, 明不及
二公；後世之臣, 賢不如二子. 不忠之臣, 以事不明之君, 君不知, 則有燕
操·子罕·田常之賊；知之, 則以管仲·寺人自解. 君必不誅, 而自以爲
有桓·文之德, 是臣讎而明不能燭, 多假之資, 自以爲賢而不戒, 則雖無
後嗣, 不亦可乎? 且寺人之言也, 直飾君令而不貳者, 則是貞於君也. 死君
復生臣不愧而後爲貞. 今惠公朝卒而暮事文公, 寺人之不貳何如?

1 絕祀－종묘 제사를 지낼 후사가 끊김. 나라를 빼앗김.
2 燕操－연(燕)의 장수 공손조(公孫操)를 말함. 그 왕을 죽임.
3 假之資－신하에게 정치 권한을 내줌.

[3]

사람 중에 환공(桓公)에게 수수께끼[1]를 낸 자가 있었다. 말하기를
'첫째 어려움 둘째 어려움 셋째 어려움이란 무엇입니까'라고 하였
다. 환공이 대답할 수 없어서 관중(管仲)에게 일렀다. 관중이 대답
하기를 '첫째 어려움이란 광대[2]를 가까이하고 선비를 멀리하는 일
입니다. 둘째 어려움이란 도성을 떠나 자주 바다로 가는[3] 일입니다.
셋째 어려움이란 군주가 노령이 되어 늦게 태자를 세우는 일입니다'
라고 하였다. 환공이 '그렇다'고 말하였다. 날을 가리지 않고[4] 종묘
에 태자 세우는 의례를 행하였다.

人有設桓公隱者曰：“一難, 二難, 三難, 何也?” 桓公不能對, 以告管仲.
管仲對曰：“一難也, 近優而遠士. 二難也, 去其國而數之海. 三難也, 君
老而晚置太子.” 桓公曰：“善.” 不擇日而廟禮太子.

1 隱－은어(隱語), 즉 수수께끼 풀이 내기를 함.
2 優－익살 부리는 난쟁이 등 배우를 가리킴.
3 數之海－바닷가로 빈번하게 놀이하러 나감.

어떤 이가 말하기를 '관중(管仲)의 수수께끼 풀이[1]'는 맞지 않다. 선비를 등용하는 일은 가깝거나 먼 데에 있지 않다. 그러나 광대와 난쟁이 익살꾼은 본래 군주가 함께 즐기는[2] 것이다. 그렇다면 광대를 가까이하고 선비를 멀리하더라도 다스리는 일이 어려운 것은 아니다. 도대체 권세 자리에 있으면서 가진 것을 능히 부리지 못하고 다만[3] 도성을 떠나지 못한다 함은 바로 한 사람의 힘으로 온 나라를 단속하려는 것이다. 한 사람의 힘으로 온 나라를 단속하려는 자는 능히 그것을 이겨낼 수 없다.[4] 명찰로 먼 곳의 간악을 비추어 보고 숨겨진 작은 일도 알아차려 명령을 반드시 행할 수 있도록 한다면 비록 바다보다 더 멀리 나간다 하여도 안에 반드시 변이 없을 것이다. 그렇다면 도성을 떠나 바다로 가더라도 협박당하거나 살해되지 않을 것이니 어려운 일이 아니다. 초(楚) 성왕(成王)은 상신(商臣)을 세워 태자로 삼고 또 공자 직(職)을 세우려 하였기 때문에 상신이 난동을 부려 마침내 성왕이 시해당하였다. 공자 재(宰)는 주(周)의 태자였는데 공자 근(根)이 총애를 받기 때문에 드디어 동주(東州) 지역을 가지고 반란을 일으켜[5] 나누어져서 두 나라가 되었다. 이는 모두 태자를 늦게 세워서 일어난 환란이 아니다. 대저 권세를 갈라[6] 둘로 하지 않고 서자 신분을 낮추며 총애하는 자가 자세를 부리지 못하고[7] 대신들이 독단하기 어렵게[8] 한다면 태자를 늦게 세워도 좋을 것이다. 그렇다면 태자를 늦게 세우더라도 서자들이 난을 일으키지 않는 것 또한 어렵지 않다. 사물 가운데 이른바 어렵다는 것은 반드시 다른 사람을 빌려 세를 이루게 하더라도 자기를 침해하지 못하도록 하는 일이 첫째 어려움이라고 말할 수 있다. 첩을 귀하게 높이더라도 왕후와 맞먹도록[9] 하지 않는 일이 둘째 어려움이다. 서

자를 사랑하더라도 적자의 지위[10]를 위태롭게 하지 않으며 신하 한 사람의 말만 전적으로 듣더라도 감히 군주와 대적할[11] 수 없게 하는 일을 가리켜 셋째 어려움이라고 말할 수 있다'라고 하였다.

或曰 : 管仲之射隱不得也. 士之用不在近遠, 而俳優侏儒, 固人主之所與燕也, 則近優而遠士, 而以爲治, 非其難者也. 夫處勢而不能用其有, 而悖不去國, 是以一人之力禁一國. 以一人之力禁一國者, 少能勝之. 明能照遠姦而見隱微, 必行之令, 雖遠於海, 內必無變. 然則去國之海而不劫殺, 非其難者也. 楚成王置商臣以爲太子, 又欲置公子職, 商臣作難, 遂弑成王. 公子宰, 周太子也, 公子根有寵, 遂以東州反, 分而爲兩國, 此皆非晚置太子之患也. 夫分勢不二, 庶孽卑, 寵無藉, 難處大臣, 晚置太子可也. 然則晚置太子, 庶孽不亂, 又非其難也. 物之所謂難者, 必借人成勢而勿使侵害己, 可謂一難也. 貴妾不使二后, 二難也. 愛孽不使危正適, 專聽一臣而不敢隅君, 此則可謂三難也.

1 射隱 - 은어에 담긴 뜻을 알맞게 풀이함. 사(射)는 적중시킴.
2 與燕 - 여기서 연(燕)은 안(晏)자로 통함. 즐겨함.
3 悖 - 쓸데없는 의혹이 생김을 말함. 도(徒)자의 뜻으로 쓰임.
4 少能勝 - 능히 견디어 당해낼 수 있는 자가 적음.
5 東州反 - 동주(東周) 땅을 근거지로 하여 반기를 들고 일어남. 주(州)는 주(周)의 지역을 가리킴.
6 分勢 - 권력을 분산시킴. 정치적 입지를 약화시킴.
7 無藉 - 자(藉)는 권세를 남에게 빌려줌을 말함.
8 難處 - 일을 독단으로 처리하기 어렵게 만듦.
9 二后 - 왕후와 어깨를 나란히 함. 또는 왕후를 배반함.
10 正適 - 대를 이을 적자(嫡子), 즉 세자를 가리킴.
11 隅君 - 우(隅)는 짝 우(偶)자로 통하나 여기서는 대적함을 뜻함.

[4]
섭공(葉公)[1] 자고(子高)가 공자에게 정치의 (비결)을 물었다. 공자가 말하기를 '정치 비결은 가까운데 사람을 기쁘게 하고 먼데 사람을

다가오게 하는 데 있습니다'라고 하였다. 애공(哀公)이 공자에게 정치의 비결을 물었다. 공자가 말하기를 '정치 비결은 현명한 신하를 뽑는 데 있습니다'라고 하였다. 제(齊) 경공(景公)이 공자에게 정치의 비결을 물었다. 공자가 말하기를 '정치 비결은 재화를 절약하는 데 있습니다'라고 하였다. 세 공이 나갔다. 자공(子貢)이 묻기를 '세 공들이 선생께 물은 정치의 비결은 같은 것인데 선생의 대답이 같지 않으시니 무슨 까닭입니까'라고 하였다. 공자가 말하기를 '섭의 고을²⁾은 큰데 도성이 작아 민중이 모반할 마음을 가지고 있다. 그러므로 "정치 비결이 가까운데 사람을 기쁘게 하고 먼데 사람을 다가오게 하는 데 있다"고 말한 것이다. 노(魯) 애공에게 대신이 세 사람 있는데 밖으로 제후나 사방의 인사들을 가로막고³⁾ 안으로 패거리를 지어서 그 군주를 어리석게 만들고 있다. 종묘를 소제하지 못하고 사직에 희생을 올리지 못하게⁴⁾ 되는 것은 반드시 이 세 신하 때문일 것이다. 그러므로 "정치 비결은 현명한 신하를 뽑는 데 있다"고 말한 것이다. 제 경공은 옹문(雍門)⁵⁾을 쌓고 노침(路寢)⁶⁾을 만들며 하루아침에 백승의 가록(家祿)⁷⁾을 내려주는 일이 세 번이나 있었다. 그러므로 "정치 비결은 재화를 절약하는 데 있다"고 말한 것이다'라고 하였다.

葉公子高問政於仲尼, 仲尼曰 : "政在悅近而來遠." 哀公問政於仲尼, 仲尼曰 : "政在選賢." 齊景公問政於仲尼, 仲尼曰 : "政在節財." 三公出, 子貢問曰 : "三公問夫子政一也, 夫子對之不同, 何也?" 仲尼曰 : "葉都大而國小, 民有背心, 故曰 '政在悅近而來遠.' 魯哀公有大臣三人, 外障距諸侯四鄰之士, 內比周而以愚其君, 使宗廟不掃除, 社稷不血食者, 必是三臣也, 故曰 '政在選賢.' 齊景公築雍門, 爲路寢, 一朝而以百乘之家賜者三, 故曰 '政在節財'."

1 葉公-지금의 하남성 섭현(葉縣) 지역의 원로 심제량(沈諸梁). 그의 자가 자고(子高)임.
2 都-여기서는 원로가 관할하는 행정 구역을 가리킴.
3 障距-진출하지 못하도록 방해함. 거(距)는 거(拒)자로 통함.
4 不血食-혈식(血食)은 희생 제물을 바침. 제사를 못 지냄.
5 雍門-제(齊)의 도성 서쪽에 있는 문 이름.
6 路寢-천자나 제후의 정전(正殿). 로(路)는 대(大)자의 뜻.
7 百乘之家-상비 병력 전차 백 대 몫을 보유할 수 있는 대부(大夫)의 영역, 즉 채지(采地)를 의미함.

어떤 이가 말하기를 '공자의 대답은 나라를 망치는 말이다. 민중이 모반하는 마음[1]을 갖는다고 두려워하여 가까운데 사람을 기쁘게 하고 먼데 사람을 다가오게 하라고 설득한다면 이는 민에게 은혜를 그리도록 가르치는 것이다. 은혜를 베푸는 정치를 하면 공이 없는 자가 상을 받고 죄 지은 자가 면하게 될 것이다. 이것은 법이 무너지는 원인이다. 법이 무너지면 정치가 어지러워지게 되는데 어지러워진 정치로써 무너진 민을 다스리는 것은 아직 보지 못하였다. 또한 민중이 모반하는 마음을 갖는 것은 군주의 명찰이 미치지 못하는 곳이 있기 때문이다. 섭공(葉公)의 총명을 도와 주지[2] 못하고 가까운 데 사람을 기쁘게 하고 먼 데 사람을 다가오게 하라고 하였는데 이는 내 권세가 능히 금할 수 있는 데를 버려 두고 아래와 함께 은혜를 베풀어 민심 얻기를 다투도록 하는 것이니 권세를 지닌 자가 할 일이 아니다. 대저 요(堯)의 현명함은 육왕(六王)[3] 가운데 으뜸이다. 그러나 순(舜)이 한번 거처를 옮기자 고을이 이루어지고[4] 요는 천하를 잃게 되었다. 어떤 사람이 술(術)로써 아래를 금하지 않고 순을 본받아[5] 의지하면서 그 민을 잃지 않으려 한다면 역시 술이 없는 것이 아니겠는가. 현명한 군주는 작은 악을 드러나기 전에 발견하기 때문에 민에게 큰 음모가 없고 작은 처벌을 미세한 가운데 행하기 때문에 민에게 대란이 없다. 이것을 가리켜 "어려운 것은 쉬운 데에서 도모하며 큰 것은 미세한 데에서 한다"고 말한다. 만일 공 있는 자가 반드시 상을 받는다면 상 받는 자는 군주의 덕이라 하지 않을[6) 것이다. 노력이 가져온 것이기 때문이다. 죄 지은 자가 반드시 처벌을 당한다면 처벌당한 자는 군주를 원망하지 않을 것이다. 죄가 낳은 것이기 때문이다. 민은 처벌이나 상이 모두 자신에게서 기인되는 것을 알기 때문에 일에 있어 공리 성과에 힘쓰며[7) 군주에게서 은사(恩賜)를 받으려 하지 않는다. "최상의 군주는 그 밑에 있는 민의 존재를 알 뿐이다"[8)라고 한다. 이것은 최상의 군주 밑에 있는 민이 기뻐할 리가 없다는 말이다. 어찌 은혜를 그리는 민중을 취하겠는가. 훌륭한 군주의 민은 이해 타산할 일이 없다. 가까운데 사람을 기쁘게 하고 먼데 사람을 다가오게 하라는 설득은 역시 그만두어야 좋은 것이다'라고 하였다.

或曰:仲尼之對, 亡國之言也. 恐民有倍心, 而說之"悅近而來遠", 則是敎民懷惠. 惠之爲政, 無功者受賞, 而有罪者免, 此法之所以敗也. 法敗而政亂, 以亂政治敗民, 未見其可也. 且民有倍心者, 君上之明有所不及也. 不紹葉公之明, 而使之悅近而來遠, 是舍吾勢之所能禁而使與下行惠以爭民, 非能持勢者也. 夫堯之賢, 六王之冠也. 舜一從而咸包, 而堯無天下矣. 有人無術以禁下, 特爲舜而不失其民, 不亦無術乎? 明君見小姦於微, 故民無大謀 ; 行小誅於細, 故民無大亂. 此謂 "圖難者於其所易也, 爲大者於其所細也." 今有功者必賞, 賞者不得君, 力之所致也 ; 有罪者必誅, 誅者不怨上, 罪之所生也. 民知誅賞之皆起於身也, 故疾功利於業, 而不受賜於君. "太上, 下智有之." 此言太上之下民無說也, 安取懷惠之民? 上君之民無利害, 說以"悅近來遠", 亦可舍已.

1 倍心−배반하려고 꾀하는 심정. 배(倍)는 배(背)자로 통함.
2 不紹−소(紹)는 계(繼)자와 같음. 부족한 데를 기워서 보충해 주지 않음.
3 六王−요(堯), 순(舜), 우(禹), 탕(湯), 문왕(文王), 무왕(武王)을 가리킴.
4 成邑−은혜를 그리워하는 사람들이 모여들어 이내 한 고을이 만들어짐.

5 爲舜 – 순과 같이 되려고 그의 행동을 흉내냄.
6 不得君 – 군주에게 은혜를 입는다고 생각하지 않음.
7 疾功利 – 공리를 거두는 일에 노력함. 질(疾)은 무(務)자로 통함.
8 下智有之 – 역으로 표현하면, 민중 역시 군주의 존재만을 인정함.

(또 말하기를) '애공(哀公)에게 신하가 있어 밖으로 사람을 막고 안으로 패거리를 지어 그 군주를 어리석게 만드는데도 현명한 신하를 뽑으라고 설득하였다. 이것은 공적에 의한 평가[1]가 아니라 마음속에 이른바[2] 현자를 뽑는 것이 된다. 만일 애공이 세 사람[3]이 밖으로 사람을 막고 안으로 패거리 짓는다는 것을 알았다면 세 사람은 하루도 조정에 설 수 없었을 것이다. 애공은 현명한 신하를 뽑을 줄 모르고 마음속에 이른바 현자를 뽑았기 때문에 세 사람이 일을 맡을 수 있었다. 연(燕)의 자쾌(子噲)는 자지(子之)를 현자라 여기고 손경(孫卿)[4]을 인정하지 않았기 때문에 자신이 죽고 치욕을 당하였다.[5] 부차(夫差)는 태재비(太宰嚭)가 지혜롭고 자서(子胥)는 어리석다고 보았기 때문에 월(越)에게 멸망하였다. 노(魯)의 군주가 결코 현자를 알아보지 못하는데도 현명한 신하를 뽑으라고 설득하였으니 이는 애공으로 하여금 부차나 연의 자쾌 같은 환란을 당하게 하는 것이다. 현명한 군주는 자신이 직접 신하를 발탁하지 않고 신하가 서로를 나아가게[6] 하며 자신이 직접 공을 애쓰지[7] 않고 공적이 저절로 따라오게 한다. 그 임무에 대하여 평가하고 일을 시켜서 시험하며 공적을 가지고 정한다.[8] 그러므로 신하들은 공평하고[9] 사심이 없어 현자를 숨기지 않으며 무능한 자는 진출하지 못한다. 그렇다면 군주가 현명한 신하를 뽑는 일이 어찌 고생되겠는가'라고 하였다.

哀公有臣, 外障距, 內比周以愚其君, 而說之以"選賢", 此非功伐之論也, 選其心之所謂賢者也.　使哀公知三子外障距內比周也,　則三子不一日立矣. 哀公不知選賢, 選其心之所謂賢, 故三子得任事. 燕子噲賢子之而非孫卿, 故身死爲僇; 夫差智太宰嚭而愚子胥, 故滅於越. 魯君不必知賢, 而說以選賢, 是使哀公有夫差・燕噲之患也. 明君不自擧臣, 臣相進也; 不自賢功, 功自徇也. 論之於任, 試之於事, 課之於功, 故群臣公政而無私, 不隱賢, 不進不肖. 然則人主奚勞於選賢?

1 功伐之論－공적이 계속되는 데 따라서 객관적으로 평가함. 벌(伐)은 속(續)자로 통함.
2 心之所謂－마음속으로 생각하는 평가를 말함.
3 三子－노(魯)의 권세가 맹손(孟孫), 숙손(叔孫), 계손(季孫)씨를 가리킴.
4 孫卿－순자(荀子)를 말함. 이름은 황(況)이며 경(卿)은 존칭.
5 爲僇－죽음을 당하고 욕을 당함. 륙(僇)은 륙(戮)자로도 통함.
6 相進－상호 추천을 거쳐 승진함.
7 賢功－성과를 거두려고 힘씀. 현(賢)은 로(勞)자로 통함.
8 課之－승진하는 순위를 가려서 결정지음.
9 公政－공정하게 일을 처리함. 정(政)은 정(正)자로 통함.

(또 말하기를) '경공(景公)이 백승의 가록(家祿)을 내려주었다 하여 재물을 절약하라는 것으로 설득하였다. 이는 경공으로 하여금 술을 써서 풍부한 사치를 즐기도록 하지 않고 혼자서만 윗자리에서 검약하라고 시키는 것이니 가난을 면치 못할 것이다. 어떤 군주가 천리나 되는 영토로 배를 채운다면[1] 비록 걸(桀)이나 주(紂)라 할지라도 이보다 더 사치스럽지 않을[2] 것이다. 제(齊)는 나라가 사방 삼천리나 되는데 환공(桓公)이 그 절반을 자신의 부양에 썼으니 이는 걸이나 주보다 더 사치스럽다. 그렇더라도 능히 오패(五覇) 가운데 으뜸이 될 수 있었던 것은 사치와 검약의 처지[3]를 가릴 줄 알았기 때문이다. 군주가 되어 능히 신하를 누르지[4] 못하고 자신을 누르는 것을 가리켜 협박받는다고 하고 능히 신하를 바로잡지[5] 못하고 자신을 바로잡는 것을 가리켜 어지러워진다고 하며 능히 신하를 절약하게 하지 못하고 자신이 절약하는 것을 가리켜 가난하다고 한다. 현

명한 군주는 사람들로 하여금 사욕을 부리지 못하게 하며 속여서 먹는 것을 금한다. 있는 힘을 일에 다 쓰고 이득을 군주에게 돌리는 자는 반드시 알려지고[6] 알려진 자는 반드시 상받게 되며 부정하게[7] 사욕을 부린 자는 반드시 알게 되고 알면 반드시 처벌당한다. 그러한 까닭으로 충신은 공적인 일에 정성을 다하고 민이나 선비는 집안일에 힘을 다하며 백관들은 조정 일에 부지런하다.[8] 경공보다 더 사치스럽다 하더라도 나라의 환란은 아니다. 그렇다면 재물을 절약하라고 설득하는 것은 급하지 않다'라고 하였다.

景公以百乘之家賜, 而說以節財, 是使景公無術以智富之侈, 而獨儉於上, 未免於貧也. 有君以千里養其口腹, 則雖桀·紂不侈焉. 齊國方三千里, 而桓公以其半自養, 是侈於桀·紂也 ; 然而能爲五霸冠者, 知侈儉之地也. 爲君不能禁下而自禁者謂之劫, 不能節下而自飾者謂之亂, 不能節下而自節者謂之貧. 明君使人無私, 以詐而食者禁 ; 力盡於事, 歸利於上者必聞, 聞者必賞 ; 汙穢爲私者必知, 知者必誅. 然故忠臣盡忠於公, 民士竭力於家, 百官精剋於上, 侈倍景公, 非國之患也. 然則說之以節財, 非其急者也.

1 養其口腹 – 수입을 가지고 가족을 부양하는 비용으로 충당함.
2 不侈焉 – 여기서 언(焉)은 비교조사 어(於)자와 같은 용법.
3 地 – 일의 성격. 분별하는 길, 또는 원칙.
4 能禁 – 하지 못하게 억제함. 금제(禁制)함.
5 飾 – 정(整)이나 정(正)자의 뜻. 칙(飭)자로 통함.
6 必聞 – 반드시 위에 보고되어 알려짐. 상주(上奏)함.
7 汙穢 – 더러운 행동, 혹은 오리(汚吏) 자신을 가리킴.
8 精剋 – 지극 정성으로 부지런히 일함. 극(剋)은 힘쓸 려(勵)자와 마찬가지 뜻.

(또 말하기를) '도대체 삼공에 대한 대답을 한마디로 삼공이 가히 환난을 입지 않게 할 수 있다고 함은 "아래 사정을 잘 알라"[11]고 하는 말이다. 아래 사정을 아는 데 밝다면 일이 미세할 적에 금할 수 있고 일이 미세할 적에 금할 수 있다면 악이 쌓일 수 없으며 악이 쌓

일 수 없다면 모반하는 마음이 일어나지 않게 된다. 또 아래 사정을 아는 데 밝다면 공과 사의 구별이 분명해지고 공과 사의 구별이 분명하면 붕당들이 흩어지며 붕당들이 흩어지면 밖으로 가로막거나 안으로 패거리 짓는 걱정이 없게 된다. 아래 사정을 아는 데 밝다면 보는 눈이 맑아지고[2] 보는 눈이 맑아지면 처벌과 포상이 명확해지며 처벌과 포상이 명확해지면 나라에 가난이 들지 않을 것이다. 그러므로 말하기를 "한마디 대답으로 삼공이 환난을 입지 않게 하기란 아래 사정을 잘 알라고 이르는 말이다"라고 하는 것이다'라고 하였다.

夫對三公一言而三公可以無患, 知下之謂也. 知下明, 則禁於微 ; 禁於微, 則姦無積 ; 姦無積背心, 則無背心 ; 知下明, 則公私分 ; 公私分, 則朋黨散 ; 朋黨散, 則無外障距內比周之患. 知下明, 則見精沐 ; 見精沐, 則誅賞明 ; 誅賞明, 則國不貧. 故曰 : 一對而三公無患, 知下之謂也.

1 知下-신하들의 동향을 잘 살펴서 정확한 정보를 알게 됨.
2 精沐-사물을 보는 안목이 정밀하고 명료함. 정(精)은 청(淸)자와 마찬가지 뜻이며 목(沐)은 세(洗)자로 통함.

[5]
정(鄭) 자산(子産)이 새벽 일찍 외출하여 동장(東匠) 거리 문밖을 지나다가 아낙네의 곡성을 듣자 마부의 손을 누르고[1] 들었다. 얼마 있다가 관리를 보내어 그를 신문해 보니 남편을 손으로 목졸라 죽인[2] 자였다. 다른 날 그 마부가 묻기를 '대인[3]께서 어떻게 그것을 아셨습니까'라고 하였다. 자산이 말하기를 '그 울음소리에 두려워하는 기색이 있었기 때문이다. 무릇 사람이란 친애하는 이에 대하여 처음 병에 걸리면 근심 걱정을 하고 죽음에 이르면 두려워하며 이미 죽으면 슬퍼하게 마련이다. 지금 죽어 버린 자에 대한 곡성이 슬프지 않고 두려워하는 기색이었다. 이런 까닭으로 거기에 간악한

일이 있다는 것을 알았다'라고 하였다.

鄭子産晨出, 過東匠之閭, 聞婦人之哭, 撫其御之手而聽之. 有閒, 遣吏執
而問之, 則手絞其夫者也. 異日, 其御問曰 : "夫子何以知之?" 子産曰 :
"其聲懼. 凡人於其親愛也, 始病而憂, 臨死而懼, 已死而哀. 今哭已死, 不
哀而懼, 是以知其有姦也."

1 撫 - 수레를 멈추도록 손을 누름. 무(撫)는 억(抑)자로 통함.
2 手絞 - 직접 목을 매달아 죽임. 수(手)는 손수 함. 교(絞)는 익(縊)자로 통함.
3 夫子 - 스승이나 대부를 부르는 경우에 쓰이는 존칭.

어떤 이가 말하기를 '자산(子産)의 정사가 또한 번거롭지[1] 않은가.
간악을 반드시 이목이 미치기를[2] 기다린 다음에 알아낸다면 정(鄭)
나라에 붙잡힐 간악자는 적을 것이다. 송사를 주관하는[3] 관리에게
맡기지 않고 검증하는 정사[4]를 살펴서 하지 않고 법도의 테두리를
명확히 하지 않고 총명 다하기만을 믿으며 지려를 짜내어서 간악을
안다 함은 또한 술수가 없는 것이 아니겠는가. 그리고 도대체 사물
은 많은데 지려는 적으니 적은 것은 많은 것을 이기지 못한다. 지려
는 사물을 두루 다 알아내기에 부족하다. 그러므로 사물에 의존해
서 사물을 다스릴 일이다. 아랫사람은 많고 위는 적으니 적은 것은
많은 것을 이기지 못한다. 군주는 신하를 두루 다 알아내기에 부족
하다. 그러니 사람에 의존해서 사람을 알아낼 일이다. 이런 까닭으
로 몸이 피로하지 않고서도 일이 다스려지고 지려를 쓰지 않아도
간악한 자가 붙잡힌다. 그러므로 송(宋) 사람의 말투로 말하기를
"한 마리 참새가 예(羿) 위를 지날 때마다 예가 반드시 그것을 잡는
다면 예가 거짓말하는 것이다. 천하 전체로 그물을 삼아야 참새를
놓치지 않을 것이다"라고 한다. 대저 간악을 알아내는 일도 역시 큰
그물로 하나도 놓치지 않게 할 따름이다. 그 도리를 닦지 않고 자기

억측⁵⁾을 화살로 삼는다면 자산도 거짓말을 하게 될 것이다. 노자(老子)에 이르기를 "지려로써 나라를 다스리면 나라가 손해를 입을 것이다"라고 하였다. 이는 자산을 가리켜 한 말이다'라고 하였다.

或曰 : 子産之治, 不亦多事乎? 姦必待耳目之所及而後知之, 則鄭國之得姦者寡矣. 不任典成之吏, 不察參伍之政, 不明度量, 恃盡聰明, 勞智慮, 而以知姦, 不亦無術乎? 且夫物衆而智寡, 寡不勝衆, 智不足以徧知物, 故因物以治物. 下衆而上寡, 寡不勝衆, 君不足以徧知臣也, 故因人以知人. 是以形體不勞而事治, 智慮不用而姦得. 故宋人語曰 : "一雀過羿, 羿必得之, 則羿誣矣. 以天下爲之羅, 則雀不失矣." 夫知姦亦有大羅, 不失其一而已矣. 不修其理, 而以己之胸察爲之弓矢, 則子産誣矣. 老子曰 : "以智治國, 國之賊也." 其子産之謂矣.

1 多事 — 할 일이 많아서 매우 번잡함을 가리킴.
2 所及 — 사건을 자산 자신의 눈과 귀로 직접 확인함.
3 典成 — 성(成)은 재판을 성사시킴이며 전(典)은 주재(主宰)의 뜻으로, 일을 관장함.
4 參伍之政 — 참동(參同), 즉 사실을 조사하고 증거를 대조하는 정치 기술.
5 胸察 — 마음속으로 어림짐작함. 심증을 가리킴.

[6]

진(秦) 소왕(昭王)이 측근들에게 묻기를 '지금의 한(韓)과 위(魏)가 처음 강했을 때에 비하여 어떠한가'라고 하였다. 측근들이 대답하기를 '처음보다 약합니다'라고 하였다. '지금의 여이(如耳)와 위제(魏齊)¹⁾는 이전의 맹상(孟常)이나 망묘(芒卯)²⁾에 비하여 어떠한가'라고 물었다. 대답하기를 '미치지 못합니다'라고 하였다. 왕이 말하기를 '맹상이나 망묘가 강국 한과 위의 군사를 이끌고 온다 하여도 오히려 나를 어찌할 수는 없을 것이다'라고 하였다. 측근들이 대답하기를 '정말 그렇습니다'라고 하였다. 중기(中期)³⁾가 거문고를 밀어 놓

768

고 대답하기를 '왕께서 천하 정세 판단을 잘못하십니다. 대저 육진(六晉)[4] 시절에는 지씨가 가장 강하여 범(范)과 중행(中行)을 멸하고 한과 위의 군대를 따르게 하여 조(趙)를 칠 적에 진수(晉水) 물을 대어[5] 성의 잠기지 않았던 부분은 삼판(三板)[6] 정도였습니다. 지백(知伯)이 밖에 나가서 보니 위 선자(宣子)가 말을 부리고 한 강자(康子)가 곁에 타고 있었습니다. 지백이 말하기를 "처음에는 내가 물로써 남의 나라를 가히 멸할 수 있다는 것을 알지 못하였는데 나는 지금 막 그것을 알았다. 분수(汾水)를 터 안읍(安邑)[7]에 물을 댈 수 있고 강수(絳水)를 터 평양(平陽)[8]에 물을 댈 수가 있겠다"고 하였습니다. (이 말을 듣고서) 위 선자는 팔꿈치로 한 강자를 치고 강자는 선자의 발을 밟아 수레 위에서 팔꿈치와 발을 맞대어[9] 지씨는 진양(晉陽) 성 아래 (싸움에 패하여) 분할당하였습니다. 지금 족하(足下)[10]께서 비록 강하다 하더라도 지씨와 같지 못하며 한과 위가 비록 약하더라도 (지씨에게 이끌려서) 진양 성 아래에 있었던 것과 같은 형편에는 이르지 않았습니다. 이는 천하가 바야흐로 팔꿈치와 발을 사용할 시기입니다. 바라건대 왕께서는 쉽사리 얕보지 마십시오'라고 하였다.

秦昭王問於左右曰：“今時韓‧魏孰與始强?” 左右對曰：“弱於始也.” “今之如耳‧魏齊孰與曩之孟常‧芒卯?” 對曰：“不及也.” 王曰：“孟常‧芒卯率强韓‧魏, 猶無奈寡人何也.” 左右對曰：“甚然.” 中期推瑟而對曰：“王之料天下過矣. 夫六晉之時, 知氏最强, 滅范‧中行, 而從又率韓‧魏之兵以伐趙, 灌以晉水, 城之未沈者三板. 知伯出, 魏宣子御, 韓康子爲驂乘. 知伯曰：‘始吾不知水可以滅人之國, 吾乃今知之. 汾水可以灌安邑, 絳水可以灌平陽.’ 魏宣子肘韓康子, 康子踐宣子之足, 肘足接乎車上, 而知氏分於晉陽之下. 今足下雖强, 未若知氏 ; 韓‧魏雖弱, 未至如其在晉陽之下也. 此天下方用肘足之時, 願王勿易之也.”

1 如耳魏齊 - 여이(如耳)는 위(魏) 사람으로 한(韓)을 섬겼던 대부이며 위제의
　제(齊)는 재상 재(宰)자로 통함.
2 孟常芒卯 - 맹상(孟常)은 맹상군(孟嘗君)을 가리킴. 망묘(芒卯)는 위의 장수.
3 中期 - 진(秦)의 악사 종기(鍾期)를 가리킴.
4 六晉 - 진(晉)을 약화시킨 육경(六卿), 즉 지(智) · 범(范) · 중행(中行) · 한(韓) ·
　위(魏) · 조(趙)를 말함.
5 灌以晉水 - 분수(汾水)의 지류인 진수(晉水) 제방을 터서 그 물을 가지고 수
　공(水攻)을 꾀함.
6 三板 - 판(板)은 성벽 쌓는 건축자재인 판축(版築)으로 널판 폭이 두 자 길
　이임.
7 安邑 - 위 선자(宣子)의 봉읍으로 산서성 하현(夏縣) 서북 땅.
8 平陽 - 한 강자(康子)의 봉읍으로 산서성 임분(臨汾)시를 말함.
9 肘足接 - 팔꿈치와 발짓으로 다른 사람이 눈치채지 못하게 신호함.
10 足下 - 군주에 대하여 부르는 존칭으로 그 당시 소왕(昭王)을 지칭함.

어떤 이가 말하기를 '소왕(昭王)의 질문에 실수가 있고 측근들과 중
기(中期)의 대답에도 잘못이 있다. 무릇 현명한 군주가 나라를 다스
리는 것은 그 권세에 달려 있다. 권세가 손상을 입을 수 없는 것이
라면 비록 천하의 강자[1]라 할지라도 어찌할 수가 없다. 그런데 하물
며 맹상(孟常)이나 망묘(芒卯)나 한(韓) · 위(魏)가 능히 어찌할 수
있겠는가. 그 권세가 손상을 입을 수 있는 것이라면 여이(如耳)와
위제(魏齊)나 한 · 위와 같은 못난 자라도 오히려 능히 손상을 입힐
수 있을 것이다. 그렇다면 손상을 입거나 침해를 당하지 않는 것은
그 자신이 의지하는 데 달려 있을 따름이다. 어찌하여 물어 보는 것
인가. 침해당하지 않는 권세에 자신이 의지한다면 강하거나 약하거
나 어찌 그것을 가리겠는가. 실수가 자신이 의지하지 않는 데에 있
으면서 그것을 어찌할까 묻는다면 그것을 침해당하지 않는 경우가
요행일 것이다. 신불해(申不害)가 말하기를 "법술을 놓아 두고[2] 말
을 믿으려[3] 한다면 당혹할 것이다"라고 하였다. 그것은 소왕을 가리
켜 하는 말이다. 지백(知伯)은 법술을 몰라[4] 한 강자(康子)와 위 선
자(宣子)를 거느린 채 물을 대 그들의 두 도성을 멸하려 하였다. 이

것이 지백이 나라를 망치고 자신도 죽게 된 원인이며 두개골로 술
잔이 만들어진[5] 까닭이다. 지금 소왕이 바로 "처음 강했을 때에 비
하여 어떠한가"라고 물은 것은 남이 물로 칠 걱정이 있어 두려워하
는 것이겠는가. 비록 측근들이 있더라도 한·위의 두 사람은 아닌
데 어찌 팔꿈치와 발을 맞대는 일이 있겠는가. 그런데도 중기가 "쉽
사리 얕보지 마십시오"라고 말하였으니 이것은 헛된 말이다. 또한
중기가 맡은 일은 거문고와 비파다. 줄이 고르지 않거나 타는 소리
가 맑지[6] 않으면 중기의 책임이다. 이것이 중기가 소왕을 섬기는 소
임이다. 중기가 그 임무를 잘 받든다고 하여도 아직 소왕을 흡족하
게 하지 못하면서[7] 알지 못하는 것까지 나서니 어찌 망녕되지 않은
가. 측근들이 대답하기를 "처음보다 약합니다"라고 말하거나 "미치
지 못합니다"라고 말한다면 좋다. 그러나 그들이 "정말 좋습니다"
라고 말한다면 아첨이다. 신불해가 말하기를 "다스리는 일은 맡은
직분을 넘지 말며 비록 알더라도 말하지 말라"고 하였다. 지금 중기
는 알지도 못하면서 오히려 말을 하였다. 그러므로 말하기를 "소왕
의 질문에 실수가 있고 측근들과 중기의 대답에도 잘못이 있다"고
하는 것이다'라고 하였다.[8]

或曰 : 昭王之問也有失, 左右·中期之對也有過. 凡明主之治國也, 任其
勢. 勢不可害, 則雖强天下無奈何也, 而況孟常·芒卯·韓·魏能奈我何?
其勢可害也, 則不肯如如耳·魏齊, 及韓魏猶能害之. 然則害與不侵, 在
自恃而已矣, 奚問乎? 自恃其不可侵, 則强與弱奚其擇焉? 夫不自恃, 而
問其奈何也, 其不侵也幸矣. 申子曰 : "失之數而求之信, 則疑矣." 其昭王
之謂也. 知伯無度, 從韓康·魏宣而圖以水灌滅其國. 此知伯之所以國亡
而身死, 頭爲飮杯之故也. 今昭王乃問孰與始强, 其畏有水人之患乎? 雖有
左右, 非韓·魏之二子也, 安有肘足之事? 而中期曰, "勿易", 此虛言也,
且中期之所官, 琴瑟也. 絃不調, 弄不明, 中期之任也, 此中期所以事昭王

者也. 中期善承其任, 未慊昭王也, 而爲所不知, 豈不妄哉? 左右對之曰
"弱於始"與"不及"則可矣, 其曰"甚然"則諛也. 申子曰: "治不踰官, 雖
知不言." 今中期不知而尙言之. 故曰: 昭王之問有失, 左右・中期之對皆
有過也.

1 强天下 - 부강한 제후들을 가리킨 표현.
2 失之數 - 법술, 즉 객관적인 수단을 버림. 수(數)는 술수(術數)를 말함.
3 求之信 - 남의 말을 믿고 일을 하려고 함. 주관적인 판단을 함.
4 無度 - 법도를 이해하지 못함. 유도(有度)의 반대말.
5 頭爲飮杯 - 사람의 두개골로 술잔을 만듦.
6 弄不明 - 거문고 타는 소리가 투명하지 않음. 롱(弄)은 연주함.
7 未慊 - 협(慊)은 배부를 포(飽)자와 같음. 만족하지 못함.
8 治不踰官 - 직무 수행을 하면서 월권을 하지 않음.

[7]

관자(管子)가 말하기를 '옳다고 보면 그것을 좋아하는 증거를 보여
야[1] 하며 옳지 않다고 보면 그것을 미워하는 형태를 보여야[2] 한다.
드러나 보이는 것에 대하여 상과 벌이 확실하면 비록 보이지 않는
곳이라 하더라도 감히 그것을 하겠는가. 옳다고 보아 그것을 좋아
하면서 증거를 보이지 않고 옳지 않다고 보아 그것을 미워하면서
형태를 보이지 않으며 드러나 보이는 것에 대하여 상과 벌이 확실
하지 않으면 보이지 않는 그밖의 것을 구하여도 기대할 수가 없다'
라고 하였다.

管子曰: "見其可, 說之有證; 見其不可, 惡之有形. 賞罰信於所見, 雖所
不見, 其敢爲之乎? 見其可, 說之無證; 見其不可, 惡之無形. 賞罰不信於
所見, 而求所不見之外, 不可得也."

1 有證 - 징후(徵候)가 나타남. 여기서는 상을 줌.
2 有形 - 실제 형태를 드러냄. 형(形)은 형(刑)자로 통함.

어떤 이가 말하기를 '넓은 궁정이나 엄숙한 저택은 일반 사람들이 몸을 삼가는 곳이며 편안한 방[1]이나 혼자 있는 거처는 증자(曾子)나 사추(史鰌)[2]라도 느긋하게 지내는 곳이다. 사람이 몸을 삼가는 데를 살펴본다고 하여 그 행동의 진실을 아는 것은 아니다.[3] 또한 군주란 자는 신하가 겉꾸며 보이는 대상이다. 호오(好惡)가 드러나면[4] 신하들이 간악한 일을 분식하여 그 군주를 어리석게 만들 것이 틀림없다. 명찰이 먼 곳의 간악을 비추어 내거나 숨겨진 작은 일을 들추어볼 수 없으면서 겉꾸민 행동을 살펴보는 것만을 믿고[5] 상벌을 정한다면 또한 눈이 가려지지[6] 않겠는가'라고 하였다.

或曰 : 廣廷嚴居, 衆人之所肅也. 宴室獨處, 曾·史之所慢也. 觀人之所肅, 非行情也. 且君上者, 臣下之所爲飾也. 好惡在所見, 臣下之飾姦物以愚其君, 必也. 明不能燭遠姦, 見隱微, 而待之以觀飾行, 定賞罰, 不亦弊乎?

1 宴室 – 마음 편안한 거처. 안거(安居)와 같음.
2 曾史 – 공자의 제자 증삼(曾參)과 사추(史鰌). 효행과 정직으로 이름남. 근엄한 인물을 대표함.
3 非行情 – 엄숙한 표정과 실제 행동이 반드시 같은 것은 아님.
4 在所見 – 신하가 보는 앞에서 좋아하거나 싫어하는 기색을 드러냄.
5 待之 – 분식한 행동을 관찰한 것만을 믿음. 대(待)는 시(恃)자로 통함.
6 不亦弊 – 실패한 것을 강조한 말. 폐(弊)는 폐(蔽)자와도 같음.

[8]
관자(管子)가 말하기를 '실내에서 말을 하면 (그 음성이) 실내에 가득 차고[1] 당 안에서 말을 하면 당 안에 가득 찬다. 이를 가리켜 천하의 왕[2]이라고 한다'라고 하였다.

管子曰 : "言於室, 滿於室 ; 言於堂, 滿於堂, 是謂天下王."

어떤 이가 말하기를 '관중(管仲)이 이른바 "실내에서 말을 하면 실내에 가득 차고 당 안에서 말을 하면 당 안에 가득 찬다"고 말한 것은 그저[1] 놀거나 음식 먹을 때 하는 말을 이르는 것이 아니라 반드시 큰 일[2]을 가리킨 말이다. 군주에게 큰 일은 법(法) 아니면 술(術)이다. 법이란 것은 문서[3]로 엮어 내어 관청에 비치하고 백성들에게 공포하는 것이다. 술이란 것은 가슴 속에 감추어 두고 많은 사례들에 맞추어[4] 몰래 여러 신하들을 부리는 것이다. 그러므로 법은 분명하게 밝히는 것만 못하며 술은 드러내 보이기를 바라지 않는다. 이런 까닭으로 현명한 군주가 법을 말하면 나라 안 미천한 자까지 들어서 알지 못함이 없으니 오로지 당 안에 가득 찰 일만은 아니다. 술을 쓴다면 가까이에서 사랑하는 친숙한 이들도 들어 볼 수 없으니 당 안이라 해도 가득 찰 수 없다. 그런데도 관자가 오히려 "실내에서 말을 하면 실내에 가득 차고 당 안에서 말을 하면 당 안에 가득 찬다"고 말하고 있으니 법과 술에 맞는 말이 아니다'라고 하였다.

或曰 : 管仲之所謂言室滿室·言堂滿堂者, 非特謂遊戲飮食之言也, 必謂大物也. 人主之大物, 非法則術也. 法者, 編著之圖籍, 設於官府, 而布之於百姓者也. 術者, 藏之於胸中, 以偶衆端而潛御群臣者也. 故法莫如顯, 而術不欲見. 是以明主言法, 則境內卑賤莫不聞知也, 不獨滿於堂 ; 用術, 則親愛近習莫之得聞也, 不得滿室. 而管子猶曰"言於室滿室, 言於堂滿堂", 非法術之言也.

39 난 사(難四)

[1]

위(衛)의 손문자(孫文子)가 노(魯)에 사절로 왔다.[1] 공이 계단을 오르면 함께 올라섰다. 숙손목자(叔孫穆子)가 종종걸음으로 나아가 말하기를 '제후들의 모임에서 내 군주[2]가 위군 뒤로 선 일은 일찍이 없었습니다. 지금 선생은 내 군주로부터 한 단계[3] 뒤떨어지려고 하지 않습니다. 내 군주가 잘못한 것이라도 있는지 알지 못하겠습니다. 선생이 조금만 천천히[4] 오르십시오'라고 하였다. 손문자는 답변하지 않았으며 뉘우치는 기색[5]도 없었다. 숙손목자가 물러나서 다른 사람에게 고해 말하기를 '손문자는 반드시 망할 것이다. 신하이면서 군주 뒤에 서려고 하지 않고 잘못하면서도 고치려 하지 않는다. 망하는 근본이다'라고 하였다.

衛孫文子聘於魯, 公登亦登. 叔孫穆子趨進曰 : "諸侯之會, 寡君未嘗後衛君也. 今子不後寡君一等, 寡君未知所過也. 子其少安." 孫子無辭, 亦無悛容. 穆子退而告人曰 : "孫子必亡. 臣而不後君, 過而不悛, 亡之本也."

1 聘-제후들 사이에 서로 사절을 보내 문안 인사를 나눔.
2 寡君-자기 군주를 남에게 가리키는 겸사의 말.
3 一等-신하가 군주에 대한 예의 표시로 한 계단 뒤떨어져 오름.
4 少安-안(安)은 서(徐)자로 통함. 걸음을 약간 늦춤.
5 悛容-잘못을 뉘우치고 고치려 하는 모양.

어떤 이가 말하기를 '천자가 도를 잃으면[1] 제후가 그를 정벌한다.
그러므로 탕(湯)과 무왕(武王)이 있다. 제후가 도를 잃으면 대부가
그를 정벌한다. 그러므로 제(齊)와 진(晉)[2]이 있다. 신하이면서 군주
를 친 자는 반드시 망할 것이라고 하면 바로 탕이나 무왕은 왕자가
될 수 없었으며 제나 진도 세울 수 없었을 것이다. 손문자(孫文子)
는 위(衛)에서 군주와 같았으므로[3] 그런 뒤에 노(魯)에서 신하의 예
를 취하지 않았던 것이다. 신하로서 군주가 된 것은 군주가 실도(失
道)한 까닭에 신하가 득세한 것이다. 실도한 군주에 대하여 망할 것
이라 하지 않고[4] 득세한 신하에 대하여 망할 것이라고 하는 것은
명찰하지 못하다. 노는 위의 대부를 처벌할 수 없었고 위 군주의 명
찰로는 뉘우칠 줄 모르는 신하를 알지 못하였다. 손문자가 비록 이
두 가지 잘못[5]이 있다 하더라도 어찌[6] 그것 때문에 망하겠는가. 망
하는 원인은 그가 군주 자리를 얻을 근본을 잃었기 때문이다'라고
하였다.

或曰 : 天子失道. 諸侯伐之, 故有湯·武. 諸侯失道, 大夫伐之, 故有齊·
晉. 臣而伐君者必亡, 則是湯·武不王, 晉·齊不立也. 孫子君於衛, 而後
不臣於魯, 臣之君也. 君有失也, 故臣有得也. 不命亡於有失之君, 而命亡
於有得之臣, 不察. 魯不得誅衛大夫, 而衛君之明, 不知不悛之臣. 孫子雖
有是二也, 巨以亡? 其所以亡, 其失所以得君也.

1 失道-정도(正道), 즉 바른 정치노선에서 벗어남.
2 齊晉-제(齊)의 전상(田常)과 진(晉)의 육경(六卿)을 말함.

3 君於衛 – 손문자(孫文子)가 진의 지지를 얻어 한때 그 군주를 압박하는 권세를 부림.
4 命 – 멸망을 예언함. 명(命)은 남에게 일러주는 말.
5 是二 – 군주에게서 물러서지 않은 일과 잘못을 뉘우치지 않은 일을 가리킴.
6 巨 – 여기서는 거(巨)가 의문부사 거(詎)자의 뜻으로 쓰임.

또 어떤 이가 말하기를 '신하와 군주의 자리매김은 분수다.[1] 신하가 능히 군주 자리를 빼앗을 수 있다는 것은 서로가 치우칠 수[2] 있기 때문이다. 그러므로 그 분수가 아니면서 취할 경우는 민중이 빼앗는 바가 되며 그 분수를 사양하면서 취할 경우는 민중이 주는 바가 된다. 이런 까닭으로 걸(桀)이 민산(岷山)의 딸[3]을 찾고 주(紂)가 비간(比干)의 심장을 구하자 천하 민심이 떨어져 나갔으나 탕(湯) 스스로 이름을 바꾸고[4] 무왕(武王) 스스로 꾸짖는 말을 받아들이자 온 나라 사람이 복종하게 되었으며 조선(趙咺)이 산으로 달아나고 전성(田成)이 밖에서 종[5] 노릇을 하자 제(齊)와 진(晉) 사람들이 따랐다. 그렇다면 탕과 무왕이 왕자가 된 까닭과 제나 진이 설 수 있게 된 까닭은 반드시 그 군주 자리[6] 때문만은 아니다. 그들은 자격을 얻은[7] 다음 군주로서 자리에 앉은 것이다. 지금 (손문자는) 얻을 까닭도 없이 그 자리 구실만을 행사하였다. 이는 의를 넘어뜨리고 덕을 거역하는 것이다. 의를 넘어뜨리면 일이 실패하는 원인이 되며 덕을 거역하면 원망이 모여들게 하는 원인이 된다. 실패와 멸망을 살피지 못한 것은 어찌된 일인가'라고 하였다.

或曰：臣主之施分也. 臣能奪君者, 以得相踦也. 故非其分而取者, 衆之所奪也；辭其分而取者, 民之所予也. 是以桀索岷山之女, 紂求比干之心, 而天下離；湯身易名, 武身受詈, 而海內服；趙咺走山, 田成外僕, 而齊·晉從. 則湯·武之所以王, 齊·晉之所以立, 非必以其君也, 彼得之而後以君處之也. 今未有其所以得, 而行其所以處, 是倒義而逆德也. 倒義, 則事之所以敗也 ; 逆德, 則怨之所以聚也. 敗亡之不察, 何也?

1 施分 - 신분에 따라 자리가 정해짐. 시(施)는 설치해 둠.
2 相踦 - 세가 한쪽으로 기울어짐. 기(踦)는 외발, 즉 편(偏)자로 통함.
3 岷山之女 - 민산(岷山)을 쳐서 그 두 딸을 얻음. 민산은 유융(有戎)의 성을 가리킴.
4 易名 - 탕(湯)은 본명이 리(履)였으나 걸(桀)의 이름을 휘(諱)하여 을(乙)자로 고침.
5 外僕 - 여인숙의 잔심부름하는 종을 가리키는 말.
6 其君 - 명목상의 단순한 군주 자리를 가리킴.
7 得之 - 실제로 군주가 될 자질을 충분히 갖출 수 있음.

[2]

노(魯)의 양호(陽虎)가 삼환(三桓)[1]을 공격하려고 하다가 이기지 못하고 제(齊)로 달아났다. 경공(景公)이 그를 예우하였다. 포문자(鮑文子)가 간하여 말하기를 '안 됩니다. 양호는 계씨(季氏)에게 총애를 받으면서 계손을 치려고 하였습니다. 그 재부를 탐낸 것입니다. 지금 군주께서는 계손보다 더 부유하며 제는 노보다 더 큽니다. 양호가 속임수를 쓰려는[2] 것입니다'라고 하였다. 경공이 이내 양호를 잡아 가두었다.

魯陽虎欲攻三桓, 不克而奔齊, 景公禮之. 鮑文子諫曰 : "不可. 陽虎有寵於季氏而欲伐於季孫, 貪其富也. 今君富於季孫, 而齊大於魯, 陽虎所以盡詐也." 景公乃囚陽虎.

1 三桓 - 노(魯)의 실권을 장악한 세 권세가.
2 盡詐 - 잔꾀를 다 부림. 사(詐)는 장난질을 함.

어떤 이가 말하기를 '천금을 가진 집은 그 자식이 인자하지 못하다.[1] 사람들이 이득을 서두름이 심하기 때문이다. 환공(桓公)은 오백(五

伯) 가운데 으뜸이다. 나라를 다투어 형을 죽인 것은 그 이득이 크기 때문이다. 신하와 군주 사이는 형제 같은 친근함이 없다. 협박하고 죽인 공이 만승의 나라를 제압하여 큰 이득으로 통한다면 여러 신하들 누가 양호(陽虎)와 같지 않겠는가. 일이란 은밀히 교묘하게 하면 성공하지만 소홀히 졸렬하게 하면 실패한다. 신하들이 아직 난을 일으키지 않은 것은 준비가 갖추어지지 못하였기 때문이다. 신하들이 모두 양호 같은 심정을 가지고 있어도 군주가 알지 못한다면 이는 바로 은밀하고 교묘한 것이다. 양호가 천하를 탐내 군주를 공격하려고 하였다면 이는 바로 소홀하고 졸렬한 것이다. 경공(景公)으로 하여금 졸렬한 양호에게 기필코 처벌을 가하도록 하였으니 이는 바로 포문자(鮑文子)의 주장이 잘못된[2] 것이다. 신하가 성실한가 속이는가는 군주가 하기에 달려 있다.[3] 군주가 명찰하고 엄격하면 신하들이 성실할 것이며 군주가 나약하고 암우하면 신하들이 속일 것이다. 드러나지 않은 일을 알아내는 것을 일러 명찰이라 하며 용서하지 않는 것을 가리켜 엄격하다고 한다. 제(齊)의 간교한 신하들을 알아내지 못하고 노(魯)에서 끝난 반란[4]을 처벌하는 것은 또한 망녕되지 않은가'라고 하였다.

或曰 : 千金之家, 其子不仁, 人之急利甚也. 桓公, 五伯之上也, 爭國而殺其兄, 其利大也. 臣主之間, 非兄弟之親也. 劫殺之功, 制萬乘而享大利, 則群臣孰非陽虎? 事以微巧成以疏拙敗. 群臣之未起難也, 其備未具也. 群臣皆有陽虎之心, 而君上不知, 是微而巧也. 陽虎貪於天下, 以欲攻上, 是疏而拙也. 必使景公加誅於拙虎也, 是鮑文子之說反也. 臣之忠詐, 在君所行也. 君明而嚴, 而群臣忠 ; 君懦而闇, 則群臣詐. 知微之謂明, 無救之謂嚴. 不知齊之巧臣而誅魯之成亂, 不亦妄乎?

1 不仁 – 자비심이 없음. 부잣집 자식은 인색함.

2 說反－주장하는 발상이 도리에 벗어나 맞지 않음.
3 在君所行－군주의 행동이 신하의 진실과 거짓 여부를 결정지음.
4 成亂－이미 실패로 끝나 버린 반란. 성(成)은 기제(既濟)의 뜻.

또 어떤 이가 말하기를 '인자함과 탐욕은 같은 마음이 아니다. 그래
서 공자 목이(目夷)는 송(宋)의 자리를 사양하였으나[1] 초(楚)의 상
신(商臣)은 아버지를 시해하였으며[2] 정(鄭)의 거질(去疾)은 서형에
게 물려주었으나[3] 노(魯)의 환공(桓公)은 형을 시해하였다.[4] 오백(五
伯)은 여러 나라를 병탄하였다. 그런데도 환공으로 사람을 가늠하
면[5] 이는 모두 곧은 청렴이 아니다. 또한 군주가 명찰하고 엄격하다
면 신하들은 성실해질 것이다. 양호(陽虎)는 노에서 난을 일으켜 이
루지 못하고 달아나 제(齊)로 들어왔다. 그럼에도 처벌을 하지 않았
다면 이는 난을 일으킨 자를 받아들인[6] 것이다. 군주가 명찰하다면
처벌해야만 양호가 난을 끝낼 수[7] 있다는 것을 안다. 이것이 숨겨진
기미를 드러내 보이는 정황이다. 옛말에 이르기를 "제후들은 나라
를 가지고 친교를 맺는다"고 한다. 군주가 엄격하다면 양호의 죄를
놓아줄 수가 없다. 이것이 용서할 수 없는 실정이다. 그렇다면 양호
를 처벌하는 것이 신하들로 하여금 성실하도록 하는 요인이다. 제
의 간교한 신하들을 알아내지 못하면서 분명한 난의 처벌을 폐하고
아직 일어나지 않은 죄를 책하면서[8] 밝게 드러난 죄를 처벌하지 않
으니 이것이 바로 망녕이다. 지금 노에서 난을 일으킨 죄를 처벌하
여 여러 신하들 가운데 간악한 마음을 가진 자를 위협한다면 계손
(季孫)·맹손(孟孫)·숙손(叔孫) 사이의 친교를 맺을 수 있을 것이
다. 포문자(鮑文子)의 설이 어째서 틀렸는가'라고 하였다.

或曰 : 仁貪不同心. 故公子目夷辭宋, 而楚商臣弑父 ; 鄭去疾予弟, 而魯
桓弑兄. 五伯兼幷, 而以桓律人, 則是皆無貞廉也. 且君明而嚴, 則群臣忠.

陽虎爲亂於魯, 不成而走, 入齊而不誅, 是承爲亂也. 君明則誅, 知陽虎之
可以濟亂也, 此見微之情也. 語曰 : "諸侯以國爲親." 君嚴則陽虎之罪不
可失, 此無赦之實也, 則誅陽虎, 所以使群臣忠也. 未知齊之巧臣, 而廢明
亂之罰, 責於未然, 而不誅昭昭之罪, 此則妄矣. 今誅魯之罪亂以威群臣
之有姦心者, 而可以得季・孟・叔孫之親, 鮑文之說, 何以爲反?

1 目夷辭宋 − 송(宋)의 환공(桓公)이 병들자 태자 자보(子父)가 서형인 목이(目
  夷)에게 자리를 물려주려고 하였으나 굳이 사양한 일.
2 商臣弑父 − 초(楚) 성왕(成王)이 어린아이를 세우려 하자 태자인 상신(商臣)이
  아버지를 죽이고 스스로 서서 목왕(穆王)이 됨.
3 去疾予弟 − 정(鄭) 영공(靈公)이 시해당하자 아우인 거질(去疾)이 추대되었으
  나 서형인 견(堅)에게 물려주어 양공(襄公)이 된 일.
4 魯桓弑兄 − 노(魯) 환공(桓公)은 형 은공(隱公)이 시해당한 일을 묵인하고 자
  리에 섬.
5 以桓律人 − 제(齊) 환공의 사례를 가지고 사람의 심정을 헤아림.
6 承爲亂 − 반란 일으킨 자를 승인하고 용납함.
7 可以濟亂 − 반란을 중지시킬 수 있음. 제(濟)는 지(止)자의 뜻으로 쓰임.
8 責於未然 − 아직 일어나지도 않은 상황에 대하여 책임을 물음.

[3]

정백(鄭伯)이 장차 고거미(高渠彌)를 경으로 삼으려 하였다. 소공
(昭公)이 그를 미워하여 단단히 간하였으나 듣지 않았다. 소공이 즉
위하자 그가 자기를 죽일까 두려워 신묘(辛卯) 날에 소공을 시해하
고 공자 단(亶)[1]을 세웠다. 군자가 말하기를 '소공은 미워할 바를 안
것이다'라고 하였다. 공자 어(圉)가 말하기를 '고백(高伯)은 주륙을
당할[2] 것이다. 미움 갚음이 너무 심하였다'라고 하였다.

鄭伯將以高渠彌爲卿, 昭公惡之, 固諫不聽. 及昭公卽位, 懼其殺己, 辛卯,
弑昭公而立子亶也. 君子曰 : "昭公知所惡矣." 公子圉曰 : "高伯其爲戮
乎, 報惡已甚矣."

1 子亹 — 소공(昭公)의 아우 공자 단(亹)을 말함. 즉위한 이듬해에 살해당함.
2 爲戮 — 단(亹)이 제(齊) 양공(襄公)을 만나 살해될 때 고거미(高渠彌)도 함께
   거열(車裂)당함.

어떤 이가 말하기를 '공자 어(圉)가 한 말 또한 틀리지 않은가. 소공
(昭公)이 재난에 이른 것은 미움 갚음이 늦었기 때문이다. 그렇다면
고백(高伯)이 죽음에 늦은[1] 것도 미움 갚음이 심하였기 때문이다.
현명한 군주는 노여움을 드러내 보인 채로 두지 않는다.[2] 노여움을
드러내 보인 채로 두면 죄지은 신하들이 경솔하게 움직여서 계책을
실행할 것이다. 그러면 군주가 위험하다. 영대(靈臺)의 잔치 때[3] 위
후(衛侯)가 노하면서도 처벌을 하지 않았기 때문에 저사(褚師)[4]가
난을 꾸몄다. 큰 자라국을 먹을 때 정(鄭)의 군주가 노하면서도 처
벌하지 않았기 때문에 자공(子公)이 그 군주를 죽였다. 군자가 "미
워할 바를 안 것이다"라고 지적한[5] 것은 심하지 않다. 아는 것이 이
와 같이 분명하면서도 처벌을 실행하지 않았기 때문에 죽음에 이르
렀다고 말한 것이다. 그래서 "미워할 바를 안 것이다"라고 함은 그
가 권(權)이 없음[6]을 보인 것이다. 군주는 재난을 예견할 능력이 없
을 뿐만 아니라 때로는 결단을 내릴 능력도 부족하다. 지금 소공은
미움을 드러내 보이고 죄는 그대로 둔 채[7] 처벌하지 않았으며 거미
(渠彌)로 하여금 미움을 품고 죽음이 두려워 요행을 바라게[8] 하였
기 때문에 죽음을 면치 못한 것이다. 이는 소공의 미움 갚음이 심하
지 않았기 때문이다'라고 하였다.

或曰：公子圉之言也, 不亦反乎? 昭公之及於難者, 報惡晚也. 然則高伯
之晚於死者, 報惡甚也. 明君不懸怒, 懸怒, 則罪臣輕擧以行計, 則人主危.
故靈臺之飮, 衛侯怒而不誅, 故褚師作難；食黿之羹, 鄭君怒而不誅, 故
子公殺君. 君子之擧"知所惡", 非甚之也, 曰：知之若是其明也, 而不行誅
焉, 以及於死. 故"知所惡", 以見其無權也. 人君非獨不足於見難而已, 或

不足於斷制. 今昭公見惡稽罪而不誅, 使渠彌含憎懼死以徼幸, 故不免於
殺, 是昭公之報惡不甚也.

1 晚於死 - 빨리 죽지 않음. 늦게까지 살아 있음.
2 懸怒 - 노여운 기색을 표면에 드러내 보이면서 처벌은 그대로 놓아둠.
3 靈臺之飮 - 위후(衛侯) 출공(出公)이 영대(靈臺)를 지어 잔치를 벌일 때 저사
  (褚師)가 무례를 범함.
4 褚師 - 시장 일을 관장하는 벼슬.
5 擧 - 거론(擧論)을 함. 사안에 대하여 평가함.
6 無權 - 임기응변할 줄 모름. 일에 대처하는 기지가 없음.
7 稽罪 - 죄에 대한 처리를 유보시킴. 계(稽)는 지(止)자의 뜻.
8 徼幸 - 되든 안 되든 운에 맡겨봄. 승부를 걸어봄.

또 어떤 이가 말하기를 '미움 갚음이 심하다는 것은 큰 처벌로 작은
죄를 갚는 일이다. 또 큰 처벌로 작은 죄를 갚는다고 하는 것은 옥
사(獄事)의 극치다.[1] 옥사의 걱정은 본래 처벌하는 까닭에 있지 않
고[2] 원수 짓는 자가 많아지는 것에 있다. 진(晉) 여공(厲公)이 삼극
(三郤)을 멸망시켰기[3] 때문에 난(欒)과 중행(中行)씨가 난을 꾸미고
정(鄭) 자도(子都)가 백선(伯咺)을 죽였기 때문에 식정(食鼎)이 화
를 일으키고 오왕(吳王)이 자서(子胥)를 처벌하였기 때문에 월(越)
구천(勾踐)이 패업을 이루었다. 그렇다면 위후(衛侯)가 쫓겨나고 정
영공(靈公)이 시해당한 일은 저사(褚師)가 죽지 않고 자공(子公)이
처벌당하지 않았기 때문이 아니라 아직 노여워할 수 없는데도 노여
운 기색이 있고[4] 아직 처벌할 수 없는데도 처벌할 생각을 가졌기
때문이었다. 노여움이 그 지은 죄에 마땅하며 처벌이 인심을 거슬
리지 않으면 비록 드러내어 둔 채로 있더라도 어찌 해가 되겠는가.
도대체 아직 서기도 전에 죄지은 자를 즉위 후에 묵혀둔 죄[5]로 처
벌한다면 제(齊) 호공(胡公)처럼 멸망을 당하는 원인이 된다. 군주
가 신하에게 그것을 행하여도 오히려 후환이 있는데 하물며 신하가

되어 군주에게 그것을 행하겠는가. 처벌이 거기에 마땅하지 않은데
도 다하겠다고 마음먹는다면[6] 이는 천하와 원수가 되는 것이다. 그
렇다면 비록 주륙을 당한다 하더라도 또한 옳지 않겠는가'라고 하
였다.

或曰 : 報惡甚者, 大誅報小罪. 大誅報小罪也者, 獄之至也. 獄之患, 故非
在所以誅也, 以讎之衆也. 是以晉厲公滅三郤而欒·中行作難, 鄭子都殺
伯咺而食鼎起禍, 吳王誅子胥而越句踐成霸. 則衛侯之逐, 鄭靈之弑, 不
以褚師之不死而子公之不誅也, 以未可以怒而有怒之色, 未可誅而有誅之
心. 怒其當罪, 而誅不逆人心, 雖懸奚害? 夫未立有罪, 卽位之後, 宿罪而
誅, 齊胡之所以滅也. 君行之臣, 猶有後患, 況爲臣而行之君乎? 誅旣不
當, 而以盡爲心, 是與天下爲讎也. 則雖爲戮, 不亦可乎!

1 獄之至-재판 소송의 가장 엄중한 상태를 말함.
2 故非在-처음부터 있지 않음. 고(故)는 고(固)자로 통함.
3 滅三郤-진(晉) 팔경(八卿)의 세력을 줄이려고 우선 극씨(郤氏) 세 집을 멸망
  시킴.
4 有怒之色-노여워하는 기색을 얼굴 표면에 나타냄.
5 宿罪-오래 묵은 죄. 계죄(稽罪)와 마찬가지의 뜻임.
6 以盡爲心-모두 다 죽여 버리겠다고 계획을 세움. 진(盡)은 철저히 처벌함.

[4]
위(衛) 영공(靈公) 때 미자하(彌子瑕)가 총애를 받아 위의 국정을 전
횡하였다. 광대들 중에 공을 뵙는 자가 말하기를 '저의 꿈이 맞았습
니다[1]'라고 하였다. 공이 말하기를 '무슨 꿈인가'라고 하였다. '꿈에
부엌 아궁이란 것을 보았는데 공을 뵙게 되려는 것이었습니다'라고
하였다. 공이 노하여 말하기를 '내가 듣기로는 군주를 만나볼 자는
꿈에 해를 본다고 한다. 어떻게 나를 만나보기 위하여 꿈에 아궁이
를 본다는 말인가'라고 하였다. 광대가 말하기를 '대저 해는 천하를

두루 다 비추므로 한 물건도 그것을 가릴 수 없습니다.[2] 군주는 한 나라를 두루 다 비추므로 한 사람도 가로막을 수가 없습니다.[3] 그러므로 장차 군주를 뵈려면 해를 꿈꾸게 됩니다. 도대체 아궁이는 한 사람이 거기에서 불을 쬐면 뒷사람은 따라서 볼 데가 없습니다. 혹시라도 한 사람이 군주 앞에서 불을 쬐고 있습니까. 그렇다면 제가 비록 아궁이 꿈을 꾸었다 하더라도 또한 옳지 않겠습니까'라고 하였다. 공이 말하기를 '그렇겠다'고 하였다. 드디어 옹저(雍鉏)를 멀리하고[4] 미자하를 물리쳤으며 사공구(司空狗)를 등용하였다.

衛靈公之時, 彌子瑕有寵, 專於衛國. 侏儒有見公者曰 : "臣之夢淺矣." 公曰 : "奚夢?" "夢見竈者, 爲見公也." 公怒曰 : "吾聞見人主者夢見日, 奚爲見寡人而夢見竈乎?" 侏儒曰 : "夫日兼照天下, 一物不能當也. 人君兼照一國, 一人不能壅也. 故將見人主而夢日也. 夫竈, 一人煬焉, 則後人無從見矣. 或者一人煬君邪? 則臣雖夢竈, 不亦可乎?" 公曰 : "善." 遂去雍鉏, 退彌子瑕, 而用司空狗.

1 夢淺 - 꿈이 정확히 들어맞음. 천(淺)은 당(當)자로 통함.
2 不能當 - 능히 가리지 못함. 당(當)은 폐(蔽)자와 마찬가지의 뜻.
3 不能壅 - 여기서 옹(壅)은 옹(擁)자로 함께 쓰임. 가로막음.
4 雍鉏 - 영공(靈公)의 총애를 받던 환관 옹저(雍疽)를 가리킴.

어떤 이가 말하기를 '광대는 꿈을 잘 의탁해 군주의 도를 보였다.[1] 그러나 영공(靈公)은 광대의 말을 알지 못하였다. 옹저(雍鉏)를 멀리하고 미자하(彌子瑕)를 물리쳤으며 사공구(司空狗)를 등용한 것은 바로 총애하던 자를 멀리하고 현자라 생각되는 자를 등용한 것이다. 정(鄭)의 자도(子都)는 경건(慶建)을 현자라 생각하였기 때문에 자신이 가려지고[2] 연(燕)의 자쾌(子噲)는 자지(子之)를 현자라 생각하였기 때문에 자신이 가려졌다. 도대체가 총애하는 자를 멀리하고 현자라 생각되는 자를 등용한다 하여도 한 사람으로 하여금 자기 앞에서 불을 쬐게 하는 데서 벗어나지 못할 것이다. 어리석은 자가 군주 앞에서 불을 쬔다면 총명을 해치기에 부족하다. 지금 아는 것을 더 보태지 않으면서 현자로 하여금 자기 앞에서 불을 쬐게 한다면 반드시 위험할 것이다'라고 하였다.

或曰 : 侏儒善假於夢以見主道矣, 然靈公不知侏儒之言也. 去雍鉏, 退彌子瑕, 而用司空狗者, 是去所愛而用所賢也. 鄭子都賢慶建而壅焉, 燕子噲賢子之而壅焉. 夫去所愛而用所賢, 未免使一人煬己也. 不肖者煬主, 不足以害明 ; 今不加知而使賢者煬己, 則必危矣.

1 見主道－군주의 길을 제시해줌. 견(見)은 시(示)자와 같음.
2 壅－현자를 내세우기 때문에 도리어 자신의 눈이 가려짐.

또 어떤 이가 말하기를 '굴도(屈到)는 마름 열매[1]를 즐기고 문왕(文王)은 창포 김치[2]를 즐겼다. 정상의 맛은 아니지만 두 현자는 그것을 소중히 여겼다.[3] 즐기는 맛이 반드시 맛난 것[4]만은 아니다. 진(晉)의 영후(靈侯)는 참무휼(參無恤)을 좋아하고 연(燕)의 자쾌(子噲)는 자지(子之)를 현자라 생각하였다. 정상의 인사는 아니지만 두 군주는 그들을 존중하였다. 현자라 생각되는 이가 반드시 어진 것만은 아니다. 어질지 못한데도 현자라 생각하여 등용함은 총애하기 때문에 등용하는 상황과 마찬가지다. 현자가 정말 현자라서 천거함은 총애하는 자를 등용하는 것과 상황이 다르다. 그러므로 초(楚) 장왕(莊王)은 손숙오(孫叔敖)를 천거해 써서 패자가 되었으며 상신(商辛)[5]은 비중(費仲)을 등용하여 멸망하였다. 이는 모두 현자라 생각하는 자를 등용하였으나 사태가 서로 반대로 된 것이다. 연의 자쾌가 비록 현자라 생각하는 자를 천거해 썼다고 하더라도 총애하는

786

자를 등용하는 상황과 마찬가지다. 위(衛)가 어찌[6] 그러하겠는가. 그렇다면 광대가 아직 뵙기 전에는 군주가 가려졌는데도 자신이 가려진 것을 몰랐으나 이미 뵙고 나온 후로는 자신이 가려진 사실을 알게 된 것이다. 가린 신하[7]를 물리친 일은 바로 아는 것을 더 보태주었기 때문이다. "아는 것을 더 보태지 않으면서 현자로 하여금 자기 앞에서 불을 쬐게 한다면 반드시 위험할 것이다"라고 하였으나 지금은 아는 것이 더 보태진 상황이다. 그렇다면 비록 자기 앞에서 불을 쬔다 하더라도 반드시 위험하지 않을 것이다'라고 하였다.

或曰: 屈到嗜芰, 文王嗜菖蒲菹, 非正味也, 而二賢尚之, 所味不必美. 晉靈侯說參無恤, 燕噲賢子之, 非正士也, 而二君尊之, 所賢不必賢也. 非賢而賢用之與愛而用之同. 賢誠賢而擧之, 與用所愛異狀. 故楚莊擧孫叔而霸, 商辛用費仲而滅, 此皆用所賢而事相反也. 燕噲雖擧所賢而同於用所愛, 衛奚距然哉? 則侏儒之未可見也. 君壅而不知其壅也, 已見之後而知其壅也, 故退壅臣, 是加知之也. 曰 "不加知而使賢者煬己, 則必危"; 而今以加知矣, 則雖煬己, 必不危矣.

1 嗜芰 − 세발 마름을 즐겨 먹음. 기(芰)는 세모난 마름 열매 릉(菱)자와 같음.
2 菖蒲菹 − 창포 뿌리를 초에 담근 것. 저(菹)는 소금에 절임.
3 尚之 − 존중함. 진귀하게 여김.
4 美 − 미미(美味), 즉 훌륭한 맛을 가리킴.
5 商辛 − 은(殷)의 주(紂). 상(商)은 옛 은을 가리킴.
6 衛奚距然 − 위(衛)가 놓인 상황이 어찌 같겠는가 하는 반문으로 부정의 뜻.
7 壅臣 − 군주의 총명한 눈을 가리는 신하.

40 난세(難勢)

세(勢)에 대한 논난이다. 먼저 신도(愼到)가 정치의 제일 요건으로 제시한 세의 논리를 전개하고 있다. 이를 현능(賢能) 정치의 입장에서 반박한 뒤 다시 한비(韓非)가 역비판을 가하는 형식이다. 전체적으로 세를 부정하는 내용이 아니라 세보다 현을 내세우려는 논난을 문제삼기 때문에 난세라고 제목을 붙인 것이다. 논난의 진행 과정을 이중으로 구성한 것은 난 사(難四)의 경우와 마찬가지다.

[1]

신도(愼到)[1]가 말하기를 '나는 용은 구름을 타고 오르고 뱀은 안개 속에 논다. 구름이 파하고 안개가 개면 용과 뱀은 지렁이나 개미와 같아진다. 의탁할[2] 데를 잃었기 때문이다. 그러므로 현인이면서 어리석은 자에게 굽히는[3] 것은 권세가 가볍고 지위가 낮기 때문이다. 어리석은 자이면서 능히 현인을 복종시키는 것은 권세가 무겁고 지위가 높기 때문이다. 요(堯)가 필부라면 능히 세 사람도 다스릴 수 없었으며 걸(桀)은 천자였기 때문에 천하를 어지럽힐 수 있었다. 나는 이로써 세나 자리가 의지하기에 충분하며 현과 지가 우러르기에 부족하다는 것을 안다. 도대체 활이 약한데도 화살이 높이 나는 것은 바람에 부딪치기 때문이다. 자신은 어리석지만 명령이 행해지는 것은 많은 사람에게 도움을 얻기 때문이다. 요도 노예 같은 처지에서 명령하면[4] 민이 듣지 않는다. 남면[5]하여 천하에 왕노릇하는 데 이르러 명령하면 행해지고 금하면 멈추게 된다. 이것으로 말미암아 생각해본다면 현과 지는 민중을 복종시키기에 부족하며 세나 자리는 현자를 굽히도록 하기에 충분하다'라고 하였다.

愼子曰：飛龍乘雲, 騰蛇遊霧, 雲罷霧霽, 而龍蛇與蚓螘同矣, 則失其所乘也. 賢人而詘於不肖者, 則權輕位卑也；不肖而能服於賢者, 則權重位尊也. 堯爲匹夫, 不能治三人；而桀爲天子, 能亂天下：吾以此知勢位之足恃而賢智之不足慕也. 夫弩弱而矢高者, 激於風也；身不肖而令行者, 得助於衆也. 堯敎於隷屬而民不聽, 至於南面而王天下, 令則行, 禁則止. 由此觀之, 賢智未足以服衆, 而勢位足以詘賢者也.

1 愼子 – 신도(愼到)를 가리킴. 직하(稷下) 학파 중의 한 사람. 그의 세(勢) 논리가 한비에게 이어짐.
2 所乘 – 기댈 배경을 말함. 탁(託) 혹은 연(緣)자와 같음.
3 詘 – 굴복함. 굴(詘)은 굴(屈)자로 통함.
4 敎於隷屬 – 신분이 낮은 종속의 자리에서 명령함. 교(敎)는 왕의 명령.
5 南面 – 천자가 조정에서 앉는 자리의 향방을 가리킴.

[2]
(어떤 이가) 신도(愼到)에게 응답하여[1] 말하기를 '나는 용은 구름을 타고 오르는 뱀은 안개 속에 논다는 것에 대하여 나도 용과 뱀이 구름과 안개의 세에 의탁할 수 없다고는 생각하지 않는다. 비록 그렇다 하더라도 현자를 놓아 두고[2] 오로지 세에만 맡긴다면 잘 다스릴 수 있겠는가. 나는 보지 못하였다. 대저 구름이나 안개라는 세가 있어서 능히 그것을 타고 놀 수 있다는 것은 용과 뱀의 재능이 뛰어나기[3] 때문이다. 지금 구름이 성하게 일더라도 지렁이는 능히 탈 수 없고 안개가 짙게 끼더라도[4] 개미는 능히 놀 수 없다. 도대체 성한 구름과 짙은 안개의 세가 있더라도 타고 놀 수 없는 것은 지렁이나 개미의 재능이 빈약하기 때문이다. 지금 걸(桀)과 주(紂)가 남면하여 천하에 왕노릇하면서 천자의 위세를 가지고 구름과 안개를

삼는다 하더라도 천하가 대란에서 면치 못하는 것은 걸과 주의 재질이 낮기 때문이다. 또한 그 사람[5]이 요(堯)의 권세를 가지고 천하를 다스린다 하여도 그 권세란 것이 걸의 권세로 천하를 어지럽힌 것과 어떻게 다른가'라고 하였다.

應愼子曰：飛龍乘雲, 騰蛇遊霧, 吾不以龍蛇爲不託於雲霧之勢也. 雖然, 夫擇賢而專任勢, 足以爲治乎? 則吾未得見也. 夫有雲霧之勢而能乘遊之者, 龍蛇之材美也；今雲盛而蟪弗能乘也, 霧醲而螾不能遊也, 夫有盛雲醲霧之勢而不能乘遊者, 蟪螾之材薄也. 今桀·紂南面而王天下, 以天子之威爲之雲霧, 而天下不免乎大亂者, 桀·紂之材薄也. 且其人以堯之勢以治天下也, 其勢何以異桀之勢也, 亂天下者也.

1 應愼子－신도(愼到)가 주장하는 설에 반론을 가함.
2 擇賢－현인을 버림. 택(擇)은 석(釋)자와 같음. 부정의 뜻.
3 材美－재능이 우수함. 재(材)는 재(才)자로 통함.
4 霧醲－안개가 짙게 깔림. 농(醲)은 농(濃)자와 같음.
5 其人－신도를 가리킴. 어떤 사람, 즉 혹자(或者)를 가리킨다고 볼 수도 있음.

[3]
(그리고) '대저 세란 것은 반드시 현자로 하여금 그것을 쓰도록 하고 어리석은 자로 하여금 능히 그것을 쓰지 못하게 할 수 있는 것이 아니다. 현자가 그것을 쓰면 천하가 다스려지고 어리석은 자가 그것을 쓰면 천하가 어지러워진다. 사람의 성정[1]을 보면 현자가 적고 어리석은 자가 많다. 그래서 위세라는 이기를 가지고 세상을 어지럽히는 어리석은 자를 도우면[2] 세를 가지고 천하를 어지럽히는 자가 많아질 것이며 세를 가지고 천하를 다스리는 자는 적을 것이다. 대저 세란 것은 다스리는 데 편리하나 어지럽히는 데에도 유리한 것이다. 그러므로 『주서』(周書)[3]에 이르기를 "호랑이를 위하여 날개를 달지[4] 말라. 장차 날아서 고을에 들어가 사람을 골라 먹으려

할 것이다"라고 하였다. 도대체 어리석은 자로 하여금 세를 타게 한다는 것은 바로 호랑이를 위하여 날개를 달아 주는 것이 된다. 걸(桀)과 주(紂)는 높은 집과 깊은 연못을 만들어 민력을 고찰시키고 포락(炮烙) 형을 만들어 민의 생명을 손상시켰다.[5] 걸과 주가 나쁜 짓을 해낼 수[6] 있었던 것은 남면하는 위세가 날개가 되었기 때문이다. 만약에 걸과 주가 필부였다면 행동 하나도 아직 시작하지 못하고 자신이 죽는 형벌에 처해졌을 것이다. 세란 것은 호랑이와 늑대 같은 마음을 길러서 난폭한 일을 이루게 하는 것이다. 이것이 천하의 큰 우환이다'라고 하였다.

夫勢者, 非能必使賢者用之, 而不肖者不用之也. 賢者用之則天下治, 不肖者用之則天下亂. 人之情性, 賢者寡而不肖者衆, 而以威勢之利濟亂世之不肖人, 則是以勢亂天下者多矣, 以勢治天下者寡矣. 夫勢者, 便治而利亂者也. 故《周書》曰: "毋爲虎傅翼, 將飛入邑, 擇人而食之." 夫乘不肖人於勢, 是爲虎傅翼也. 桀·紂爲高臺深池以盡民力, 爲炮烙以傷民性, 桀·紂得成肆行者, 南面之威爲之翼也. 使桀·紂爲匹夫, 未始行一而身在刑戮矣. 勢者, 養虎狼之心而成暴亂之事者也, 此天下之大患也.

1 情性－사람이 타고난 성품을 가리킴.
2 濟－일을 이룸. 여기서는 제(濟)가 돕는다는 조(助)자의 뜻.
3 周書－주(周) 왕조 때의 고서를 말함.
4 傅翼－날개를 붙여줌. 부(傅)는 부(附)자와 같이 부착함.
5 傷民性－민의 목숨을 빼앗음. 성(性)은 명(命)자로 통함.
6 成肆行－못된 짓을 하고 싶은 대로 해냄.

[4]

(또 그리고) '세란 치와 난에 있어 본래 정해진 자리[1]가 있는 것이 아니다. 그런데 이르기를[2] 오로지 세만이 천하를 족히 다스릴 수 있다고 하는 것은 그 지혜가 이르는 데가 얕은 것이다. 도대체 좋은

말과 단단한 수레일지라도 만일 노예로 하여금 그것을 부리도록 하면 남의 웃음거리가 되지만 왕량(王良)이 부리면 하루에 천리를 달릴[3] 것이다. 수레와 말이 다르지 않다. 혹자는 천리에 이르고 혹자는 남의 웃음거리가 된다는 것은 교와 졸의 사이가 크기[4] 때문이다. 지금 나라의 군주 자리를 수레로 삼고 세를 말로 삼으며 호령을 고삐로 삼고 형벌을 채찍으로 삼아서 요와 순으로 하여금 그것을 부리게 한다면 천하가 다스려질 것이며 걸과 주가 그것을 부린다면 천하가 어지러워질 것이다. 그것은 현명과 어리석음의 차이가 크기 때문이다. 도대체 빠른 것을 쫓고 먼데에 이르려고 하면서 왕량에게 맡길 줄 모르며 이익을 늘리고 해를 물리치려고 하면서 현능(賢能)을 임용할 줄 모른다면 이것은 구분할 줄 모르는[5] 우환이다. 대저 요와 순은 역시 민을 다스리는 왕량이었다'라고 하였다.

勢之於治亂, 本未有位也, 而語專言勢之足以治天下者, 則其智之所至者淺矣. 夫良馬固車, 使臧獲御之則爲人笑, 王良御之而日取千里. 車馬非異也, 或至乎千里, 或爲人笑, 則巧拙相去遠矣. 今以國位爲車, 以勢爲馬, 以號令爲轡, 以刑罰爲鞭筴, 使堯‧舜御之則天下治, 桀‧紂御之則天下亂, 則賢不肖相去遠矣. 夫欲追速致遠, 不知任王良; 欲進利除害, 不知任賢能, 此則不知類之患也. 夫堯‧舜亦治民之王良也.

1 未有位―고정된 위치가 없음. 유동적임.
2 語―앞서 신도(愼到)가 주장한 말을 일컬음.
3 取千里―천리를 달려감. 취(取)는 취(趣)자와 같은 뜻.
4 相去遠―서로 거리가 멀리 떨어짐. 기교의 차가 큼.
5 類―유추함. 사물을 미루어 생각함.

[5]
다시 이에 응답하여[1] 말하기를 '그 사람[2]은 세로써 족히 관리를 다스릴 수 있다고 생각한다. 객[3]은 반드시 현인을 기다려야 다스려진

다고 말하고 있으나 그렇지 않다. 대저 세란 것은 명칭은 하나이지만 변화는 수없는[4] 것이다. 세가 반드시 자연[5]에 대한 것만이라면 세에 대하여 논할 말이 없다. 내가 논하는 세는 사람이 설정한[6] 것을 말한다. 지금 말하기를 "요와 순이 세를 얻어 다스리고 걸과 주가 세를 얻어 어지럽혔다"라고 한다. 나도 요나 걸이 그렇지 않다고는 생각하지 않는다. 비록 그렇다 하더라도 (그 세는) 사람이 설정해 낸 것이 아니다. 도대체 요와 순이 태어나면서 군주 자리에 있었다면 비록 걸과 주가 열 있을지라도 어지럽힐 수 없다고 하는 것은 바로 세가 다스려지게 되어 있기 때문이다. 걸과 주도 역시 태어나면서 군주 자리에 있었다면 비록 요와 순이 열 있을지라도 역시 다스릴 수 없다고 하는 것은 바로 세가 어지럽히게 되어 있기 때문이다. 그러므로 말하기를 "세가 다스려지게 되어 있는 경우라면 가히 어지럽힐 수 없으며 세가 어지럽히게 되어 있는 경우라면 가히 다스릴 수 없다"라고 한다. 이것은 자연의 세이며 사람이 설정해 낸 것은 아니다. 내가 논하는 바와 같은 세는 사람이 설정해 낸 것을 가리켜 말할 따름이니 어찌 현인을 일삼겠는가'라고 하였다.

復應之日[1]：其人[2]以勢爲足恃以治官 ; 客曰"必待賢乃治", 則不然矣. 夫勢者, 名一而變無數者也. 勢必於自然, 則無爲言於勢矣. 吾所爲言勢者, 言人之所設也. 今日：堯・舜得勢而治, 桀・紂得勢而亂, 吾非以堯・桀爲不然也. 雖然, 非人之所得設也. 夫堯・舜生而在上位, 雖有十桀・紂不能亂者, 則勢治也 ; 桀・紂亦生而在上位, 雖有十堯・舜而亦不能治者, 則勢亂也. 故日："勢治者則不可亂, 而勢亂者則不可治也." 此自然之勢也, 非人之所得設也. 若吾所言勢, 謂人之所得設也而已矣, 賢何事焉?

1 復應之－세(勢)를 부정하는 현능(賢能) 주장에 대하여 다시 한비(韓非)가 비판을 가함.
2 其人－여기서는 신도(愼到)를 가리킴.

3 客-신도의 세 논리를 문제 삼는 논객.
4 變無數-담고 있는 의미가 여러 갈래로 나누어짐.
5 自然-자연적인 일반 추세를 말함. 대세를 가리킴.
6 人之所設-인위적으로 만들어진 권세 혹은 지배세력.

[6]

'무엇을 가지고 그렇다고 밝히겠는가. 말하자면 객 가운데[1] 창과 방패를 파는 자가 있다. 그 방패가 단단하다고 자랑하여 "어떤 물건[2]도 뚫을 수가 없다"라고 하였다. 갑자기 또 그 창을 자랑하여 말하기를 "나의 창이 날카로워 어떤 물건도 뚫지 못할 것이 없다"라고 하였다. 다른 사람이 응대하여 말하기를 "너의 창을 가지고 너의 방패를 뚫는다면 어떻겠는가"라고 하였다. 그 사람은 응답을 할 수가 없었다. 뚫을 수 없는 방패와 뚫지 못할 것이 없는 창은 명목상[3] 양립할 수 없다고 생각된다. 도대체 현인의 길[4]이란 억누를 수 없으며 권세의 길이란 억누르지 못할 것이 없다. 억누를 수 없는 현과 억누르지 못할 것이 없는 세를 가지고 (양립시키려) 하는 것이 바로 창과 방패의 논리[5]다. 대저 현인과 권세가 서로 받아들일 수 없다는 것은 또한 분명한 일이다'라고 하였다.

何以明其然也? 曰∶"客有鬻矛與楯者, 譽其楯之堅, '物莫能陷也', 俄而又譽其矛曰∶'吾矛之利, 物無不陷也.' 人應之曰∶'以子之矛, 陷子之楯, 何如? '其人弗能應也." 以爲不可陷之楯, 與無不陷之矛, 爲名不可兩立也. 夫賢之爲道不可禁, 而勢之爲道也無不禁, 以不可禁之賢與無不禁之勢, 此矛楯之說也. 夫賢勢之不相容亦明矣.

1 客有-여기서 객(客)이란 장사하는 상인을 가리킴.
2 物-하물(何物), 즉 어떤 물체를 가정하여 말함.
3 爲名-정의(定義)하여 내세움. 형식논리를 전개함.
4 爲道-존재 방식. 그 됨됨이나 양상을 가리킴.

[7]

'또한 저 요·순이나 걸·주는 천년 만에 한번 나와도 계속 이어서[1]
태어난다고 하는 것이다. 세상의 통치자는 중질 정도[2]에서 끊기지
않는다. 내가 논하려 하는 세는 중질 정도다. 중질 정도란 것은 위
로 요·순에 미치지 못하지만 아래로 역시 걸·주는 되지 않는다.
법을 지키고 세의 자리에 있으면 다스려지고 법을 어기고 세의 자
리를 버리면 어지러워진다. 만일 세의 자리를 폐기하고 법을 어기
면서 요·순을 기다려 요·순이 나타나면 이내 다스려지지만 이는
천년 어지러웠다가 한번 다스려지는 것이 된다. 법을 지키고 세의
자리에 있으면서 걸·주를 기다려 걸·주가 나타나면 이내 어지러
워지지만 이는 천년 다스려졌다가 한번 어지러워지는 것이 된다.
또한 도대체 천년 다스려졌다가 한번 어지러워지는 것과 한번 다스
려졌다가 천년 어지러워지는 것은 마치 빠른 말[3]을 타고 반대로 달
리는[4] 것과 같아 서로 차이가 역시 크다. 도대체 바로잡는[5] 법을 폐
기하고 길이를 재는 자의 치수를 버린다면 해중(奚仲)으로 하여금
수레를 만들게 하여도 바퀴 하나를 완성할 수 없을 것이다. 포상의
권장이나 형벌의 위엄도 없이 세의 자리를 놓아 두고 법을 버린다
면 요·순이 집집을 설득하고[6] 사람마다 타일러도 세 집조차 다스
릴 수 없을 것이다. 대저 세가 족히 유용하다는 것은 분명하다. 그
런데도 반드시 현자를 기다려야 된다고 말하는데 역시 그렇지 않다'
라고 하였다.

且夫堯·舜·桀·紂千世而一出,　是比肩隨踵而生也.　世之治者不絶於
中, 吾所以爲言勢者, 中也. 中者, 上不及堯·舜, 而下亦不爲桀·紂. 抱

法處勢, 則治 ; 背法去勢, 則亂. 今廢勢背法而待堯·舜, 堯·舜至乃治,
是千世亂而一治也. 抱法處勢而待桀·紂, 桀·紂至乃亂, 是千世治而一
亂也. 且夫治千而亂一, 與治一而亂千也, 是猶乘驥·駬而分馳也, 相去
亦遠矣. 夫棄隱栝之法, 去度量之數, 使奚仲爲車, 不能成一輪. 無慶賞之
勸, 刑罰之威, 釋勢委法, 堯·舜戶說而人辯之, 不能治三家. 夫勢之足用
亦明矣, 而曰'必待賢', 則亦不然矣.

1 比肩隨踵 — 어깨를 나란히 하고 발꿈치를 쫓아 계속 이어짐. 지나치게 많다는
  비유.
2 於中 — 군주의 자질이 일반적으로 중간 정도는 된다는 말.
3 驥駬 — 두 글자 모두 천리를 달리는 준마(駿馬)를 가리킴.
4 分馳 — 말이 서로 반대 방향으로 달려감.
5 隱栝 — 굽은 나무를 곧게 바로잡는 도구.
6 戶說 — 집집마다 찾아다니면서 달램.

[8]

'또한 도대체 백일 동안 먹지 않고 좋은 쌀과 맛있는 고기[1]를 기다
린다면 굶은 자가 살지 못한다. 만약 요·순 같은 현자를 기다려서
지금 세상의 민을 다스리려 한다면 이는 마치 좋은 쌀과 맛있는 고
기를 기다리느라 굶주림을 구하는 설과 같다. 대저 "좋은 말과 단단
한 수레라도 노예가 그것을 부리면 남의 웃음거리가 되지만 왕량
(王良)이 그것을 부리면 하루에 천리를 달린다"고 말하였으나 나는
그렇게 생각하지 않는다. 저 월(越) 사람 중에 헤엄 잘 치는 자를
기다려서 중국의 물에 빠진 사람을 구한다면 월 사람이 헤엄을 잘
친다 하더라도 물에 빠진 자를 구제하지 못할 것이다. 도대체 옛날
의 왕량을 기다려서 지금의 말을 부린다고 함은 역시 월 사람이 물
에 빠진 자를 구한다는 것과 마찬가지 설이다. 할 수 없다는 것이
역시 분명하다. 대저 좋은 말과 단단한 수레를 오십 리마다 하나씩
두고 중질의 마부[2]로 하여금 그것을 부리도록 하면 빠른 것을 쫓고

먼데에 이르고자 하는 것을 가히 이룰 수 있어 하루에 천리를 이를 것이다. 어찌 반드시 옛날의 왕량을 기다려야 되겠는가. 또한 말을 부리는 데 왕량을 시키지 않으면 반드시 노예를 시켜 실패할 것이며 나라를 다스리는 데 요·순을 시키지 않으면 반드시 걸·주를 시켜 어지럽힐 것이라 한다. 이것은 맛이란 엿과 꿀이 아니면 반드시 고들빼기나 쓴 미나리[3]라고 하는 것과 같다. 이것은 말을 거듭하여[4] 논리에서 벗어나 타당성을 잃은 양극단[5]의 논의다. 어찌 비난하려고 도리에 어긋난 말을 할 수 있겠는가. 그 사람의 논의는 (나의) 이 이론에 미치지 못한다'라고 하였다.

且夫百日不食以待粱肉, 餓者不活 ; 今待堯·舜之賢乃治當世之民, 是猶待粱肉而救餓之說也. 夫曰'良馬固車, 臧獲御之則爲人笑, 王良御之則日取乎千里', 吾不以爲然. 夫待越人之善海游者, 以救中國之溺人, 越人善游矣, 而溺者不濟矣. 夫待古之王良以馭今之馬, 亦猶越人救溺之說也, 不可亦明矣. 夫良馬固車, 五十里而一置, 使中手御之, 追速致遠, 可以及也, 而千里可日致也, 何必待古之王良乎! 且御非使王良也, 則必使臧獲敗之 ; 治非使堯·舜也, 則必使桀·紂亂之. 此味非飴蜜也, 必苦菜·亭歷也. 此則積辯累辭, 離理失術, 兩末之議也, 奚可以難失道理之言乎哉? 客議未及此論也.

1 粱肉 — 량(粱)은 쌀밥이고 육(肉)은 기름낀 고기, 즉 고량(膏粱)과 같은 특별한 음식을 가리킴.
2 中手 — 경마(競馬)에서 중간 정도의 기량을 가진 보통 기수(騎手)를 말함.
3 苦菜亭歷 — 고채(苦菜)는 고들빼기나물. 정력(亭歷)은 고근(苦芹), 즉 쓴 미나리.
4 積辯累辭 — 쓸데없는 변설(辯舌)을 쌓고 언사(言辭)를 포개어 늘어놓음.
5 兩末 — 두 끝. 중간치가 없는 양극단을 뜻함.

41 문변(問辯)

문(問)은 문답 형식을 취한 문제 제기다. 그것은 난(難)과 마찬가지로 비판이란 의미를 갖는다. 변(辯)은 당시 성행하던 변론이다. 여러 변론들이 실제로는 전혀 내용이 없는 공론(空論)이라고 비판의 대상이 된다. 이는 군주체제의 강력한 확립을 위해 한비(韓非)가 강조하는 법술(法術) 정치논리의 한 반영이다.

[1]

어떤 이가 묻기를 '어찌하여 변론이 생기는가'라고 하였다. 대답하기를 '군주가 명찰하지 못한 데서 생긴다'라고 하였다. 물은 자가 말하기를 '군주가 명찰하지 못해서 변론이 생긴다 함은 무엇인가'라고 하였다. 대답하기를 '현명한 군주의 나라에서 명령이란 말 중에 가장 귀중한 것이며 법률이란 일 중에 가장 적절한 것이다. 말에는 두 가지 귀중한 것이 없으며 법률에는 두 가지 적절한 것이 없다. 그러므로 말과 행동에서 법령에 의하지[1] 않은 것은 반드시 금한다. 만약 법령이 없더라도 가히 속임수를 알아차려[2] 변화에 대응하며 이득을 내어 일을 꾀할 수[3] 있는 자라면 군주가 반드시 그 말을 채택하고 그 실적을 추구한다. 말이 맞으면 큰 이득이 있고 맞지 않으면 중벌이 있다. 이런 까닭으로 어리석은 자는 죄가 두려워 감히 말을 하지 못하고 지혜로운 자도 시비할 수 없다. 이것이 변론이 일어날 수 없게 되는 연유다. 난세에는 그렇지 않다. 군주가 명령을 내려도 민은 옛 학문[4]을 가지고 이를 비난하고 정부가 법률을 정해도 민은 사적인 행위[5]로 이를 왜곡시킨다. 군주는 도리어 그 법령을 거두어들이고[6] 학자들의 지혜와 행동을 높인다. 이것이 세상에서 옛 학문을 존중하게[7] 된 연유이다'라고 하였다.

或問曰：“辯安生乎?” 對曰：“生於上之不明也.” 問者曰：“上之不明, 因生辯也, 何哉?” 對曰：“明主之國, 令者, 言最貴者也；法者, 事最適者也. 言無二貴, 法不兩適, 故言行而不軌於法令者必禁. 若其無法令而可以接詐·應變·生利·揣事者, 上必采其言而責其實. 言當, 則有大利；不當, 則有重罪. 是以愚者畏罪而不敢言, 智者無以訟. 此所以無辯之故也. 亂世則不然, 主上有令, 而民以文學非之；官府有法, 民以私行矯之. 人主顧漸其法令而尊學者之智行, 此世之所以多文學也.

1 軌－규범에 알맞음. 궤(軌)는 순(順)자로 통함.
2 接詐－남을 거짓 속이려는 꾀를 미리 알고 대처함.
3 揣事－장래 사업을 기획함.
4 文學－유(儒)·묵(墨) 학파를 추종하는 고전학.
5 私行－개인 각자가 취하는 자기 본위의 주장이나 행동.
6 顧漸－여기서 고(顧)는 반(反)자와 같음. 점(漸)은 일을 조금씩 처리해 나감.
7 多－가치를 인정하고 중시하게 됨을 말함.

[2]

(또 이어 말하기를) '대저 말과 행동은 업적[1]을 목표[2]로 삼는다. 도대체 뾰족한 화살[3]을 숫돌에 갈아 아무렇게나 쏜다고 하더라도 끝이 가는 작은 털 하나를 맞히지 못하는 것은 아니다. 그러나 활 잘 쏘는 자라고 일러 말할 수 없는 것은 정해진 과녁이 없기 때문이다. 다섯 치 되는 과녁을 마련하여 열 걸음 멀리서 당기더라도 예(羿)나 봉몽(逢蒙)[4]이 아니면 반드시 맞힐 수 없는 것은 일정한 표적[5]이 있기 때문이다. 그러므로 일정한 표적이 있으면 예나 봉몽이 다섯 치 되는 과녁으로도 솜씨 좋다고 하지만 일정한 표적이 없으면 아

무렁게나 쏘아서 가는 털 끝을 맞힌다 하더라도 서투르다고 한다. 만일 말을 듣고 행동을 관찰할 때 업적을 목표로 삼지 않는다면 말이 비록 지극히 뜻깊고[6] 행동이 비록 견실하더라도 아무렁게나 쏘는 화살과 같은 설이 된다. 이런 까닭으로 난세의 (군주가) 말을 들을 때 알기 어려운 것을 뜻 깊다 하고 널리 꾸민 것을 말 잘한다고 생각한다. 행동을 관찰할 때 군중과 떨어진 것을 현명하다 하고 위에 대드는 것을 고매하다[7]고 생각한다. 군주는 변설과 뜻깊은 말을 좋아하며 현명하고 고매한 행동을 존중한다. 그러므로 도대체 법(法)과 술(術)을 쓰는 사람이 버리고 취할 행동 기준을 세우고 논쟁의 시비[8]를 가릴지라도 그것을 바로잡지 못한다. 이런 까닭으로 유복(儒服)을 걸친 학자와 칼을 든 협객[9]은 많아도 경전(耕戰)하는 병사[10]는 적으며 견백(堅白)과 무후(無厚)[11]란 설만이 성행하여[12] 고시한 법령[13]이 지켜지지 않는다. 그러므로 말하기를 "군주가 명찰하지 못하면 변론이 생긴다"고 한다'라고 하였다.

夫言行者, 以功用爲之的彀者也. 夫砥礪殺矢而以妄發, 其端未嘗不中秋毫也, 然而不可謂善射者, 無常儀也. 設五寸之的, 引十步之遠, 非羿·逢蒙不能必中者, 有常也. 故有常, 則羿·逢蒙以五寸的爲巧; 無常, 則以妄發之中秋毫爲拙. 今聽言觀行, 不以功用爲之的彀, 言雖至察, 行雖至堅, 則妄發之說也. 是以亂世之聽言也, 以難知爲察, 以博文爲辯; 其觀行也, 以離群爲賢, 以犯上爲抗. 人主者說辯察之言, 尊"賢""抗"之行, 故夫作法術之人, 立取舍之行, 別辭爭之論, 而莫爲之正. 是以儒服·帶劍者衆, 而耕戰之士寡; 堅白無厚之詞章, 而憲令之法息. 故曰: 上不明, 則辯生焉.

1 的彀-표준 또는 목표. 적(的)은 과녁이며 구(彀)는 활을 잡아당김.
2 功用-공들인 보람. 실제로 이룬 공적.
3 殺矢-사냥에 쓰이는 끝이 날카로운 화살.

4 羿逢蒙 – 예(羿)는 요(堯) 때의 활 잘 쏘는 사람. 봉몽(逢蒙)은 예의 제자.

5 有常 – 일정한 의적(儀的), 즉 기준이 되는 표적을 말함.

6 至察 – 지식이 대단히 풍부하고 투명함.

7 爲抗 – 항(抗)은 항(亢)자로 통함. 고결한 성품이라고 여김.

8 辭爭之論 – 사(辭)는 죄를 가리키는 말. 말을 늘어놓는 논쟁.

9 儒服帶劍 – 유복(儒服)은 학자가 의관(衣冠)을 갖춤이며 대검(帶劍)은 유협(遊俠)을 가리키는 말.

10 耕戰之士 – 평상시 농사를 짓다가 전쟁이 일어나면 참전하는 병사.

11 堅白無厚 – 단단한 돌과 흰 돌은 하나가 아니라 둘이라는 논리와 면적은 넓이만 있고 두께는 없다고 하는 논리로, 일종의 궤변을 일컬음.

12 詞章 – 사(詞)는 사(辭)자와 같음. 말이 세상에 잘 알려짐.

13 憲令 – 일반에게 공포된 법령. 헌(憲)은 현시(懸示)란 뜻.

42 문전(問田)

이 편명은 전구(田鳩)에게 묻는다고 하는 글머리의 글자를 따서 붙인 것이다. 『논어』(論語)나 『맹자』(孟子)와 같은 서술 수법을 썼다. 법(法)·술(術)을 논하고, 신변의 위험을 경계하는 내용이 전개되는데 전반과 후반이 서로 일관되지 않는다. 한자(韓子)라는 존칭이 쓰인 것으로 보아서 후대에 쓰인 것일 수도 있다는 설이 가능하다.

[1]
서거(徐渠)가 전구(田鳩)에게 묻기를 '제가 듣기로는 지혜 있는 사람은 아래 자리를 밟지¹⁾ 않아도 군주에게 우대받고 성인은 공적을 내보이지 않아도 군주에게 영접받는다고 합니다. 지금 양성(陽成)과 의거(義渠)는 영명한 장수임에도 둔백(屯伯)²⁾ 자리에 두었고 공손단회(公孫亶回)는 성인 같은 재상임에도 주부(州部)를 거치게³⁾ 하였으니 무슨 까닭입니까'라고 하였다. 전구가 말하기를 '별다른 까닭은 없습니다. 군주가 법도를 지키고 통어술을 터득하였기 때문입니다. 또한 족하(足下)⁴⁾께서만 홀로 초(楚)가 송고(宋觚)를 장수로 삼았기 때문에 정치가 실패하였고 위(魏)가 풍리(馮離)를 재상으로 삼았기 때문에 나라를 망쳤다는 것을 듣지 못하셨습니까. 두 군주가 성가⁵⁾에 몰리고 변설에 현혹되어 둔백 자리로 시험해 보지 않고 주부를 거치도록 하지 않았기 때문에 정치가 실패하고 나라가 망하는 환란을 가져온 것입니다. 이를 통하여 생각해 보면 도대체 둔백 자리로 시험하거나 주부의 경력을 쌓도록 하지 않는 것이 어찌 현명한 군

주의 마음가짐이라 할 수 있겠습니까'라고 하였다.

徐渠問田鳩曰："臣聞智士不襲下而遇君，聖人不見功而接上. 今陽成義渠, 明將也, 而措於屯伯；公孫亶回, 聖相也, 而關於州部；何哉?" 田鳩曰："此無他故異物, 主有度, 上有術之故也. 且足下獨不聞楚將宋觚而失其政, 魏相馮離而亡其國? 二君者驅於聲詞, 眩乎辯說, 不試於屯伯, 不關乎州部, 故有失政亡國之患有. 由是觀之, 夫無屯伯之試, 州部之關, 豈明主之備哉!"

1 襲下－습(襲)은 아래위를 갖춘 한벌의 옷. 여기서는 하위직에서 윗자리로 차례를 밟아 오름.
2 屯伯－다섯 사람 중의 우두머리, 즉 오장(伍長). 둔(屯)은 작은 마을 촌(邨)자로 통함.
3 關於州部－주(州)와 부(部) 지방 행정직을 경유함.
4 足下－대부(大夫)를 존대하여 부르는 칭호.
5 聲詞－명성과 찬사, 즉 평판이 좋음.

[2]

당계공(堂谿公)이 한자(韓子)에게 일러 말하기를 '제가 듣기로는 예를 지키고[1] 겸손한 것이 몸을 온전하게 하는 술이며[2] 행동을 삼가고 지혜를 감추는 것이[3] 일을 이루는 길이라 합니다. 지금 선생은 법술을 내세우고 제도를 만들고 있습니다. 저는 마음속으로 그것이 자신에게 위험하고 몸도 위태롭다고[4] 생각합니다. 어떻게 그것을 알까요. 선생에게 들은 바 술(術)에 말하기를 "초(楚)는 오기(吳起)를 등용하지 않아서 깎이고 어지러워졌으며 진(秦)은 상앙(商鞅)을 등용하여 부강해졌다. 두 사람의 주장이 들어맞았기 때문이다. 그러나 오기는 사지가 찢기고[5] 상앙도 거열(車裂)[6]을 당했으니 이는 세상을 잘못 만나고 군주를 만나지 못한 재앙이다"라고 하였습니다. 만남이란 반드시 가능한 것이 아니며 재난이란 물리칠 수 없는 것입니다. 도대체 몸을 온전하게 가지면서 일을 해내는 길을 버리고 위험한 행동을 마음대로 하는 것은 선생을 위해서 취하지 못하겠습니다[7]라고 하였다. 한자가 말하기를 '제가 선생의 말씀에 대하여 분명히[8] 말씀드리겠습니다. 대저 천하를 다스리는 권병(權柄)과 인민을 거느리는 법도란 다루기가 대단히 어렵습니다. 그렇지만 선생의 가르침을 듣지 않고 미천한 제가 취한 길[9]을 행하려 하는 까닭은 제 생각에 법술을 내세우고 제도를 만드는 것이 인민에게 이득을 주고 대중을 편하게 하는 길이기 때문입니다. 그러므로 난세의 군주나 암우한 군주의 재난을 꺼리지 않고 반드시 인민의 이득에 도움을 고르게 하는 것이 인인 지자의 행동입니다. 난세의 군주나 암우한 군주의 재난을 꺼려 죽게 될 위험을 피하여 그 자신만을 알고[10] 인민의 이득에 도움줄 일을 돌보지 않는 것은 탐욕스럽고 야비한 행위입니다. 저는 탐욕스럽고 야비한 행위를 차마 하고자[11] 하지 않으며 인인 지자의 행동을 감히 손상시킬 수 없습니다. 선생께서 저를 아끼는[12] 생각을 가지셨으나 오히려 저를 크게 다치게 하는[13] 것입니다'라고 하였다.

堂谿公謂韓子曰: "臣聞服禮辭讓, 全之術也 ; 修行退智, 遂之道也. 今先生立法術, 設度數, 臣竊以爲危於身而殆於軀. 何以效之? 所聞先生術曰 : '楚不用吳起而削亂, 秦行商君而富彊. 二子之言已當矣, 然而吳起支解而商君車裂者, 不逢世遇主之患也.' 逢遇不可必也, 患禍不可斥也. 夫舍乎全遂之道而肆乎危殆之行, 竊爲先生無取焉." 韓子曰: "臣明先生之言矣. 夫治天下之柄, 齊民萌之度, 甚未易處也. 然所以廢先生之教, 而行賤臣之所取者, 竊以爲立法術, 設度數, 所以利民萌, 便衆庶之道也. 故不憚亂主闇上之患禍, 而必思以齊民萌之資利者, 仁智之行也. 憚亂主闇上之患禍, 而避乎死亡之害, 知明夫身而不見民萌之資利者, 貪鄙之爲也. 臣不忍嚮貪鄙之爲, 不敢傷仁智之行. 先生有幸臣之意, 然有大傷臣之實.

1 服禮 - 예의를 지킴. 복(服)은 행(行)자로 통함.
2 全之術 - 몸을 온전히 보존하는 처생술. 전생(全生) 보신(保身).
3 退智 - 지혜를 감춤.『노자』(老子)의 기지(棄智)와 같은 뜻.
4 殆於軀 - 몸에 해가 가해짐. 구(軀)는 사지(四肢)를 가리킴.
5 支解 - 지(支)는 지(肢)자로 통함. 팔과 다리가 찢김.
6 車裂 - 두 대의 수레에 양쪽 발을 붙들어매 몸을 찢는 극형.
7 無取 - 의견을 찬성하지 않거나 채택하지 못함.
8 明 - 그 의견이 잘못이라는 것을 밝힘. 확실하게 말함.
9 所取者 - 여기서는 한비 자신이 주장한 법술을 가리킴.
10 知明 - 자신의 성취와 안전만을 의식함. 명(明)은 성(成)자와 같은 의미를 가짐.
11 嚮 - 어떤 의향을 가짐. 접하려고 함.
12 有幸 - 호감을 나타냄. 또는 애석하게 여김. 행(幸)은 애(哀)자로 통용되기도 함.
13 傷臣之實 - 그 결과가 실제로 손해를 보이게 됨.

43 정법(定法)

법 설정의 기본 이념과 방향이 제시되어 있어 법가 이론을 심화시킨 집대성이라 할
수 있다. 역사적으로 신불해(申不害)의 술(術)과 상앙(商鞅)의 법(法)을 비판 계승하
고 아울러 신도(愼到)의 세(勢)를 첨삭하여 체계화하였다. 논리 전개는 역시 문답 형
식인데 내용에 한비(韓非)의 통치철학이 잘 반영되어 있다.

[1]

묻는 자가 말하기를 '신불해(申不害)와 공손앙(公孫鞅)$^{1)}$ 이 두 학파
의 말 중에 어느 쪽이 나라에 긴요합니까$^{2)}$'라고 하였다. 응답하기를
'이는 측정을 할 수가 없다. 사람이 열흘 동안 먹지 않으면 죽으며
큰 추위가 한창일 때 입지 않으면 역시 죽는다. 이를 가리켜 의와
식 어느 쪽이 사람에게 긴요한가 말한다면 하나도 없을 수 없는 양
생하는 조건$^{3)}$들이다. 지금 신불해는 술(術)을 말하고 공손앙은 법
(法)을 주장한다. 술이란 것은 담당할 힘에 맞추어서$^{4)}$ 관직을 주고
명분에 따라서$^{5)}$ 실적을 추궁하며 살생하는 권병을 손에 들고 여러
신하들의 능력을 시험하는 것이다. 이것은 군주가 장악하는 것이다.
법이란 것은 내건 명령이 관청에 명시되고 형벌은 반드시 민의 마
음속에 새겨지며 상은 법을 삼가는 자에게 있고 벌은 명령을 어기
는$^{6)}$ 자에게 가해지는 것이다. 이것은 신하가 모범으로 삼을 바이다.
군주에게 술이 없으면 윗자리에서 눈이 가려지고$^{7)}$ 신하에게 법이
없으면 아래에서 어지러워진다. 이것은 하나도 없을 수 없이 모두

제왕이 갖출 조건들이다'라고 하였다.

問者曰 : "申不害·公孫鞅, 此二家之言孰急於國?" 應之曰 : "是不可程
也. 人不食, 十日則死 ; 大寒之隆, 不衣亦死. 謂之衣食孰急於人, 則是不
可一無也, 皆養生之具也. 今申不害言術而公孫鞅爲法. 術者, 因任而授官,
循名而責實, 操殺生之柄, 課群臣之能者也, 此人主之所執也. 法者, 憲令
著於官府, 刑罰必於民心, 賞存乎愼法, 而罰加乎姦令者也, 此臣之所師也.
君無術, 則弊於上 ; 臣無法, 則亂於下, 此不可一無, 皆帝王之具也."

1 公孫鞅 - 변법을 행하여 진(秦)의 부강을 이룬 공으로 상(商) 땅에 봉후받아
　상앙(商鞅)이라 부름.
2 孰急 - 긴급할 때 필요한 역할을 누가 하는가 물음.
3 養生之具 - 살아가기 위한 수단, 또는 그 재료.
4 因任 - 부담할 수 있는 능력에 따라 일을 맡김.
5 循名 - 일을 하겠다고 내건 말 그대로 결과를 따짐.
6 姦令 - 명령을 안 지킴. 간(姦)은 범(犯), 또는 간(干)자의 뜻.
7 弊 - 폐(弊)는 폐(蔽)자로 통함.

[2]

묻는 자가 말하기를 '다만 술(術)만 있고 법(法)은 없으며 다만 법
만 있고 술이 없으면 옳지 않다고 하는데 왜 그렇습니까'라고 하였
다. 대답하기를 '신불해(申不害)는 한(韓) 소후(昭侯)의 보좌역이었
다. 한은 진(晉)에서 갈라져 나온 나라[1]였다. 진의 옛 법이 아직 폐
지되지 않았는데 한의 새 법이 또 나오고 먼저 군주의 명령을 거두
어들이지 못하였는데 나중 군주의 명령이 또 내려지는 상태였다.
신불해는 법을 관장하지[2] 못하고 내걸 명령을 하나로 정하지 못하
여 간악한 자가 많았다. 그래서 이득이 옛 법과 먼저 명령에 있으면
그것을 따르고[3] 이득이 새 법과 나중 명령에 있으면 그것을 따르게
되었다. 이득은 옛것과 새것이 상반되고 먼저 것과 나중 것이 서로

엇갈려서⁴⁾ 신불해가 비록 열 번 소후로 하여금 술을 쓰도록 했지만 간악한 신하들은 오히려 그 말을 속일 데가 있었던 것이다. 그러므로 만승의 강국 한에 십칠 년이나 몸을 의탁하면서도 패왕에 이르도록 하지 못한 것은 비록 군주에게 술을 쓰게 했지만 관리들 사이에 법을 힘써 지키게⁵⁾ 하지 못한 재앙이다'라고 하였다.

問者曰 : "徒術而無法, 徒法而無術, 其不可何哉?" 對曰 : "申不害, 韓昭侯之佐也. 韓者, 晉之別國也. 晉之故法未息, 而韓之新法又生 ; 先君之令未收, 而後君之令又下. 申不害不擅其法, 不一其憲令, 則姦多. 故利在故法前令, 則道之 ; 利在新法後令, 則道之. 利在故新相反, 前後相勃, 則申不害雖十使昭侯用術, 而姦臣猶有所譎其辭矣. 故託萬乘之勁韓, 七十年而不至於霸王者, 雖用術於上, 法不勤飾於官之患也.

1 別國 – 진(晉)이 셋으로 갈라져 각자 독립된 나라가 됨.
2 擅其法 – 법을 하나로 통합하여 장악함.
3 道之 – 여기서는 도(道)가 유(由), 또는 종(從)자로 쓰임.
4 相勃 – 발(勃)은 패(悖)자로 통함. 서로 물리침.
5 勤飾 – 힘써서 바로잡음. 식(飾)은 칙(飭)자와 마찬가지의 뜻.

[3]
(또 답하기를) '공손앙(公孫鞅)이 진(秦)을 다스릴 때 고좌(告坐) 법을 세워¹⁾ 실상을 추구하고 십오(什伍)로 연좌시켜²⁾ 죄를 함께 물었다. 상을 후하게 틀림없이 하고 형을 무겁고 확실하게 하였다. 이런 까닭으로 민이 일하여 지치더라도³⁾ 쉬지 않았고 적과 싸워 위태롭더라도⁴⁾ 물러서지 않았다. 때문에 나라가 부하고 군대가 강해졌다. 그러나 술(術)로써 간신을 알아내지 못하였기 때문에 그 부강은 신하에게 도움을 줄 따름이었다. 효공(孝公)과 상군(商君)⁵⁾이 죽고 혜왕(惠王)이 즉위함에 이르러 진의 법이 아직 폐지되지 않았는데도 장의(張儀)가 진을 가지고 한(韓)·위(魏)로부터 이득을 취하였다.⁶⁾

혜왕이 죽고 무왕(武王)이 즉위하자 감무(甘茂)가 진을 가지고 주(周)로부터 이득을 취하였다. 무왕이 죽고 소양왕(昭襄王)이 즉위하자 양후(穰侯)[7]가 한·위를 넘어서 동쪽으로 제(齊)를 공격하여 오년이 되도록 진은 척토(尺土)[8]의 땅도 불어나지 않았으나 이에 그 봉지 도읍(陶邑)에 성을 쌓았다. 응후(應侯)[9]도 한을 공격하여 팔년 만에 그 봉지 여남(汝南)에 성을 쌓았다. 이로부터 계속 진에 등용된 여러 사람은 모두 응후나 양후 같은 부류였다. 이처럼 싸워 이기면 대신들이 높여지고 땅이 불어나면 개인 봉지만 선다는 것은 군주가 술을 가지고 간신을 알아내지 못하였기 때문이다. 상군이 비록 열 번이나 법을 바로잡더라도 신하들은 도리어 자기 밑천으로 활용하였다. 그러므로 강한 진의 발판을 타고서도 수십 년이 되도록 제왕에 이르지 못한 것은 비록 관리에게 법을 힘써 지키게 하더라도 군주가 위에서 술을 쓰지 못한 재앙 때문이다'라고 하였다.

公孫鞅之治秦也, 設告坐而責其實, 連什伍而同其罪, 賞厚而信, 刑重而必. 是以其民用力勞而不休, 逐敵危而不却, 故其國富而兵强 ; 然而無術以知姦, 則以其富强也資人臣而已矣. 及孝公·商君死, 惠王卽位, 秦法未敗也, 而張儀以秦殉韓·魏. 惠王死, 武王卽位, 甘茂以秦殉周. 武王死, 昭襄王卽位, 穰侯越韓·魏而東攻齊, 五年而秦不益尺土之地, 乃成其陶邑之封. 應侯攻韓八年, 成其汝南之封. 自是以來, 諸用秦者皆應, 穰之類也. 故戰勝, 則大臣尊 ; 益地, 則私封立 : 主無術以知姦也. 商君雖十飾其法, 人臣反用其資. 故乘强秦之資數十年而不至於帝王者, 法雖勤飾於官, 主無術於上之患也.

1 設告坐 – 서로 감시하여 죄를 고발하도록 하는 제도를 설정함.
2 連什伍 – 열 집 혹은 다섯 집씩 조를 짜서 연대책임을 지도록 함.
3 用力勞 – 일을 힘들여 하다가 피로해짐.
4 逐敵危 – 적을 쫓다가 위험한 상태에 이름.
5 商君 – 공손앙(公孫鞅)을 가리킴. 저서로 『상군서』(商君書)가 있음.

6 殉−희생시켜 이득을 구함. 순(徇), 또는 구(求)자와 같은 뜻.
7 穰侯−진 소양왕 때의 재상 위염(魏冉). 지금의 하남성 정도현(定陶縣) 근방
　의 양(穰) 땅에 봉후받음.
8 尺土−얼마 안 되는 작은 평수의 토지.
9 應侯−양후의 뒤를 이은 진의 재상 범수(范睢). 여남(汝南) 땅에 봉후받음.

[4]

묻는 자가 말하기를 '군주가 신불해의 술(術)을 쓰고 관리가 상군의
법(法)을 행하면 되겠습니까'라고 하였다. 대답하기를 '신불해도 아
직 술에 있어 미진하고[1] 상군도 아직 법에 있어 미진하다. 신불해가
말하기를 "일을 처리할 때 월권하지 않으며[2] 비록 알더라도 말하지
말라"고 하였다. 일 처리에 월권하지 않음은 직분을 지키라고 이르
는 것으로 좋으나 알더라도 말하지 말라 함은 잘못을 아뢰지 말라[3]
는 것이다. 군주는 온 나라의 눈을 빌려서 보므로 보다 더 밝게 볼
수 없으며 온 나라의 귀를 빌려서 들으므로 보다 더 총명할 수 없
다. 만일 알더라도 말하지 않으면 군주가 더 어디서 빌리겠는가.[4]
상군의 법에 이르기를 "적의 머리 한 개를 벤 자에게 작위 한 계급
을 올리고 관리가 되기를 원하면 오십 석의 벼슬에 앉히며 머리 두
개를 벤 자에게 작위 두 계급을 올리고 관리가 되기를 원하면 백석
의 벼슬에 앉힌다"고 한다. 관작의 옮김과 머리 벤 공이 서로 걸맞
다.[5] 만일 법이 있어 이르기를 "머리를 벤 자에게 의원이나 대목이
되도록 하겠다"고 한다면 집이 이루어지지 않고 병이 낫지 않을 것
이다. 대저 대목은 손재주를 가진 자이며 의원은 약을 짓는[6] 사람이
다. 그런데 머리 벤 공을 가지고 그것을 시킨다면 재능에 걸맞지 않
는 것이다. 지금 관의 일을 처리하는 것은 지능이며 머리 베는 것은
용력이 가해지는 것이다. 용력이 가해지는 것을 가지고 지능이 (필
요한) 관의 일을 처리함은 바로 머리 벤 공을 가지고 의원이나 대
장장이를 만드는 것이다. 그러므로 두 사람이 법과 술 모두를 완전

히 다하지 못하였다고 말하는 것이다'라고 하였다.

問者曰："主用申子之術, 而官行商君之法, 可乎?" 對曰："申子未盡於
術, 商君未盡於法也." 申子言：'治不踰官, 雖知弗言.' 治不踰官, 謂之守
職也可；知而弗言, 是不謂過也. 人主以一國目視, 故視莫明焉；以一國
耳聽, 故聽莫聰焉. 今知而弗言, 則人主尙安假借矣? 商君之法曰：'斬一
首者爵一級, 欲爲官者爲五十石之官；斬二首者爵二級, 欲爲官者爲百石
之官.' 官爵之遷與斬首之功相稱也. 今有法曰：'斬首者令爲醫·匠.' 則
屋不成而病不已. 夫匠者手巧也, 而醫者齊藥也, 而以斬首之功爲之, 則
不當其能. 今治官者, 智能也；今斬首者, 勇力之所加也. 以勇力之所加
而治智能之官. 是以斬首之功爲醫·匠也. 故曰：二子之於法術, 皆未盡
善也.

1 未盡－역할을 완벽하게 다하지 못하는 점이 있음.
2 治不踰官－일을 처리함에 있어 맡은 직책 이상을 넘어서 하지 않음.
3 不謂過－잘못이 있어도 보고하지 않음. 위(謂)는 알(謁)자와 같음.
4 假借－하나의 수단과 도구로 의지하고자 빌림.
5 相稱－서로 균형이 잘 잡힘. 칭(稱)은 저울질함.
6 齊藥－약을 조제하여 만듦. 제(齊)는 약재료 제(劑)자로 통함.

44 설의(說疑)

의심나는 일들을 분명하게 밝힌다는 뜻이다. 의(疑)는 비(比) 또는 의(擬)자로 통한다. 비슷하여 혼동하기 쉬운 당시 사이비(似而非) 정치·사회적 실상을 날카롭게 찌르고 있다. 간신을 현인에 견주어 헤아리는 군신간의 모순을 문제삼기도 한다. 평판이 좋고 잘하는 것 같아 보이나 사실은 역으로 해만 입히는 사례들을 들어 신하의 임용과 처우에 대한 군주의 경계를 촉구한다.

[1]

무릇 정치의 큰 일이란 상벌의 타당성을 말하는 것이 아니다. 공 없는 사람을 상주고 허물 없는 민을 벌함은 이른바 명찰이 아니다. 공이 있어 상주고 죄가 있어 벌하여 그 사람을 틀리게 하지 않음은 겨우 해당자가 있어서이지[1] 능히 공을 세우거나 잘못을 막는 것은 아니다. 그래서 간악을 금하는 법의 최상은 마음에 대하여 금하도록 하고 그 다음은 말에 대하여 금하도록 하며 그 다음은 행위에 대하여 금하도록 하는 것이다. 오늘날 모두가 말하기를 '군주를 높이고 나라를 안정되게 하는 자는 반드시 인의와 지능으로써 한다'고 한다. 그러나 군주를 낮추고 나라를 위태롭게 하는 자도 반드시 인의와 지능으로써 한다는 사실은 알지 못한다. 그러므로 도를 터득한 군주는 인의를 멀리하고 지능을 버리고 법으로써 따르게 한다.[2] 이렇게 해서 명예가 널리 퍼져 명성이 오르고 민이 다스려져 나라가 안정되는 것은 민을 다루는[3] 법을 알기 때문이다. 무릇 술(術)이란 군주가 장악해야 하는 것이며 법(法)이란 관리가 모범으로 삼는⁴⁾ 것이다. 그러나 낭중(郞中)으로 하여금 매일 궁문 밖으로 도를 전하며 매일 국경 안에 퍼지도록 법을 알리는 일⁵⁾은 그다지 어렵지 않다.

凡治之大者, 非謂其賞罰之當也. 賞無功之人, 罰不辜之民, 非所謂明也. 賞有功, 罰有罪, 而不失其人, 方在於人者也, 非能生功止過者也. 是故禁姦之法, 太上禁其心, 其次禁其言, 其次禁其事. 今世皆曰："尊主安國者, 必以仁義智能", 而不知卑主危國者之必以仁義智能也. 故有道之主, 遠仁義, 去智能, 服之以法. 是以譽廣而名成, 民治而國安, 知用民之法也. 凡術也者, 主之所以執也；法也者, 官之所以師也. 然使郎中日聞道於郎門之外, 以至於境內日見法, 又非其難者也.

1 在於人 - 상벌에 해당되는 사람. 그 사후 조치를 가리킴. 재(在)는 급(及)자로 통함.
2 服之以法 - 법으로 민을 복종시킴. 복(服)은 행(行)자로 통함.
3 用民 - 민을 다스려서 일을 시킴.
4 所以執 - 본보기. 효칙(效則)의 대상.
5 見法 - 법령을 민에게 고시하여 주지시킴.

[2]

옛날 유호씨(有扈氏)¹⁾에게 실도(失度)가 있고 환두(讙兜)에게 고남(孤男)이 있고 삼묘(三苗)²⁾에게 성구(成駒)가 있고 걸(桀)에게 후치(侯侈)가 있고 주(紂)에게 숭후호(崇侯虎)가 있고 진(晉)에는 우시(優施)³⁾가 있었다. 이 여섯 사람은 나라를 망하게 한 신하들이다. 옳은 일을 그른 것 같이 말하고 그른 일을 옳은 것 같이 말하였다. 내심은 음험하여 남을 해치나 겉은 얌전하여⁴⁾ 착해 보이며⁵⁾ 옛것을 칭송하여⁶⁾ 좋은 일을 못하도록 막고 그 군주를 마음대로 움직여⁷⁾ 정밀한 음모를 해내며⁸⁾ 그가 좋아하는 것으로써 혼란시켰다. 이들은 낭중이나 측근의 부류였다. 지난날의 군주들 중에는 인재를 얻

어서 몸이 평안하고 나라가 보존된 이가 있는가 하면 인재를 얻어
서 몸이 위태롭고 나라가 망한 자도 있다. 인재를 얻은 명목은 같으
나 그 이해관계는 서로 크게 다르다.[9] 그러므로 군주의 측근에 대하
여 신중하지 않을 수 없다. 남의 군주된 자가 진실로 신하가 말한
것을 명찰한다면 현불초의 구별이 흑백과 같을 것이다.

昔者有扈氏有失度, 讙兜氏有孤男, 三苗有成駒, 桀有侯侈, 紂有崇侯虎,
晉有優施, 此六人者, 亡國之臣也. 言是如非, 言非如是, 內險以賊, 其外
小謹, 以徵其善；稱道往古, 使良事沮；善禪其主, 以集精微, 亂之以其
所好；此夫郎中左右之類者也. 往世之主, 有得人而身安國存者, 有得人
而身危國亡者. 得人之名一也, 而利害相千萬也, 故人主左右不可不愼也.
爲人主者誠明於臣之所言, 則別賢不肖如黑白矣.

1 有扈氏 — 하(夏) 왕조 때 호(戶) 땅의 한 부족.
2 三苗 — 유묘(有苗)라고도 함. 요(堯) 때 남쪽의 한 부족.
3 優施 — 춘추시대 진(晉) 헌공(獻公)의 배우 이름.
4 小謹 — 작은 일에도 조심하고 삼감.
5 徵其善 — 선량한 표를 냄. 징(徵)은 증명함.
6 稱道往古 — 옛날에 있던 일을 칭찬삼아 말함. 도(道)는 언(言)자와 같은 뜻.
7 善禪 — 교묘하게 관심을 독차지함. 선(禪)은 천(擅)자로 통함.
8 集精微 — 치밀하게 꾸민 음모. 집(集)은 성취(成就)의 뜻.
9 千萬 — 천태만상, 즉 대단한 차이를 표현함.

[3]
대저 허유(許由) · 속아(續牙)[1] · 진백양(晋伯陽) · 진전힐(秦顚頡) · 위
교여(衛僑如) · 호불계(狐不稽) · 중명(重明) · 동불식(董不識) · 변수(卞
隨) · 무광(務光) · 백이(伯夷) · 숙제(叔齊) 같은 열두 사람은 모두 위
로 이득을 보여도 좋아하지 않고 아래로 어려움에 이르더라도 두려
워하지 않으며 혹 천하를 준다고 하더라도 취하지 않으며 치욕스런
이름[2]이 있으면 봉록[3]의 이득도 좋아하지 않았다. 도대체 이득을 보

여도 좋아하지 않는다면 군주가 비록 후한 상을 주더라도 권할 수 없으며 어려움에 이르더라도 두려워하지 않는다면 군주가 비록 엄한 형벌을 내려도 위협할 수 없다. 이것을 일러 명령에 따르게 할 수 없는 민[4]이라 한다. 이 열두 사람은 혹 동굴 속에 엎드려 죽고 혹 초목 사이에서 말라 죽고 혹 산골짜기에서 굶어죽고 혹 냇물이나 우물 속에 빠져 죽었다. 이와 같은 민이 있어 옛날의 성왕도 모두 신하로 할 수 없었다. 오늘날 장차 이들을 어찌 등용하겠는가.

若夫許由・續牙・晉伯陽・秦顚頡・衛僑如・狐不稽・重明・董不識・卞隨・務光・伯夷・叔齊, 此十二人者, 皆上見利不喜, 下臨難不恐, 或與之天下而不取, 有萃辱之名, 則不樂食穀之利. 夫見利不喜, 上雖厚賞, 無以勸之, 臨難不恐, 上雖嚴刑, 無以威之：此之謂不令之民也. 此十二人者, 或伏死於窟穴, 或槁死於草木, 或飢餓於山谷, 或沈溺於水泉. 有民如此, 先古聖王皆不能臣, 當今之世, 將安用之.

1 續牙－순(舜)의 일곱 벗 가운데 한 사람. 이어서 동불식(董不識)까지 벗 이름을 열거함.
2 萃辱之名－비열하고 욕된 자리라는 소문. 췌(萃)는 비(卑)자로 통함.
3 食穀－벼슬하여 봉록을 받음. 곡(穀)은 록(祿)의 뜻으로 쓰임.
4 不令之民－명령하여도 안 따르는 신하.

[4]
대저 관용봉(關龍逢)・왕자비간(王子比干)・수계량(隨季梁)・진설야(陳泄冶)・초신서(楚申胥)・오자서(吳子胥) 같은 여섯 사람은 모두 심하게 다투고[1] 강력히 간하여 그 군주를 이기려 하였다. 말이 받아들여지고 일이 행하여지면 마치 스승과 제자 사이[2] 같으나 한마디라도 받아들여지지 않고 한 가지 일이라도 행하여지지 않으면 말로써 그 군주를 억누르고 이어서[3] 위협을 가하여 비록 몸은 죽고 집은 부서지고 허리와 목이 붙지 못하며[4] 손발이 따로 있게[5] 되더라

도 꺼려하지 않았다.[6] 이와 같은 신하는 옛날의 성왕도 모두 차마 견딜 수 없었다. 오늘날 장차 이들을 어찌 등용하겠는가.

若夫關龍逢·王子比干·隨季梁·陳泄治·楚申胥·吳子胥, 此六人者, 皆疾爭强諫以勝其君. 言聽事行, 則如師徒之勢; 一言而不聽, 一事而不行, 則陵其主以語, 從之以威, 雖身死家破, 要領不屬, 手足異處, 不難爲也. 如此臣者, 先古聖王皆不能忍也, 當今之時, 將安用之.

1 疾爭 - 과격하게 간함. 쟁(爭)은 쟁(諍)자로 쓰임.
2 師徒之勢 - 신하가 스승이 되어 군주를 제자 대하듯이 하는 자세.
3 從之 - 계속하여 중단되지 않는 상태를 가리킴. 종(從)은 계(繼)자로 쓰임.
4 要領不屬 - 허리와 목이 연결되지 못하게 함. 참형(斬刑)을 받음. 요(要)는 요(腰)자와 같음.
5 手足異處 - 사지가 찢겨서 손발이 뿔뿔이 흩어져 있는 모양.
6 不難爲 - 어렵다 생각하지 않고 일을 서슴지 않음.

대저 제전항(齊田恒)·송자한(宋子罕)·노계손의여(魯季孫意如)·진교여(晋僑如)·위자남경(衛子南勁)·정태재흔(鄭太宰欣)·초백공(楚白公)·주단서(周單荼)·연자지(燕子之) 같은 아홉 사람은 신하가 되어 모두 파당을 만들어 한패가 되어서 그 군주를 섬기며 정도를 가리고[1] 못된 일을 행하며[2] 위로 군주를 핍박하고 아래로 치안을 어지럽히며 외세를 끌어들여 국내를 흔들며 아래를 친숙히 하여[3] 위에 모반하기를 꺼려하지 않았다. 이와 같은 신하는 오직 성왕이나 지혜로운 군주만이 능히 억누를 수 있다. 만약 어둡고 어지러운 군주 같으면 능히 그것을 알아차릴[4] 수 있겠는가.

若夫齊田恆·宋子罕·魯季孫意如·晉僑如·衛子南勁·鄭太宰欣·楚白公·周單荼·燕子之, 此九人者之爲其臣也, 皆朋黨比周以事其君, 隱正道而行私曲, 上逼君, 下亂治, 援外以撓內, 親下以謀上, 不難爲也. 如此臣者, 唯聖王智主能禁之, 若夫昏亂之君, 能見之乎.

1 隱正道－정도(正道)는 법술(法術)을 가리킴. 은(隱)은 엄폐(掩蔽)의 뜻.
2 行私曲－바르지 못한 일을 제멋대로 함. 사곡(私曲)은 사악(邪惡)과 같음. 또는 사리를 챙김.
3 親下－아랫사람에게 인심을 얻음. 친(親)을 침(侵)자로 해석하여 아래를 호되게 닦달한다고 봄.
4 見之－간파함. 간악한 일을 꿰뚫어봄.

[6]

대저 후직(后稷)·고요(皐陶)·이윤(伊尹)·주공단(周公旦)·태공망(太公望)·관중(管仲)·습붕(隰朋)·백리해(百里奚)·건숙(蹇叔)·구범(舅犯)·조쇠(趙衰)·범려(范蠡)·대부종(大夫種)·봉동(逢同)·화등(華登) 같은 열다섯 사람은 신하가 되어 모두 아침 일찍 일어나고 밤늦게 자며[1] 자신을 낮추어 몸을 천대하며 마음을 다잡고 생각을 깨끗이 하며[2] 형벌을 분명히 하고 맡은 직분에 힘써서 그 군주를 섬겼다. 좋은 의견을 진언하고 도법을 알게[3] 하면서도 그 훌륭함을 굳이 자랑하지 않았으며 성공하여 일을 이루더라도 공로를 굳이 자만하지 않았다. 내 집을 부수어 나라를 편안하게 하고 내 몸을 죽여 군주가 안전하기를 서슴지 않으며 군주를 높은 하늘이나 태산으로 존숭하고 그 자신은 산골짜기나 웅덩이[4]같이 비하하였다. 군주가 나라 안에 명성이 드러나고 널리 칭찬을 받으면 자신은 산골짜기나 웅덩이 같은 비하를 받아도 서슴지 않았다. 이와 같은 신하는 비록 어둡고 어지러운 군주를 맞는다 하여도 오히려 공을 이룰 수 있다. 하물며 총명이 드러난 군주에게 있어서랴. 이것을 가리켜 패왕의 보좌라고 하는 것이다.

若夫后稷·皐陶·伊尹·周公旦·太公望·管仲·隰朋·百里奚·蹇叔·

舅犯・趙衰・范蠡・大夫種・逢同・華登, 此十五人者爲其臣也, 皆夙興夜寐, 卑身賤體, 竦心白意;明刑辟・治官職以事其君, 進善言・通道法而不敢矜其善, 有成功立事而不敢伐其勞;不難破家以便國, 殺身以安主, 以其主爲高天泰山之尊, 而以其身爲壑谷鬴洧之卑;主有明名廣譽於國, 而身不難受壑谷鬴洧之卑. 如此臣者, 雖當昏亂之主尙可致功, 況於顯明之主乎? 此謂霸王之佐也.

1 夙興夜寐 — 숙(夙)은 이른 아침이며 야(夜)는 야반(夜半) 즉 심야를 가리킴.
2 竦心白意 — 송(竦)은 경(敬)자로 통함. 긴장하고 경계함. 백(白)은 청결의 뜻으로 사(邪)가 없음.
3 通道法 — 군주를 설득해 도리와 법도를 통달하도록 함.
4 鬴洧 — 부(鬴)는 가마솥 부(釜)자로 통함. 유(洧)는 아가리 큰솥 복(鍑)자의 뜻. 여기서는 물이 고인 낮은 지형을 가리킴.

[7]

대저 주활지(周滑之)・정왕손신(鄭王孫申)・진공손녕(陳公孫寧)・의행보(儀行父)・형우윤신해(荊芋尹申亥)・수소사(隨少師)・월종간(越種干)・오왕손락(吳王孫雒)・진양성설(晉陽成泄)・제수조(齊豎刁)・역아(易牙) 같은 열두 사람[1]은 신하가 되어 모두 작은 이득만을 생각하여 법도[2]를 잊고 나아가서는 현량한 사람을 가로막아 그 군주의 눈을 어둡게 하였으며 물러나서는 백관들을 쑤석거려 화란을 일으켰다. 모두가 군주를 도와서 그 욕구를 채워 주어[3] 정말 군주가 조금이라도 좋아할[4] 수 있다면 비록 나라가 부서지고 민중을 죽이더라도 서슴지 않았으니 이와 같은 신하가 있다면 비록 성왕을 맞는다 하여도 오히려 나라를 빼앗길까 두렵다. 그런데 하물며 어둡고 어지러운 군주가 능히 그것을 잃지 않을 수 있겠는가. 신하로서이와 같은 자가 있다면 모두 자신은 죽고 나라가 망하여 천하에 웃음거리가 될 것이다. 그러므로 주(周) 위공(威公)은 자신이 죽고 나라가 둘로 갈라졌으며 정(鄭) 자양(子陽)은 자신이 죽고 나라가 셋으로 갈라졌으며 진(陳) 영공(靈公)은 자신이 하징서(夏徵舒)의 집[5] 에서 죽고 초(楚) 영왕(靈王)도 건계(乾谿) 물가에서 죽었으며 수 (隨)는 초에게 망하고 오(吳)는 월(越)에게 병합되었으며 지백(知 伯)은 진양(晉陽) 성 아래에서 멸망하고 환공(桓公)은 자신이 죽은 뒤 칠일 동안 거두지 못하였다. 그러므로 말하기를 '아첨하는 신하 는 오직 성왕만이 그를 알아차린다. 그러나 어리석은 군주[6]는 그를 가까이 하기 때문에 자신은 죽고 나라도 망하는 데 이른다'고 한다.

若夫周滑之·鄭王孫申·陳公孫寧·儀行父·荊芋尹申亥·隨少師·越 種干·吳王孫雒·晉陽成泄·齊豎刁·易牙, 此十二人者之爲其臣也, 皆 思小利而忘法義, 進則揜蔽賢良以陰闇其主, 退則撓亂百官而爲禍難; 皆 輔其君, 共其欲, 苟得一說於主, 雖破國殺衆, 不難爲也. 有臣如此, 雖當 聖王尙恐奪之, 而況昏亂之君, 其能無失乎? 有臣如此者, 皆身死國亡, 爲 天下笑矣. 故周威公身殺, 國分爲二; 鄭子陽身殺, 國分爲三; 陳靈公身 死於夏徵舒氏; 荊靈王死於乾谿之上; 隨亡於荊; 吳幷於越; 知伯滅於 晉陽之下; 桓公身死七日不收. 故曰; 詔諛之臣, 唯聖王知之, 而亂主近 之, 故至身死國亡.

1 十二人 - 여기서 열두 사람이란 고천리(顧千里)를 더 추가시킨 숫자.
2 法義 - 법도(法度)를 가리킴. 의(義)는 의(儀)자로 통함.
3 共其欲 - 군주가 바라는 것이라면 모두 바침. 공(共)은 공(供)자와 같이 쓰임.
4 一說 - 얼마 안 되는 기쁨. 설(說)은 열(悅)자로 통함.
5 夏徵舒氏 - 진(陳)의 대부. 씨(氏)란 저택을 가리킴.
6 亂主 - 현혹되어 사리를 분별하지 못하는 군주. 암군(闇君).

[8]
성왕이나 현명한 군주는 그렇지 않다. 안에서 든다[1] 하여 친족을 피 하지 않고 밖에서 든다 하여 원수를 피하지 않는다. 옳은 것이 여기 에 있으면 따라서 그를 발탁하고 그른 것이 여기에 있으면 따라서

그를 처벌한다. 이런 까닭으로 현량한 사람이 나아가게[2] 되고 간악한 자는 물리치게[3] 된다. 그러므로 한번 발탁하여 능히 제후들을 따르게 할 수 있었다. 그것이 기록에 있어 말하기를 '요(堯)에게 단주(丹朱)가 있으며 순(舜)에게 상균(商均)이 있고 계(啓)에게 오관(五觀)[4]이 있고 탕(湯)에게 태갑(太甲)[5]이 있고 무왕(武王)에게 관(管)·채(蔡)[6]가 있었다'고 한다. 다섯 왕이 처벌한 자들은 모두 부형 자제라는 친족이었다. 그런데도 자신은 죽음을 당하고 집은 완전히 부서지게 된 까닭은 무엇인가. 그들이 나라를 해치고 민을 살상하고 법을 깨고 명령을 뒤엎었기[7] 때문이다. 발탁한 것을 보면 혹은 산림 속이나 소택[8] 암굴 사이에 있었고 혹은 감옥 속이나 밧줄로 묶여 붙들려 있는[9] 중에 있었고 혹은 요리사[10]나 양치기 소먹이 일을 하는 데 있었다. 그러나 현명한 군주는 그 미천함을 부끄럽게 여기지 않았다. 능력이 가히 법을 밝히고 나라에 편의를 주며 민을 이롭게 할 수 있다고 보아 그대로 발탁하여 몸은 안전하고 이름은 높았던 것이다.

聖王明君則不然, 內擧不避親, 外擧不避讎, 是在焉, 從而擧之；非在焉, 從而罰之. 是以賢良遂進而姦邪幷退, 故一擧而能服諸侯. 其在記曰：堯有丹朱, 而舜有商均, 啓有五觀, 商有太甲, 武王有管·蔡. 五王之所誅者, 皆父兄子弟之親也, 而所殺亡其身殘破其家者何也？ 以其害國傷民敗法圯類也. 觀其所擧, 或在山林藪澤巖穴之間, 或在圄圉縲紲繩索之中, 或在割烹芻牧飯牛之事. 然明主不羞其卑賤也, 以其能, 爲可以明法, 便國利民, 從而擧之, 身安名尊.

1 內擧－친척 중에서 추천받아 관리로 등용함.
2 遂進－순조롭게 진출함. 수(遂)는 달(達)자와 같은 뜻.
3 幷退－병(幷)은 병(屛)자와 마찬가지로 제거시킴.
4 啓有五觀－계(啓)는 우(禹)의 아들. 오(五)는 무(武)자와 음이 같음.

5 商有太甲 - 상(商)은 은(殷)의 탕(湯)을 가리킴. 태갑(太甲)은 그의 손자.
6 管蔡 - 무왕(武王)의 두 아우 관숙(管叔)과 채숙(蔡叔).
7 玭類 - 류(類)는 법령의 세부 조례. 비(玭)는 허물어뜨림.
8 藪澤 - 수(藪)는 풀이 우거진 큰 늪지대를 가리킴.
9 纆縲縲索 - 유(縲)는 검은 새끼줄. 묵(纆)은 얽을 전(纏)자로 통함. 죄인을 오랏줄로 묶음.
10 割烹 - 고기를 잘라서 삶음. 요리함을 가리킴.

[9]

어리석은 군주는 그렇지 못해 신하의 의향이나 행동을 알지 못하면서 나라일을 맡긴다. 그러므로 작게는 명성이 낮아지고 영토가 깎이며 크게는 나라가 망하고 자신도 죽게 된다. 신하를 쓰는 법에 밝지 못하기 때문이다. 술수로 신하를 헤아리지$^{1)}$ 못하는 자는 반드시 여러 사람의 입을 가지고 판단하게 된다. 여러 사람이 칭찬하는 것이면 따라서 좋아하고 여러 사람이 그르다 하는 것이면 따라서 미워한다. 그러므로 신하된 자들이 가산을 다 써가며$^{2)}$ 안으로 패거리를 꾸미고 밖으로 호족$^{3)}$들과 사귀어 평판을 내게 하며 모르게 동맹을 맺어$^{4)}$ 서로 다지고 빈말로 작록을 주어$^{5)}$ 서로 권장한다. 그리고 말하기를 '우리와 함께하는 자는 장차 이로울 것이며 우리와 함께하지 않는 자는 장차 해로울 것이다'라고 한다. 여러 사람이 그 이득을 탐내고 그 위협에 겁먹는다. '그가 정말 좋아하면 능히 나에게 이득을 줄 수 있고 노여워하면 능히 나를 해칠 수 있다'고 한다. 여러 사람이 그에게 돌아가고 민이 모여들어$^{6)}$ 평판이 나라 안에 가득 차 군주에게 들린다.$^{7)}$ 군주는 그 실정을 능히 가리지$^{8)}$ 못하고 그대로 현인이라 생각한다. 그들은 또 잘 속이는$^{9)}$ 사람을 시켜 제후가 총애하는 사자라고 거짓 꾸며$^{10)}$ 수레와 말을 빌려 주고 서절(瑞節)$^{11)}$을 가지고 신임을 사게 하며 말솜씨로 무게를 실어 폐백으로써 도와 주며 군주를 유혹해$^{12)}$ 은밀히 사리를 끼워서 공사를 의론하게 한다. 사자를 보낸 자는 다른 나라의 군주이나 이야기한 것은 측근의 사람이다. 군주는 그 말을 좋아하고 언변이 좋다고 여겨 이 사람[13]을 천하의 현자라고 생각한다. 안팎과 측근 사이에 소문이 하나같이 똑같다. 크게는 (군주 자신이) 몸을 낮추어 자리를 굽혀서[14] 겸손하기를 꺼려하지 않으며 작게는 작위를 높이고 봉록을 후하게 주어 이득을 꾀하게 한다.

亂主則不然, 不知其臣之意行, 而任之以國, 故小之名卑地削, 大之國亡身死, 不明於用臣也. 無數以度其臣者, 必以其衆人之口斷之. 衆之所譽, 從而說之 ; 衆之所非, 從而憎之. 故爲人臣者破家殘睟, 內構黨與·外接巷族以爲譽, 陰從約結以相固也, 虛與爵祿以相勸也. 曰 : "與我者將利之, 不與我者將害之." 衆貪其利, 劫其威 ; "彼誠喜, 則能利己 ; 忌怒, 則能害己." 衆歸而民留之, 以譽盈於國, 發聞於主. 主不能理其情, 因以爲賢. 彼又使譎詐之士, 外假爲諸侯之寵使, 假之以輿馬, 信之以瑞節, 鎭之以辭令, 資之以幣帛, 使諸侯, 淫說其主, 微挾私而公議. 所爲使者, 異國之主也 ; 所爲談者, 左右之人也. 主說其言而辯其辭, 以此人者天下之賢士也. 內外之於左右, 其諷一而語同. 大者不難卑身尊位以下之, 小者高爵重祿以利之.

1 數以度 – 술수(術數)를 써서 좋고 나쁜 것을 가려냄.
2 破家殘睟 – 파산할 만큼 집 재산을 소비함. 췌(睟)는 재물을 가리킴. 잔(殘)은 손(損)자의 뜻.
3 巷族 – 항(巷)은 홍(洪)자로 통함. 큰 호족. 민간 세력.
4 從約 – 합종(合從)의 동맹 조약을 가리킴.
5 虛與爵祿 – 작록을 실제가 아닌 말만으로 잠시 내줌.
6 民留之 – 민심이 그에게 붙어서 의지하려고 모여듦.
7 發聞 – 발(發)은 명(明)자의 뜻. 문(聞)은 상문(上聞). 군주의 귀에 들림.
8 理其情 – 진실 여부를 조사하여 바로잡음.
9 譎詐 – 남을 속이기 위하여 간사한 꾀를 부림.
10 外假 – 여러 해석이 가능하나 위장한다는 뜻으로 봄.
11 瑞節 – 외교 사절의 신표로 쓰이는 옥이나 대쪽.

[10]

대저 간사한 사람의 작록이 중해지면 패거리가 점점 많아지고 또 간악한 뜻을 가지면 간신들은 더욱 맞대어[1] 좋아한다. 말하기를 '옛날의 이른바 성왕이나 현명하다는 군주들은 어려서부터 길러져 차례대로 대를 이은[2] 것이 아니다. 패거리를 짜고 호족들을 모아서 위를 핍박하여 군주를 시해하고 그 이득을 구한 것이다'라고 하였다. 그들이 말하기를 '그렇다는 것을 어떻게 아느냐'고 한다. 이에 따라 말하기를 '순(舜)은 요(堯)를 핍박하고 우(禹)는 순을 핍박하였으며 탕(湯)은 걸(桀)을 추방하고 무왕(武王)은 주(紂)를 쳤다. 이 네 왕이란 자는 남의 신하이면서 그 군주를 시해한 자인데도 천하가 그들을 칭찬하였다. 네 왕들의 심정을 살펴보면 이득을 탐내려는 마음이었으며 그 행동을 헤아리면 반란의 전쟁이었다. 그러나 네 왕이 스스로 토지[3]를 넓혔기 때문에 천하가 위대하다 일컬으며 스스로 이름을 드러냈기 때문에 천하가 현명하다고 칭송하였다. 바로 그 위엄이 족히 천하에 군림할 만하고 이득이 족히 한 세상을 덮을 만하여 천하 사람들이 그를 따랐던 것이다'라고 하였다.

夫姦人之爵祿重而黨與彌衆, 又有姦邪之意, 則姦臣愈反而說之, 曰 : "古之所謂聖君明王者, 非長幼弱, 世及以次序也. 以其搆黨與, 聚巷族, 偪上弑君而求其利也." 彼曰 : "何知其然也?" 因曰 : "舜偪堯, 禹偪舜, 湯放桀, 武王伐紂. 此四王者, 人臣弑其君者也, 而天下譽之. 察四王之情, 貪得之意也 ; 度其行, 暴亂之兵也. 然四王自廣措也, 而天下稱大焉 ; 自顯名也, 而天下稱明焉. 則威足以臨天下, 利足以蓋世, 天下從之."

1 愈反―반(反)은 역(逆), 즉 영(迎)자의 뜻으로, 영합함.
2 世及―대를 계속 이어감. 세(世)는 계(継)자를 의미함.
3 廣措―조(措)는 지적(地籍), 즉 토지와 인민을 가리킴.

[11]
또 말하기를 '요즈음 들은 바에 의하면 전성자(田成子)가 제(齊)를
빼앗아 사성자한(司城子罕)이 송(宋)을 빼앗고 태재흔(太宰欣)이 정
(鄭)을 빼앗고 단씨(單氏)가 주(周)를 빼앗고 역아(易牙)가 위(衛)를
빼앗고 한(韓)·위(魏)·조(趙) 셋이 진(晋)을 나누어 가졌다. 이 여
섯 사람[1]은 신하로서 군주를 시해한 자들이다'라고 하였다. 간신들
은 이것을 듣고 갑자기 귀를 치켜세워[2] 옳다고 생각한다. 그러므로
안으로 패거리를 짜고 밖으로 호족들과 손잡고[3] 때를 보아 일을 일
으켜 일거에 나라를 빼앗아 버린다. 또한 도대체 안으로 패거리를
가지고 군주를 협박 살해하며 밖으로 제후의 권세를 가지고 나라를
바꾸며[4] 진지한 자를 가리고[5] 못된 자를 붙잡아 주며 위로 군주를
누르고 아래로 정치를 흔들려는 자를 이루 다 헤아릴 수 없다. 이는
무슨 까닭인가. 바로 신하를 가리는 것이 명찰하지 못하였기 때문
이다. 기록에 이르기를 '주(周) 선왕(宣王) 이래로 멸망한 나라가 수
십이나 되지만 신하가 군주를 시해하여 나라를 빼앗은 경우가 많다'
고 한다. 그렇다면 화난이 안으로부터 생긴 것과 밖으로부터 일어
난 경우가 서로 반반이 된다. 능히 그 민의 힘을 오로지 다하여도
나라가 깨지고 자신이 살해당하는 경우는 그래도 모두가 현명한 군
주다. (그 반대의 경우) 만일 법이 뒤집히고 자리가 바뀌어 민중을
온전하게 하여 나라를 넘겨주게 되는[6] 것이 가장 큰 재난이다.

又曰 : "以今時之所聞, 田成子取齊, 司城子罕取宋, 太宰欣取鄭, 單氏取
周, 易牙之取衛, 韓·魏·趙三子分晋, 此六人, 臣之弒其君者也." 姦臣

824

聞此, 蹶然擧耳, 以爲是也. 故內搆黨與, 外攄巷族, 觀時發事, 一擧而取
國家. 且夫內以黨與劫弑其君, 外以諸侯之權矯易其國, 隱敦適, 持私曲,
上禁君, 下撓治者, 不可勝數也. 是何也? 則不明於擇臣也. 記曰：“周宣
王以來, 亡國數十, 其臣弑其君而取國者衆矣.” 然則難之從內起, 與從外
作者相半也. 能一盡其民力, 破國殺身者, 尙皆賢主也. 若夫轉法易位, 全
衆傳國, 最其病也.

1 此六人 - 여섯이 아니라 실제로 여덟 성씨를 가리킴.
2 蹶然擧耳 - 벌떡 일어나 귀를 한쪽으로 기울임.
3 攄巷族 - 터(攄)는 서(舒) 또는 신(伸)자로 통함. 손을 펴서 호적들을 포섭함.
4 矯易 - 무리하게 바꿔치기함. 역(易)은 변개(變改)의 뜻.
5 隱敦適 - 정도(正道)를 가로막음. 돈후적정(敦厚適正)을 가리움.
6 全衆傳國 - 민중을 상하지 않고 고스란히 나라를 양도함.

[12]

군주된 자가 정말로 신하가 말한 것을 분명히 알아차린다면 비록 그
물이나 주살¹⁾을 가지고 말을 달려 사냥하고 종을 치며 무녀가 춤추
더라도 나라는 오히려 또한 존속될 것이다. 그러나 신하가 말한 것
을 분명히 알아차리지 못한다면 비록 절약하고 힘써 일하며 베옷을
입고 거친 음식을 먹더라도 나라는 오히려 저절로 망할 것이다. 조
(趙)의 옛 군주 경후(敬侯)는 덕행을 닦지 않고 멋대로 욕망 채우기
를 좋아하여 겨울에는 사냥하고 여름에는 뱃놀이를 하며²⁾ 밤을 새
워³⁾ 여러 날 술잔을 떼지 않고⁴⁾ 마시지 못하는 자는 대롱을 가지고
그 입에 대며 거동을 삼가지 않고 응대에 공손치 못한 자는 앞에서
목베어 버렸다. 거처나 음식이 이와 같이 단정치 못하고 형벌을 정
하고 살육함이 이와 같이 절도가 없었다. 그러나 경후가 나라를 누
리는 수십 년 동안⁵⁾ 군대가 적에게 패한 적이 없고⁶⁾ 토지가 사방 이
웃에게 깎인 적이 없으며 안으로 여러 신하 백관들의 반란이 없고
밖으로 제후나 이웃나라의 환란이 없었던 것은 신하를 임명하는 방

법에 밝았기 때문이다. 연(燕)의 군주 자쾌(子噲)는 소공석(邵公奭)[7]의 후예이다. 영토 넓이가 사방 수천 리나 되고 창을 든 병사가 수십만이나 되었다. 여자를 좋아하는 즐거움에 안주하지[8] 않고 악기 연주 소리[9]를 들으려 하지 않고 안으로 연못[10]과 높은 집을 짓지 않고 밖으로 새잡이나 사냥을 나가지 않으며 또 몸소 쟁기나 호미를 가지고 밭고랑을 일구었다. 자쾌가 몸고생하며 민을 걱정한 것이 이와 같이 심하였다. 비록 옛날의 이른바 성왕이나 현명한 군주라는 자들도 몸고생하며 세상 걱정한 것이 이보다 더 심하지는 않았을 것이다. 그렇더라도 자쾌 자신은 죽고 나라가 망하여 자지(子之)에게 자리를 빼앗겨 천하의 웃음거리가 되었다. 이것은 무슨 까닭인가. 신하 임용하는 방법을 밝게 알아차리지 못하였기 때문이다.

爲人主者, 誠明於臣之所言, 則雖畢弋馳騁, 撞鐘舞女, 國猶且存也 ; 不明臣之所言, 雖節儉勤勞, 布衣惡食, 國猶自亡也. 趙之先君敬侯, 不修德行, 而好縱慾, 適身體之所安, 耳目之所樂, 冬日畢弋, 夏浮淫, 爲長夜, 數日不廢御觴, 不能飮者以筩灌其口, 進退不肅・應對不恭者斬於前. 故居處飮食如此其不節也, 制刑殺戮如此其無度也, 然敬侯享國數十年, 兵不頓於敵國, 地不虧於四鄰, 內無群臣百官之亂, 外無諸侯鄰國之患, 明於所以任臣也. 燕君子噲, 邵公奭之後也, 地方數千里, 持戟數十萬, 不安子女之樂, 不聽鍾石之聲, 內不墮汙池臺榭, 外不畢弋田獵, 又親操耒耨以修畎畝. 子噲之苦身以憂民, 如此其甚也, 雖古之所謂聖王明君者, 其勤身而憂世不甚於此矣. 然而子噲身死國亡, 奪於子之, 而天下笑之. 此其何故也? 不明乎所以任臣也.

1 畢弋－필(畢)은 자루가 긴 새 잡는 그물이며 익(弋)은 줄 달린 화살로, 새사냥을 말함.
2 浮淫－배를 띄워 물놀이를 함. 음(淫)은 물이 동요한다는 뜻.
3 爲長夜－밤새도록 잔치를 벌이며 술을 마심.
4 御觴－천자가 술잔을 손에 들고 있는 모습을 가리킴.

5 數十年 – 실제로 십이 년 간의 통치 기간을 말함.
6 不頓 – 무디지 않음. 돈(頓)은 둔(鈍)자와 음으로 통함.
7 邵公奭 – 주(周) 왕조의 건국공신으로 연(燕)에 봉후받은 인물.
8 子女之樂 – 여자들과의 향락에 빠짐. 자녀(子女)란 미녀를 가리킴.
9 鍾石之聲 – 쇠북과 경쇠, 즉 타악기 소리.
10 堙汙池 – 인(堙)은 치(治)자와 같은 뜻. 우(汙)는 오(汚)자로 통함. 웅덩이를 막아 물이 괴도록 함.

[13]

그러므로 말하기를 '신하에게 다섯 가지 간악이 있어도 군주는 알지 못한다'고 한다. 남의 신하된 자들 중에는 재물을 많이 쓰고 뇌물로써[1] 명예를 사는 자가 있고 포상과 상금을 힘써 주어 많은 사람의 마음을 움직이는[2] 자가 있으며 파당의 일을 힘써 지능에 따라 사람을 높여서 세를 마음대로 펴는[3] 자가 있고 부역을 힘써 면케[4] 하고 죄를 용서하여 위엄을 세우는[5] 자가 있으며 아랫사람의 시비를 힘써 떠받들어[6] 괴상한 말과 기이한 복장 기발한 행동으로[7] 민의 이목을 현혹시키는 자가 있다. 이 다섯 가지는 현명한 군주라면 의심하는 것이며 성왕이라면 금하는 것이다. 이 다섯 가지가 제거되면 말 많고 거짓으로 떠드는 사람이 감히 조정에 서서 말할[8] 수 없게 될 것이며 겉꾸민 말이 많고 실제 행동이 적어 법에 맞지 않는 자가 감히 사실을 속여 가며[9] 말만을 지껄이지는 못하게 될 것이다. 이런 까닭으로 신하들은 일상 몸을 삼가고 일할 때면 힘을 다하여 군주의 명령이 아니면 감히 제멋대로 하거나 마구 지껄여[10] 사실을 속이려들지 않는다. 이것이 성왕이 신하를 이끄는 방법이다. 성왕이나 현명한 군주는 비슷한 것들을 늘어놓아 가며[11] 신하를 엿보지 않는다. 비슷한 것들을 보고서도 변심이 일지 않는[12] 자는 천하에 드물다. 그러므로 말하기를 '서자 중에는 적자와 헷갈리는 자식이 있고 짝 중에는 처와 헷갈리는 첩이 있으며 조정에는 재상과 헷갈리는 신하가 있고 신하 중에는 군주와 헷갈리는 총신이 있다. 이 네 가지 것들이 나라를 위태롭게 하는 원인이다'라고 하였다. 그러므로 또 말하기를 '안으로 총애하는 첩들이 후비와 나란히 하고 밖으로 총신이 정사를 둘로 나누며 서자가 적자와 맞서고[13] 대신이 군주와 비슷해지는 것은 어지러워지는 길이다'라고 하였다. 그래서 『주기』에 이르기를 '첩을 높여서 처를 낮추지 말고 적자를 서자 대하듯이 하여 서자를 높이지 말며 아첨하는 신하를 높여서 상경(上卿)과 견주게 하지 말고 대신을 높여서 군주와 헷갈리게 하지 말라'고 한다. 네 가지 헷갈리는 것들을 부수어 버린다면 위로 염려할 일[14]이 없고 아래로 이상하게 여길 일이 없을 것이다. 네 가지 헷갈리는 것들을 부수어 버리지 못하면 자신이 죽고[15] 나라도 멸망할 것이다.

故曰：人臣有五姦，而主不知也. 爲人臣者, 有侈用財貨賂以取譽者, 有務慶賞賜予以移衆者, 有務朋黨徇智尊士以擅逞者, 有務解免赦罪獄以事威者, 有務奉下直曲・怪言・偉服・瑰稱以眩民耳目者. 此五者, 明君之所疑也, 而聖王之所禁也. 去此五者, 則譎詐之人不敢北面談立；文言多, 實行寡而不當法者, 不敢誣情以談說, 是以群臣居則修身, 動則任力, 非上之令不敢擅作疾言誣事, 此聖王之所以牧臣下也. 彼聖王明君, 不適疑物以闚其臣也. 見疑物而無反者, 天下鮮矣. 故曰：孼有擬適之子, 配有擬妻之妾, 廷有擬相之臣, 臣有擬主之寵, 此四者, 國之所危也. 故曰：內寵並后, 外寵貳政, 枝子配適, 大臣擬主, 亂之道也. 故《周記》曰："無尊妾而卑妻, 無孼適子而尊小枝, 無尊嬖臣而匹上卿, 無尊大臣以擬其主也." 四擬者破, 則上無意, 下無怪也. 四擬不破, 則隕身滅國矣.

1 貨賂 — 뇌물을 보냄. 화(貨)는 회(賄)자와 같음.
2 移衆 — 대중의 마음을 끌어당김. 애써 인기를 얻으려고 함.
3 擅逞 — 함부로 날뛰며 거들먹거리는 행위.
4 解免 — 강제 노동에서 풀어 주고 세를 면제시킴.

5 事威 - 권위가 서는 일. 사(事)는 사(使) 또는 립(立)자의 뜻을 지님.

6 奉下直曲 - 아래에서 칭찬하거나 헐뜯는 데 따라 처신함.

7 瑰稱 - 진기한 언동. 괴(瑰)는 괴(傀)자로 통하며 칭(稱)은 거(擧), 또는 행(行)
   자의 뜻.

8 北面談立 - 군주를 향하여 진언함. 북면(北面)은 남면(南面)의 대칭으로 쓰임.

9 誣情 - 사실이 아닌 것을 속여서 보고함.

10 疾言 - 대단한 기세로 계속 말을 함. 주제넘게 앞질러 말함.

11 適疑物 - 의(疑)는 의(擬)자와 같음. 적(適)은 나란히 하여 견주어봄.

12 無反 - 반(反)은 모반할 생각. 즉 역정이 안 생김.

13 枝子配適 - 지자(枝子)는 서자를 가리킴. 배적(配適)은 적자(嫡子)와 상대를
   시킴.

14 無意 - 의(意)는 억(臆)자로 통함. 억측하고 걱정함.

15 隕身 - 운(隕)은 추락, 즉 떨어짐. 목숨을 잃음.

45 궤사(詭使)

궤(詭)는 거짓 속임수가 아니다. 서로 엇갈린다는 반(反) 또는 역(逆)의 뜻을 갖는다. 사(使)란 행사의 거행을 의미한다. 실제로 정치 추세가 법(法)·술(術)에 의한 통치 본래의 성격과는 크게 달리 진행되고 있는 현실에 대하여 한비(韓非) 자신의 우려와 울분을 담은 격한 어조의 내용이다.

[1]

성인이 정치 수단[1]으로 삼는 것은 세 가지다. 첫째는 이(利)이고 둘째는 위(威)이며 셋째는 명(名)이다. 대저 이란 것은 민심을 얻기 위한 것이고 위란 것은 법령을 행사하기 위한 것이며 명이란 것은 위와 아래가 함께 의존하는[2] 것이다. 이 세 가지가 아니면 비록 (그 밖의 것이) 있더라도 급하지 않다. 지금 이가 없는 것은 아니지만 민이 위에 감화되지 않고 위가 없는 것은 아니지만 아래가 듣고 따르지 않으며 관에 법이 없는 것은 아니지만 치적이 명에 알맞지 않다.[3] 세 가지가 없지 않은데도 세상이 한번 다스려지고 한번 어지러워지는 것은 무슨 까닭인가. 대저 위가 귀하게 여기는 것과 그 수단으로 삼는 것이 서로 엇갈리기 때문이다.

聖人之所以爲治道者三 : 一曰"利", 二曰"威". 三曰"名." 夫利者, 所以得民也 ; 威者, 所以行令也 ; 名者, 上下之所同道也. 非此三者, 雖有不急矣. 今利非無有也, 而民不化上 ; 威非不存也, 而下不聽從 ; 官非無法也, 而治不當名. 三者非不存也, 而世一治一亂者, 何也? 夫上之所貴, 與其所以爲治相反也.

1 治道 - 나라 다스리는 길. 그 방법을 말함.
2 同道 - 다같이 지켜 가야 할 법, 또는 기준. 도(道)는 유(由)자로 통함.
3 不當名 - 일을 하겠다고 내건 명목과 구호에 일치되지 않음.

[2]
대저 명호[1]를 세운다 함은 (신분을) 높이기 위한 것이다. 만약 명을 천시하고 실(實)을 경멸하는[2] 자가 있다면 세상이 그를 일러 고상하다고 말한다. 작위를 설정한다 함은 귀천의 기준을 두기 위한 것이다. 그러나 위를 얕보고[3] 만나뵈려고 하지 않는 자를 세상이 일러 현명하다고 말한다. 위(威)와 이(利)는 법령을 행하기 위한 것이다. 그러나 이를 무시하고 위를 경멸하는 자를 세상이 일러 중후하다고[4] 말한다. 법과 명령은 정치를 하기 위한 것이다. 그러나 법령에 따르지 않고 혼자서 잘하는[5] 자를 세상이 일러 충실하다고 말한다. 관작은 민을 권장하기 위한 것이다. 그러나 명분[6]을 좋아하고 벼슬길에 나가지 않는 자를 세상이 일러 열사라고 말한다. 형벌은 마음대로 위세 부리기 위한 것이다. 그러나 법을 경시하고 형벌과 죽을 죄를 피하지 않는 자를 세상이 일러 용감한 사람이라고 말한다. 민이 명에 다급해함이[7] 이를 구하는 것보다 심하다. 이와 같다면 선비들 중에 굶주리고 궁핍한 자가 어찌 바위틈에 살며 몸소 고생해서 이름을 천하에 다투지 않을 수 있겠는가. 그러므로 세상이 다스려지지 않는 까닭은 아랫사람의 죄가 아니라 위가 그 도를 잃었기 때문이다. 언제나 어지러워지는 요인을 존중하고 다스려지는 요인을 천대하였기 때문이다. 이런 까닭으로 아랫사람이 바라는 것은 언제나 위가 다스리는 바와 서로 엇갈리고 있다.

夫立名號, 所以爲尊也 ; 今有賤名輕實者, 世謂之"高." 設爵位, 所以爲賤
貴基也 ; 而簡上不求見者, 世謂之"賢." 威利, 所以行令也 ; 而無利輕威
者, 世謂之"重." 法令, 所以爲治也 ; 而不從法令爲私善者, 世謂之"忠."
官爵, 所以勸民也 ; 而好名義不進仕者, 世謂之"烈士." 刑罰, 所以擅威
也 ; 而輕法不避刑戮死亡之罪者, 世謂之"勇夫." 民之急名也, 甚其求利
也 ; 如此, 則士之飢餓乏絶者, 焉得無巖居苦身以爭名於天下哉? 故世之
所以不治者, 非下之罪, 上失其道也. 常貴其所以亂, 而賤其所以治, 是故
下之所欲, 常與上之所以爲治相詭也.

1 名號 – 명예스런 이름과 부르는 호칭.
2 輕實 – 실(實)이란 명(名)과 걸맞은 지위나 상금을 가리킴. 그것을 경멸함.
3 簡上 – 위를 거칠게 대하고 교만을 부림. 간(簡)은 조략(粗略)의 뜻.
4 重 – 자중자애하는 자세. 자존심이 강함.
5 私善 – 개인을 위한 선행. 공적인 행동과 다름.
6 名義 – 표면에 내세울 이름. 대의명분을 가리킴.
7 急名 – 명예를 간절하게 바라고 좋아함.

[3]
지금 아랫사람이 되어 위의 말을 듣는다 함은 위가 중하게 여기는
것이다. 그러나 진실되고 정직하여[1] 마음 씀씀이가 한결같은 자를 일
러 움츠러든다고[2] 말한다. 법을 단단히 지키고 명령을 살펴서 들으면
이를 일러 어리석다고 말한다. 위를 존경하고 죄를 두려워하면 이를
일러 겁쟁이라고 말한다. 말이 시기에 적절하고 행동이 알맞으면 이
를 일러 못났다고 말한다. 두 마음으로 사학(私學)을 하지[3] 않고 관
리의 말을 들으며 가르침에 따르는 자를 일러 고루하다고 말한다. 불
러들이기 어려운[4] 자를 일러 정의라고 말한다. (은상을 베풀어) 주기
가 어려운 자를 일러 청렴하다고 말한다. 금지시키기 어려운 자를 일
러 장하다고[5] 말한다. 명령이 있어도 듣고 따르지 않는 자를 일러 용
감하다고 말한다. 위에 이득을 주지 않는 자를 일러 착하다고 말한

다. 욕심이 적어 관대하게 은덕을 베푸는 자를 일러 어질다고 말한
다. 중후하게 스스로 높이는 자를 일러 장자라고 말한다. 사학으로
무리를 이루는 자를 일러 사도(師徒)[6]라고 말한다. 조용히 안정되게
지내는 자를 일러 생각이 깊다고 말한다. 인을 버리고 이를 쫓는 자
를 일러 민첩하다고 말한다. 음험하고[7] 말을 되풀이하는 자를 일러
지자라고 말한다. 남을 앞세워 위하고 자신을 뒤로하며 명호 구분없
이 말하고[8] 천하를 고루 다 사랑하는 자를 일러 성인이라고 말한다.
말은 크나 맞지 않아[9] 쓸 수 없고 행하지만 세상과 어그러지는 자를
일러 대인이라고 말한다. 작록을 천대하고 위에 굴하지 않는 자를 일
러 걸물이라고 말한다. 아래로 번져 가는[10] 것이 이와 같아 안으로는
민을 어지럽히고 밖으로는 불편하게 만든다. 위가 마땅히 그 욕구를
금하고 그 행적을 끊어야 하나 막지 못하며 또 따라가 존중한다. 이
는 아랫사람에게 위를 어지럽히라고 가르쳐서 정치하는 것이 된다.

今下而聽其上, 上之所急也. 而惇愨純信, 用心壹者, 則謂之"窶." 守法固,
聽令審, 則謂之"愚." 敬上畏罪, 則謂之"怯." 言時節, 行中適, 則謂之"不
肖." 無二心私學, 聽吏從敎者, 則謂之"陋." 難致, 謂之"正." 難予, 謂之
"廉." 難禁, 謂之"齊." 有令不聽從, 謂之"勇." 無利於上, 謂之"愿." 少欲
寬惠・行德, 謂之"仁." 重厚自尊, 謂之"長者." 私學成群, 謂之"師徒." 閒
靜安居, 謂之"有思." 損仁逐利, 謂之"疾." 險躁佻反覆, 謂之"智." 先爲人
而後自爲, 類名號言, 汎愛天下, 謂之"聖." 言大不稱而不可用, 行而乖於
世者, 謂之"大人." 賤爵祿, 不撓上者, 謂之"傑." 下漸行如此, 入則亂民,
出則不便也. 上宜禁其欲, 減其迹, 而不止也；又從而尊之, 是敎下亂上
以爲治也.

1 惇愨純信－돈후하고 성실함. 돈(惇)은 후(厚), 각(愨)은 근(謹)자로 통함.
2 窶－빈약함. 느긋하지 못하고 사소하게 마음을 씀.
3 二心私學－다른 마음을 가지고 개인의 사상 언론을 주장함.

4 難致 - 군주가 벼슬을 시키기 어려움. 부리기가 쉽지 않음.
5 齊 - 의기가 대단함. 제(齊)는 장(壯)자로 통함.
6 師徒 - 스승과 그 제자들의 집단. 일종의 학파를 가리킴.
7 險躁佻 - 떠들기 잘하여 침착하지 못함. 험(險)은 섬(憸), 조(躁)는 조(譟)자로 통함. 조(佻)는 경박함.
8 類名號言 - 이름이나 신분상의 호칭을 가리지 않고 똑같이 말함.
9 言大不稱 - 말을 과장하여 큰소리치지만 실제로 맞지 않음.
10 漸行 - 풍조에 서서히 빠져들어 물들어감. 침염(浸染)의 뜻.

[4]

무릇 위가 다스리는 수단이란 형벌이다. 그러나 만일 사사로이 의를 행하는[1] 자가 있으면 존경받는다. 사직이 존립하는 바탕이란 안정되고 평온한 것이다. 그러나 시끄럽고 음험하며 남을 헐뜯거나 아첨하는 자가 임용된다. 사방 영토 안[2]이 잘 듣고 따르게 할 기반이란 신의와 은덕이다. 그러나 못된 지혜[3]를 가지고 나라를 뒤집어 엎을 자가 쓰인다. 명령이 행해지는 이유와 위엄이 서는 이유란 공손히 삼가고[4] 위를 따르는 것이다. 그러나 바위틈에 살며 세상을 비방하는 자가 이름이 난다. 곡식 창고가 충실한 이유란 농사가 근본 일이기 때문이다. 그러나 뜨개질[5]·자수·조각·그림 등 천한 일[6]을 하는 자가 부해진다. 명성을 이루는 까닭과 영토가 넓혀지는 까닭이란 싸우는 병사들의 (공)이다. 지금 죽은 병사의 고아가 굶주려 길에서 구걸하고 있으나 광대나 술시중드는 부류는 수레를 타고 비단옷을 입는다. 상과 봉록은 민이 힘을 다 쓰게 하고 아랫사람의 목숨과 바꾸기 위한 것이다. 지금 싸워 이겨 (성을) 쳐서 빼앗은 병사들은 애만 쓰고 은상을 입지 못하고 있으나 점을 치고 손금[7]을 보며 교활하게[8] 앞에서 마음에 드는 말만 하는 자는 매일 하사받는다. 위가 법도를 장악함은 살리고 죽이는 권병을 오로지하기 위한 것이다. 지금 법도를 지키고 받드는 사람이 충심으로 위와 가까이[9] 하려 하여도 만나뵐 수가 없다. 말을 교묘하게 잘하고 악을[10] 행하여 세상에 요행을 낚으려 하는 자가 (군주를) 자주 모신다. 법에 의존하고 곧게 말하며 명과 실을 서로 맞추고[11] 규칙에 따라 간악한 사람을 처벌함은 위를 위하여 나라를 다스리는 근본이나 더욱 꺼리어 멀리하게 된다. 아첨하고 뜻에 따르며 하고 싶은 대로 하여 세상을 위태롭게 하는 자가 (도리어) 친숙해진다. 조세를 다 거두고 민의 힘을 오로지 함은 어려움에 대비하여 창고를 채우기 위한 것이다. 그러나 사졸들이 일을 피하여 몸을 숨기고[12] 위세 있는 집안에 의탁하여 부역을 면제받고 있으나 위에서 잡지 못하는 자가 수만을 헤아린다.

凡上所治者, 刑罰也 ; 今有私行義者尊. 社稷之所以立者, 安靜也 ; 而諜險讒諛者任. 四封之內所以聽從者, 信與德也 ; 而陂知傾覆者使. 令之所以行, 威之所以立者, 恭儉聽上 ; 而巖居非世者顯. 倉廩之所以實者, 耕農之本務也 ; 而綦組·錦繡·刻畫爲末作者富. 名之所以成, 地之所以廣者, 戰士也 ; 今死士之孤飢餓乞於道, 而優笑酒徒之屬乘車衣絲. 賞祿, 所以盡民力易下死也 ; 今戰勝攻取之士勞而賞不霑, 而卜筮·視手理·狐蠱爲順辭於前者日賜. 上握度量, 所以擅生殺之柄也 ; 今守度奉量之士欲以忠嬰上而不得見, 巧言利辭行姦軌以倖偯世者數御. 據法直言, 名刑相當, 循繩墨, 誅姦人, 所以爲上治也, 而愈疏遠 ; 詔施順意從欲以危世者近習. 悉租稅, 專民力, 所以備難充倉府也, 而士卒之逃事狀匿·附託有威之門, 以避徭賦, 而上不得者萬數.

1 私行義－제멋대로 정의를 표방하여 행세함.
2 四封之內－나라 안 구석구석 모든 인민을 가리킴. 봉(封)은 영토의 경계.
3 陂知－부정하고 비뚤어진 지혜. 편향된 지식.
4 恭儉－나대지 않고 조심성이 많음. 남을 존중하나 자기는 돌보지 않음.
5 綦組－오색무늬 비단끈. 비단 자수.
6 末作－농사를 본(本)으로 하기 때문에 상공업을 일러 말(末)이라 함.
7 手理－수상(手相)과 같음. 리(理)는 피부 살결.
8 狐蠱－여우처럼 홀림. 고(蠱)는 사람을 미혹시킴.

9 嬰上 - 위와 접촉함. 맞부딪침. 영(嬰)은 촉(觸)자로 통함.
10 姦軌 - 간악한 일. 궤(軌)는 간악할 귀(宄)자와 같이 쓰임.
11 名刑相當 - 말한 의견과 그 실적이 일치됨. 형(刑)은 형(形)자로 통함.
12 狀匿 - 은닉(隱匿)과 같음. 장(狀)은 장(藏)자와 음이 통함.

[5]

대저 좋은 전답이나 훌륭한 주택을 벌여놓는[1] 것은 사졸들을 싸우게 하기 위한 것이다. 그러나 광야에서 머리가 잘리고 배가 터지며 뼈를 드러내는[2] 자는 몸둘 집도 없이 논밭 사이에서 죽고 만다. 그리고 여자들 중에 예쁜 자나 대신과 측근 가운데 공 없는 자들이 집을 골라서 받고 전답을 가려서 산다.[3] 은상과 이득이 위로부터 한결같게 나오는 것은 아랫사람들을 마음대로 제어하기[4] 위한 것이다. 그러나 갑옷 입은 전사들은 관직을 얻지 못하고 하는 일 없는 사람들만 높여지고 이름이 난다. 위가 이로써 가르침을 삼는다면 명성이 어찌 낮아지지 않을 수 있겠으며 자리가 어찌 위태롭지 않을 수 있겠는가. 도대체 명성을 낮추고 자리를 위태롭게 하는 것은 반드시 아랫사람이 명령에 따르지 않거나 다른 마음을 가지고 사학을 내세우며 세상을 거역하는 자들 때문이다. 그런데도 그 행동을 금하지 못하고 그 무리들을 부수어 패거리를 해산시키지 않으며 도리어 그대로[5] 존중한다. (이는) 일을 맡아보는 자[6]의 잘못이다. 위가 염치를 치켜세우는 까닭은 아랫사람을 독려하기 위한 것이다. 지금은 사대부들이 더럽고 추한 욕을 부끄러워하지 않고 벼슬을 하며 여자나 권세 있는[7] 집안이 차례를 기다리지 않고 벼슬을 한다. 포상과 하사는 존중을 표시하기 위한 것이다. 그러나 싸움에 공이 있는 전사는 빈천하고 가까이 시중드는 광대들만 지나치게 우대받는다.[8] 명호를 정확히 함은 권위가 통하게 하기 위한 것이다. 그러나 군주는 가려지고 있다. 측근 여자들의 알선[9]이 다투어 행해지고 여러 관

리들이 작위를 주관하여[10] 사람을 천거한다. 일을 맡아보는 자의 잘
못이다. 대신들이 사람을 관직에 붙이고 아랫사람과 먼저 꾀하여
결탁하며 오직 불법만을 행하고 위세와 이권이 아래[11]에 있게 되면
군주는 낮아지고 대신들이 존중될 것이다.

夫陳善田利宅, 所以戰士卒也, 而斷頭裂腹·播骨乎平原野者, 無宅容身,
死田畝 ; 而女妹有色, 大臣左右無功者, 擇宅而受, 擇田而食, 賞利一從
上出, 所以善劑下也 ; 而戰介之士不得職, 而閒居之士尊顯. 上以此爲敎,
名安得無卑, 位安得無危? 夫卑名危位者, 必下之不從法令, 有二心私學,
反逆世者也 ; 而不禁其行, 不破其群以散其黨, 又從而尊之, 用事者過矣.
上之所以立廉恥者, 所以屬下也 ; 今士大夫不羞汙泥醜辱而宦, 女妹私義
之門不待次而宦. 賞賜, 所以爲重也 ; 而戰鬪有功之士貧賤, 而便辟優徒
超級. 名號誠信, 所以通威也 ; 而主揜障, 近習女謁並行, 百官主爵遷人,
用事者過矣. 大臣官人, 與下先謀比周, 雖行不法, 威利在下, 則主卑而大
臣重矣.

1 陳－상으로 주겠다고 그 베풀 종목을 전시해 보임.
2 播骨－뼈가 흩어져 밖으로 드러남.
3 擇田而食－좋은 전답만을 골라서 차지하여 생계수단으로 삼음.
4 善劑－자기 하고 싶은 대로 지배를 함. 단(劑)은 제(制)자의 원형.
5 又從－반대로 추종함. 우(又)는 역으로 강조하는 뜻.
6 用事者－군주의 정치보좌 역할을 하는 담당자.
7 私義－군주의 총애를 받으며 사적으로 밀접한 관계를 유지하는 자.
8 超級－신분이나 공에 맞지 않게 파격적으로 우대하고 직급을 승격시킴.
9 女謁－여자를 통하여 군주를 만날 수 있게 주선받음.
10 主爵－자리를 도맡아 구분하여 마음대로 인사를 단행함.
11 威利在下－상주고 벌하는 권한이 아랫사람에게로 옮겨감.

[6]
대저 법령을 세우는 것은 사(私)를 폐하기 위한 것이다. 법령이 행
해지면 사도가 폐한다. 사라는 것은 법을 어지럽히는 근본이다. 그

러나 선비 가운데 다른 마음을 가지고 사학을 하는 이가 있어 바위나 굴속에 살며[1] 깊은 생각에 몸을 의탁하여[2] 크게는 세상을 비난하고 작게는 아랫사람을 현혹시킨다. 위는 (이를) 금하지 못하고 도리어 그대로 명예로써 존중하고 실리로써 도와 준다.[3] 이는 공이 없어도 이름이 나고 애쓰지 않고서도 부해지는 것이다. 이와 같다면 선비 가운데 다른 마음을 가지고 사학을 하는 자가 어찌 생각을 깊이 하고 속일 꾀를 부려[4] 법령을 비방함으로써 세상과 서로 반대되는 바를 찾으려 하지 않을 수 있겠는가. 무릇 위를 어지럽히고 세상에 반하는 자는 언제나 선비 가운데 다른 마음을 가지고 사학을 하는 자다. 그러므로 『본언』(本言)[5]에 이르기를 '다스리는 근본이란 법이며 어지럽히는 근본이란 사다. 법이 서면 사를 할 수가 없다'고 한다. 그러므로 말하기를[6] '사에 의존하는 자는 어지러워지고 법에 의존하는 자는 다스려진다'고 한다. 위에 그 도가 없으면 지자는 사적인 말을 쓰고[7] 현자는 사적인 의도를 갖는다. 위가 사적으로 은혜를 베풀면 아래는 사적으로 욕심을 갖는다. 성인과 지자가 무리를 이루어 (온갖) 말들을 조작하여 불법으로 위를 대한다.[8] 위가 막지 못하고 도리어 그대로 존중하니 이는 아랫사람을 가르쳐 위의 말을 듣도록 하지 않고 법을 따르도록 하지 않는 것이다. 이런 까닭으로 현자는 이름만 내고 밖에 살며[9] 간악한 사람만 은상에 의지하여 부해진다. 현자는 이름만 내고 밖에 살며 간악한 사람만 은상에 의지하여 부해진다면 이 때문에 위가 아랫사람을 이기지 못하게 되는 것이다.

夫立法令者, 以廢私也. 法令行而私道廢矣. 私者, 所以亂法也. 而士有二心私學·巖居窘處·託伏深慮, 大者非世, 細者惑下; 上不禁, 又從而尊之以名, 化之以實, 是無功而顯, 無勞而富也. 如此, 則士之有二心私學者, 焉得無深慮·勉知詐與誹謗法令, 以求索與世相反者也? 凡亂上反世者,常士有二心私學者也. 故《本言》曰：“所以治者, 法也；所以亂者, 私也. 法立則莫得爲私矣.” 故曰：道私者亂, 道法者治. 上無其道, 則智者有私詞, 賢者有私意. 上有私惠, 下有私欲, 聖智成群, 造言作辭, 以非法措於上. 上不禁塞, 又從而尊之, 是敎下不聽上·不從法也. 是以賢者顯名而居, 姦人賴賞而富. 賢者顯名而居, 姦人賴賞而富, 是以上不勝下也.

1 窞處－동굴 속에서 거처함. 담(窞)은 옆으로 들어가는 작은 구멍.
2 託伏－몸을 붙임. 일을 핑계삼아 숨어서 사는 것.
3 化之以實－화(化)는 화(貨)자로 통함. 자(資)자의 뜻. 실(實)은 실제로 벼슬한 이득.
4 勉知詐－지혜로써 애써 남을 속이려 함.
5 本言－한비(韓非) 생존 당시의 옛 서명.
6 故曰－한비 자신의 법술 이론을 강조하여 말함.
7 有私詞－개인 의견을 제멋대로 지껄임. 여기서 사(詞)는 논죄함.
8 措於上－군주를 상대함. 조(措)는 일체의 행동거지를 가리킴.
9 居－한거(閑居)함. 벼슬을 하지 않고 야의 몸으로 지냄.

46 육반(六反)

반(反)은 궤(詭)와 마찬가지 의미로 정치·사회의 명실 대응이 상반되는 현상을 가리킨다. 군주에게는 득이 안 되는 인간형이 도리어 민의 청송을 받고 민의 비난 대상이 도리어 군주에게 존중되는 모순을 여섯 가지 유형으로 정리하였다. 공익과 사리의 괴리를 지적하여 중형(重刑)의 논리를 전개시키고 있다.

[1]

죽음이 두려워 위난을 멀리 피하는 것은 항복하거나 도망칠 사람이다. 그러나 세상은 그를 높여 생명을 소중히 하는¹⁾ 인사라고 말한다. 도를 배우고 주의 주장을 세우는 것은²⁾ 법을 어기는 사람이다. 그러나 세상은 그를 높여 학문을 한 인사라고 말한다. 놀면서 잘 먹고 사는 것은 식량을 탐하는³⁾ 사람이다. 그러나 세상은 그를 높여 유능한 인사라고 말한다. 간사하게 말하고 안다고 드러내는⁴⁾ 것은 거짓 속이는 사람이다. 그러나 세상은 그를 높여 말 잘하고 재지가 있는 인사라고 말한다. 칼을 휘둘러 사람을 치고 죽이는 것은 난폭한⁵⁾ 사람이다. 그러나 세상은 그를 높여 용맹스런⁶⁾ 인사라고 말한다. 적을 살리고 악한 자를 숨겨 주는 것은 죽을 죄에 해당되는 사람이다. 그러나 세상은 그를 높여 임협을 소중히 하는⁷⁾ 인사라고 말한다. 이 여섯 종류의 사람들은 세상이 칭찬하는 바이다. 위험을 당하여 정성을 다 바치는⁸⁾ 것은 절의 때문에 죽는 사람이다. 그러나 세상은 그를 헐뜯어⁹⁾ 계산을 잘못한 자라고 말한다. 식견이 적고¹⁰⁾

명령에 잘 따르는 것은 법을 온전하게 지키는 사람이다. 그러나 세상은 그를 헐뜯어 멋없고 고루한 자라고 말한다. 농사일에 힘써서 먹고 사는 것은 이득을 산출하는 사람이다. 그러나 세상은 그를 헐뜯어 능력이 부족한 자라고 말한다. 선량 온후하며 순수한 것은 성실한[11] 사람이다. 그러나 세상은 그를 헐뜯어 우직한 자라고 말한다. 명령을 소중히 여기고 일을 황송하게 받드는 것은 위를 존경하는 사람이다. 그러나 세상은 그를 헐뜯어 겁 많은 자라고 말한다. 적을 꺾고 간악을 막는 것은 위를 명찰하게 하는 사람이다. 그러나 세상은 그를 헐뜯어 아첨하는[12] 자라고 말한다. 이 여섯 종류의 사람들은 세상이 헐뜯는 바이다. 간악한 거짓으로 이득 없는 사람들이 여섯 종류인데 세상에서 그들을 칭찬하는 것이 저와 같으며 농사 짓고 싸우는 일로 유익한 사람들이 여섯 종류인데 세상에서 그들을 헐뜯는 것이 이와 같다. 이것을 일러 여섯 가지 상반되는 것이라고 말한다.

畏死遠難, 降北之民也, 而世尊之曰"貴生之士." 學道立方, 離法之民也, 而世尊之曰"文學之士." 遊居厚養, 牟食之民也, 而世尊之曰"有能之士." 語曲牟知, 僞詐之民也, 而世尊之曰"辯智之士." 行劍攻殺, 暴憿之民也, 而世尊之曰"磏勇之士." 活賊匿姦, 當死之民也, 而世尊之曰"任譽之士." 此六民者, 世之所譽也. 赴險殉誠, 死節之民, 而世少之曰"失計之民"也. 寡聞從令, 全法之民也, 而世少之曰"樸陋之民"也. 力作而食, 生利之民也, 而世少之曰"寡能之民"也. 嘉厚純粹, 整穀之民也, 而世少之曰"愚戇之民"也. 重命畏事, 尊上之民也, 而世少之曰"怯懾之民"也. 挫賊遏姦, 明上之民也, 而世少之曰"諂讒之民"也. 此六民者, 世之所毁也. 姦僞無益之民六, 而世譽之如彼 ; 耕戰有益之民六, 而世毁之如此 ; 此之謂"六反."

1 貴生－각 개인의 삶을 온전히 하려는 사상.
2 學道立方－여기서 도(道)는 법(法)과 대립되는 유(儒)·묵(墨)을 가리킴. 방

(方)은 각자의 처세술.

3 牟食—모(牟)는 뿌리를 갉아먹는 벌레 모(蟊)자로 통함. 혹은 탐취(貪取)의 뜻을 가짐.

4 語曲牟知—곡(曲)은 도리에 맞지 않는 사벽(邪僻)의 뜻이며 모지(牟知)는 지식이 많다고 자랑함.

5 暴憿—사납고 뻔뻔스러움. 요(憿)는 오(傲)자로 통함.

6 礛勇—렴(礛)은 거친 숫돌 려(礪)자와 같음. 각고하여 힘씀.

7 任譽—임협과 명예를 무엇보다 중요하게 여김.

8 赴險殉誠—위험한 상황에 달려가서 신의를 지키려다 죽음.

9 少之—경시하여 비방함. 존(尊)과 대칭되는 훼(毀)를 가리킴.

10 寡聞—학문이나 지식을 달리 구하려고 하지 않음.

11 整穀—곡(穀)은 각(愨)자로 통함. 진심을 온전히 지킴.

12 讇譏—남을 모함하여 해치는 말로 아첨함. 첨(讇)은 첨(諂)의 옛 글자.

[2]

개인의 이득에 따라 야인(野人)[1]을 칭찬하면 세상 군주들은[2] 헛 명성만을 듣고 그들을 예우한다. 예우가 있는 데는 이득이 반드시 주어진다. 민중이 개인의 해악 때문에 야인을 헐뜯으면 세상 군주들은 속된 판단에 가려져[3] 그들을 멸시한다. 멸시가 있는 데는 해악이 반드시 주어진다. 그러므로 명예나 포상이 개인의 잘못으로 당연히 벌받을 사람에게 내려지고 헐뜯기고 해가 되는 것이 공익과 선행으로 의당 상받을 인사에게 주어지니 나라의 부강을 구한다 하더라도 할 수가 없다. 예부터 이르는 말에 '정치하는 것은 마치 머리 감는 것과 같다. 비록 머리가 빠지더라도 반드시 감아야 한다'고 한다. 머리 빠지는 손실이[4] 아까워서 머리가 자라는 이득을 잊는다면 권(權)[5]을 모르는 자다. 대저 종기를 도려 내는[6] 것은 아프며 약 마시는 것은 쓰다. 쓰고 괴롭다 하여 그 때문에 종기를 도려 내지 않고 약을 마시지 않는다면 몸을 살리지 못하며 병을 고치지 못한다.

布衣循私利而譽之, 世主聽虛聲而禮之, 禮之所在, 利必加焉. 百姓循私害而訾之, 世主壅於俗而賤之, 賤之所在, 害必加焉. 故名賞在乎私惡當罪之民, 而毀害在乎公善宜賞之士, 索國之富強, 不可得也. 古者有諺曰: "爲政猶沐也, 雖有棄髮, 必爲之." 愛棄髮之費而忘長髮之利, 不知權者也. 夫彈痤者痛, 飲藥者苦, 爲苦憊之故不彈痤飲藥, 則身不活, 病不已矣.

1 布衣 – 벼슬하지 않은 재야의 인사, 즉 처사(處士)와 같은 뜻.
2 世主 – 별로 현명하지 못한 일반 군주를 가리킴.
3 壅於俗 – 세속적인 평가에 귀를 기울여 공정한 판단을 하지 못함.
4 費 – 비용을 들이게 됨으로써 손해를 봄.
5 權 – 무게의 경중을 저울질함. 정확한 판단을 내림.
6 彈痤 – 좌(痤)는 작은 종기, 즉 뾰루지. 탄(彈)은 동침으로 찔러서 퉁겨냄.

[3]

지금 군신 사이[1]에 부자간의 정[2]은 없다. 그런데 도의를 가지고 신하를 누르려[3] 한다면 그 관계에 반드시 틈이 벌어질[4] 것이다. 또 부모가 자식에 대해서도 아들을 낳으면 서로 축하하지만 딸을 낳으면 죽여 버린다. 이들이 다같이 부모의 품안에서 나왔지만 아들은 축하받고 딸은 죽는 것은 그 후의 편의를 생각하여 먼 이득을 계산하기 때문이다. 이처럼 부모가 자식에 대해서도 오히려 계산하는 마음으로 상대한다. 그런데 하물며 부자간의 정도 없는 데 있어서랴. 지금 학자가 군주를 설득하여 일체 이득을 구하는 마음을 버리고 서로 사랑하는 길로 나아가게 한다. 바로 군주가 부모보다 더 친밀할 것을 요구하는 것이다. 이것은 은애를 논하기에[5] 충분하지 않고 거짓 속여 억지를 쓰는 것이다. 그러므로 현명한 군주는 받아들이지 않는다. 성인의 정치는 법률과 금제를 분명히 한다. 법률과 금제를 분명하게 밝히면 관직이 바로잡힌다.[6] 상벌을 엄격히 하며 상벌이 치우치지 않으면[7] 민이 힘써 일한다.[8] 민이 힘써 일하고 관직이 바로잡히면 나라가 부해진다. 나라가 부해지면 군대가 강해져서 패왕의 일이 성사될 것이다. 패왕이란 것은 군주의 큰 이득이다. 군주는 큰 이득을 품고서[9] 정사를 하므로 관직에 임명된 자는 능력에 맞고 상벌에 사사로움이 없다. 사람들로 하여금 잘 알게[10] 하여 힘을 다하고 목숨을 바치게 한다면 공훈을 세울 수 있으며 작록을 얻을 수 있다. 작록을 얻으면 부귀를 구하는 일이 성사될 것이다. 부귀란 것은 신하의 큰 이득이다. 신하는 큰 이득을 품고 종사하게 되므로 위험을 무릅쓰고 죽음에 이르러 힘을 다 하더라도 원망하지 않는다. 이것을 가리켜 '군주가 어질지 않고 신하가 충성스럽지 않으면 가히 패왕이 될 수 있다'고 말하는 것이다.

今上下之接, 無子父之澤, 而欲以行義禁下, 則交必有郤矣. 且父母之於子也, 産男則相賀, 産女則殺之. 此俱出父母之懷衽, 然男子受賀, 女子殺之者, 慮其後便, 計之長利也. 故父母之於子也, 猶用計算之心以相待也, 而況無父子之澤乎? 今學者之說人主也, 皆去求利之心, 出相愛之道, 是求人主之過於父母之親也, 此不熟於論恩, 詐而誣也, 故明主不受也. 聖人之治也, 審於法禁, 法禁明著, 則官法 ; 必於賞罰, 賞罰不阿, 則民用. 民用官治則國富 ; 國富, 則兵強 : 而霸王之業成矣. 霸王者, 人主之大利也. 人主挾大利以聽治, 故其任官者當能, 其賞罰無私. 使士民明焉, 盡力致死, 則功伐可立而爵祿可致, 爵祿致而富貴之業成矣. 富貴者, 人臣之大利也. 人臣挾大利以從事, 故其行危至死, 其力盡而不望. 此謂君不仁, 臣不忠, 則可以霸王矣.

1 上下之接 – 군신간의 관계를 맺음. 접(接)은 교(交)자와 같음.
2 澤 – 은택(恩澤), 즉 은애하는 정을 말함.
3 行義禁下 – 행(行)은 올바른 도의 실천. 금(禁)은 잘못을 막음.
4 有郤 – 극(郤)은 극(郄), 또는 극(隙)자로 통함. 틈새가 생김.
5 論恩 – 은애하는 방식이나 그 성격에 대하여 고려함.
6 官法 – 법을 지킴. 직무를 행함. 법(法)은 치(治)자와 같음.
7 不阿 – 아(阿)란 한쪽으로 치우침. 편파적으로 왜곡됨.
8 民用 – 용(用)은 있는 힘을 다하여 일함.
9 挾大利 – 원대한 이득을 가슴속에 생각하고 목표를 세움.

10 明焉－납득할 수 있도록 분명히 그 취지를 이해시킴.

[4]

대저 간악이 반드시 알려진다면 조심을 하고 반드시 처벌된다면 그
만둔다. 알려지지 않는다면 방자해지고 처벌이 안 된다면 행해진다.
대저 하찮은 재화¹⁾라도 어두운 곳에 벌여놓으면 비록 증삼(曾參)이
나 사추(史鰍)라 하더라도 의심받을 수 있다. 백금을 시장에 내걸면
비록 큰 도둑이라 할지라도 취하지 않는다. 알려지지 않는다면 증
삼이나 사추도 어두운 곳에서는 의심받을 수 있으나 반드시 알려진
다면 큰 도둑도 시장에 내건 돈은 취하지 않는다. 그러므로 현명한
군주는 나라를 다스리면서 감시자²⁾를 많이 두고 죄를 무겁게 한다.
민을 법으로 금하지 청렴으로 그만두게³⁾ 하지 않는다. 어머니의 자
식 사랑은 아버지의 갑절이 되지만 아버지의 영이 자식에게 행해지
는 것은 어머니의 열 배나 된다. 관리가 민에 대해 애정은 없지만
명령이 민에게 행해지는 것은 아버지의 만 배나 된다. 어머니가 사
랑을 쌓더라도 명령이 잘 통하지 않지만 관리는 위엄을 부리므로
민이 따른다.⁴⁾ 위엄과 애정의 방법⁵⁾은 역시 갈라질 수 있다. 또 부
모가 자식에게 요구하는 바는 행동에 있어 안전과 이득을 바라며
몸가짐에 있어 죄를 멀리하기를 바란다. 군주가 민에 대해서는 어
려움이 있을 경우 목숨을 바치게 하고 평온할 경우에는 있는 힘을
다하도록 만든다. 부모는 짙은 애정을 가지고 자식을 안정되고 유
리한 처지에 두고자⁶⁾ 하지만 듣지 않으며 군주는 애정이나 이득 없
이 민의 죽을 힘을 요구하지만 명령이 행해진다. 현명한 군주는 이
것을 안다. 그러므로 은애하는 마음을 기르지 않고 위엄을 부릴 권
세를 더한다. 어머니 사랑이 두터운 곳에 못된 자식이 많은 것은 사
랑을 미루어 나가기 때문이다. 아버지는 애정이 박하고 매질로 가

르치지만 착한 자식이 많은 것은 엄격하게 하기 때문이다.

夫姦必知則備, 必誅則止 ; 不知則肆, 不誅則行. 夫陳輕貨於幽隱, 雖曾·
史可疑也 ; 懸百金於市, 雖大盜不取也. 不知, 則曾·史可疑於幽隱 ; 必
知, 則大盜不取懸金於市. 故明主之治國也, 衆其守而重其罪, 使民以法禁
而不以廉止. 母之愛子也倍父, 父令之行於子者十母 ; 吏之於民無愛, 令
之行於民也萬父. 母積愛而令窮, 吏用威嚴而民聽從, 嚴愛之筴亦可決矣.
且父母之所以求於子也 : 動作, 則欲其安利也 ; 行身, 則欲其遠罪也. 君
上之於民也 : 有難, 則用其死 ; 安平, 則盡其力. 親以厚愛關子於安利而
不聽, 君以無愛利求民之死力而令行. 明主知之, 故不養恩愛之心而增威
嚴之勢. 故母厚愛處, 子多敗, 推愛也 ; 父薄愛教笞, 子多善, 用嚴也.

1 輕貨－보잘것없어서 값이 싼 물건. 경(輕)은 천(賤)자의 뜻.
2 其守－악을 감시하여 나라를 지키는 일.
3 廉止－예의 염치를 알도록 가르쳐 악을 못하게 막음.
4 聽從－위의 말을 잘 듣고 그대로 복종함.
5 嚴愛之筴－위엄과 애정의 표시 방법에 있어 그 우열에 대한 판단. 책(筴)은
  책(策)자로 통함.
6 關子－자식을 맡김. 책임을 짐. 관(關)은 치(置)자와 같음.

[5]
지금 집안 사람이 살림을 꾸려 나가면서[1] 서로 굶주림과 추위를 참
아내고 서로 고생하며 힘쓰면 비록 전쟁의 어려움이나 기근의 재앙
을 당하더라도 따뜻하게 옷입고 맛있는 음식을 먹는 것은 반드시 이
런 집안일 것이다. (한편) 서로 동정하여 입고 먹으며 서로 베풀어
편하게 즐긴다면 흉년이 들어[2] 처를 시집보내고[3] 자식을 팔아먹는
것은 반드시 이런 집안일 것이다. 그러므로 법을 가지고 도를 삼으
면[4] 처음에는 고생이 되지만 장기적인 이득이 있다. 인을 가지고 도
를 삼으면 즐겁겠지만[5] 뒤에는 궁해진다. 성인은 그 경중을 저울질
하여 큰 이득 쪽을 취한다.[6] 그러므로 법을 써서 서로 참아내며 인

인이 서로 동정하는 것을 버린다. 학자들은 모두 '형벌을 경감하라'고 말한다. 이것은 어지럽히고 망하게 하는 술수다. 무릇 상벌을 확실히 행한다는 것은 권하고 금하기 위함이다. 상이 후하면 바라는 것을 빨리 얻고 벌이 중하면 싫어하는 것을 빨리 금할 수 있다. 대저 이득을 바라는 자는 반드시 해악을 싫어한다. 해악이란 것은 이득의 반대다. 바라는 것에 반한다면 어찌 싫어하지 않을 수가 있겠는가. 다스려지기를 바라는 자는 반드시 난을 싫어한다. 난이란 것은 치의 반대다. 이런 까닭으로 다스려지기를 강하게 바라는 자는 상이 반드시 후하며 난을 강하게 싫어하는 자는 벌이 반드시 중하다. 지금 형벌 경감을 취하는 자는 난을 싫어함이 강하지 않으며 다스려지기를 바라는 마음 또한 강하지 않은 것이다. 이것은 다만 술책이 없을 뿐만 아니라 역시 이득도 없다.[7] 이런 까닭으로 현불초나 우와 지를 가리는 계책은 상벌의 경중에 달려 있다고 하는 것이다.

今家人之治産也, 相忍以飢寒, 相强以勞苦, 雖犯軍旅之難, 饑饉之患, 溫衣美食者, 必是家也 ; 相憐以衣食, 相惠以佚樂, 天饑歲荒, 嫁妻賣子者, 必是家也. 故法之爲道, 前苦而長利 ; 仁之爲道, 偸樂而後窮. 聖人權其輕重, 出其大利, 故用法之相忍, 而棄仁人之相憐也. 學者之言皆曰 : "輕刑." 此亂亡之術也. 凡賞罰之必者, 勸禁也. 賞厚, 則所欲之得也疾 ; 罰重, 則所惡之禁也急. 夫欲利者必惡害, 害者, 利之反也. 反於所欲, 焉得無惡? 欲治者必惡亂, 亂者, 治之反也. 是故欲治甚者, 其賞必厚矣 ; 其惡亂甚者, 其罰必重矣. 今取於輕刑者, 其惡亂不甚也, 其欲治又不甚. 此非特無術也, 又乃無行. 是故決賢 · 不肖 · 愚 · 知之筴, 在賞罰之輕重.

1 治産－가산을 영위함. 생계를 도모해 나감.
2 天饑歲荒－날씨가 가물어 곡식이 잘 익지 않음.
3 嫁妻－자기 아내를 곡식과 바꾸어 먹기 위하여 남에게 넘겨줌.
4 法之爲道－법을 정치수단으로 채택함.
5 偸樂－일시적인 향락을 가리킴. 구차스럽게 즐김.

6 出其大利 — 큰 이득을 얻는 길로 나아감. 출(出)은 유(由)자와 같음.
7 無行 — 행실이 볼만하지 못함. 부도덕함을 말함. 행(行)은 리(利)자로 통함.

[6]

또 도대체 중형이란 것은 사람을 죄주기 위함이 아니다. 현명한 군주의 법은 살펴서 헤아린다.[1] 적을 다스림은 살핀 자만을 다스림이 아니다. 살핀 자만을 다스린다는 것은 바로 죽은 사람만을 다스리는 것이 된다. 도둑 처형은 처형받은 자를 다스림이 아니다. 처형받은 자를 다스린다는 것은 바로 형도들[2]을 다스리는 것이 된다. 그러므로 말하기를 '하나의 간악한 죄를 엄중히 하여 나라 안의 사악을 막는다'라고 한다. 이것이 바로 다스리는 방법이다. 중벌을 받는 자는 도둑이다. 그러나 애통하고 두려운[3] 자는 양민들이다. 다스려지기를 바라는 자가 어찌 중형에 대하여 의문을 갖겠는가. 대저 후상 같은 것은 공적에 대해서만 상주는 것이 아니라 온 나라를 권장하게 된다. 상받은 자는 그 이득을 좋아하고 상받지 못한 자도 공을 세우려 한다.[4] 이는 한 사람의 공적을 갚음으로 해서 나라 안의 많은 사람을 권장하게 되는 것이다. 다스려지기를 바라는 자가 어찌 후상에 대하여 의문을 갖겠는가.

且夫重刑者, 非爲罪人也. 明主之法, 揆也. 治賊, 非治所揆也 ; 所揆也者, 是治死人也. 刑盜, 非治所刑也 ; 治所刑也者, 是治胥靡也. 故曰 : 重一姦之罪而止境內之邪, 此所以爲治也. 重罰者, 盜賊也, 而悼懼者, 良民也. 欲治者奚疑於重刑! 若夫厚賞者, 非獨賞功也, 又勸一國. 受賞者甘利, 未賞者慕業, 是報一人之功而勸境內之衆也, 欲治者何疑於厚賞!

1 揆 — 법규에 비추어 공과 죄를 따져봄. 계량(計量)을 함.
2 胥靡 — 이미 형량이 정해진 복역자를 가리킴.
3 悼懼 — 처형받는 것을 보고 무서워서 부들부들 떠는 것. 도(悼)는 상(傷), 또는 애(哀)자로 통함.

4 慕業 – 업(業)은 공업(功業)을 말함. 공을 세우려고 생각함.

[7]

지금 정치를 알지 못하는 자들이 모두 말하기를 '형을 무겁게 하면 민이 상한다. 형을 가볍게 하더라도 간악을 막을 수 있다. 왜 반드시 무겁게 하는가'라고 한다. 이것은 정치에 대하여 잘 살피지 못하는 자의 (말)이다. 대저 무겁게 해야 그만두는 자는 가볍게 하면 결코 그만두지 않고 가볍게 하여도 그만두는 자는 무겁게 하면 반드시 그만둔다. 이런 까닭에 위가 중형을 마련하면[1] 간악이 모조리 그친다. 간악이 모조리 그친다면 이것이 어찌 민에게 손상을 입히겠는가. 이른바 중형이란 것은 간악한 자가 이득을 보는 것은 작으나 위가 가하는 것[2]은 크다. 민은 작은 이득 때문에 큰 죄를 입으려 하지 않으므로 간악이 반드시 그친다. 이른바 경형이란 것은 간악한 자가 이득을 보는 것은 크나 위가 (형벌을) 가하는 것은 작다. 민은 이득만을 좋아하고 죄를 업신여기므로 간악이 그치지 않는다. 그러므로 옛 성인이 이르는 속담에 말하기를 '산에서는 넘어지지 않으나[3] 개미무덤에 넘어진다'고 한다. 산이란 것은 크므로 사람이 조심하지만[4] 개미무덤은 작으므로 사람이 그것을 얕보기 때문이다. 만약에 형벌을 가볍게 한다면 민은 그것을 반드시 얕볼 것이다. 죄를 범하여도 처벌을 하지 않는다면 이는 온 나라 사람을 내몰아서 버리는 것이 된다. 죄를 범하였다고 하여 처벌한다면 이는 민을 위해서 함정을 파놓는[5] 것이 된다. 이런 까닭으로 죄를 가볍게 (처벌)한다는 것은 민의 개미무덤이 된다. 그러므로 죄를 가볍게 하는 것을 도[6]로 삼는다면 나라를 어지럽히지 않으면 민의 함정을 파게 된다. 이것을 가리켜 민을 상하게 한다고 말할 수 있다.

今不知治者皆曰 : "重刑傷民, 輕刑可以止姦, 何必於重哉?" 此不察於治者也. 夫以重止者, 未必以輕止也 ; 以輕止者, 必以重止矣. 是以上設重刑者而姦盡止, 姦盡止, 則此奚傷於民也? 所謂重刑者, 姦之所利者細, 而上之所加焉者大也. 民不以小利蒙大罪, 故姦必止者也. 所謂輕刑者, 姦之所利者大, 上之所加焉者小也. 民慕其利而傲其罪, 故姦不止也. 故先聖有諺曰 : "不蹟於山, 而蹟於垤." 山者大, 故人順之, 垤微小, 故人易之也. 今輕刑罰, 民必易之. 犯而不誅, 是驅國而棄之也 ; 犯而誅之, 是爲民設陷也. 是故輕罪者, 民之垤也. 是以輕罪之爲民道也, 非亂國也, 則設民陷也, 此則可謂傷民矣!

1 而－가정을 나타내는 조사. 즉(則)자와 같이 쓰임.
2 加焉－죄를 덮어씌움. 가(加)는 입힐 몽(蒙)자로 통함.
3 不蹟－지(蹟)는 헛발을 디뎌 쓰러짐. 발이 채여서 비틀거림.
4 順之－일을 신중하게 함. 순(順)은 신(愼)자와 같은 뜻.
5 設陷－함정을 설치함. 함(陷)은 정(穽)자로 통함.
6 民道－민을 다스리는 방법. 여기서 민(民)은 연자(衍字).

[8]

지금 학자들은 모두 서적에 쓰인[1] 송어(頌語)[2]만을 말하며 당대의 실제 일은 살피지도 않고 말하기를 '위가 민을 사랑하지 않고 세금을 언제나 무겁게 거두어 재용(財用)[3]이 부족해서 아래가 위를 원망하여 그 때문에 천하가 크게 어지러워졌다'고 한다. 이것은 재용을 넉넉하게 하여 사랑을 더 베풀면 비록 형벌을 가볍게 하더라도 잘 다스릴 수 있다고 생각하는 것이다. 이 말은 그렇지 않다. 무릇 사람이 중벌을 받게 됨은 본래가 이미 풍족해진[4] 다음이다. 비록 재용이 넉넉하고 사랑이 두텁더라도 형벌이 가벼우면 오히려 어지러워진다. 대저 부잣집의 귀여운 자식은 재화 씀씀이가 넉넉하고 재화 씀씀이가 넉넉하면 가볍게 쓰며[5] 가볍게 쓰면 사치가 심해진다. 친애하면 차마 (엄격히) 하지 못하고 차마 하지 못하면 교만하고 방자스럽게 된다. 사치가 심하면 집안이 가난해지고 교만하고 방자스러우면 행동이 난폭해진다. 이것은 비록 재용이 넉넉하고 사랑이 두텁더라도 형벌을 가볍게 한 재난이다. 무릇 사람이 살아감에 있어 재용이 넉넉하면 힘쓰는 데 게을리하게 되고 위가 다스림을 나약하게[6] 하면 잘못을 마음대로 하게 된다. 재용이 넉넉했지만 힘들여 일한 자는 신농(神農)이며 위가 다스림을 나약하게 했지만 행동을 삼간[7] 자는 증삼(曾參)과 사추(史鰍)다. 대저 민이 신농이나 증삼·사추에 미치지 못함은 이미 분명한 것이다.

今學者皆道書筴之頌語, 不察當世之實事, 曰 : "上不愛民, 賦斂常重, 則用不足而下恐上, 故天下大亂." 此以爲足其財用以加愛焉, 雖輕刑罰, 可以治也. 此言不然矣. 凡人之取重罰, 固已足之之後也. 雖財用足而厚愛之, 然而輕刑, 猶之亂也. 夫富家之愛子, 財貨足用. 財貨足用, 則輕用 ; 輕用, 則侈泰. 親愛之, 則不忍 ; 不忍, 則驕恣. 侈泰, 則家貧 ; 驕恣, 則行暴. 此雖財用足而愛厚, 輕刑之患也. 凡人之生也, 財用足則墮於用力, 上治懦, 則肆於爲非. 財用足而力作者, 神農也 ; 上治懦而行修者, 曾·史也, 夫民之不及神農·曾·史亦已明矣.

1 書筴 — 책(筴)은 책(策), 즉 대쪽 간(簡)자와 같음.
2 頌語 — 옛 성인을 칭송하는 말. 송(頌)은 송(誦)자로도 통함.
3 財用 — 의식주에 필요한 재화. 씀씀이를 말함.
4 足之 — 생활이 풍족함. 지(之)는 재용(財用)을 가리킴.
5 輕用 — 분수 없이 아무렇게나 씀. 낭비함.
6 治懦 — 정치를 미적지근하게 함. 엄격하게 다스리지 않음.
7 行修 — 행동을 조심함. 수(修)는 신(愼)자로 통함.

[9]

노자(老子)[1]의 말에 이르기를 '만족할 줄 알면 욕보지 않고 그칠 줄 알면 위태롭지 않다'고 한다. 도대체 위태롭고 욕보게 된다는 것 때문에 만족 밖의 것[2]을 구하지 않는 자는 노자뿐이다. 만약 민을 만족시켜서 가히 다스릴 수 있다고 생각한다면 이는 민을 모두 노자와 같이 생각하는 것이 된다. 그러므로 걸(桀)은 귀한 천자 자리에 있으면서도 그 존엄에 만족해하지 않았고 천하의 부를 가졌으면서도 그 재보에 만족해하지 않았다. 군주된 자가 비록 민을 만족시키더라도 (그것으로) 충분히 천자가 되게 할 수는 없다. 그런데도 걸이 결코 천자된 것으로도 만족해하지 않았다면 비록 민을 만족시킨다고 해서 어찌 가히 다스릴 수 있겠는가. 그러므로 현명한 군주는 나라를 다스릴 때 계절의 일을 알맞게 함으로써 재물을 쌓고 세금 부역을 조정함으로써³⁾ 빈부를 고르게 하며 작록을 후하게 함으로써 어진 재능을 다하게 하고 형벌을 엄중히 함으로써 사악을 금하며 민으로 하여금 노력하여 부를 얻게 하고 일을 하여 귀히 되게 하며 잘못으로 죄를 받게 하고 공적으로 상받게 하여 은혜를 내려줄 것을⁴⁾ 생각하지 않게 한다. 이것이 제왕의 정치이다.

老聃有言曰 : "知足不辱, 知止不殆." 夫以殆辱之故而不求於足之外者, 老聃也. 今以爲足民而可以治, 是以民爲皆如老聃也. 故桀貴在天子而不足於尊, 富有四海之內而不足於寶. 君人者雖足民, 不能足使爲天子, 而桀未必以天子爲足也, 則雖足民, 何可以爲治也? 故明主之治國也, 適其時事以致財物, 論其稅賦以均貧富, 厚其爵祿以盡賢能, 重其刑罰以禁姦邪, 使民以力得富, 以事致貴, 以過受罪, 以功致賞, 而不念慈惠之賜, 此帝王之政也.

1 老聃－담(聃)은 노자(老子)의 자(字). 성은 이(李)이며 이름은 이(耳)임.
2 足之外－만족할 만한 것 이상을 가리킴.
3 論其稅賦－론(論)은 헤아려 생각함. 세(稅)는 곡물세. 부(賦)는 노역 할당.
4 慈惠之賜－은정에 매달려서 실적도 없이 상을 받음.

[10]

사람이 모두 잠들면 눈먼 자를 알지 못하고 모두 입을 다물면[1] 누가 벙어리[2]인지 알지 못한다. 깨어서 그로 하여금 보게 하고 물어서 그로 하여금 대답하게 하면 벙어리나 눈먼 자는 궁해질 것이다. 그 말을 들어보지 않으면 술을 익히지 못한 자를 알지 못하고 그 자신에게 일을 맡기지 않으면 못난 자를 알지 못한다. 그 말을 듣고서 그것이 들어맞기를 요구하고[3] 그 자신에게 일을 맡겨서 공적을 조른다면 술을 익히지 못하거나 못난 자는 궁해질 것이다. 도대체 힘센 사람 얻기를 바라면서 그 스스로 나서는 말만을 듣는다면 비록 보통 사람일지라도 오획(烏獲)[4]과 구별할 수 없다. 그에게 솥과 도마[5]를 주면 약함과 건장함이 잘 드러날[6] 것이다. 그래서 관직이란 것은 유능한 사람의 솥과 도마다. 그에게 일을 맡겨 보면 어리석음과 슬기로움이 분명해진다. 그러므로 술을 익히지 못한 자는 (실제로) 쓰이지 않는 데서 알 수 있고[7] 못난 자는 일을 맡기지 않는 데서 알 수 있다. 말이 쓰이지 못하는데도 스스로 꾸며[8] 말 잘하는 척하고 자신이 일을 맡지 못하면서도 스스로 꾸며 고결한 척하여 세상 군주[9]가 그 변설에 현혹되고 그 고결함에 속아[10] 그를 존귀하게 여긴다. 이는 모름지기 보지 않고 밝다고 판정하며 대답을 기다리지 않고 말을 잘한다고 판정하는 것이라서 벙어리나 눈먼 자를 알아낼 수 없다. 현명한 군주는 그 말을 듣고 반드시 그 쓰임을 따지며 그 행동을 보고 반드시 그 공적을 요구한다. 그렇게 하면 허황되고 낡은 학문[11]이 말을 못하고 거만스럽고 속이는[12] 행동을 꾸미지 못하게 될 것이다.

人皆寐, 則盲者不知 ; 皆嘿, 則暗者不知. 覺而使之視, 問而使之對, 則暗盲者窮矣. 不聽其言也, 則無術者不知 ; 不任其身也, 則不肖者不知. 聽

其言而求其當, 任其身而責其功, 則無術不肖者窮矣. 夫欲得力士而聽其
自言, 雖庸人與烏獲不可別也 ; 授之以鼎俎, 則罷健效矣. 故官職者, 能
士之鼎俎也, 任之以事而愚智分矣. 故無術者得於不用, 不肖者得於不任.
言不用而自文以爲辯, 身不任而自飾以爲高. 世主眩其辯・濫其高而尊貴
之, 是不須視而定明也, 不待對而定辯也, 暗盲者不得矣. 明主聽其言必
責其用, 觀其行必求其功, 然則虛舊之學不談, 矜誣之行不飾矣.

1 嘿－묵(嘿)은 묵(默)자와 같음. 말하지 않고 가만히 있음.
2 暗者－말 못하는 벙어리. 암(暗)은 아(啞), 음(瘖)자로 통함.
3 求其當－그 말이 사실과 실제로 부합되는가를 확인함.
4 烏獲－전국시대 진(秦)의 힘센 역사(力士) 이름.
5 鼎俎－정(鼎)은 음식 담는 그릇. 조(俎)는 장방형의 쟁반. 모두 금속으로 된
   무거운 것을 상징함.
6 罷健效－피(罷)는 피(疲)자로, 느른함. 건(健)은 굳셈. 효(效)는 효험이 있음.
   강약이 분명해짐.
7 得於不用－득(得)은 군주가 실제를 파악함. 실용적이지 못함을 알아차림.
8 自文－자기가 말을 꾸며댐. 문(文)은 식(飾)자와 같음.
9 世主－뛰어나지 못한 보통 군주를 통칭함.
10 濫其高－람(濫)은 사실과 어긋남. 그 고결함에 엎드러짐.
11 虛舊之學－공허하고 고루한 이론. 유(儒)・묵(墨)을 가리킴.
12 矜誣－뽐내어 보이고 얼버무림. 거짓으로 으스댐.

47 팔설(八說)

법치주의에 반하는 여덟 가지 인간상을 유형별로 거론하였다. 일반적으로 평가받는 인간관계가 실제로 국가나 군주에게 있어서는 이해득실이 모순되는 사례를 설명하고 있다. 이른바 군주의 술(術) 확립이란 측면의 취지에 비추어볼 때 궤사(詭使)나 육반(六反)의 내용과 맥락을 같이한다.

[1]

오랜 친구¹⁾라 하여 사적으로 행하면 이를 가리켜 버리지 않는다고 말한다. 공공의 재물을 마구 뿌리면²⁾ 이를 가리켜 인인이라고 말한다. 봉록을 경시하고 내 몸을 소중히 하면 이를 가리켜 군자라고 말한다. 법을 굽혀 친족을 곡진하게 대하면³⁾ 이를 가리켜 덕이 있다고⁴⁾ 말한다. 관직을 버리고 사귐을 더 중히 여기면⁵⁾ 이를 가리켜 협기가 있다고 말한다. 세상을 떠나 위를 피하면 이를 가리켜 기품이 있다고⁶⁾ 말한다. 서로 다투고 명령을 어기면 이를 가리켜 강한 인재⁷⁾라고 말한다. 은혜를 베풀어 대중을 모으면 이를 가리켜 민심을 잡는다고 말한다. (오랜 친구를) 버리지 않는 자는 관리로서 악을 저지르는⁸⁾ 자이다. 인인이란 자는 공공의 재물을 손상시키는 자이다. 군자란 자는 부리기 어려운 민이다. 덕이 있는 자란 법 제도를 깨뜨리는 자이다. 협기 있는 자란 관직을 등한히하는⁹⁾ 자이다. 기품 있는 자란 일을 힘쓰지 않는¹⁰⁾ 자이다. 강한 인재란 자는 명령을 행하지 않는 자이다. 민심을 잡는 자란 군주를 고립시키는 자이다. 이 여덟 가지는 필부들의 사적인 영예이나 군주의 큰 해악이다. 이 여덟 가지에 반하는 것은 필부들의 사적인 훼손이나 군주의 공적인 이득이다. 군주가 사직의 이해를 살피지 않고 필부들의 사적인 영예를 든다면 나라에 위난이 없기를 바라더라도 해낼 수 없을 것이다.

爲故人行私謂之"不棄", 以公財分施謂之"仁人", 輕祿重身謂之"君子", 枉法曲親謂之"有行", 棄官寵交謂之"有俠", 離世遁上謂之"高傲", 交爭逆令謂之"剛材", 行惠取衆謂之"得民." 不棄者, 吏有姦也;仁人者, 公財損也;君子者, 民難使也;有行者, 法制毁也;有俠者, 官職曠也;高傲者, 民不事也;剛材者, 令不行也;得民者, 君上孤也. 此八者, 匹夫之私譽, 人主之大敗也. 反此八者, 匹夫之私毁, 人主之公利也. 人主不察社稷之利害, 而用匹夫之私譽, 索國之無危亂, 不可得矣.

1 故人─오래 전부터 사귄 친구. 고구(故舊)와 같은 뜻.
2 分施─재물을 나누어줌. 제멋대로 베풀어줌.
3 曲親─친족들을 위하여 무리하게 일을 도모함.
4 有行─행의(行義)와 같은 뜻으로 정의가 두터움.
5 寵交─사적인 교제를 우선적으로 함. 총(寵)은 중(重)자로 통함.
6 高傲─오기가 대단함. 자존심이 강함을 가리킴.
7 剛材─사납고 강하여 상대하기가 힘든 사람을 말함.
8 吏有姦─관리가 되어 간악한 일을 행함. 죄를 범함.
9 官職曠─관직이 텅 비어 황폐해짐. 광(曠)은 공(空)자로 통함.
10 不事─임무에 충실하지 못함. 힘써 일하지 않음.

[2]
사람에게 일을 맡기는 것은 존망과 치란이 갈리는 계기이다. 술(術) 없이 사람에게 맡기면 맡겨서[1] 실패하지 않은 예가 없다. 군주가 맡기는 것은 변지(辯智)[2]가 아니면 수결(修潔)[3]이다. 사람에게 맡긴다 함은 권세를 갖도록 하는 것이다. 지혜 있는 사람이 반드시 믿음이 가는 것은 아니다. 지혜가 많기 때문에 그 믿음이 헷갈린다. 지혜

있는 사람의 계략으로 권세를 타는 발판을 딛고 사욕[4]을 취한다면 군주는 반드시 속임을 당할 것이다. 지혜 있는 자를 믿을 수 없다 하여 수사(修士)[5]에게 맡겨 일을 재단하도록[6] 시킨다. (그러나) 수사란 자는 결코 지혜롭지 못하여 자신이 결백하다는 것만으로 그 지혜에 대하여 헷갈린다. 어리석은 사람의 어두움으로 일을 다스리는 자리에 있게 하여 마음대로[7] 하도록 한다면 일이 반드시 어지러워질 것이다. 그러므로 술 없이 사람을 쓸 경우 지혜가 있다고 맡기면 군주가 속고 단정하다고 맡기면 일이 어지러워진다. 이것은 술이 없어서 생기는 재난이다. 현명한 군주의 도는 천한 자가 귀한 자를 비방할 수 있게[8] 하고 아랫사람도 반드시 윗사람과 연좌시키며[9] 사실 판결에 증거를 대게[10] 하고 문호 없이 들어주므로[11] 지혜 있는 자가 사기를 칠 수 없다. 공적을 헤아려 상주고 능력을 보아서 일을 맡겨 주며 발단을 살펴서 그 실패를 알아차리고 잘못 있는 자를 처벌하며 능력 있는 자가 (자리를) 얻게 되므로 어리석은 자가 일을 맡지 못한다. 지혜 있는 자가 감히 속이지 못하고 어리석은 자가 재단할 수 없게 되면 일에 실수가 없을 것이다.

任人以事, 存亡治亂之機也. 無術以任人, 無所任而不敗. 人君之所任, 非辯智則修潔也. 任人者, 使有勢也. 智士者未必信也, 爲多其智, 因惑其信也. 以智士之計, 處乘勢之資而爲其私急, 則君必欺. 爲智者之不可信也, 故任修士者, 使斷事也. 修士者未必智, 爲潔其身, 因惑其智. 以愚人之所惛, 處治事之官而爲其所然, 則事必亂矣. 故無術以用人, 任智則君欺, 任修則事亂, 此無術之患也. 明君之道, 賤德義貴, 下必坐上, 決誠以參, 聽無門戶, 故智者不得詐欺. 計功而行賞, 程能而授事, 察端而觀失, 有過者罪, 有能者得, 故愚者不任事. 智者不敢欺, 愚者不得斷, 則事無失矣.

1 所任－누가 되든지 임명하는 상대방을 가리킴.
2 辯智－말솜씨, 즉 변설이 능하고 영리한 사람.

3 修潔－몸가짐이 단정하고 세속에 물들지 않아 깨끗함.
4 私急－개인의 사사로운 욕구가 대단히 많음.
5 修士－몸을 단정하게 수양한 사람을 가리킴.
6 斷事－일의 옳고 그름을 가름하여 결재 재단(裁斷)함.
7 其所然－소욕(所欲)과 같은 뜻. 소신대로 일을 추진함.
8 德義－의(義)는 의(議)자, 나무랄 산(訕)자의 뜻과 같음. 덕(德)은 득(得)자와 음으로 통함.
9 坐上－윗사람의 범죄와 연루되어 처벌받음. 하급자가 상관의 범법을 고발할 의무가 있는 것과 연관됨.
10 決誠以參－사실 판정에 많은 정보를 수집하여 증명을 함. 성(誠)은 진실을 말함.
11 聽無門戶－의견을 청취함에 규제가 없음. 문호가 개방됨.

[3]

명찰한 사람[1]인 연후라야 능히 알 수 있는 것을 영으로 삼을 수 없다. 대저 민이 다 명찰하지 못하기 때문이다. 현자인 연후라야 능히 행할 수 있는 것을 법으로 삼을 수 없다. 대저 민이 다 현명하지 못하기 때문이다. 양주(楊朱)와 묵적(墨翟)은 천하가 명찰하다고 (인정)하지만 천 년 동안의 어지러움을[2] 끝내 결말짓지 못했다. 비록 명찰하더라도 관직의 장[3]으로 삼을 수 없다. 포초(鮑焦)와 화각(華角)은 천하가 현자라 하는 바이지만 포초는 마른 나무[4]같이 되고 화각은 물속에 들어갔다.[5] 비록 현자라 하더라도 경전(耕戰)의 전사로 삼을 수는 없다. 요컨대 군주가 명찰하다고 하는 것은 지혜 있는 자가 변설을 다함이며 군주가 높인다고 하는 것은 유능한 자가 행동을 다함이다. 지금의 세상 군주들은 쓸데없는 변설을 명찰하다고 하며 공적과 먼 행동을 높이니 나라의 부강을 바라더라도 할 수가 없다. 박학하여[6] 변설과 지혜가 공자나 묵적과 같더라도 공자나 묵적 같은 자가 농사지을 수 없다면 나라에 무슨 도움이 되겠는가. 효행과 욕심 적음이 증삼(曾參)이나 사추(史鰍)와 같더라도 증삼이나 사추 같은 자가 전쟁에 나가지 않는다면 나라에 무슨 이득이 되겠는가. 필부에게는 사적인 편의$^{7)}$가 있으며 군주에게는 공공의 이득이 있다. 일을 하지 않아도 양육에 족하며 벼슬하지 않아도 이름을 드러내는 것이 사적인 편의다. 학문$^{8)}$을 금지하고 법도를 밝히며 사적인 편의를 막아서 오로지 공적을 힘쓰게$^{9)}$ 하는 것이 공공의 이득이다. 법을 설정함$^{10)}$은 민을 이끌기 위한 것인데 또 학문을 귀하게 여긴다면 민이 법을 본받기에 헷갈릴 것이다. 공을 상줌은 민을 권장하기 위한 것이나 또 행동이 단정한 것을 높인다면 민이 이득 내는 일을 게을리할 것이다. 도대체 학문을 귀하게 여겨 법을 헷갈리게 하고 행동이 단정한 것을 높여 공적과 헷갈리게$^{11)}$ 하면 나라가 부강하기를 바라더라도 해낼 수가 없다.

察士然後能知之, 不可以爲令, 夫民不盡察. 賢者然後能行之, 不可以爲法, 夫民不盡賢. 楊朱·墨翟, 天下之所察也, 千世亂而卒不決, 雖察而不可以爲官職之令. 鮑焦·華角, 天下之所賢也, 鮑焦木枯, 華角赴河, 雖賢不可以爲耕戰之士. 故人主之所察, 智士盡其辯焉 ; 人主之所尊, 能士盡其行焉. 今世主察無用之辯, 尊遠功之行, 索國之富强, 不可得也. 博習辯智如孔·墨, 孔·墨不耕耨, 則國何得焉? 修孝寡欲如曾·史, 曾·史不戰攻, 則國何利焉? 匹夫有私便, 人主有公利. 不作而養足, 不仕而名顯, 此私便也 ; 息文學而明法度, 塞私便而一功勞, 此公利也. 錯法以道民也, 而又貴文學, 則民之師法也疑 ; 賞功以勸民也, 而又尊行修, 則民之產利也惰. 夫貴文學以疑法, 尊行修以貳功, 索國之富强, 不可得也.

1 察士－이지적이고 통찰력이 우수한 사람을 가리킴.
2 千世亂－오랜 세월에 걸친 난세를 구하겠다고 애씀. 천(千)을 간(干)자로 바꿔 쓰기도 함.
3 官職之令－일 맡은 부서의 장. 령(令)은 법령이 아닌 장관.
4 木枯－세상을 비판하다가 굶어서 말라 죽음.
5 赴河－등에 돌을 짊어지고 몸을 강물에 던짐.
6 博習－널리 학문을 익힘. 박학(博學)과 같은 뜻.
7 私便－각자 개인의 이득을 추구함. 편(便)은 리(利)자로 통함.

8 文學 - 법도(法度)와 대립되는 고전에 대한 학문.
9 一功勞 - 공적 쌓는 한 가지 일에만 몰두함. 일(一)은 전일(專一).
10 錯法 - 법을 마련해둠. 조(錯)는 시(施), 또는 치(置)자의 뜻.
11 貳功 - 공적에 대하여 의혹을 가지고 망설임. 헤맴을 뜻함.

[4]

띠에 꽂는 홀이나 간척[1]은 긴 창[2]이나 쇠작살과 상대가 안 된다. 오르내리고 몸을 돌리는 동작[3]은 하루 백 리를 달리는 데에[4] 미치지 못한다. 살쾡이 머리 과녁[5]은 강한 쇠뇌로 빨리 쏘는 데에[6] 걸맞지 않다. 간성과 방벽[7]은 수공과 화공[8]에 (대비함만) 못하다. 옛 사람은 덕을 중히 했으며 중세에는 지를 쫓고 지금은 힘을 겨루고 있다. 옛날에는 일이 적어서 도구가 간단하며[9] 질박하고 무디어 정교하지 못하였다. 그러므로 조가비 호미를 쓰고 허술한 수레를 타는[10] 자가 있었다. 옛날에는 사람이 적어서 서로 친숙하며 물자도 많아 이득을 경시하고 손쉽게 양보하였다. 그러므로 읍양(揖讓)하며[11] 천하를 전하는 자가 있었다. 그렇다면 읍양의 예를 행하고 자혜를 높이며 인애에 의함은[12] 모두 소박한 상태의 정치[13]다. 일이 많은 시대에 살면서 할 일이 적은[14] 도구를 쓴다 함은 지혜 있는 자의 대비가 아니다. 크게 다투는 세대를 맞아서도 읍양하는 규칙을 따른다 함은 성인의 정치가 아니다. 그러므로 지혜 있는 자는 허술한 수레를 타지 않으며 성인은 소박한 상태의 정치를 행하지 않는다.

搢笏干戚, 不適有方鐵銛 ; 登降周旋, 不逮日中奏百 ; 《貍首》射侯, 不當强弩趨發 ; 干城距衝, 不若堙穴伏橐. 古人亟於德, 中世逐於智, 當今爭於力. 古者寡事而備簡, 樸陋而不盡, 故有挑銚而推車者. 古者人寡而相親, 物多而輕利易讓, 故有揖讓而傳天下者. 然則行揖讓, 高慈惠, 而道仁厚, 皆推政也. 處多事之時, 用寡士之器, 非智者之備 ; 當大爭之世, 而循揖讓之軌, 非聖人之治也. 故智者不乘推車, 聖人不行推政也.

1 干戚－무무(武舞)를 출 때 손에 드는 방패와 도끼.
2 有方－유모(酉矛)와 같음. 손자루가 긴 창을 가리킴.
3 周旋－조정에서 의례로 몸을 놀리는 동작을 말함.
4 奏百－주(奏)는 주(走)자로 통함. 백리 달리기 경주.
5 狸首射侯－살쾡이 머리를 그린 과녁의 일종. 후(侯)는 표적.
6 趨發－빨리 쏘는 화살. 추(趨)는 빠르게 나는 것.
7 距衝－성벽을 지키는 장치. 충(衝)은 성을 부수려고 부딪치는 무기의 일종.
8 堙穴伏橐－인(堙)은 인(湮), 몰(沒)자로 통함. 땅굴에 물을 대는 방법. 복(伏)
　　은 은(隱)자와 같음. 풀무를 성벽 밑에 숨겨 불을 지르는 방법.
9 備簡－비(備)는 방비하는 도구 또는 대책. 그것이 단순함.
10 推車－추륜(推輪)과 같음. 통나무로 만든 거친 수레.
11 揖讓－겸양의 표시로 두 손을 겹쳐 모아 올리는 절.
12 道仁厚－마음이 무던함에 의존함. 도(道)는 유(由)자로 통함.
13 推政－손수레를 밀던 시절에 가능하던 정치 형태를 가리킴.
14 寡士－쓰이는 용도가 적음. 사(士)는 사(事)자로 통함.

[5]

법은 일을 규정하는 수단이며 일은 성과를 드러내는[1] 수단이다. 법
이 세워져서 어려움이 있더라도 그 어려움을 헤아려[2] 일이 이루어
진다면 그것을 세운다. 일이 이루어져서 피해가 있더라도 그 피해
를 헤아려 성과가 많다면 그것을 한다. 어렵지 않은 법이나 피해 없
는 성과는 천하에 있지 않다. 이런 까닭으로 천 장 길이의 도성[3]을
빼앗고 십만의 많은 군대를 쳐부술 때 사상자가 군 전체의 절반[4]이
나 되고 갑옷과 창칼이 꺾이고 사졸들이 죽거나 다치더라도 싸워
이겨 토지 얻은 것을 좋아함은 작은 손해를 넘어서[5] 큰 이득을 계
산하기 때문이다. 대저 머리를 감을 경우 버리는 머리털이 있고 (상
처를) 치료할 경우[6] 피와 살을 상하게 한다. 만일[7] 사람이 어려움을
보고 그 일을 그만두려 한다면 이는 술을 익히지 못한 것이다. 옛
성인이 이르는 말에 '원을 그리는 자가 닳아 없어지고[8] 수평을 잡는
계기가 흔들린다.[9] 내가 그것을 바꾸려 하여도 어찌할 수가 없다'고
하였다. 이것은 권(權)에 통하는 말이다. 그런 까닭으로 논설에 논

리가 서더라도[10] 사실과 먼[11] 것이 있다. 언론에 말이 서투르더라도 실용은 긴요한 것도 있다. 그러므로 성인은 폐해가 없는 말을 구하지 않고 변함이 없는 일에만 힘쓴다. 사람이 저울질이나 말질에 마음을 쓰지 않는[12] 것은 곧고 청렴하여 이득을 멀리하기 때문이 아니다. 말질은 사람을 위하여 많거나 적게 할 수 없으며 저울질은 사람을 위하여 가볍거나 무겁게 할 수 없어서 바라더라도 할 수가 없으므로 사람이 마음을 쓰지 않는 것이다. 현명한 군주의 나라는 관가가 굳이 법을 굽히지 않고 관리가 감히 사리를 탐하지 않아 뇌물이 행하여지지 않으니 이는 국내의 일들이 모두 저울질이나 말질과 같기 때문이다. 이것은 신하들 중에 간악한 자가 있으면 반드시 알려지고 알려진 자는 반드시 처벌되기 때문이다. 이런 까닭으로 도를 터득한 군주는 청렴결백한 관리를 찾으려 하지 않고 반드시 알아내는 술(術)에만 힘을 쓴다.

法所以制事, 事所以名功也. 法立而有難, 權其難而事成, 則立之 ; 事成而有害, 權其害而功多, 則爲之. 無難之法, 無害之功, 天下無有也. 是以拔千丈之都, 敗十萬之衆, 死傷者軍之垂, 甲兵折挫, 士卒死傷, 而賀戰勝得地者, 出其小害計其大利也. 夫沐者有棄髮, 除者傷血肉. 爲人見其難, 因釋其業, 是無術之事也. 先聖有言曰:"規有摩而水有波, 我欲更之, 無奈之何!" 此通權之言也. 是以說有必立而曠於實者, 言有辭拙而急於用者. 故聖人不求無害之言, 而務無易之事. 人之不事衡石者, 非貞廉而遠利也, 石不能爲人多少, 衡不能爲人輕重, 求索不能得, 故人不事也. 明主之國, 官不敢枉法, 吏不敢爲私, 貨賂不行, 是境內之事盡如衡石也. 此其臣有姦者必知, 知者必誅. 是以有道之主, 不求淸潔之吏, 而務必知之術也.

1 名功-공적을 나타냄. 명(名)은 상징이란 뜻.
2 權-양쪽을 비교하여 적당하게 처리함. 반드시 원칙에 따르지 않음.

3 千丈之都－성벽의 길이가 천 길 가량 되는 대부(大夫)의 가읍(家邑).
4 軍之垂－수(垂)는 거의 절반, 또는 삼분의 일을 가리킴.
5 出其小害－작은 손해를 버리고 큰 이득 쪽을 취함. 출(出)은 거(去)자로 통함.
6 除者－종기를 절제 수술함. 병을 낫게 함.
7 爲－여기서는 여(如) 혹은 약(若)자와 같은 가정조사로 쓰임.
8 規有靡－규(規)는 제도기의 일종. 미(靡)는 마(磨)자와 같음.
9 水有波－수(水)는 수준기(水準器). 파(波)는 요(搖)자의 뜻으로 고장남을 가리킴.
10 必立－필(必)은 명(名)자, 즉 논리성을 말함.
11 曠於實－광(曠)은 공허(空虛)함을 가리킴.
12 衡石－형(衡)은 저울추. 석(石)은 한말들이 용기.

[6]

어린 자식에 대한 애정은 자모보다 더 앞설 수[1] 없다. 그러나 어린 자식이 잘못을 행하면[2] 스승을 따르게 하고 나쁜 병이 있으면 의원을 섬기도록 한다. 스승을 따르지 않으면 형벌로 떨어지고 의원을 섬기지 않으면 죽을지도 모른다. 자모가 비록 사랑할지라도 형벌을 면하거나[3] 죽음을 구하는 데는 도움이 안 된다. 그렇다면 자식을 생존케 하는 것은 애정이 아니다. 자식과 어머니의 본성은 애정이고 신하와 군주의 저울질은 계산[4]이다. 어머니가 애정을 가지고 집안을 보존할 수 없는데 군주가 어찌 애정을 가지고 나라를 지탱하겠는가. 현명한 군주가 부강해지는 술에 통달하면 바라는 것을 얻어낼 수 있다. 그러므로 정치를 신중히 한다는 것이다. 부강케 하는 술은 법령과 금제를 명확히 하고 책모와 계략을 치밀히 하는 것이다. 법령이 명확하면 안에 변란이 일어날 근심이 없으며 계략이 맞으면 밖에 나가 죽거나 포로가 되는 화가 없을 것이다. 그러므로 나라를 보존하는 것은 인의가 아니다. 인이란 것은 온정을 베풀어 재물을 가볍게 여기는 것이며 난폭한 것은 마음이 거칠어[5] 처벌을 쉽게 하는 것이다. 온정을 베푼다면 차마 하지 못하고 재물을 가볍게 여긴다면 주기를 좋아할 것이다. 마음이 거칠다면 증오심이 아래에 나타나고 처벌을 쉽게 한다면 망살(妄殺)[6]이 사람들에게 가해질 것이다. 차마 하지 못한다면 처벌에 있어 사면[7]이 많아지고 주기를 좋아한다면 공 없이도 상이 많아질 것이다. 증오심이 나타나면 아래가 그 위를 원망하며 함부로 처벌하면 민이 장차 배반할 것이다. 그러므로 인인이 자리에 있으면 아래가 방자하여 금제와 법령을 쉽게 범하고 위에 제멋대로 요행을 바란다. 난폭한 사람이 자리에 있으면 법과 영이 어지러워져서 신하와 군주 사이가 벌어지고 민이 원망하여 반란을 일으킬 마음이 생긴다. 그러므로 말하기를 '인인이나 난폭한 자는 모두 나라를 망치는 자들이다'라고 하는 것이다.

慈母之於弱子也, 愛不可爲前. 然而弱子有僻行, 使之隨師 ; 有惡病, 使之事醫. 不隨師則陷於刑, 不事醫則疑於死. 慈母雖愛, 無益於振刑救死, 則存子者非愛也. 子母之性, 愛也 ; 臣主之權, 筴也. 母不能以愛存家, 君安能以愛持國? 明主者通於富强, 則可以得欲矣. 故謹於聽治, 富强之法也. 明其法禁, 察其謀計. 法明則內無變亂之患, 計得則外無死虜之禍. 故存國者, 非仁義也. 仁者, 慈惠而輕財者也 ; 暴者, 心毅而易誅者也. 慈惠, 則不忍 ; 輕財, 則好與. 心毅, 則憎心見於下 ; 易誅, 則妄殺加於人. 不忍, 則罰多宥赦 ; 好與, 則賞多無功. 憎心見, 則下怨其上 ; 妄誅, 則民將背叛. 故仁人在位, 下肆而輕犯禁法, 儌幸而望於上 ; 暴人在位, 則法令妄而臣主乖, 民怨而亂心生. 故曰 : 仁暴者, 皆亡國者也.

1 不可爲前 - 그 이상의 것이 없음. 전(前)은 후(厚)자로 통함.
2 僻行 - 그릇된 비행(非行). 벽(僻)은 사(邪)자와 같은 뜻.
3 振刑 - 형벌로부터 구원함. 진(振)은 증(拯)자와 같음.
4 筴也 - 책(筴)은 책(策)자와 마찬가지로 계수(計數)를 말함.
5 心毅 - 망노(妄怒)와 같음. 기질이 강하여 화를 잘 냄.
6 妄殺 - 실없이 사람을 죽임. 마구 잘못 죽임.
7 宥赦 - 죄를 너그럽게 용서함. 유면(宥免)과 같은 뜻.

[7]

장국도 갖출¹⁾ 수 없으면서 굶주린 사람에게 밥을 먹으라고 권한다면 굶주린 사람을 살리는 것이 되지 않는다. 초지를 개간하여²⁾ 곡식을 생산할 수 없으면서 빌려 주고 상을 내리라고 권한다면 민을 부하게 하는 것이 되지 않는다. 지금의 학자가 하는 말은 근본이 되는 일(농사)에는 힘쓰지 않고 말초의 일만을 좋아하게 하여 공허한 성인의 말로써 민을 기쁘게 하는 줄 알고 있으니 이것은 밥 먹으라고 권하는 설과 같아 현명한 군주는 받아들이지 않는다. 책의 글이 간단하면 제자들은 말다툼을 하며³⁾ 법이 소략하면 민은 소송을 업신여긴다.⁴⁾ 이런 까닭으로 성인의 책은 논술을 반드시 뚜렷하게 하며 현명한 군주의 법은 사례를 반드시 상세하게 든다. 사려를 다 짜내어 이해 득실을 헤아리기란 지혜 있는 자라도 하기가 어려운 것이며 생각을 전혀 하지 않고 앞의 말을 붙들어 뒤의 성과를 구하기란 어리석은 자라도 하기가 쉬운 것이다. 현명한 군주는 어리석은 자도 하기 쉬운 것을 생각하지 지혜 있는 자도 하기 어려운 것을 추구하지 않는다. 그러므로 지려와 노력을 쓰지 않아도 나라가 다스려지는 것이다. 시고 달고 짜고 싱거운 맛을 (자신의) 입으로 판단하지 않고 재윤(宰尹)⁵⁾에게 결정을 맡기면 주방 사람들이 군주를 가볍게 보고 재윤을 중히 여길 것이다. 높고 낮고 맑고 탁한 소리를 귀로 판단하지 않고 악정(樂正)⁶⁾에게 결정을 맡기면 악사들이⁷⁾ 군주를 가볍게 보고 악정을 중히 여길 것이다. 나라 다스림에 있어 옳고 그름을 (자신의) 술(術)로써 판단하지 않고 총애하는 사람에게 결정을 맡기면 신하들이 군주를 가볍게 보고 총애하는 사람을 중히 여길 것이다. 군주가 몸소 보고 듣지 않고 재단하는 결정권이 아래에 있게 되면 나라의 식객⁸⁾과 같이 될 것이다.

不能具美食而勸餓人飯, 不爲能活餓者也 ; 不能辟草生粟而勸貸施賞賜, 不爲能富民者也. 今學者之言也, 不務本作而好末事, 知道虛聖以說民, 此勸飯之說. 勸飯之說, 明主不受也. 書約而弟子辯, 法省而民訟簡, 是以聖人之書必著論, 明主之法必詳事. 盡思慮, 揣得失, 智者之所難也 ; 無思無慮, 挈前言而責後功, 愚者之所易也. 明主慮愚者之所易, 以責智者之所難, 故智慮力勞不用而國治也. 酸甘鹹淡, 不以口斷而決於宰尹, 則廚人輕君而重於宰尹矣. 上下淸濁, 不以耳斷而決於樂正, 則瞽工輕君而重於樂正矣. 治國是非, 不以術斷而決於寵人, 則臣下輕君而重於寵人矣. 人主不親觀聽, 而制斷在下, 託食於國者也.

1 美食−갱즙(羹汁)을 말함. 미(美)는 갱(羹)자의 잘못 쓰임.
2 辟草−농토를 넓힘. 벽(辟)은 벽(闢)자로 통함.
3 弟子辯−글 읽는 사람에 따라 이해를 달리하여 논쟁을 벌임.
4 訟簡−간(簡)은 이(易)자의 뜻이나 여기서는 경만(輕慢)을 말함.
5 宰尹−재(宰)는 궁중 요리를 맡은 직책. 윤(尹)은 장이란 뜻.
6 樂正−악사의 장. 정(正)은 관장(官長)의 뜻.
7 瞽工−악사를 가리킴. 눈먼 사람이 악사가 되기 때문에 이르는 말.
8 託食−탁(託)은 기(寄)자로 통함. 식생활을 의존함.

[8]
만약 사람이 입지 않고 먹지 않더라도 배고프지 않고 춥지 않으며 또한 죽음을 싫어하지 않는다면 위를 섬길[1] 생각이 없을 것이다. 그리고 군주에게 제재받고 싶지 않다면[2] (신하로) 부릴 수 없을 것이다. 만일 사람을 살리고 죽이는 권병이 대신들에게 있는데도 군주의 명령이 행해질 수 있었던 경우는 일찍이 없었다. 호랑이나 표범이 발톱과 어금니를 전혀 쓰지 않는다면 위력이 새앙쥐와 같을 것이다. 만금을 가진 집이 그 재부를 전혀 쓰지 않는다면 재력이 가난한 자[3]와 같을 것이다. 영토를 가진 군주가 사람을 좋아하면서 이롭게 할 수 없고 사람을 싫어하면서 해롭게 할 수 없다면 사람이 자

기를 두려워하고 존중하기를 바라더라도 해낼 수 없을 것이다. 신하가 제멋대로 하면[4] 임협이라 말하고 군주가 제멋대로 하면 난행이라 말한다. 신하가 위를 업신여기면 장하다고[5] 말하고 군주가 아래를 업신여기면 사납다고 말한다. 행위는 실제로 같으나[6] 아래는 그것으로 칭찬받고 위는 그것으로 비난당하며 신하는 크게 득이 되나 군주는 크게 잃는다. 현명한 군주의 나라에는 귀신(貴臣)은 있어도 중신(重臣)은 없다. 귀신이란 작위가 높고 관직이 큰 자다. 중신이란 말이 받아들여지고 세력이 많은 자다. 현명한 군주의 나라에서는 자리를 옮기거나 직급을 돌리거나[7] 관작을 공적에 맞추어 하므로[8] 귀신이 있는 것이다. 말에 있어 실행을 헤아리지 않고[9] 거짓이 있으면 반드시 처벌하므로 중신이 없는 것이다.

使人不衣不食而不飢不寒, 又不惡死, 則無事上之意. 意欲不宰於君, 則不可使也. 今生殺之柄, 在大臣, 而主令得行者, 未嘗有也. 虎豹必不用其爪牙而與鼷鼠同威, 萬金之家必不用其富厚而與監門同資. 有土之君, 說人不能利, 惡人不能害, 索人欲畏重己, 不可得也. 人臣肆意陳欲曰俠, 人主肆意陳欲曰亂, 人臣輕上曰驕, 人主輕下曰暴. 行理同實, 下以受譽, 上以得非. 人臣大得, 人主大亡. 明主之國, 有貴臣, 無重臣. 貴臣者, 爵尊而官大也 ; 重臣者, 言聽而力多者也. 明主之國, 遷官襲級, 官爵受功, 故有貴臣. 言不度行而有僞, 必誅, 故無重臣也.

1 事上 — 조정에 나아감. 사(事)는 출사(出仕), 즉 벼슬의 뜻.
2 意欲不宰 — 지배당하지 않으려고 함. 의(意)는 억(抑)자와 같음.
3 監門 — 도성의 문지기. 미천한 자를 말함.
4 肆意陳欲 — 의욕을 제멋대로 펼 수 있음. 자기 생각대로 마음껏 행동함.
5 驕 — 의기가 대단함. 교(驕)는 장(壯)자로 통함.
6 行理同實 — 행동 절차가 실제로 똑같음. 행리(行理)는 조리가 서는 행동, 즉 행의(行義)를 말함.
7 遷官襲級 — 천관(遷官)은 벼슬이 나아짐. 영전함을 뜻함. 습급(襲級)은 직급을 이어받음. 승진을 가리킴.

8 受功―공적에 따라서 자리를 맡김. 수(受)는 수(授)자로 쓰임.
9 不度行―하는 말이 실제 행동과 들어맞지 않음. 도(度)는 규칙을 적용하여 생각함.

48 팔경(八經)

경(經)이란 사물의 본질, 즉 상도(常道)를 뜻한다. 천하를 다스리는 자가 반드시 유념해야 할 여덟 가지 통치 원칙을 들고 있다. 내용은 이미 여러 편에서 다루어진 말들을 한데 모아 엮은 것이다. 군주론에 관한 일종의 단편집이라 할 수 있다. 원문은 장별 제목이 끝에 붙어 있으나 여기서는 편의상 앞머리에 두었다.

[1] 인정(因情)

무릇 천하의 다스림은 반드시 인정에 근거하여야[^1] 한다. 인정이란 것은 좋아하고 싫어함이 있어서 상벌을 쓸 수 있다. 상벌을 쓸 수 있다면 금제와 명령이 확립되어 다스리는 방법이 구비된다. 군주는 권병을 잡아 세 있는 자리를 차지하므로 명령이 행해지고 금하면 그친다. 권병이란 것은 죽이고 살리는 근본[^2]이며 세란 것은 대중들을 이겨내는 밑천[^3]이다. 임면(任免)함[^4]에 법도가 없으면 권위가 더럽혀지고 상벌을 아래와 함께[^5] 행하면 위세가 분할된다. 이런 까닭으로 현명한 군주는 애정을 품지 않고서 의견을 들으며 기쁨을 남기지 않고서[^6] 일을 도모한다. 그러므로 의견을 들어 실제와 맞추지 않으면[^7] 권력이 간악한 자에게 나누어지고 지력을 쓰지 않으면 군주가 신하에게 궁지로 몰린다. 그러므로 현명한 군주의 통치는 하늘[^8]과 같으며 사람을 쓰는 것은 귀신[^9]과 같다. 하늘과 같으면 비난받지 않고 귀신과 같으면 곤란하지 않다. 위세가 행사되고 가르침이 엄하면 어기지 않으며 나무람과 칭찬이 일정하면[^10] 비판을 하지 않는다. 그러므로 현인을 상주고 난폭자를 벌함은 선을 드러내는 최선의 방법이며 난폭자를 상주고 현인을 벌함은 악을 드러내는 최악의 방법이다. 이것이 동조하는 자는 상주고 달리하는 자는 벌한다는 것이다. 상은 후히 하는 것만 같지 못하니 민으로 하여금 그것을 이득이라 생각하게끔 하며 칭찬은 좋게 하는 것만 같지 못하니 민으로 하여금 그것을 광영이라 여기게끔 한다. 처벌은 엄중히 하는 것만 같지 못하니 민으로 하여금 그것을 두려워하게끔 하며 나무람은 싫게 하는 것만 같지 못하니 민으로 하여금 그것을 부끄러워하게끔 한다. 그런 연후에 법을 한결같이 행사하여 사적인 것을 금하고 처벌하며 대부들이 공적과 죄상을 숨기지 않고[11] 상벌을 반드시 가릴 줄 안다면 아는 길(방법)을 다하였다 할 것이다.

凡治天下, 必因人情. 人情者, 有好惡, 故賞罰可用, 賞罰可用, 則禁令可立而治道具矣. 君執柄以處勢, 故令行禁止. 柄者, 殺生之制也 ; 勢者, 勝衆之資也. 廢置無度則權瀆, 賞罰下共則威分. 是以明主不懷愛而聽, 不留說而計. 故聽言不參, 則權分乎姦 ; 智力不用, 則君窮於臣. 故明主之行制也天, 其用人也鬼. 天則不非, 鬼則不困. 勢行敎嚴, 逆而不違, 毀譽一行而不議. 故賞賢罰暴, 擧善之至者也 ; 賞暴罰賢, 擧惡之至者也 : 是謂賞同罰異. 賞莫如厚, 使民利之 ; 譽莫如美, 使民榮之 ; 誅莫如重, 使民畏之 ; 毀莫如惡, 使民恥之. 然後一行其法, 禁誅於私, 家不害功罪. 賞罰必知之, 知之, 道盡矣.

1 因人情－인간의 자연스런 성정에 따름. 인(因)은 의존함.
2 制－제어(制御), 즉 지배하는 수단을 가리킴.
3 資－자원(資源), 즉 밑천이 되는 힘을 말함.
4 廢置－출척(黜陟)과 같음. 자리를 내쫓고 앉힘.
5 下共－아랫사람과 상벌 대상을 함께 의논함.
6 留說－선입관을 가지고 일을 처리함. 열(說)은 좋은 감정.
7 不參－여러 의견을 참고하지 않음. 한 사람에게만 의존함.
8 行制也天－제재를 가할 경우 하늘과 같이 공평하게 함.

9 用人也鬼－사람을 부릴 때 귀신과 같이 보이지 않게 감시함.
10 一行－법이나 규정을 변함없이 집행함.
11 家不害－상벌에 대하여 방해하거나 간섭하지 않음. 가(家)는 경(卿)과 대부(大夫)를 가리킴.

[2]주도(主道)

(한 사람의) 힘으로는 많은 사람을 당하지 못하며 (한 사람의) 지혜로는 모든 것을 다 파악하지[1] 못한다. 한 사람을 쓰는 것은 온 나라를 쓰는 것만 못하다. 그러므로 지혜와 힘이 맞서면 수가 많은 쪽이 이긴다. 계략이 들어맞더라도[2] 자기 혼자서만 지치고 맞지 않으면 화를 짊어진다.[3] 하질의 군주는 자기 능력을 다하고 중질의 군주는 다른 사람의 힘을 다 쓰며 상질의 군주는 다른 사람의 지혜를 다 쓴다. 이런 까닭으로 일이 생기면 지혜를 모아[4] 한 사람 한 사람의 말을 듣고 공론에 부친다.[5] 한 사람 한 사람의 말을 듣지 않으면 뒤의 일이 앞의 말과 어긋나고 뒤의 일이 앞 말과 어긋나면 어리석은 자와 지혜 있는 자가 구분되지 않는다. 공론에 부치지 못하면 일을 망설여 결단을 못 내리고 결단을 못 내리면 일이 정체된다. (군주가) 스스로 하나를 취하면[6] 골짜기로 떨어지는 화는 없을 것이다. 그러므로 의견을 말하도록[7] 시켜 의견이 정해지면 책임을 묻는다.[8] 이런 까닭으로 말을 진술한 날짜를 반드시 기록에 남긴다.[9] 지혜를 모을 경우 일이 시작되면서 확인되고 능력을 모을 경우 성과가 나타나 논의된다. 성패는 증거가 있어 상벌이 따른다. 일이 이루어지면 군주가 그 성과를 거두어들이고 계획이 실패하면 신하가 그 죄를 짊어진다. 군주란 자는 대쪽을 맞추는 일도 오히려 직접 하지 않는데 하물며 힘들이는 일에 있어서랴. 지혜를 쓰는 일도 오히려 직접 하지 않는데 하물며 마음쓰는[10] 일에 있어서랴. 그러므로 사람을 쓸 때 같은 (의견을) 취하지 않는다. 같으면 군주가 추궁한다. 사람

들로 하여금 서로 쓰도록 하면 군주는 신명과 같으며 신명과 같으면 아래가 힘을 다한다. 아래가 힘을 다하면 신하가 위로 군주를 의존하지 않아서 군주의 도가 완전하게 된다.

力不敵衆, 智不盡物. 與其用一人, 不如用一國, 故智力敵而群物勝. 揣中則私勞, 不中則任過. 下君盡己之能, 中君盡人之力, 上君盡人之智. 是以事至而結智, 一聽而公會. 聽不一則後悖於前, 後悖於前則愚智不分; 不公會則猶豫而不斷, 不斷則事留. 自取一聽, 則毋墮塈之累. 故使之諷, 諷定而怒. 是以言陳之日, 必有筴籍. 結智者事發而驗, 結能者功見而謀. 成敗有徵, 賞罰隨之. 事成則君收其功, 規敗則臣任其罪. 君人者合符猶不親, 而況於力乎? 事智猶不親, 而況於懸乎? 故其用人也不取同, 同則君怒. 使人相用則君神, 君神則下盡. 下盡, 則臣上不因君, 而主道畢矣.

1 盡物－모든 사물을 두루 다 알아낼 수 있음.
2 揣中－추측이 적중함. 취(揣)는 추(推)자와 같은 뜻으로 미루어서 헤아려봄.
3 任過－책임이 있음. 임(任)은 재(在)자와 같으며 과(過)는 화(禍)자로 통함.
4 結智－여러 신하들의 지혜를 결집시킴. 결(結)은 취(聚)자와 같음.
5 公會－공개된 모임에서 토의함. 조정의 의제로 삼음.
6 取一－여러 의견 가운데 하나를 선택하여 결정지음.
7 諷－슬며시 돌려 간을 함. 입으로 진언함.
8 定而怒－의견이 채택된 뒤 그 실적에 대하여 추궁함. 노(怒)는 책(責)자로 통함.
9 筴籍－증거로 삼기 위하여 서찰, 즉 문서에 기록해둠.
10 懸－괘념(掛念)과 같은 뜻. 마음속에 걸어둠.

[3]기란(起亂)

신하와 군주의 이득이 다르다는 것을 아는 자는 왕이 되며 같다고 여기는 자는 위협받으며 일을 함께하는[1] 자는 살해당한다. 그러므로 현명한 군주는 공과 사의 구분을 살피고 이해의 소지를 살펴서 간신이 바로 끼여들 데가 없게 한다. 난이 일어나는 곳이 여섯 군데가 있다. 모후[2]와 후비·희첩과 서출 자손과 형제들과 중신 그리고

872

유명한 학자들[3]이다. 그러나 관리를 (엄정히) 임명하고 신하를 추궁하면 모후가 마음대로 하지 못한다. 예를 시행함에 등급을 달리하면 후비와 희첩이 헷갈리지 않는다. 세를 나누어 나란히[4] 하지 않으면 서출과 적자가 다투지 않는다. 권병과 지위[5]를 잃지 않으면 형제들이 침범하지 않는다. 아래가 한 가문으로 모여들도록[6] 하지 않으면 중신이 (군주를) 옹폐하지 못한다. 금제와 포상이 확실하게 행해지면 유명한 학자들이 어지럽히지 못한다. 신하가 끼여드는 근거가 두 가지 있는데 밖과 안을 말한다. 밖이란 두려워함을 말하고 안이란 총애함을 말한다. 두려워하는 바의 요구는 받아들여지고 총애하는 바의 말은 들어주게 되니 이것이 난신들이 끼여드는 곳이다. 외국이 두는[7] 여러 관리들의 경우 그 친인척이나 처자들까지 힐책한다면[8] 밖에 기대지 못할 것이다. 작록을 공적에 따라 주고 청탁자를 함께 벌하면 안에 의지하지 못할 것이다. 밖에 기대지 못하고 안에 의지하지 못하면 간악을 막는다.

知臣主之異利者王, 以爲同者劫, 與共事者殺. 故明主審公私之分, 審利害之地, 姦乃無所乘. 亂之所生六也 ; 主母, 后姬, 子姓, 弟兄, 大臣, 顯賢. 任吏責臣, 主母不放 ; 禮施異等, 后姬不疑 ; 分勢不貳, 庶適不爭 ; 權籍不失, 兄弟不侵 ; 下不一門, 大臣不擁 ; 禁賞必行, 顯賢不亂. 臣有二因, 謂外內也. 外曰畏, 內曰愛. 所畏之求得, 所愛之言聽, 此亂臣之所因也. 外國之置諸吏者, 結誅親暱重帑, 則外不籍矣 ; 爵祿循功, 請者俱罪, 則內不因矣. 外不籍, 內不因, 則姦宄塞矣.

1 共事－신하와 함께 상벌에 대한 중대사를 의논함.
2 主母－나이 어린 군주의 어머니. 태후(太后)를 가리킴.
3 顯賢－현자로 세상에 알려진 사람.
4 不貳－대등하게 양립시키지 않음. 이(貳)는 비길 의(擬)자와 같음.
5 權籍－권력을 행사하는 자리. 적(籍)은 세위(勢位)를 말함.
6 一門－특정한 사가(私家)를 중심으로 작당을 함.

7 外國之置 - 외국의 압력이나 청탁에 의하여 관리를 임명함.
8 結誅 - 죄를 엄중히 물어 처벌함. 결(結)은 힐(詰)자로 통함.

관리가 차례를 거듭하여[1] 승진하고 그것으로 대임을 맡으면 지혜있
는 자이다. 그 자리가 높아져서 임무가 큰 자는 세 가지 절목[2]으로
붙들어 둔다. 인질과 누름과 굳힘을 말한다. 부모[3]나 처자가 인질이
다. 작록을 후하게 하여 확실히 함은 누름이다. 증거를 대조하여 책
임을 물음은[4] 굳힘이다. 현자는 인질만으로 멈추나 탐욕은 눌러야
고쳐지고 간악은 굳힘으로 막는다. 차마 제재하지 못하면 아래가
날뛰고[5] 작은 것을 제거하지 못하면 큰 벌을 주게 되므로 명과 실
이 맞으면 곧장 단행을[6] 한다. 살려서 일에 해가 되고 죽여서 명분
이 손상되면 독약을 먹이며[7] 그렇게 못하면 원수에게 넘겨준다. 이
것을 가리켜 드러내지 않고 악[8]을 제거하는 수단이라 말한다. 은폐[9]
를 속임수라 말하고 바꿈질[10]이라 말한다. 공적이 드러나서 상주고
죄악이 드러나서 벌하면 속임수는 바로 그친다. 옳고 그른 판단이
새나가지 않고 간하는 말이 밖과 통하지 않으면 바꿈질도 이내 쓰
지 못한다. 부형과 어진 인재를 내보내는[11] 것을 돌아다니는 화라고
말하니 그 해가 이웃 적에게 많은 도움을 준다. 형을 받은 사람[12]을
측근으로 삼는 것을 역적을 친숙히 한다고 말하니 그 해가 격분과
굴욕감을 낳게 한다. 노여움을 감추고 죄를 잡고서도 들추지 않는
것을 난을 더 늘린다고 말하니 그 해가 요행을 바라고 망동하는 사
람을 나오게 한다. 대신 둘의 권세를 저울질하여 기울지 않는 것을
화에 말려든다고 말하니 그 해가 중신의 가세를 성하게 하여 겁살
하는 난을 일게 한다. 가볍게 처신하여[13] 자중하지 못하는 것을 권
위를 퉁겨 버린다고 말하니 그 해가 역적이 독살하는 난을 일으키
게 한다. 이 다섯 가지 해를 군주가 알지 못하면 겁살당하는 일이
있을 것이다. 임면하는 일이 안에서 생기면 다스려지고 밖에서 생

기면 어지러워진다. 이런 까닭으로 현명한 군주는 공적을 가지고 안으로 논하고 이득을 가지고 밖으로 돕는다. 그러므로 나라가 다스려지고 적은 어지러워진다. 바로 난을 일으키는 방법은 신하가 미움받으면 밖에서 일으켜 현혹되게 하고 신하가 총애받으면 안에서 (난을) 일으켜 마치 독약의 효과가 나듯이[14] 한다.

官襲節而進, 以至大任, 智也. 其位至而任大者, 以三節持之 ; 曰質, 曰鎭, 曰固. 親戚妻子, 質也 ; 爵祿厚而必, 鎭也 ; 參伍責怒, 固也. 賢者止於質, 貪饕化於鎭, 姦邪窮於固. 忍不制則下失, 小不除則大誅, 而名實當則徑之. 生害事, 死傷名, 則行飮食 ; 不然, 而與其讐 ; 此謂除陰姦也. 翳曰詭, 詭曰易. 見功而賞, 見罪而罰, 而詭乃止. 是非不泄, 說諫不通, 而易乃不用. 父兄賢良播出曰遊禍, 其患鄰敵多資. 僇辱之人近習曰狎賊, 其患發忿疑辱之心生. 藏怒持罪而不發曰增亂, 其患徼幸妄擧之人起. 大臣兩重提衡而不踦曰卷禍, 其患家隆劫殺之難作. 脫易不自神曰彈威, 其患賊夫酖毒之亂起. 此五患者, 人主之不知, 則有劫殺之事. 廢置之事, 生於內則治, 生於外則亂. 是以明主以功論之內, 而以利資之外, 故其國治而敵亂. 卽亂之道 : 臣憎, 則起外若眩 ; 臣愛, 則起內若藥.

1 襲節 – 절(節)은 등급을 가리킴. 습(襲)은 거듭 겹침.
2 三節 – 여기서 절이란 절제하는 법도, 즉 구속력을 뜻함.
3 親戚 – 친인척이 아닌 부모를 가리킴.
4 責怒 – 책임을 추궁하여 몰아세움. 노(怒)도 책(責)자와 같음.
5 下失 – 행실이 난잡함. 실(失)은 방자함을 뜻함.
6 徑之 – 경행(徑行)과 같음. 생각한 그대로 지체없이 실행함.
7 行飮食 – 음식물에 독약을 넣음. 행(行)은 용(用)자와 같음.
8 陰姦 – 표면에 드러내어 죽일 명분이 충분치 않은 죄악.
9 翳 – 사실을 알 수 없게 가로막음. 눈을 가림.
10 易 – 역(易)은 변개(變改)란 뜻으로 변칙적인 수단을 씀.
11 播出 – 파월(播越)과 같음. 국외로 나가 망명함.
12 僇辱之人 – 형여(刑餘), 즉 형을 받아 불구가 된 자. 환관.
13 脫易 – 경솔하게 들떠서 행동함. 탈(脫)은 경(輕)자로 통함.
14 若藥 – 약(藥)은 짐독(酖毒). 궁중에서 독극물을 씀.

[4] 입도(立道)

증거를 대는 길은 증거를 맞추어 (공적이) 많은가를 재고 증거를 헤아려서[1] 실수를 묻는다. 증거를 맞추어 반드시 확인하고[2] 증거를 헤아려 반드시 추궁한다. 확인하지 않으면 위를 만만히 보고 추궁하지 않으면 서로 작당한다.[3] 증거를 확인하면 족히 많고 적음을 알 수 있고 먼저 추궁하면 그 (패거리가) 많은 데에 미치지 않는다. 보고 듣는 자세에 있어 그 증거가 한 패거리에 있으면 다른 쪽을 상주고 고발하지 않은[4] 자를 처벌할 때 죄를 함께 물어야 한다. 말을 받아들임에 있어 많은 단서를 모아 반드시 지리를 가지고 헤아리고 천시를 가지고 꾀하며 사물을 가지고 증험하고 인정에 맞추어야 한다. 네 가지 증거가 잘 부합되면 바로 볼 수 있다.

參伍之道：行參以謀多, 揆伍以責失. 行參必折, 揆伍必怒. 不折則瀆上, 不怒則相和. 折之徵足以知多寡, 怒之前不及其衆. 觀聽之勢, 其徵在比周而賞異也, 誅毋謁而罪同. 言會衆端；必揆之以地, 謀之以天, 驗之以物, 參之以人. 四徵者符, 乃可以觀矣.

1 揆伍－여러 가지 정도를 비교하여 생각함. 규도(揆度)와 같음.
2 必折－절(折)은 석(析)자로 통함. 사실을 분석하여 알아냄.
3 相和－같은 패거리끼리 친화함. 부화뇌동하는 상태.
4 毋謁－간악한 일을 고발하지 않음. 알(謁)은 고(告)자로 통함.

말을 맞추어 그 진실을 알아내고 시각을 바꾸어 그 꾸밈[1]을 고치게 한다. 나타난 것을 붙잡아 뜻밖의 일을 살피고 측근이 한 가지 일만을[2] 힘쓰도록 한다. 말을 거듭하여 멀리 간 사자를 두렵게 하고 지난 일을 들어 앞일을 모두 추궁한다.[3] 가까이 하여 그 속을 알아내고 멀리 두어[4] 그 밖의 (행동을) 살핀다. 분명한 것을 파악하여 분명치 않은 것을 묻고 일부러 속여 넘보지[5] 못하게 막는다. 말을 뒤집어 의문나는 데를 시험하고[6] 반대로 논리를 펴 숨겨진 악을 살핀다. 간관을 두어 독단을 단속하고 바르게 처리하여[7] 간악한 움직임을 관찰한다. 분명히 설명하여 잘못을 피하게 하고 비위를 맞추어[8] 정직과 아첨을 가려내어 본다. 소문을 넓혀 아직 드러나지 않은 것을 알고 (일부러) 싸움을 시켜 패거리를 흩어지게 한다. 한 가지 일을 깊이 따져 사람들의 마음을 긴장시키고[9] 다른 말을 흘려 그 생각을 바꾸게 한다. 엇비슷하여 헷갈리면 증거를 맞대고 잘못을 진술하면 근본을 규명한다.[10] 죄를 알아내면 벌주어[11] 위세를 누르고 몰래 사람을 시켜 수시로 돌게 하여 실정을 살핀다.[12] 서서히 개혁하여 패거리를 갈라 놓고[13] 아래로부터 단속하여 위까지 미치게 한다. 재상은 조정 신하들을 단속하고 조정 신하는 관속들을 단속하며 군관은 병사들을 단속하고 사절은 수행원[14]을 단속하며 현령은 관리[15]를 단속하고 시종과 낭중은 측근들을 단속하며 후비와 부인은 궁중 나인들을 단속한다. 이것을 일러 조달(條達)하는[16] 길이라고 한다. 말이 새어나가고 일이 누설되면 술(術)이 행해지지 못한다.

參言以知其誠, 易視以改其澤, 執見以得非常. 一用以務近習, 重言以懼遠使. 擧往以悉其前, 卽邇以知其內, 疏置以知其外. 握明以問所闇, 詭使以絶黷泄. 倒言以嘗所疑, 論反以得陰姦. 設諫以綱獨爲, 擧錯以觀姦動. 明說以誘避過, 卑適以觀直謁. 宣聞以通未見, 作鬪以散朋黨. 深一以敬衆心, 泄異以易其慮. 似類則合其參, 陳過則明其固. 知罪辟罪以止威, 陰使時循以省衰. 漸更以離通比. 下約以侵其上:相室, 約其廷臣;廷臣, 約其官屬;軍吏, 約其兵士, 遣使, 約其行介;縣令, 約其辟吏;郎中, 約其左右;后姬, 約其宮媛. 此之謂條達之道. 言通事泄, 則術不行.

1 其澤－군주에 대한 신하의 태도. 택(澤)은 식(飾)자로 통함.
2 一用－한 직종만을 전문으로 힘쓰게 함. 겸직을 금함.

3 悉其前 - 앞으로의 일을 책임지움. 실(悉)은 상세히 규정함.

4 疏置 - 내직(內職)이 아닌 외무를 맡김. 치(置)는 취임함.

5 黷泄 - 설오(媟汚), 즉 친압하여 버릇없이 구는 것.

6 嘗所疑 - 의문되는 것을 시험하여 확인함. 상(嘗)은 시(試)자로 통함.

7 擧錯 - 거조(擧措)와 같음. 상벌을 법이 정한 대로 시행함.

8 卑適 - 자신을 낮추어 상대편에 영합함. 적(適)은 적합함.

9 敬衆心 - 많은 경계심을 가지게 함. 경(敬)은 경(警)자로 통함.

10 明其固 - 원인을 밝힘. 고(固)는 고(故)자의 뜻으로 이유를 말함.

11 辟罪 - 죄를 벌함. 벽(辟)은 형(刑)자와 같은 뜻으로 쓰임.

12 省衷 - 국내를 순찰하여 실정을 파악함. 충(衷)은 성(誠)자로 통함.

13 離通比 - 아당(阿党), 즉 한쪽을 추종하여 동지가 됨.

14 行介 - 사절의 행령을 수행하는 사람. 혹은 부사(副使)를 가리킴.

15 辟吏 - 지방의 관장이 직접 임용한 관리를 말함.

16 條達 - 나뭇가지가 펴나가듯이 통제가 잘 이루어짐을 뜻함.

[5]유병(類柄)

현명한 군주가 힘써야 할 일은 비밀을 철저히 지키는[1] 것이다. 이런 까닭으로 좋아하는 기색이 드러나면 은덕이 팔리고[2] 노여운 기색이 드러나면 권위가 갈린다. 그러므로 현명한 군주가 하는 말은 가로막아 새어나가지 않으며 비밀을 지켜서 겉으로 드러나지 않는다. 여기서 하나를 가지고 열을 잡는[3] 것은 아래의 방법이며 열을 가지고 하나를 잡는 것은 위의 방법이다. 현명한 군주라면 아래위를 함께 겸행하므로 간악을 놓치는 일이 없다. 오(伍)·여(閭)·연(連)·현(縣)이 연대하여[4] 이웃간에 잘못을 고발하면 상주고 잘못을 놓치면 처벌한다. 위가 아래에 대하여 아래가 위에 대해서도 역시 마찬가지다. 이런 까닭으로 상하 귀천없이 법을 가지고 서로 경계하며[5] 이(利), 즉 상(賞)을 가지고 서로 회유한다. 민의 성향은 생의 실질에 있고 생의 보람에 있다. 군주가 된 자는 현자라는 명예를 가지고 상벌이라는 실권을 잡는다. 명과 실이 함께 갖추어지므로 반드시 좋은 평판이 들린다.

明主, 其務在周密, 是以喜見則德償, 怒見則威分, 故明主之言隔塞而不通, 周密而不見. 故以一得十者, 下道也 ; 以十得一者, 上道也. 明主兼行上下, 故姦無所失. 伍·閭·連·縣而鄰, 謁過賞, 失過誅. 上之於下, 下之於上, 亦然. 是故上下貴賤, 相畏以法, 相誨以和. 民之性, 有生之實, 有生之名. 爲君者有賢知之名, 有賞罰之實. 名實俱至, 故福善必聞矣.

1 周密 - 일처리를 빈틈없이 치밀하게 함. 주도(周到)와 같음.
2 德償 - 군주가 베푸는 은덕을 신하가 먼저 대신함.
3 以一得十 - 한 사람의 감시자를 내세워 열 사람의 악을 폭로 고발하도록 함.
4 伍閭連縣 - 지역 단위의 행정조직. 이웃끼리 감시하도록 하는 가구 단위의 통제 기능을 말함.
5 相畏 - 서로 감시하고 경계함. 외(畏)는 계(戒)자로 통함.

[6] 참언(參言)

들고서 맞추어 보지 않고는 아래를 나무랄 수 없으며 말의 실용을 추궁하지 않으면 사설들이 위를 파고든다.[1] 말이라 하는 것은 많이 함으로써 믿게 되며 그렇지 않은 것[2]을 열 사람이 의아스럽다고 말하더라도 백 사람이면 그렇게 되고 천 사람이면 풀 수 없게[3] 된다. 간악한 자가 위를 파고들[4] 때 여러 사람의 도움을 받고 변설에 신용을 붙여 비슷한 예를 끌어다 사사로운 일을 꾸며 댄다. 군주가 분을 참고[5] 증거 맞춤을 기다리지 않으면 기세가 아래에 도움을 주게 될 것이다. 도를 체득한 군주는 말을 듣고 실용을 추궁하며 공적을 매겨 공적이 매겨지면 상벌을 행하므로 실용이 안 되는 변설자는 조정에 머물지 못한다. 일을 맡긴 자라도 지혜가 충분히 직무를 해내지 못하면 관직에서 내쫓고 도장을 빼앗는다.[6] 주장이 크게 과장되면 끝까지 추궁하기 때문에 간악이 드러나 책망을 받는다. 까닭 없이 들어맞지 않으면[7] 거짓말한 것이 되고 거짓말하면 죄가 된다. 신하의 말은 반드시 응보가 있으며 주장은 반드시 효용을 추궁한다. 그러므로 패거리들의 말은 위가 듣게 되지 않는다. 무릇 (진언을) 받아들이게 하는 방법은 신하들이 충성스런 논법으로 간악을 고하며 폭넓은 논법으로 하나만을 받아들이게[8] 하므로 군주가 지혜롭지 못하면 간악한 자가 끼여들 여지를 준다. 현명한 군주의 길은 자기가 좋으면 들이려고 하는 것을 알아보고 자기가 노여우면 꾸미려고 하는 것을 살펴보며 마음을 가라앉힌 뒤에[9] 논하여 훼방과 칭찬이나 공과 사의 증거를 잡는다. 많이 간함으로써 교지[10]를 부림은 군주 자신이 하나를 취하게 하여 죄를 피하려고 하는 것이다. 그러므로 간을 많이 하면 실패하더라도 군주가 취한 것이 된다. 말을 위에 더 붙여서 장차 대비하지[11] 못하게 하고 한 말이 그 뒤와 부합하도록 시켜 거짓과 진실을 알아내야만 한다. 현명한 군주의 길은 신하가 두 가지 간을 할 수 없게 하고 반드시 한 가지 책임을 지게 하여 한 말을 제멋대로 행할 수 없게 하고 반드시 증거를 맞추도록 한다. 그러므로 간악이 나아갈 길이 없게 된다.

聽不參, 則無以責下；言不督乎用, 則邪說當上. 言之爲物也以多信, 不然之物, 十人云疑, 百人然乎, 千人不可解也. 吶者言之疑, 辯者言之信. 姦之食上也, 取資乎衆, 籍信乎辯, 而以類飾其私. 人主不饜忿而待合參, 其勢資下也. 有道之主聽言, 督其用, 課其功, 功課而賞罰生焉, 故無用之辯不留朝. 任事者知不足以治職, 則放官收璽. 說大而誇則窮端, 故姦得而怒. 無故而不當爲誣, 誣而罪. 臣言必有報, 說必責用也, 故朋黨之言不上聞. 凡聽之道, 人臣忠論以聞姦, 博論以內一, 人主不智則姦得資. 明主之道, 己喜, 則求其所納；己怒, 則察其所搆；論於已變之後, 以得毀譽公私之徵. 衆諫以效智故, 使君自取一以避罪, 故衆之諫也敗, 君之取也. 無副言於上以設將然, 今符言於後以知謾誠. 明主之道, 臣不得兩諫, 必任其一；語不得擅行, 必合其參, 故姦無道進矣.

1 當上-위에 영합함. 혹은 눈을 가리게 함. 당(當)은 폐(蔽)자로 볼 수도 있음.
2 不然之物-진실되지 못한 말이나 사물을 가리킴.

3 不可解 - 완전히 믿게 됨. 어떤 이의도 제기할 수 없음.

4 食上 - 위로 파먹어 들어옴. 식(食)은 식(蝕)자로 통함.

5 魘恣 - 염(魘)은 억압(抑壓)이란 뜻으로 화를 누름.

6 收璽 - 옛날 관리가 몸에 지니고 있던 인장을 회수함.

7 不當 - 말한 것과 실제로 이룬 성과가 일치하지 못함.

8 內一 - 여러 가지 제시된 것들 중에 하나를 택하여 받아들임. 내(內)는 납(納)자로 통함.

9 已變之後 - 마음의 평정을 기다린 후에 일을 결정함.

10 智故 - 간교한 지혜를 짜냄. 고(故)는 교(巧)자로 잘못 쓰임.

11 設將然 - 앞으로 혹시 그럴 수도 있다는 사안들을 미리 가정하여 대비함.

[7] 청법(聽法)

관리의 (권한이) 막중함은 법이 무시되기 때문이며 법이 구실을 못함은 군주가 암우하기 때문이다. 군주가 암우하고 절도가 없으면 관리가 제마음대로 하게 된다. 관리가 제마음대로 하기 때문에 봉록이 전에 없이 후해진다.[1] 봉록이 전에 없이 후해지면 징세가 많아지고 징세가 많아지면 부해진다. 관리가 부해지고 막중해짐은 난이[2] 일어나는 원인이다. 현명한 군주의 길은 일 감당할 자를 등용하고 관직을 다할 자를 칭찬하며 공 세운 자를 상준다. 말이 법도에 맞아[3] 군주가 좋아하면 모두가 반드시 이득을 보며 맞지 않아 군주가 노여워하면 모두가 반드시 해를 입는다. 그렇게 되면 사람들이 부형을 편들지 않을 것이며 원수라고 하더라도 나아가게 할 것이다. 세가 법을 행하기에 충분하고 봉록이 일을 힘쓰기에[4] 충분하다면 사심이 생길 까닭이 없으므로 민이 노고를 하더라도 관리를 성가시게 여기지[5] 않는다. 일을 맡더라도 막중하지 않고 은총이 반드시 작위에 있도록 하며 관직에 처한 자가 사심이 없고 이득이 반드시 봉록에 있도록 하므로 민도 작위를 높이고 봉록을 중히 여긴다. 작위와 봉록은 포상하기 위한 수단이며 민이 포상하기 위한 수단을 중히 여기면 나라가 다스려진다. 형벌이 번다함은 명예가 잘못된 까닭이다. 포상과 명예가 일치하지 않으면 민이 의문을 품는다. 민이 명예를 중히 하는 것과 포상을 중히 하는 것은 똑같다. 상받은 자가 헐뜯기면 그것으로 권하기에 부족하고 벌받은 자가 칭찬받으면 그것으로 금하기에 부족하다. 현명한 군주의 길은 포상이 반드시 공공의 이득으로부터 나오고 명예가 반드시 군주를 위하는 데에 있다. 포상과 칭찬은 기준을 같게 하고 비난과 처벌은 함께 행한다. 그렇다면 민에게 포상 전에[6] 영예가 없고 중벌이 있는 자에게 반드시 악명이 있으므로 민은 두려워한다. 형벌은 금하기 위한 수단인데 민이 금하기 위한 수단을 두려워하면 나라가 다스려진다.

官之重也, 毌法也 ; 法之息也, 上闇也. 上闇無度, 則官擅爲 ; 官擅爲, 故奉重無前 ; 奉重無前, 則徵多 ; 徵多故富. 官之富重也, 亂功之所生也. 明主之道, 取於任, 賢於官, 賞於功. 言程, 主喜, 俱必利 ; 不當, 主怒, 俱必害 ; 則人不私父兄而進其仇讎. 勢足以行法, 奉足以給事, 而私無所生, 故民勞苦而輕官. 任事也毌重, 使其寵必在爵 ; 處官者毌私, 使其利必在祿, 故民尊爵而重祿. 爵祿, 所以賞也 ; 民重所以賞也, 則國治. 刑之煩也, 名之繆也, 賞譽不當則民疑, 民之重名與其重賞也均. 賞者有誹焉, 不足以勸 ; 罰者有譽焉, 不足以禁, 明主之道, 賞必出乎公利, 名必在乎爲上. 賞譽同軌, 非誅俱行. 然則民無榮於賞之內. 有重罰者必有惡名, 故民畏. 罰, 所以禁也 ; 民畏所以禁, 則國治矣.

1 奉重無前 — 봉(奉)은 봉록(俸祿)을 뜻함. 전(前)은 앞에서 저항함.
2 亂功 — 정치가 문란해짐. 공(功)은 사(事)자로 통함.
3 言程 — 언(言)은 추천하는 말의 내용. 정(程)은 격식에 맞음.
4 給事 — 일에 필요한 것을 공급해줌. 생활이 지탱됨.
5 輕官 — 관의 부담을 느끼지 않음. 위압을 의식하지 못함.
6 賞之內 — 상 받기 전에 영예를 먼저 얻음을 말함.

[8] 행의(行義)

도의[1]를 보이면 군주의 권위가 갈리고 인자하게 들어주면[2] 법제가 무너진다. 민은 규제 때문에 위를 두려워하며 위는 세를 가지고 아래를 얕본다. 그러므로 아래가 멋대로 굴고 어기며[3] 군주를 깔보는 풍조를 영예로 여긴다면 군주의 권위가 갈리게 된다. 민은 법 때문에 위 넘보기를 삼가며 위는 법을 가지고 인자한 마음을 비틀어 버린다. 그러므로 아래가 드러내놓고 은애를 베풀며 뇌물[4] 정치에 힘쓰면 이 때문에 법령이 깨지고 말 것이다. 사사로운 행위가 존중되어 군주의 권위가 허술해지고 뇌물이 행해져서 법이 헷갈린다. 그것을 받아들이면 정치가 문란해지고 듣지 않으면 군주가 헐뜯긴다. 그러므로 군주가 자리에서 얕보이고 법은 관리들 사이에서 어지럽혀진다. 이것을 가리켜 상도(常道)[5]가 없는 나라라고 말한다. 현명한 군주의 길은 신하가 도의를 가지고 영예를 이룰 수 없으며 가문의 이득을 가지고 공적을 삼을 수 없게 하는 것이다. 공적과 명성은 반드시 관의 법령으로부터 나와야만 한다. 법이 벗어난 데는 비록 행하기 어려운 일이 있더라도 드러낼[6] 수가 없으므로 민은 사사로운 일로 명성을 삼을 수 없다. 법도를 마련하여 민을 하나로 통제하고 상벌을 확실히 하여 민이 능력을 다하게 하며 비방과 칭찬을 명확히 하여 권하거나 저지시킨다.[7] 명호[8]와 상벌과 법령을 셋으로 일치되게[9] 한다. 그러므로 대신들이 일을 행하면 군주를 높이고 백성들이 공적을 세우면 위에 이득이 된다. 이것을 가리켜 도가 있는 나라라고 한다.

行義示則主威分, 慈仁聽則法制毀. 民以制畏上, 而上以勢卑下, 故下肆很觸而榮於輕君之俗, 則主威分. 民以法難犯上, 而上以法撓慈仁, 故下明愛施而務賕納之政, 是以法令隳. 尊私行以貳主威, 行賕納以疑法. 聽之則亂治, 不聽則謗主, 故君輕乎位而法亂乎官, 此之謂無常之國. 明主

之道, 臣不得以行義成榮, 不得以家利爲功, 功名所生, 必出於官法. 法之
所外, 雖有難行, 不以顯焉, 故民無以私名. 設法度以齊民, 信賞罰以盡民
能, 明誹譽以勸沮. 名號·賞罰·法令三隅. 故大臣有行則尊君, 百姓有
功則利上 ; 此之謂有道之國也.

1 行義－도의(道義) 실천을 말함. 행(行)은 도(道)자와 같음.
2 慈仁聽－인자한 마음씨로 청정(聽政), 즉 정치를 행함.
3 很觸－법에 저촉됨. 고약하게 거슬림. 흔(很)은 한(狠)자로 통함.
4 賕納－장물을 들여넣음. 폐백을 보내어 서로 홍정함.
5 無常－일정한 방향이나 원칙을 상실한 상태.
6 不以顯－현(顯)은 귀하게 높임. 이름을 드러내어 빛냄.
7 勸沮－선을 권하고 악을 막음. 상벌의 효능을 말함.
8 名號－명예와 마찬가지 뜻. 혹은 헐뜯거나 칭찬하는 훼예와 같음.
9 三隅－세 가지가 서로 합치함. 우(隅)는 우(偶)자로 통함.

49 오두(五蠹)

두(蠹)는 나무속을 파먹는 좀벌레로, 나라 안에 존재하는 기생충과 같은 사람을 가리켜 비유한 말이다. 국정이 어지러운 틈을 타서 혼란을 조장하는 자들의 행태를 다섯 가지 유형으로 분류하여 오두(五蠹)라고 하였다. 한비(韓非)는 역사적 진화론의 입장에 근거하여 유(儒)·묵(墨)을 특히 비현실적이라 비판하고 법치(法治)의 필연성을 강조하고 있다.

[1]

상고(上古) 시대에는 사람은 적고 새나 짐승이 많았다. 사람들이 새·짐승·벌레·뱀을 이기지 못하였다. 어느 성인이 일어나 나무를 얽어 집을 만들어서 여러 가지 해악을 피하게 하였다. 그래서 민이 좋아하여 천하의 왕으로 삼고 이름하여 유소씨(有巢氏)¹⁾라고 불렀다. 민은 나무열매·풀씨·조개²⁾를 먹었으나 비린내나고 더러운 냄새로 뱃속이 상하여 병을 많이 앓았다. 어느 성인이 일어나 부싯돌³⁾로 불을 일으켜서 비린내를 없앴다. 그래서 민이 좋아하여 천하의 왕으로 삼고 이름하여 수인씨(燧人氏)⁴⁾라고 불렀다. 중고(中古) 시대에는 천하에 큰물이 나서 곤(鯀)과 우(禹)가 물을 텄다.⁵⁾ 근고(近古) 시대에는 걸(桀)과 주(紂)가 난폭하여 탕(湯)과 무왕(武王)이 정벌하였다. 만약 하후씨(夏后氏)⁶⁾의 시대에 나무를 얽거나 부싯돌을 긋는 자가 있었다면 반드시 곤과 우에게 비웃음을 당했을 것이다. 은(殷)·주(周)⁷⁾의 시대에 물을 트는 자가 있었다면 반드시 탕과 무왕에게 비웃음을 당했을 것이다. 그렇다면 요즈음 시대에 요·순·우·탕·문·무의 도를 찬미하는 자가 있다면 반드시 새 성인[8]에게 비웃음을 당할 것이다. 이런 까닭으로 성인은 옛것을 따르기를[9] 기필하지 않고 일정한 법을 지키려[10] 하지 않으며 시대 사정을 문제삼아 알맞은 대책을 세운다. 송(宋) 사람으로 밭갈이하는 자가 있었다. 밭 가운데 나무 밑동이 있어 토끼가 달아나다 나무 밑동에 걸려 목이 부러져 죽었다. 그래서 그는 (밭 갈던) 쟁기를 버리고 나무 밑동을 지키며 다시 토끼 얻기만을 바랐다. 그러나 토끼를 다시는 얻을 수 없었으며 자신이 송나라의 웃음거리가 되었다. 지금 선왕의 정치를 가지고 요즈음의 민을 다스리려 하는 것은 모두 나무 밑동을 지키는 것과 같은 부류다.

上古之世, 人民少而禽獸衆, 人民不勝禽獸蟲蛇. 有聖人作, 搆木爲巢以避群害, 而民悅之, 使王天下, 號之曰有巢氏. 民食果蓏蚌蛤, 腥臊惡臭而傷害腹胃, 民多疾病. 有聖人作, 鑽燧取火以化腥臊, 而民說之, 使王天下, 號之曰燧人氏. 中古之世, 天下大水, 而鯀·禹決瀆. 近古之世, 桀·紂暴亂, 而湯·武征伐. 今有搆木鑽燧於夏后氏之世者, 必爲鯀·禹笑矣 ; 有決瀆於殷·周之世者, 必爲湯·武笑矣. 然則今有美堯·舜·禹·湯·文·武之道於當今之世者, 必爲新聖笑矣. 是以聖人不期修古, 不法常可, 論世之事, 因爲之備. 宋人有耕田者, 田中有株, 兔走觸株, 折頸而死, 因釋其耒而守株, 冀復得兔, 兔不可復得, 而身爲宋國笑. 今欲以先王之政, 治當世之民, 皆守株之類也.

1 有巢氏－요(堯)·순(舜)보다 앞시대의 사람으로 집을 발명했음.
2 蚌蛤－방(蜯)은 방(蚌)자와 같은 뜻. 큰 조개의 일종.
3 鑽燧－나무 구멍을 마찰시켜 불을 일으키는 도구. 수(燧)는 부싯돌을 가리킴.
4 燧人氏－불을 처음 발명한 사람. 도구를 인격화하여 그 창작자를 문화영웅으로 삼은 예.
5 決瀆－물을 터서 바다로 흘려보냄. 독(瀆)은 큰 개천.
6 夏后氏－하 왕조를 가리킴. 상고(上古)에 대한 중고(中古)를 의미함.
7 殷周－은(殷) 왕조와 주(周) 왕조에 걸친 시대, 즉 중고에 대한 근고(近古)를

뜻함.
8 新聖-요·순 같은 유가(儒家)의 성인이 아닌 한비(韓非)가 이상으로 삼는
   성인상.
9 修古-수(修)는 순(循)자와 같으나 그 자체가 상고(上古)의 뜻을 지님.
10 常可-고정되어 변하지 않는 원칙이나 기준.

[2]

옛날에는 남자[1]가 농사짓지 않아도 초목의 열매가 먹거리로 넉넉하
였고 여자가 베짜지 않아도 새나 짐승들의 가죽이 옷 해입기에 넉
넉하였다. 힘들여 일하지 않아도 생활이 넉넉하며 사람 수가 적고
물자가 남아 민이 다투지 않았다. 이런 까닭으로 후한 상을 내리지
않고 중벌을 쓰지 않아도 민이 저절로 다스려졌다. 지금은 한 사람
에게 다섯 자식이 있어도 많지 않은데 자식이 또 다섯 자식을 가져
조부[2]가 아직 죽지 않으면 스물다섯 명의 손주가 된다. 이런 까닭으
로 사람 수는 많아지고 재화는 적어지며 힘써 일해 지치더라도 생
활이[3] 야박하므로 민이 다투게 되었다. 비록 상을 배로 하고 벌을
더하더라도 혼란에서 면하지 못하게 되어 있다.

古者丈夫不耕, 草木之實足食也 ; 婦人不織, 禽獸之皮足衣也. 不事力而
養足, 人民少而財有餘, 故民不爭. 是以厚賞不行, 重罰不用, 而民自治.
今人有五子不爲多, 子又有五子, 大父未死而有二十五孫. 是以人民衆而
貨財寡, 事力勞而供養薄, 故民爭, 雖倍賞累罰而不免於亂.

1 丈夫-성인 남자를 뜻함. 장(丈)은 남자의 평균 신장.
2 大父-조부를 가리킴. 『묵자』(墨子)에 종종 쓰임.
3 供養-먹고 입는 생활용품을 넉넉히 대줌.

[3]

요(堯)가 천하에 왕노릇하고 있을 때는 띠로 이은 지붕(처마 끝)을

자르지 않고[1] 통나무 서까래를 깎지 않고[2] 현미나 기장밥을 먹고 명아주나 콩잎 국을 마시며 겨울에 새끼사슴 갖옷을 입고 여름에 갈포옷을 입었는데 비록 문지기의 생활[3]일지라도 이보다 덜하지 않았다. 우(禹)가 천하에 왕노릇하고 있을 때도 몸소 쟁기나 괭이를 들고 민에 앞장서서 다리에 흰살이 없고[4] 정강이에 털이 나지 않아 비록 종이나 노예들의 노동일지라도 이보다 고생스럽지는 않았다. 이로써 말한다면 도대체 옛날에 천자 자리를 물려준다는 것은 바로 문지기 생활을 버리고 종이나 노예 같은 노동에서 벗어나는 것이니 그러므로[5] 천하를 전하는 것이 대단한 일은 아니다. 오늘의 현령은 어느 날 자신이 죽어도 자손이 여러 대에 걸쳐 수레를 타게[6] 되므로 사람들이 그것을 중히 여긴다. 이런 까닭으로 사람들이 자리를 물려줌에 있어 옛날의 천자를 그만두기는 쉽지만 오늘의 현령을 버리기가 어려운 것은 그 박하고 후한 실익이 다르기 때문이다. 대저 산간에 살면서 골짜기 물을 긷는 자는 섣달 제사[7] 때 물을 서로 보내 주지만 늪지대에 살면서 물로 고통받는 자는 품을 사서 개천을 튼다. 그러므로 흉년이 든 이듬해 봄에는 나이 어린 아우에게도 밥을 먹이지[8] 않으나 풍년이 든 해의 가을에는 먼 손까지 반드시 먹이는데 이는 골육을 멀리하고 지나가는 나그네를 사랑함이 아니라 많고 적은 실익이 다르기 때문이다. 이처럼 옛날에 재물을 가볍게 여긴 것은 어질어서가 아니라 재물이 많았기 때문이며 오늘의 쟁탈은 야비해서가 아니라 재물이 적기 때문이다. 천자 자리를 쉽게 그만두는 것은 고상해서가 아니라 세가 얇기 때문이며 거듭 벼슬 자리[9]를 다투는 것은 비열해서가 아니라 이권이 중하기 때문이다. 그러므로 성인은 많고 적음을 헤아리고 박하고 후함을 따져서 정치를 행한다. 그러므로 벌이 가볍더라도 자비가 아니고 처형이 엄하더라도 잔혹이 아니며 세속에 맞추어[10] 행할 뿐이다. 그러므로 일은 시대에 따라서 하며 대비는 일에 알맞게 한다.

堯之王天下也, 茅茨不翦, 采椽不斲;糲粢之食, 藜藿之羹;冬日麑裘, 夏日葛衣, 雖監門之服養, 不虧於此矣. 禹之王天下也, 身執耒臿以爲民先, 股無胈. 脛不生毛, 雖臣虜之勞, 不苦於此矣. 以是言之, 夫古之讓天子者, 是去監門之養, 而離臣虜之勞也, 古傳天下而不足多也. 今之縣令, 一日身死, 子孫累世絜駕, 故人重之. 是以人之於讓也, 輕辭古之天子, 難去今之縣令者, 薄厚之實異也. 夫山居而谷汲者, 膢臘而相遺以水;澤居苦水者, 買庸而決竇. 故饑歲之春, 幼弟不饟;穰歲之秋, 疏客必食. 非疏骨肉愛過客也, 多少之實異也. 是以古之易財, 非仁也, 財多也;今之爭奪, 非鄙也, 財寡也. 輕辭天子, 非高也, 勢薄也;重爭土橐, 非下也, 權重也. 故聖人議多少·論薄厚爲之政. 故罰薄不爲慈, 誅嚴不爲戾, 稱俗而行也. 故事因於世, 而備適於事.

1 茅茨不翦－지붕을 띠로 이은 그대로 처마 끝을 가지런히 자르지 않음. 소박한 생활을 말함.
2 采椽不斲－껍질을 벗기지 않은 상태의 서까래. 벌채한 그대로 대패질을 하지 않음.
3 服養－옷과 먹거리. 의식주 생활재를 가리킴.
4 無胈－발(胈)은 부드러운 털 혹은 하얀 피부. 일하느라고 햇볕에 살결이 검게 탐.
5 古－여기서 고(古)는 고(故)자로 통용됨.
6 絜駕－혈(絜)은 계(繫)자와 같음. 수레에 말을 비끄러맴. 부귀함을 나타냄.
7 膢臘－루(膢)는 수렵을 위한 제사. 랍(臘)은 섣달 축제.
8 不饟－향(饟)은 향(餉)자와 같은 뜻. 음식을 보내줌.
9 土橐－토(土)는 사(士)자의 잘못 표기로 사(仕)자와 같음. 탁(橐)은 탁(託)자로 통함. 사탁(仕託), 즉 관리의 지위를 말함.
10 稱俗－현실의 동향에 적응함. 칭(稱)은 첨(添)자와 같은 뜻.

[4]
옛날에 문왕(文王)은 풍(豐)·호(鎬)[1] 사이에 살면서 사방 백 리 땅으로 인의를 행하여 서융(西戎)을 길들이고 드디어 천하의 왕이 되

었다. 서(徐) 언왕(偃王)이 한수(漢水) 동쪽에 살면서 사방 오백 리 땅으로 인의를 행하자 땅을 베어 조공 드는 자가 서른여섯 나라나 되었다. 초(楚) 문왕(文王)은 그가 자기를 해칠까 두려워 군사를 일으켜 서를 쳐서 마침내 멸하였다. 이렇듯 문왕은 인의를 행하여 천하의 왕이 되었으며 언왕은 인의를 행하여 나라를 잃었다. 이는 인의가 옛날에는 쓰였으나 지금은 쓰이지 못한다는 것이다. 그러므로 말하기를 '시대가 다르면 일도 다르다'고 한다. 순(舜)의 시대에 유묘(有苗)[2]가 복종하지 않아 우(禹)가 치려고 하였다. 순이 말하기를 '옳지 않다. 군주의 덕이 후하지 않으면서 무력을 행함은 도가 아니다'라고 하였다. 이에 삼 년 동안 교화시켜 방패와 도끼를 들고 춤을 추자[3] 유묘가 바로 복종하였다. 공공(共工)[4]과의 싸움에는 쇠작살 큰[5] 것이 적에 닿아 갑옷이 튼튼하지 않은 자가 몸에 상처를 입었다. 이는 무무가 옛날에는 쓰였으나 지금은 쓰이지 못한다는 것이다. 그러므로 말하기를 '일이 다르면 대비도 변한다'고 한다. 상고에는 도덕[6]을 다루고 중세에는 지모를 겨루었으나 오늘날에는 기력을 다툰다. 제(齊)가 노(魯)를 치려고 할 때 노가 자공(子貢)을 시켜 달랬다. 제 사람이 말하기를 '자네 말이 말이 안 되는 바는 아니나 내가 바라는 것은 토지이지 이런 말이 이르는 바가 아니다'라고 하였다. 드디어 군사를 일으켜 노를 치고 성문과 십 리 거리를 두고[7] 경계를 정했다. 여기서 언왕은 인의를 행하였으나 서는 망하고 자공은 변설과 지모를 부렸으나 노는 (토지)를 깎였다. 이로써 말한다면 도대체 인의나 변설이나 지모는 나라를 지탱하는 수단이 못 된다. 언왕의 인을 버리고 자공의 지모를 그만두고 서와 노의 힘을 길러 만승의 나라를 적대하도록 하면 제와 초의 욕망도 두 나라를 당해낼 수 없었을 것이다.

古者, 文王處豊·鎬之間, 地方百里, 行仁義而懷西戎, 遂王天下. 徐偃王處漢東, 地方五百里, 行仁義, 割地而朝者三十有六國. 荊文王恐其害己也, 擧兵伐徐, 遂滅之. 故文王行仁義而王天下, 偃王行仁義而喪其國, 是仁義用於古不用於今也. 故曰 : 世異則事異. 當舜之時, 有苗不服, 禹將伐之. 舜曰 : "不可. 上德不厚而行武, 非道也." 乃修敎三年, 執干戚舞, 有苗乃服. 共工之戰, 鐵銛矩者及乎敵, 鎧甲不堅者傷乎體. 是干戚用於古不用於今也. 故曰 : 事異則備變. 上古競於道德, 中世逐於智謀, 當今爭於氣力. 齊將攻魯, 魯使子貢說之. 齊人曰 : "子言非不辯也, 吾所欲者土地也, 非斯言所謂也." 遂擧兵伐魯, 去門十里以爲界. 故偃王仁義而徐亡, 子貢辯智而魯削. 以是言之, 夫仁義辯智, 非所以持國也. 去偃王之仁, 息子貢之智, 循徐·魯之力使敵萬乘, 則齊·荊之欲不得行於二國矣.

1 豊鎬 – 둘 다 주(周) 왕조 창건 때의 도읍. 섬서성 서쪽 지역.
2 有苗 – 장강 유역의 부족. 삼묘(三苗)라고도 부름.
3 干戚舞 – 방패와 큰 도끼를 손에 들고 춤을 춤. 고대 전쟁에 주술로 쓰이던 무무(武舞)의 일종.
4 共工 – 순(舜) 때 물과 흙을 잘 다루던 부족의 이름.
5 銛矩 – 보통 작살보다 긴 것. 구(矩)는 거(鉅), 거(巨)자로 통함.
6 道德 – 도의(道義)와 덕화(德化)를 가리킴. 한유(韓愈)가 말하는 도덕과 다른 뜻.
7 去門十里 – 거리가 도성 문밖에서부터 십 리 떨어진 지점.

[5]

대저 옛날과 지금은 풍속이 다르고 새 시대와 구 시대는 대비가 다르다. 만약 너그럽고 느릿한 정책으로 급박한 세상[1]의 민을 다스리려 한다면 마치 고삐나 채찍도 없이 사나운 말을 부리려는 것과 같다. 이것은 (현실을) 알지 못하는 환난이다. 지금 유(儒)·묵(墨)은 모두 일컫기를 '선왕은 천하를 아울러 사랑하였으므로[2] 민을 보기를 부모와 같이 하였다'고 한다. 무엇으로써 그렇다고 밝히겠는가. 말하기를 '법관이 형을 집행하면 군주가 그 때문에 악기를 들지 않고[3] 사형 보고를 들으면 그 때문에 군주가 눈물을 흘린다'고 한다. 이것이 높이 받드는 바의 선왕이다. 도대체 군신 사이를 부자와 같이 생각하면 반드시 다스려진다고 한다. 이로 미루어 말하면 바로 부자 사이는 틀어지지 않는다는 것이다. 사람의 타고난 정이란 부모보다 더 앞선 것은 없다. 모두 사랑받는다고 반드시 의가 좋다고는 하지 못한다. 비록 애정이 두텁다 하더라도 어찌 사이가 틀어지지 않겠는가. 지금 선왕이 민을 사랑함은 부모가 자식을 사랑하는 것에 미치지 못한다. 자식이 반드시 틀어지지 않는다고 하지 못한다면 민이 어찌 다스려지겠는가. 또한 도대체 법을 가지고 형을 집행하면서 군주가 그 때문에 눈물을 흘렸다 하는데 이것이 인을 드러낸[4] 것이라고는 할지라도 그것으로 다스렸다고 할 수는 없다. 대저 눈물을 보이며 형벌을 바라지 않는 것은 인이며 그렇더라도 처형하지 않을 수 없는 것은 법이다. 선왕이 법을 우선하고[5] 눈물에 따르지 않았으니 인을 정치(수단)으로 삼을 수 없는 것은 또한 분명하다.

夫古今異俗, 新故異備. 如欲以寬緩之政, 治急世之民, 猶無轡策而御駻馬, 此不知之患也. 今儒·墨皆稱先王兼愛天下, 則視民如父母. 何以明其然也? 曰 : "司寇行刑, 君爲之不擧樂 ; 聞死刑之報, 君爲流涕." 此所擧先王也. 夫以君臣爲如父子則必治, 推是言之, 是無亂父子也. 人之情性莫先於父母, 皆見愛而未必治也, 雖厚愛矣, 奚遽不亂? 今先王之愛民, 不過父母之愛子, 子未必不亂也. 則民奚遽治哉? 且夫以法行刑, 而君爲之流涕, 此以效仁, 非以爲治也. 夫垂泣不欲刑者, 仁也 ; 然而不可不刑者, 法也. 先王勝其法, 不聽其泣, 則仁之不可以爲治亦明矣.

1 急世 ― 어려움이 눈앞에 다가온 혹독한 시대 상황.
2 兼愛 ― 유(儒)·묵(墨) 공통의 주장인 박애(博愛)의 뜻.
3 不擧樂 ― 삼가 음악을 연주하지 못하게 함.

4 效仁 - 인을 밝힘. 어진 마음씨를 드러냄. 효(效)는 시(示)자와 같은 뜻.
5 勝其法 - 법을 우위로 하고 존중함. 승(勝)은 당(當)자로 통함.

[6]

또한 민은 본래 세에 굴복하지만 의를 따를 수 있는 자는 적다. 공자는 천하의 성인이다. 행실을 닦고 도를 밝혀 온 천하를 돌아다녔다. 온 천하가 그 인을 좋아하고 그 의를 찬미하였으나 제자가 된[1] 자는 일흔 사람이었다. 대개 인을 귀히 여기는 자가 적고 의를 행하기가 어렵기 때문이다. 그러므로 천하의 크기를 가지고도 제자가 된 자는 일흔 사람이며 인의를 행한 자는 한 사람이다. 노(魯) 애공(哀公)은 하질의 군주다. 남면하여 나라의 군주 노릇을 하자 경내의 민이 감히 신하가 되지 않을 수 없었다. 민이란 자는 본래 세에 굴복하므로 세가 정말 사람을 쉽게 복종시킬 수 있었다. 그러므로 공자가 도리어 신하가 되고 애공이 도리어 군주가 되었다. 공자는 의에 따른 것이 아니라 세에 굴복한 것이다. 그러므로 의를 가지고 한다면 공자가 애공에게 복종하지 않으나 세에 의존한다면 애공도 공자를 신하로 삼을 수 있다. 지금 학자들[2]은 군주를 설득하면서 반드시 (남을) 이기는 세에 의존하지 않고 인의만을 힘써 행하면 왕노릇할 수 있다고 한다. 이는 군주가 반드시 공자에 미치기를 바라고 세상의 평범한 민까지 모두 여러 제자들[3]같이 생각하는 것이 된다. 이것은 결코 될 수 없는 도리다.

且民者固服於勢, 寡能懷於義. 仲尼, 天下聖人也, 修行明道以遊海內, 海內說其仁·美其義而爲服役者七十人. 蓋貴仁者寡, 能義者難也. 故以天下之大, 而爲服役者七十人, 而仁義者一人. 魯哀公, 下主也, 南面君國, 境內之民莫敢不臣. 民者固服於勢, 勢誠易以服人, 故仲尼反爲臣而哀公顧爲君. 仲尼非懷其義, 服其勢也. 故以義則仲尼不服於哀公, 乘勢則哀

公臣仲尼. 今學者之說人主也, 不乘必勝之勢, 而務行仁義則仲可以王,
是求人主之必及仲尼, 而以世之凡民皆如列徒, 此必不得之數也.

1 服役－제자가 되어 스승을 섬기는 일.
2 學者－오두(五蠹)의 하나로 유(儒)·묵(墨)을 가리킴.
3 列徒－평범한 문인들. 여기서는 공자의 제자들을 말함.

[7]

만일 불량한 자식¹⁾이 있어 부모가 노해도 고치려 하지 않고 마을
사람이 꾸짖어도 움직이려 하지 않으며 스승이나 어른이 가르쳐도
바꾸려 하지 않는다고 하자. 도대체 부모의 사랑과 마을 사람의 지
도²⁾와 스승이나 어른의 지혜라는 세 가지 미덕이 가해져도 끝내 움
직이지 않고 털끝만치도³⁾ 고치지 않다가 주부(州部)⁴⁾의 관리가 관
병을 끌고 공법을 내세워 간악한 사람을 잡으려고 하면 그 연후에
야 두려워하며 생각을 바꾸고 행동을 고치게 된다. 그러므로 부모
의 사랑이 자식 가르치기에 부족하며 반드시 주부의 엄한 형벌을
기다려야만 된다는 것은 민이 본래 사랑에는 기어오르고 위협에는
듣기 때문이다. 그러므로 높이가 얼마 안 되는⁵⁾ 성곽을 누계(樓季)⁶⁾
도 넘을 수 없는 것은 가파르기 때문이며 천 인이나 되는 높은 산
에서 절름발이 암양을 쉽게 칠 수 있는 것은 평이하기 때문이다. 그
러므로 현명한 왕이라면 법을 험준하게 하며 형벌을 엄격하게 한
다. 베나 비단 피륙이 조금⁷⁾이면 보통 사람도 버려두지 않지만 황금
이 백 일⁸⁾이면 도척(盜跖)도 줍지 않는다. 반드시 해가 안 된다면
조금이라도 버려두지 않으나 반드시 해가 된다면 백 일이라도 줍지
않는다. 그러므로 현명한 군주는 처벌을 분명하게 한다. 이런 까닭
으로 상은 후하게 틀림없이 하여 민이 이득으로 여기도록 하는 것
만 못하고 벌은 중하게 반드시 행하여 민이 두려워하도록 하는 것

만 못하며 법은 일정하게 확고히[9] 하여 민이 알도록 하는 것만 못하다. 그러므로 군주가 상을 베풂에 변경하지 않고 처벌을 행함에 용서가 없으며 칭찬이 그 상을 도와 주고 비방이 그 벌에 따르게 한다면 현자나 어리석은 이가 모두 힘을 다하게 될 것이다.

今有不才之子, 父母怒之弗爲改, 鄕人譙之弗爲動, 師長敎之弗爲變. 夫以父母之愛, 鄕人之行·師長之智, 三美加焉, 而終不動, 其脛毛不改. 州部之吏, 操官兵, 推公法, 而求索姦人, 然後恐懼, 變其節, 易其行矣. 故父母之愛不足以敎子, 必待州部之嚴刑者, 民固驕於愛, 聽於威矣. 故十仞之城, 樓季弗能踰者, 峭也；千仞之山, 跛牂易牧者, 夷也. 故明主峭其法而嚴其刑也. 布帛尋常, 庸人不釋；鑠金百溢, 盜跖不掇. 不必害, 則不釋尋常；必害, 則不掇百溢. 故明主必其誅也. 是以賞莫如厚而信, 使民利之；罰莫如重而必, 使民畏之；法莫如一而故, 使民知之. 故主施賞不遷, 行誅無赦, 譽輔其賞, 毀隨其罰, 則賢, 不肖俱盡其力矣.

1 不才之子－성적이 뒤떨어지거나 성향이 좋지 못한 자식.
2 行－모범이 될 만한 선행, 즉 충고를 가리킴.
3 脛毛－얼마 안 되는 정강이털. 추호(秋毫)와 같은 뜻.
4 州部－각 지방의 행정 구획을 가리킴.
5 十仞－인(仞)은 길이나 높이를 재는 단위로 여덟 자.
6 樓季－전국 초기 위(魏) 문후(文侯)의 아우. 발빠른 용사.
7 尋常－심(尋)은 길이의 단위. 여덟 자. 상(常)은 심의 두 배.
8 鑠金百溢－정련된 양질의 황금 이천 냥의 수량. 일(溢)은 일(鎰)자로 통함. 일은 스무 냥의 무게.
9 故－여기서 고(故)는 고(固)자와 마찬가지 뜻으로 쓰임.

[8]

지금은 그렇지 않다. 공로가 있어서 작위를 주더라도 벼슬살이[1]를 천박하다 하고 경작에 힘써서 상을 내리더라도 벌이[2]가 적다고 한다. 부름에 응하지 않아[3] 소외시키더라도 세상 경멸을 고결하다 하고 금령을 어겨서 죄가 되더라도 용기가 있다고 찬양한다. 비방과 칭찬, 상과 벌을 가하는 것이 서로 맞지 않으므로[4] 법과 금령이 무너지고 민은 더욱 더 어지럽게 된다. 만약 형제가 침해를 입었을 경우 반드시 치는 것을 염(廉)이라 하고 아는 벗이 모욕을 당했을 경우 당장 앙갚음[5]을 하는 것을 정(貞)이라 한다. 염과 정이란 행실이 이루어지면 군주의 법은 어기게 된다. 군주가 정렴한 행실을 높이고 금령 어기는 죄를 잊으므로 민이 마음대로 용맹을 부리더라도[6] 관리가 이겨낼 수 없다. 힘써 일하지 않고서도 입고 먹는 것을 일러 능(能)이라 하고 싸운 공로도 없이 존중받는 것을 일러 현(賢)이라 한다. 현능의 행위가 이루어지면 군대는 약해지고 토지는 황폐하게 된다. 군주가 현능의 행위를 좋아하고 군대가 약해지고 토지가 황폐해지는 화를 잊는다면 사적인 행동이 서고 공적인 이득은 무시당한다.

今則不然：其有功也爵之, 而卑其士官也；以其耕作也賞之, 而少其家業也；以其不收也外之, 而高其輕世也；以其犯禁也罪之, 而多其有勇也. 毀譽・賞罰之所加者, 相與悖繆也, 故法禁壞而民愈亂. 今兄弟被侵, 必攻者, 廉也；知友被辱, 隨仇者, 貞也. 廉貞之行成, 而君上之法犯矣. 人主尊貞廉之行, 而忘犯禁之罪, 故民程於勇, 而吏不能勝也. 不事力而衣食, 則謂之能；不戰功而尊, 則謂之賢. 賢能之行成, 而兵弱而地荒矣. 人主說賢能之行, 而忘兵弱地荒之禍, 則私行立而公利滅矣.

1 士官－사환(仕宦)과 같음. 관직에 나아감.
2 家業－가(家)는 가(稼)자로 통함. 열심히 벌어들이는 일.
3 不收－받아들이지 않음. 수(收)는 군주가 불러 벼슬살게 함.
4 悖繆－도리에 어그러짐. 엇갈려 모순됨.
5 隨仇－복수를 즉시 함. 바로 이어서 적을 침.
6 程於勇－정(程)은 령(逞)자와 음으로 통함. 사나움을 부림.

[9]

유자는 문을 가지고 법을 어지럽히고 협객은 무를 가지고 금령을 어기지만 군주가 아울러 그들을 예우하니 이것이 난의 원인이다. 도대체 법에 걸린[1] 자는 죄가 되지만 여러 학자들[2]은 학문을 가지고 채용되고 금령을 어긴 자는 처벌받지만 여러 협객들은 사사로운 검술을 가지고 고용된다.[3] 그러므로 법이 안 된다고 하는 것을 군주가 채용하는 바가 되며 관리가 처벌하는 것을 위가 고용하는 바가 된다. 법과 취향 그리고 위와 아래 네 가지가 서로 어긋나서 일정한 것이 없으면 비록 황제(黃帝)[4]가 열 명 있더라도 다스릴 수 없을 것이다. 그러므로 인의를 행하는 자는 칭찬할 바가 아닌데 칭찬하면 공적을 해치게 된다. 고전 학문을 익힌 자는 등용할 바가 아닌데 등용하면 법을 어지럽히게 된다. 초(楚) 사람으로 정직한 궁(躬)[5]이 있었다. 그 아버지가 양을 훔치자 관리에게 그것을 알렸다.[6] 재상이 말하기를 '죽이라'고 하였다. 군주에 대하여는 정직하지만 아버지에 대하여는 옳지 않다고 판단하여[7] 죄를 주었다. 이로 미루어 보면 대저 군주의 정직한 신하는 아버지의 포악한 자식이다. 노(魯) 사람이 군주를 따라 싸움터에 나가 세 번 싸워 세 번 도망쳤다. 공자가 그 까닭을 물었다. 대답하기를 '나에게 늙은 아버지가 있어 내가 죽으면 봉양하지 못한다'고 하였다. 공자가 효라고 여겨 천거하여 위로 올렸다. 이로 미루어 보면 대저 아버지의 효자는 군주의 역신이다. 이처럼 재상이 처벌하여 초에서는 간악을 알리지 않게 되었고 공자가 상 주어 노의 민은 쉽게 항복하고 달아나게 되었다. 아래위의 이해가 이와 같이 다르다. 그런데도 군주가 하찮은 사람들의 행동까지 함께 들어서 사직의 복을 이루려 한다면 결코 기대하지 못할[8] 것이다.

儒以文亂法, 俠以武犯禁, 而人主兼禮之, 此所以亂也. 夫離法者罪, 而諸先生以文學取；犯禁者誅, 而群俠以私劍養. 故法之所非, 君之所取；吏之所誅, 上之所養也. 法·趣·上·下, 四相反也, 而無所定, 雖有十黃帝, 不能治也. 故行仁義者非所譽, 譽之則害功；習文學者非所用, 用之則亂法. 楚之有直躬, 其父竊羊, 而謁之吏. 令君曰：“殺之!” 以爲直於君而曲於父, 報而罪之. 以是觀之, 夫君之直臣, 父之暴子也. 魯人從君戰, 三戰三北. 仲尼問其故, 對曰：“吾有老父, 身死莫之養也.” 仲尼以爲孝, 擧而上之. 以是觀之, 夫父之孝子, 君之背臣也. 故令尹誅而楚姦不上聞, 仲尼賞而魯民易降北. 上下之利, 若是其異也, 而人主兼擧匹夫之行, 而求致社稷之福, 必不幾矣.

1 離法 - 법에 저촉됨. 리(離)는 리(罹)자의 뜻과 같음.
2 先生 - 유(儒)·묵(墨)을 포괄하는 학자들의 일반 통칭.
3 私劍養 - 귀족들이 사사로이 집안에서 검객을 기름.
4 黃帝 - 이상정치를 실현하였다고 전해지는 중국 고대의 제왕.
5 直躬 - 항간에서 불리는 정직한 소년의 별명. 『논어』(論語) 「자로」(子路)편의 평가와 다름.
6 謁之 - 고발함. 증(証) 또는 간(諫)자로도 통함.
7 報 - 범죄에 대한 판결 문서에 결재를 함.
8 不幾 - 기대를 걸 수 없음. 기(幾)는 기(期)자와 같은 뜻.

[10]

옛날에 창힐(蒼頡)[1]이 글자를 만들 적에 스스로 동그라미 그린[2] 것을 일러 사(私)라 하고 사에 반한[3] 것을 일러 공(公)이라 하였다. 공과 사가 서로 반함은 바로 창힐도 처음부터 알고 있었던 것이다. 지금 그 이해가 똑같다고 생각하는 것은 살피지 못한 잘못이다. 그렇다면 필부의 계산이란[4] 것은 인의[5]를 닦고 학문을 익힘만 같지 못하다. 인의를 닦으면 신임을 받고 신임을 받으면 일을 맡게 되며 학문을 익히면 고명한 스승이 되고 고명한 스승이 되면 영예가 드러난다. 이것은 필부가 좋아하는 이득이다. 그렇다면 공로 없이도 일을 맡게 되고 작위 없이도 영예가 드러난다. 만일[6] 정치가 이와 같다면 나라는 반드시 어지러워지고 군주는 반드시 위태로울 것이다. 그러므로 서로가 용납되지 않는 일은 양립할 수가 없다. 적을 목벤 자가 상을 받으면서도 자혜로운 행위[7]를 높인다. 성을 함락시킨 자가 작록을 받으면서도 겸애설[8]을 신봉한다. 견고한 갑옷과 예리한 무기[9]로 난에 대비하면서도 점잖은 옷차림[10]을 찬미한다. 나라의 부를 농민으로 하고 적을 막는 데 병졸을 의지하면서도 학문한 사람을 귀하게 여긴다. 위를 공경하고 법을 두려워하는 민은 버려두고 사나운 유협이나 검객 따위를 기른다. 실제의 행동거지가 이와 같다면 다스리거나 강해질 수가 없다. 나라가 태평하면 유자나 협객을 기르고 어려움이 이르면 병사[11]를 동원한다. 이득되는 것은 쓰이는 바가 못 되고 쓰이는 것은 이득되는 바가 못 된다. 이런 까닭으로 일에 종사하는 자가 본업을 소홀히 하며 유협이나 학자는 날로 많아진다. 이는 세상이 어지러워지는 원인이다.

古者蒼頡之作書也, 自環者謂之私, 背私謂之公, 公私之相背也, 乃蒼頡固以知之矣. 今以爲同利者, 不察之患也. 然則爲匹夫計者, 莫如修行義而習文學. 行義修則見信, 見信則受事 ; 文學習則爲明師, 爲明師則顯榮 : 此匹夫之美也. 然則無功而受事, 無爵而顯榮, 有政如此, 則國必亂, 主必危矣. 故不相容之事, 不兩立也. 斬敵者受賞, 而高慈惠之行 ; 拔城者受爵祿, 而信廉愛之說 ; 堅甲厲兵以備難, 而美薦紳之飾 ; 富國以農, 距敵恃卒, 而貴文學之士 ; 廢敬上畏法之民, 而養遊俠私劍之屬. 擧行如此, 治强不可得也. 國平養儒俠, 難至用介士, 所利非所用, 所用非所利. 是故服事者簡其業, 而遊學者日衆, 是世之所以亂也.

---

1 蒼頡 - 황제(黃帝) 때의 사관(史官). 문자를 처음 만들었다고 전해짐.
2 自環 - 제멋대로 땅 경계를 그어 자기 것으로 삼음.
3 背私 - 사(私)자를 등돌림. 환(環)자, 즉 둥근 원을 파기시킴.
4 爲匹夫計 - 민간이 개인의 손익 계산, 즉 이해타산을 꾀함.
5 行義 - 의로운 행동, 또는 인의(仁義) 그 자체를 말함.

6 爲有 - 위(爲)는 가정조사 여(如)자의 뜻이며 유(有)가 위(爲)의 본동사로 쓰임.

7 慈惠之行 - 유가의 가르침인 인의 도덕의 실천.

8 廉愛之說 - 묵가가 주장하는 겸애(兼愛)를 가리킴.

9 厲兵 - 이병(利兵)과 같음. 려(厲)는 려(礪)자로 통함.

10 薦紳之飾 - 홀(笏)을 큰 띠에 꽂는 고급관리의 복식. 천(薦)은 진(搢)자와 같은 뜻.

11 介士 - 중무장한 전사. 갑사(甲士)를 말함.

[11]

또한 세상에서 이르는 현이란 것은 곧고 성실한[1] 행위이다. 이른바 지라고 하는 것은 미묘한[2] 말이다. 미묘한 말은 상지(上智)[3]도 알기 어려운 것이다. 지금 많은 사람의 법을 만들면서 상지조차 알기 어려운 것으로 하면 민이 그것을 따라 알 수가 없다. 그러므로 조강도 배불리 못 먹는 자는 양육을 먹으려고 힘쓰지 않으며 단갈(短褐)[4]도 완전하지 못한 자는 비단 무늬옷을 기대하지 않는다. 대저 세상 다스리는 일이란 급박한 것을 해내지 못하면서 느긋한 것에 힘쓸 바가 못 된다. 지금 다스리고 있는 정사 중에 민간의 일을 일반 남녀[5]가 분명히 아는 것을 쓰지 않고 상지의 논의에만 마음이 끌린다면 정치가 거꾸로 될 것이다. 그러므로 미묘한 말은 민에게 힘쓸 것[6]이 못 된다. 막상 곧고 성실한 행위를 어질다고 하는 것은 반드시 속이지 않는 사람을 존중하려 함이다. 속이지 않는 사람을 존중하는 것은 또한 속임당하지 않는 술이 없기 때문이다. 서민들[7] 상호간의 사귐은 서로 이득을 줄 많은 부가 없고 서로 두려워할 위세도 없으므로 속이지 않는 사람을 찾는다. 지금 군주는 사람을 제압하는 권세 자리에 있고 온 나라의 많은 부를 가지고 있다. 두터운 상과 엄격한 처벌이라 할 권병을 잡을 수 있어서 밝은 법술이 비추는 데를 닦는다면 비록 전상(田常)이나 자한(子罕) 같은 신하가 있더라도 감히 속이지 못할 것이다. 어찌 속이지 않는 사람을 기대하겠는

가. 지금 곧고 성실한 사람은 열도 차지 않으나 국내의 벼슬자리는 백을 헤아린다. 반드시 곧고 성실한 사람만을 임용한다면 인원이 벼슬자리에 부족하다. 인원이 벼슬자리에 부족하면 다스려지는 일은 적고 어지러워지는 일이 많을 것이다. 그러므로 현명한 군주의 길이란 법을 일정하게 하여 지를 구하지 않고 술을 굳게 지키며 성실을 마음에 두지 않는다. 그러므로 법이 무너지지 않으며 여러 벼슬아치들이 간악과 사기를 치지 않게 된다.

且世之所謂賢者, 貞信之行也 ; 所謂智者, 微妙之言也. 微妙之言, 上智之所難知也. 今爲衆人法, 而以上智之所難知, 則民無從識之矣. 故糟糠不飽者不務粱肉, 短褐不完者不待文繡. 夫治世之事, 急者不得, 則緩者非所務也. 今所治之政, 民間之事, 夫婦所明知者不用, 而慕上知之論, 則其於治反矣. 故微妙之言, 非民務也. 若夫賢良貞信之行者, 必將貴不欺之士 ; 貴不欺之士者, 亦無不欺之術也. 布衣相與交, 無富厚以相利, 無威勢以相懼也, 故求不欺之士. 今人主處制人之勢, 有一國之厚, 重賞嚴誅, 得操其柄, 以修明術之所燭, 雖有田常・子罕之臣, 不敢欺也, 奚待於不欺之士? 今貞信之士不盈於十, 而境內之官以百數, 必任貞信之士, 則人不足官. 人不足官, 則治者寡而亂者衆矣. 故明主之道, 一法而不求智, 固術而不慕信, 故法不敗, 而群官無姦詐矣.

1 貞信−바르고 신의가 두터움. 유(儒)・묵(墨)의 행실을 뜻함.
2 微妙−드러나지 않아서 일반이 이해하기 힘든 것.
3 上智−가장 총명한 사람. 하우(下愚)의 대칭.
4 短褐−기장을 짧게 만든 미천한 사람이 입는 초라한 옷.
5 夫婦−평범한 부부. 하찮은 남녀를 가리킴.
6 民務−민을 대상으로 삼는 정무를 말함. 민이 힘쓴다 함이 아님.
7 布衣−벼슬하지 않은 일반 사람.

[12]
지금 군주는 언론에 대하여 변설만을 좋아하고 그것이 (실제로) 맞

는가는 구하지 않는다. 행위에 대하여 명성만을 찬미하고 공적은 재촉하지 않는다. 이 때문에 천하의 많은 사람 가운데 담론하는 자가 변설만을 힘쓰고 실용에는 못 미친다.[1] 그러므로 선왕을 들어 인의를 말하는 자가 조정에 가득 차 있지만 정사는 어지러움을 면하지 못한다. 몸가짐을 닦는[2] 자는 고결하기만을 겨루고 공적과는 합치되지 않는다. 그러므로 지혜 있는 사람이 바위굴에 물러나 살면서 봉록을 주어도[3] 받지 않아 병력이 약세를 면하지 못하고 있다. 병력이 약세를 면하지 못하고 정사가 어지러움을 면하지 못하니 그 까닭이 무엇인가. 민이 칭찬하는 것과 군주가 예우하는 것이 나라를 어지럽히는 술이 되기 때문이다. 지금 나라 안의 민이 모두 정치를 말하고 상앙(商鞅)이나 관중(管仲)의 법[4]을 소장하는 자가 집집마다 있으나 나라가 더욱 가난해지는 것은 농사일을 말하는 자는 많아도 쟁기를 손에 드는 자는 적기 때문이다. 나라 안이 모두 군사를 말하고 손무(孫武)나 오기(吳起)의 병서[5]를 소장하는 자가 집집마다 있으나 병력이 더욱 약해지는 것은 입으로 전쟁을 말하는 자는 많아도 갑옷을 입는 자는 적기 때문이다. 그러므로 현명한 군주는 그 역량을 활용하더라도 그 언론은 듣지 않으며 공적에 대해 상을 주더라도 쓸데없는 말은 반드시 금한다. 그러므로 민이 사력을 다해 군주를 따르게 된다.

今人主之於言也, 說其辯而不求其當焉 ; 其於行也, 美其聲而不責其功焉. 是以天下之衆, 其談言者務爲辯而不周於用, 故擧先王言仁義者盈廷, 而政不免於亂 ; 行身者競於爲高而不合於功, 故智士退處巖穴, 歸祿不受, 而兵不免於弱. 兵不免於弱, 政不免於亂, 此其故何也? 民之所譽, 上之所禮, 亂國之術也. 今境內之民皆言治, 藏商‧管之法者家有之, 而國愈貧, 言耕者衆, 執耒者寡也 ; 境內皆言兵, 藏孫‧吳之書者家有之, 而兵愈弱, 言戰者多, 被甲者少也. 故明主用其力, 不聽其言 ; 賞其功, 必禁無用, 故民盡死力以從其上.

1 不周 - 두루 합치하지 않음. 주(周)는 합(合)자와 같음.
2 行身 - 몸을 단정하게 실천함. 인의 도덕을 닦음.
3 歸祿 - 봉록을 내려줌. 귀(歸)는 궤(饋) 또는 증(贈)자와 같은 뜻.
4 商管之法 - 법가(法家) 계열의 고전. 『상군서』(商君書)와 『관자』(管子)를 가리킴.
5 孫吳之書 - 『손자』(孫子) 『오자』(吳子) 『손빈병법』(孫臏兵法) 등 병가(兵家) 서적을 말함.

[13]

대저 농사짓는 일[1]은 고달프나 민이 그것을 하는 것은 부해질 수 있기 때문이라고 말한다. 전쟁하는 일은 위험하나 민이 그것을 하는 것은 귀해질 수 있기 때문이라고 말한다. 만약 학문을 닦고 말재주를 익혀서 농사짓는 고달픔 없이도 재부의 실리를 얻고 전쟁의 위험 없이도 귀하게 높아진다면 어느 누가 하지 않겠는가. 이런 까닭으로 백 사람이 지혜를 다듬고[2] 한 사람만이 일하게 된다. 지혜 다듬는 자가 많으면 법이 무너지고 일을 하는 자가 적으면 나라가 가난해진다. 이것이 세상이 어지러워지는 원인이다. 그러므로 현명한 군주의 나라에서는 책에 쓰인 글이 없고 법만을 가르침으로 삼으며 선왕의 말은 없고 관리만을 스승으로 삼으며 개인의 칼부림[3]은 없고 (적의) 목을 베는 것만을 용맹으로 삼는다. 이런 까닭으로 나라 안의 민 가운데 담론하는 자는 반드시 법에 따르고 일하는 자는 그것을 공적에 돌리며[4] 용맹 부리는 자는 그것을 군에서 다하게 된다. 이 때문에 일이 없으면 나라가 부하고 일이 있으면 군대가 강하다. 이것을 일러 왕자(王資)[5]라고 한다. 미리 왕자를 길러 적국의 틈[6]을 타야 한다. 오제(五帝)를 넘어 삼왕(三王)과 나란히[7] 되려면 반드시 이 법이라야 한다.

夫耕之用力也勞, 而民爲之者, 曰：可得以富也. 戰之爲事也危, 而民爲
之者, 曰：可得以貴也. 今修文學, 習言談, 則無耕之勞而有富之實, 無戰
之危而有貴之尊, 則人孰不爲也? 是以百人事智而一人用力. 事智者衆,
則法敗 ; 用力者寡, 則國貧：此世之所以亂也. 故明主之國, 無書簡之文,
以法爲敎 ; 無先王之語, 以吏爲師 ; 無私劍之捍, 以斬首爲勇. 是境內之
民, 其言談者必軌於法, 動作者歸之於功, 爲勇者盡之於軍. 是故無事則
國富, 有事則兵强, 此之謂王資. 旣畜王資, 而承敵國之釁, 超五帝侔三王
者, 必此法也.

1 用力－근육의 힘을 쓰는 육체 노동을 말함.
2 事智－지적 활동. 지혜를 부려서 일을 해냄.
3 私劍之捍－사사로운 이득 때문에 칼을 휘두르는 횡포. 한(捍)은 한(悍)자로
  통함.
4 歸之於功－실제로 공을 이루는 것을 목표로 삼음.
5 王資－패왕(霸王)이 되는 밑천. 토대를 말함.
6 釁－흔(釁)은 극(隙)자와 같음. 갈라진 틈새.
7 侔三王－우(禹)・탕(湯)・문왕(文王)・무왕(武王)과 어깨를 함께함. 모(侔)는
  제(齊)자로 통함.

[14]

지금은 그렇지 않다. 사나 민은 안으로 방자하고[1] 담론자는 밖으로
세를 펴서 안과 밖이 악을 겨루고[2] 강적을 대하고 있으니 또한 위
태롭지 않은가. 그러므로 여러 신하들 가운데 외사를 논하는 자는
합종(合從)과 연형(連衡)[3]의 패거리로 갈리지 않으면 적대 감정[4]을
가지고 나라의 힘을 빌리려 한다. 종(從)이란 것은 약한 여러 나라
가 합쳐서 한 강국을 공격하는 것이며 형(衡)이란 것은 한 강국을
섬겨 약한 나라들을 치는 것이다. 모두 나라를 지탱하는 방법이 아
니다. 지금 신하들 가운데 연형을 주장하는 자는 모두 말하기를 '사
대하지 않으면 적을 만나 화를 입을 것이다'라고 한다. (그러나) 사
대하여도 반드시 실익이 있지 않다면 지도를 들어 맡기고 인장을

넘겨[5] 청병하는 것이 된다. 지도를 바치면 영토가 깎이고 인장을 넘겨주면 이름이 낮아진다. 영토가 깎이면 나라가 깎이고 이름이 낮아지면 정사가 어지러워진다. 사대하여 연형을 하더라도 미처 그 이득도 보기 전에 영토를 잃고 정사를 어지럽히게 된다는 것이다. 또 신하들 가운데 합종을 주장하는 자는 모두 말하기를 '작은 나라를 구하고 큰 나라를 치지 않으면 천하를 잃고 천하를 잃으면 나라가 위태롭고 나라가 위태하면 군주가 낮아질 것이다'라고 한다. 작은 나라를 구하여도 반드시 실익이 없다면 전쟁만 일으켜 큰 나라를 적대하는 것이 된다. 작은 나라를 구하여도 반드시 존속될 수 없고 큰 나라와 교전하여도[6] 반드시 틀어지지[7] 않을 수 없으며 틀어진다면 강국 때문에 제압당한다. 출병하면 군이 패하고 물러서서 지키면 성이 함락된다. 작은 나라를 구하고 합종하더라도 미처 그 이득도 보기 전에 영토를 잃고 군이 패한다는 것이다.

今則不然, 士民縱恣於內, 言談者爲勢於外, 外內稱惡, 以待强敵, 不亦殆乎? 故群臣之言外事者, 非有分於從衡之黨, 則有仇讎之忠, 而借力於國也. 從者, 合衆弱以攻一强也；而衡者, 事一强以攻衆弱也：皆非所以持國也. 今人臣之言衡者, 皆曰："不事大, 則遇敵受禍矣." 事大未必有實, 則擧圖而委, 效璽而請兵矣. 獻圖則地削, 效璽則名卑, 地削則國削. 名卑則政亂矣. 事大爲衡, 未見其利也, 而亡地亂政矣. 人臣之言從者, 皆曰："不救小而伐大, 則失天下, 失天下則國危, 國危而主卑." 救小未必有實, 則起兵而敵大矣. 救小未必能存, 而交大未必不有疏, 有疏則爲强國制矣. 出兵則軍敗, 退守則城拔. 救小爲從, 未見其利, 而亡地敗軍矣.

1 縱恣 - 거리낌없이 제멋대로 행동함. 유(儒)와 협(俠)을 가리킴.
2 稱惡 - 악을 다투어 행함. 칭(稱)은 거(擧)자로 통함.
3 從衡 - 소진(蘇秦)의 합종설과 장의(張儀)의 연형설.
4 仇讎之忠 - 복수할 마음. 원수가 되는 심정. 충(忠)은 중심(中心), 즉 속마음.
5 效璽 - 새(璽)는 옥새, 또는 관인. 군의 지휘권을 위탁함.

[15]

이런 까닭으로 강국을 섬기면 외세를 가지고 안에서 벼슬할¹⁾ 것이며 작은 나라를 구원하면 안의 권력²⁾을 가지고 밖에서 이득을 찾을 것이다. 나라의 이득이 미처 서기도 전에 봉토와 후한 작록이 들어오고 군주의 위상은 비록 낮아져도 신하는 높여지며 나라의 영토는 비록 깎여도 사가는 부해진다. 일이 성사되면 권세를 가지고 오래 존중받고 일이 실패하더라도 부를 가지고 물러나 산다. 군주가 신하의 주장을 들으면 일이 미처 성사되기도 전에 작록이 이미 높아지고 일이 실패하더라도 처벌받지 않는다. 그러니 유세하는 사람 중에 누가 주살로 새 잡는 말재주³⁾를 써서 그 후의 요행을 바라지 않겠는가. 나라가 깨지고 군주가 망함은 담론자의 공허한 주장⁴⁾을 듣기 때문이다. 그 까닭이 무엇인가. 바로 군주가 공과 사의 이해를 분명히 하지 못하고 언론이 맞고 안 맞음을 살피지 못하며 처벌이 반드시 뒤따르지 않았기 때문이다. 모두가 말하기를 '외사(外事)⁵⁾에 힘쓰면 크게는 왕자가 될 수 있고 작게는 안정시킬 수 있다'고 한다. 도대체 왕자란 능히 남을 칠 수 있으나 (상대가) 안정되어 있으면 칠 수 없다. 강하면 능히 남을 칠 수가 있으나 다스려지면 칠 수 없다. 다스려지거나 강해짐은 밖에서 구할 수 없으며 내정에 달려 있다. 만약 안으로 법술을 행하지 않고 밖으로 지모를 일삼는다면 다스려지고 강해지는 데에 이르지 못할 것이다.

是故事强, 則以外權士官於內 ; 救小, 則以內重求利於外. 國利未立, 封土厚祿至矣 ; 主上雖卑, 人臣尊矣 ; 國地雖削, 私家富矣. 事成, 則以權長重 ; 事敗, 則以富退處. 人主之聽說於其臣, 事未成則爵祿已尊矣 ; 事

敗而弗誅, 則遊說之士, 孰不爲用矰繳之說, 而徼倖其後? 故破國亡主, 以
聽言談者之浮說. 此其故何也? 是人君不明乎公私之利, 不察當否之言,
而誅罰不必其後也. 皆曰 : "外事, 大可以王, 小可以安." 夫王者, 能攻人
者也 ; 而安, 則不可攻也. 强, 則能攻人者也 ; 治, 則不可攻也. 治强不可
責於外, 內政之有也. 今不行法術於內, 而事智於外, 則不至於治强矣.

1 仕官－높은 벼슬자리를 흥정함. 사(士)는 시(市)자, 즉 상거래의 뜻. 혹은 사
  (仕)자와 같음.
2 內重－중(重)은 권(權)자와 음이 통함. 국내의 권력을 이용하여 행세함.
3 矰繳之說－만에 하나라도 일이 잘 맞으면 큰 이득을 낚는 요행수를 노리는
  말솜씨.
4 浮說－근거없는 천박하고 쓸데없는 이론. 부풀려 하는 말.
5 外事－외교를 소중히 함. 연형(連衡)이나 합종(合從) 같은 외교정책을 가리킴.

[16]
항간의 속담에 말하기를 '소맷자락이 길면 춤을 잘 추고 돈이 많으
면 장사를 잘 한다'고 한다. 이것은 밑천이 많아야 일하기가[1] 쉽다
는 말이다. 그러므로 다스려지고 강하면 모략을 꾸미기가 쉽고 어
지럽고 약하면 계략을 세우기가 어렵다. 그러므로 진(秦)에 등용된
자는 열 번 변경하여도 모략이 실패하는 경우가 드물고[2] 연(燕)에
등용된 자는 한 번만 변경하여도 계략이 성사되는 경우가 드물다.
진에 등용된 자가 반드시 지혜롭고 연에 등용된 자가 반드시 어리
석어서가 아니다. 대개 다스려진 나라와 어지러운 나라의 밑천이
다르기 때문이다. 그러므로 주(周)가 진을 버리고 합종하였으나 일
년 만에 멸망하고[3] 위(衛)가 위(魏)를 떠나 연형하여 반 년 만에 망
하였다. 즉 주는 합종으로 멸하고 위는 연형으로 망한 것이다. 만일
주와 위가 합종과 연형의 계략을 늦추어 국내의 정사를 엄히 하고
법령과 금제를 분명히 하여 상과 벌을 반드시 행하며 지력[4]을 다함
으로써 축적을 많이 하고 민이 죽기를 다함으로써 성을 견고하게

지킨다면 천하가 그 토지를 차지하더라도 이득이 적으며 그 나라를 치더라도 손상이 클 것이므로 만승의 나라가 굳이 견고한 성밑에 스스로 쓰러져서[5] 강적으로 하여금 지친 자를 제압하도록[6] 하지 않을 것이다. 이것이 결코 망하지 않는 술(術)이다. 반드시 망하지 않는 술을 버리고 반드시 멸하는 일에 따른다 함은 나라 다스리는 자의 잘못이다. 지혜가 밖으로 막히고 정사가 안으로 어지럽다면 망하더라도 구할 수[7] 없다.

鄙諺曰：“長袖善舞, 多錢善賈.” 此言多資之易爲工也. 故治强易爲謀, 弱亂難爲計. 故用於秦者十變而謀希失 ; 用於燕者一變而計希得, 非用於秦者必智, 用於燕者必愚也, 蓋治亂之資異也. 故周去秦爲從, 期年而擧 ; 衛離魏爲衡, 半歲而亡. 是周滅於從, 衛亡於衡也. 使周・衛緩其從衡之計, 而嚴其境內之治, 明其法禁, 必其賞罰, 盡其地力以多其積, 致其民死以堅其城守, 天下得其地, 則其利少, 攻其國, 則其傷大, 萬乘之國, 莫敢自頓於堅城之下, 而使强敵裁其弊也, 此必不亡之術也. 舍必不亡之術而道必滅之事, 治國者之過也. 智困於內而政亂於外, 則亡不可振也.

1 爲工－잔꾀를 써서 농간을 부림. 공(工)은 교(巧)자로 통함.
2 希失－실수가 거의 없음. 희(希)는 희(稀)자와 같은 뜻.
3 朞年而擧－기(朞)는 일주년. 거(擧)는 공격받아 성이 함락됨.
4 地力－농사짓는 일. 그 생산력을 가리킴.
5 自頓－지쳐서 기세가 꺾임. 스스로 좌절함.
6 裁其弊－피폐해진 틈을 타서 제압함. 재(裁)는 제(制)자와 같음.
7 可振－구출할 수 있음. 진(振)은 구(救)자로 통함.

[17]

민의 본래 생각[1]은 모두 안정되고 유리한 것을 쫓고 위험과 궁핍을 피한다.[2] 만약 전쟁을 하게 해서 나아가면 적에게 죽고 물러서면 처벌로 죽게 되면 위험한 것이다. 자기 집 일을 버리고 전쟁의 노고[3]를 다하여 집안이 곤궁한데도 위가 보살피지 않는다면[4] 궁핍한 것이다. 궁핍과 위험이 있는 바를 민이 어찌 피하지 않을 수 있겠는가. 그러므로 사문(私門)에 종사하여[5] (병역)을 온전히 면제받으며[6] 면제가 온전하면 전쟁을 멀리하고 전쟁을 멀리하면 안정된다. 뇌물을 써서 요로 사람을 기대면[7] 바라는 것을 얻고 바라는 것을 얻으면 유리하다. 안정되고 유리한 바를 어찌 쫓지 않을 수 있겠는가. 이 때문에 공민은 적어지고 사인은 많아지는 것이다. 대저 현명한 왕이 나라를 다스리는 정사란 상공이나 놀고 먹는 숫자를 적게 하여 이름을 낮추어서 농사일을 재촉하고[8] 상공일을 늦추게[9] 하는 것이다. 오늘날 측근들이 청탁을 행하면 관작을 살 수 있고 관작을 살 수 있으면 상공들도 미천하지 않다. 간악한 장사와 재화가 시장에서 통용되면 상인 수도 적지 않을 것이다. 거두어들임이 농사일의 갑절이나 되고 존중됨이 경작과 전투에 참가하는 사람보다 지나치다면 성실한 사람[10]은 적어지고 장사하는 사람만 많아질 것이다.

民之政計, 皆就安利如辟危窮. 今爲之攻戰, 進則死於敵, 退則死於誅, 則危矣. 棄私家之事而必汗馬之勞, 家困而上弗論, 則窮矣. 窮危之所在也, 民安得勿避? 故事私門而完解舍, 解舍完則遠戰, 遠戰則安. 行貨賂而襲當塗者則求得, 求得則利, 安利之所在, 安得勿就? 是以公民少而私人衆矣. 夫明王治國之政, 使其商工遊食之民少而名卑, 以寡趣本務而趨末作. 今世近習之請行, 則官爵可買, 官爵可買, 則商工不卑也矣. 姦財貨賈得用於市, 則商人不少矣. 聚歛倍農而致尊過耕戰之士, 則耿介之士寡而商賈之民多矣.

1 政計－정상적인 계산. 당연한 이해 타산. 정(政)은 정(正)자와 같음.
2 如辟－여(如)는 접속사 이(而)자로 쓰임. 피(辟)는 피(避)자로 통함.
3 汗馬之勞－싸움터에서 말 달리는 수고. 전쟁에 승리한 공로를 말함.

4 上弗論 — 조정에서 공로를 인정하지 않음. 론(論)은 논공행상.
5 事私門 — 권세 있는 가문에 예속되어 일함. 사문(私門)은 사가(私家) 즉 서민과 대가 되는 말.
6 解舍 — 말을 풀어 주고 수레를 놓아둠. 조세나 부역을 면제함.
7 襲當塗 — 요직을 담당하는 이에게 의존함. 습(襲)은 인(因)자와 같은 뜻.
8 趣本務 — 근본이 되는 농사일을 독려함. 취(趣)는 촉(促)자로 통함.
9 趣末作 — 추(趣)는 이(弛)자와 마찬가지로 천천히 함. 말작(末作)은 상공에 종사하는 일.
10 耿介 — 지조 지키는 사람. 구차스럽게 영합하지 않음.

[18]

이런 까닭에 어지러운 나라의 풍속으로 학자들은 선왕의 도를 칭송하여 인의를 빙자하며 용모와 옷차림을 성대히 차리고[1] 말솜씨를 꾸며서 당대의 법을 의문나게 하여 군주의 마음을 헷갈리게 하고 있다. 언담자[2]는 거짓을 세워[3] 속여 말하고 밖으로 힘을 빌려서 사욕을 이루며 사직의 이득은 잊어버리고 있다. 대검자[4]는 도당들을 모아 의리를 내세워 이름을 드러냄으로써 조정[5]의 금제를 범하고 있다. 환어자[6]는 사문과 가까이하여[7] 뇌물을 보내고 요직자의 청탁을 받아들여 전쟁의 노고를 물리치고 있다. 상공의 민은 거친[8] 물건을 고치고 호사스런 재물을 모으며 쌓아두고 때를 노려서 농부의 이득을 빼앗고[9] 있다. 이 다섯 가지는 나라의 좀벌레이다. 군주가 이 다섯 가지 좀벌레 되는 민을 제거하지 않고 성실한 사람을 길러 내지 못한다면 천하에 비록 깨지고 망하는 나라와 깎이고 멸하는 조정이 있더라도 또한 괴이하게 여길 것이 못 된다.

是故亂國之俗 : 其學者, 則稱先王之道以籍仁義, 盛容服而飾辯說, 以疑當世之法, 而貳人主之心. 其言談者, 爲設詐稱, 借於外力, 以成其私, 而遺社稷之利. 其帶劍者, 聚徒屬, 立節操, 以顯其名, 而犯五官之禁. 其患御者, 積於私門, 盡貨賂, 而用重人之謁, 退汗馬之勞. 其商工之民, 修治苦窳之器, 聚弗靡之財, 蓄積待時, 而侔農夫之利. 此五者, 邦之蠹也. 人

主不除此五蠹之民, 不養耿介之士, 則海內雖有破亡之國, 削滅之朝, 亦
勿怪矣.

1 盛容服 - 짐짓 위엄 있는 체하며 거드름 피우는 용모를 갖춤.
2 言談者 - 합종이나 연형을 주장하는 논객 유세가들.
3 爲設 - 논법에 가설을 설정함. 위(爲)는 위(僞)자로 통함.
4 帶劍者 - 허리에 두른 띠에 칼을 차고 있는 자. 협객을 말함.
5 五官 - 사도(司徒)・사마(司馬)・사공(司空)・사사(司士)・사구(司寇) 등 중앙
   관청의 부서.
6 患御者 - 환(患)은 관(串)자의 뜻으로, 친숙함. 어(御)는 시중드는 일. 측근에
   있는 자.
7 積 - 권세 있는 자와 친숙하게 지냄. 적(積)은 습(習)자와 같은 뜻으로 쓰임.
8 苦窳 - 뒤틀리거나 찌그러진 도자기나 쇠그릇.
9 侔 - 모리(侔利), 즉 이를 탐냄. 모(侔)는 모(牟)자로 통함.

50 현학(顯學)

현학(顯學)이란 세상에 현저하게 드러난 학파인 유가(儒家)와 묵가(墨家)를 가리킨다. 두 학파의 주장과 그 실태에 대한 공격적인 비판이다. 주관적인 덕치주의와 객관적이고 실증적인 법치 논리의 대결이다. 오두(五蠹)편의 학자·협객 문제를 보다 상세하게 다루었는데 특히 한비의 중심사상이 잘 나타나 있는 명문이다.

[1]

세상에 현저하게 드러난 학파는 유가(儒家)와 묵가(墨家)다. 유가의 제일¹⁾은 공구(孔丘)이고 묵가의 제일은 묵적(墨翟)이다. 공자가 죽은 뒤로부터 자장(子張)의 유가가 있고 자사(子思)의 유가가 있고 안씨(顔氏)²⁾의 유가가 있고 맹씨(孟氏)³⁾의 유가가 있고 칠조씨(漆雕氏)의 유가가 있고 중량씨(仲良氏)의 유가가 있고 손씨(孫氏)⁴⁾의 유가가 있고 악정씨(樂正氏)의 유가가 있다. 묵자가 죽은 뒤로부터 상리씨(相里氏)의 묵가가 있고 상부씨(相夫氏)의 묵가가 있고 등릉씨(鄧陵氏)의 묵가가 있다. 그러므로 공자와 묵자 후는 유가가 갈라져 여덟 파로 되고 묵가가 헤어져 세 파로 되었다. 그 주장⁵⁾이 서로 엇갈려 같지 않은데 모두 자신을 일러 정통 공자·묵자라고 한다. 공자·묵자가 다시 살아날 수 없는데 장차 누구로 하여금 후세 학설을 판정하게 할 것인가. 공자·묵자가 함께 요·순을 칭송하여 말하나 그 주장이 서로 엇갈려 같지 않은데 모두 자신을 일러 정통 요·순이라고 말한다. 요·순이 다시 살아나지 않는데 장차 누구로 하여금 유·묵의 진실성을 판정하게 할 것인가. 은(殷)·주(周)가 칠백여 년 되고 우(虞)·하(夏)가 이천여 년이나 되어도 유·묵의 정통을 판정할 수가 없다. 지금 바로 삼천 년 전을 (소급하여) 요·순의 도를 살펴보려고 하나 아마도[6] 반드시 그것을 할 수 없을 것이다. 확증도 없이 그것을 반드시 (단정)하는 것은 어리석으며 반드시 할 수도 없으면서 그것을 근거로 삼는 것은 속임수다. 그러므로 선왕을 근거로 밝히거나 반드시 요·순을 단정하는 자는 어리석지 않으면 속이는 자다. 어리석고 속이는 학설과 잡박하게 모순되는[7] 행동을 현명한 군주는 받아들이지 않는다.

世之顯學, 儒·墨也. 儒之所至, 孔丘也. 墨之所至, 墨翟也. 自孔子之死也, 有子張之儒, 有子思之儒, 有顔氏之儒, 有孟氏之儒, 有漆雕氏之儒, 有仲良氏之儒, 有孫氏之儒, 有樂正氏之儒. 自墨子之死也, 有相里氏之墨, 有相夫氏之墨, 有鄧陵氏之墨. 故孔·墨之後, 儒分爲八, 墨離爲三, 取舍相反不同, 而皆自謂眞孔·墨, 孔·墨不可復生, 將誰使定後世之學乎? 孔子·墨子俱道堯·舜, 而取舍不同, 皆自謂眞堯·舜, 堯·舜不復生, 將誰使定儒·墨之誠乎? 殷·周七百餘歲, 虞·夏二千餘歲, 而不能定儒·墨之眞; 今乃欲審堯·舜之道於三千歲之前, 意者其不可必乎? 無參驗而必不者, 愚也; 弗能必而據之者, 誣也. 故明據先王, 必定堯·舜者, 非愚則誣也. 愚誣之學, 雜反之行, 明主弗受也.

1 所至－최상의 경지에 이른 일인자, 즉 시조를 가리킴.
2 顔氏－공자의 수제자. 이름은 회(回)이며 자(字)는 연(淵).
3 孟氏－공자의 손자인 자사(子思)의 손주 제자. 맹가(孟軻).
4 孫氏－순자(荀子)를 말함. 이름은 황(況)이며 자는 경(卿).
5 取舍－옳고 그름을 가리는 내용. 주의 주장을 말함.
6 意者－회의를 나타내는 뜻. 의(意)는 억(抑)자로 통함.
7 雜反－학설이 여러 갈래로 잡다하고 일정하지 않아 서로 대립됨.

[2]

묵가의 장례는 겨울에는 겨울옷을 여름에는 여름옷을 입혀 오동나무 관 세 치[1]로 석달상을 입더라도 세상 군주가 검소하다고 여겨 예우한다. 유가는 집을 파산하여 장례를 치르고 삼년상을 입어 크게 쇠약해져[2] 지팡이를 의지하더라도 세상 군주가 효행이라고 여겨 예우한다. 도대체 묵자의 검소가 옳다고 한다면 장차 공자의 사치가 그르게 될 것이며 공자의 효행이 옳다고 한다면 장차 묵자의 박정[3]이 그르게 될 것이다. 지금 효행과 박정 그리고 사치와 검소가 아울러 유와 묵에 있는데도 군주가 이를 함께 예우하고 있다. 칠조(漆雕)의 주장은 기색이 꺾이지[4] 않고 눈을 돌리지[5] 않으며 행동이 굽으면 노예에게도 피하고 행동이 곧으면 제후에게 노하더라도 세상 군주가 염직하다고 여겨 예우한다. 송영자(宋榮子)[6]의 주장은 다투지 않는 논리를 펴고 원수 갚지 않는 자세를 취하며 감옥을 부끄러워하지 않고 모욕당하여도 굴욕으로 생각하지 않는데 그래도 세상 군주가 관대하다고 여겨 예우한다. 도대체 칠조의 염직이 옳다면 장차 송영의 용서가 그르게 될 것이며 송영의 관대가 옳다면 장차 칠조의 사나움이 그르게 될 것이다. 그러나 지금 관대와 염직 그리고 용서와 사나움이 아울러 두 사람에게 있는데도 군주가 이를 함께 예우하고 있다. 어리석고 속이는 학설과 잡박하고 모순되는 언사가 다투는 뒤부터 군주가 다 같이 그것을 받아들이므로 천하 사람들은 언론의 일정한 원칙[7]이 없고 행동에 통일된 기준[8]이 없다. 대저 얼음과 숯불은 같은 그릇에 오래 있지 못하고 추위와 더위는 때를 함께하여 이르지 못하며 잡박하고 모순된 학설은 양립되어 다루지 못한다. 만약 잡박한 학설과 그릇된 행동[9] 그리고 같거나 다른 언사를 함께 받아들인다면 어찌 어지럽지 않을 수가 있겠는가. 받아들이고 행동함이 이와 같다면 사람을 다스림에 있어서도 또한 반드시 그러할 것이다.

墨者之葬也, 冬日冬服, 夏日夏服, 桐棺三寸, 服喪三月, 世主以爲儉而禮
之. 儒者破家而葬, 服喪三年, 大毁扶杖, 世主以爲孝而禮之, 夫是墨子之
儉, 將非孔子之侈也 ; 是孔子之孝, 將非墨子之戾也. 今孝‧戾‧侈‧儉
俱在儒‧墨, 而上兼禮之. 漆雕之議, 不色撓, 不目逃, 行曲則違於臧獲,
行直則怒於諸侯, 世主以爲廉而禮之. 宋榮子之議, 設不鬪爭, 取不隨仇,
不羞囹圄, 見侮不辱, 世主以爲寬而禮之. 夫是漆雕之廉, 將非宋榮之恕
也 ; 是宋榮之寬, 將非漆雕之暴也. 今寬‧廉‧恕‧暴俱在二子, 人主兼
而禮之. 自愚誣之學‧雜反之辭爭, 而人主俱聽之, 故海內之士, 言無定術,
行無常議. 夫冰炭不同器而久, 寒暑不兼時而至, 雜反之學不兩立而治. 今
兼聽雜學繆行同異之辭, 安得無亂乎? 聽行如此, 其於治人又必然矣.

1 桐棺三寸 – 값싸고 썩기 쉬운 오동나무 관. 두께가 세 치밖에 안 됨. 절장(節
  葬)을 말함.
2 大毁 – 오랫동안 상을 입느라고 상제 얼굴이 파리해짐. 쇠약해짐.
3 戾 – 인정에 어그러짐. 려(戾)는 등돌릴 배(背)자로 통함.
4 色撓 – 얼굴 표정이 일그러짐. 요(撓)는 굴(屈)자와 같음.
5 目逃 – 눈을 깜빡임. 도(逃)는 순(瞬)자의 뜻으로 쓰임.
6 宋榮子 – 비전론을 주장한 전국 중기의 사상가. 송경(宋牼).
7 定術 – 고정된 원리. 술(術)은 도(道) 또는 법칙의 뜻.
8 常議 – 변하지 않는 정상적인 주의 주장을 말함.
9 繆行 – 도리에 어긋난 행동. 류(繆)는 실이 얽히듯이 혼잡스런 상태를 가리킴.

[3]

오늘날 세상 학자로 정치를 담론하는 자가 흔히 말하기를 '빈궁한
이에게 토지를 주어 없는 자산을 채우게 하라'[1]고 한다. 지금 대체
로 다른 사람과 서로 같고[2] 풍년이나 곁수입[3]의 이득도 없으면서
홀로 충족한[4] 것은 노력 아니면 검약하기 때문이다. 다른 사람과 서
로 같고 기근이나 질병 또는 벌 받는 재앙도 없으면서 홀로 빈궁한
것은 사치하지 않으면 게으르기[5] 때문이다. 사치하고 게으른 자는

가난하며 노력하고 검약하는 자는 부해진다. 만약 위가 부자에게서 거두어 가난한 집에 베푼다면[6] 이는 노력하고 검약하는 것을 빼앗아 사치하고 게으른 자에게 주는 것이 된다. 그렇게 하면 민이 힘써 일하고 절약해 쓰기를 구하려 하여도 할 수가 없을 것이다.

今世之學士語治者, 多曰:"與貧窮地以實無資." 今夫與人相若也, 無豐年旁入之利而獨以完給者, 非力則儉也. 與人相若也, 無饑饉·疾疢·禍罪之殃獨以貧窮者, 非侈則惰也. 侈而惰者貧, 而力而儉者富. 今上徵斂於富人以布施於貧家, 是奪力儉而與侈惰也, 而欲索民之疾作而節用, 不可得也.

1 實無資-생활 재화의 부족을 충실하게 함.
2 相若-처지나 조건이 서로 대등함. 약(若)은 급(及)자와 같음.
3 旁入-목재나 축산물 유의 부수입을 말함.
4 完給-수요를 다 채워줌. 자급자족을 뜻함.
5 惰-타(惰)는 타(惰)자로 통함. 나태함.
6 布施-보시(布施), 즉 남에게 물건을 베풀어줌. 포(布) 또한 시(施)자와 같은 뜻.

[4]
만약 여기에 어떤 사람이 있어 그 뜻[1]이 위험한 도성에 들어가지 않고 군대에 참여하지 않으며 천하의 큰 이득 때문에 정강이털 하나라도 바꾸지 않는다면 세상 군주는 반드시 그를 따라 예우하고 그의 지혜를 존경하여 행동을 고상하다 높이며 사물을 가볍게 보고 생명을 소중히 하는 사람이라고 생각할 것이다. 대저 위가 좋은 전답과 큰 저택을 벌이고 작록을 베푸는 것은 민의 목숨[2]과 바꾸기 위해서이다. 지금 위가 사물을 가볍게 보고 생명을 소중히 하는 사람을 존귀하게 여기면서 민이 목숨을 내던지고 위의 일을 위하여 죽기를 소중히 하라고 요구하는 것은 할 수가 없다. 책을 소장하여

변론을 익히고 제자³⁾를 모아 학문을 닦아⁴⁾ 강설하면 세상 군주는 반드시 그를 따라 예우하고 말하기를 '현명한 사람을 존경하는 것은 선왕의 도다'라고 한다. 대저 관리가 세금을 거두는 것은 농민이며 위가 먹여 기르는 것은 학자다. 농민에게는 세금이 무겁고 학자에게는 상이 많으면서 민이 힘들여 일하고 말질은 적게 하기를 요구할 수는 없다. 절개를 내세워 이름을 날리고⁵⁾ 지조를 지켜 침해받지 않으며 원망하는 말이 귀에 들린다 해서 반드시 검을 가지고 갚으려 하면 세상 군주는 반드시 그를 따라 예우하고 호기 있는⁶⁾ 사람이라고 생각한다. 대저 적의 목 벤 노고는 상주지 않고 집안간에 다투는 용기를 드러내면서 민이 힘껏 싸워 적을 물리치고 사사로운 다툼이 없기를 바라는 것은 가능하지 않다. 나라가 평온할 때면 유자나 협객을 기르다가 어려움이 닥칠 때면 병사⁷⁾가 쓰이니 기른 바는 쓰이지 않고 쓰이는 바는 길러지지 않는다. 이것이 어지러워지는 원인이다. 또한 대저 군주가 학자의 (의견을) 들음에 있어 만약 그 말이 옳다면 마땅히 그것을 관에 펴서 그 자신 등용해야 하고 만약 그 말이 그르다면 마땅히 그를 물리쳐서 실마리를 끊어야 한다. 지금은 옳다고 생각하더라도 관에 펴지 못하고 그르다고 생각하더라도 실마리를 끊지 못하고 있다. 옳으나 쓰지 않고 그르나 끊지 않는다 함은 어지럽히고 망하는 길이다.

今有人於此, 義不入危城, 不處軍旅, 不以天下大利易其脛一毛, 世主必從而禮之, 貴其智而高其行, 以爲輕物重生之士也. 夫上陳良田大宅, 設爵祿, 所以易民死命也. 今上尊貴輕物重生之士, 而索民之出死而重殉上事, 不可得也. 藏書策, 習談論, 聚徒役, 服文學而議說, 世主必從而禮之, 曰:"敬賢士, 先王之道也." 夫吏之所稅, 耕者也 ; 而上之所養, 學士也. 耕者則重稅, 學士則多賞, 而索民之疾作而少言談, 不可得也. 立節參民, 執操不侵, 怨言過於耳, 必隨之以劍, 世主必從而禮之, 以爲自好之士. 夫斬首之勞不賞, 而家鬪之勇尊顯, 而索民之疾戰距敵而無私鬪, 不可得也.
國平, 則養儒俠, 難至, 則用介士. 所養者非所用, 所用者非所養, 此所以
亂也. 且夫人主於聽學也, 若是其言, 宜布之官而用其身 ; 若非其言, 宜
去其身而息其端. 今以爲是也, 而弗布於官 ; 以爲非也, 而不息其端. 是
而不用, 非而不息, 亂亡之道也.

1 義－한 개인이 자기 신조로 삼는 주의 주장.
2 死命－죽는 목숨. 즉 생명 그 자체를 일러 말함.
3 徒役－원래 노동에 종사하는 무리란 뜻이나 여기서는 문인을 가리킴.
4 服文學－학문에 종사하여 고전을 몸에 익힘.
5 參民－참명(參名)과 같음. 민(民)은 명(明), 즉 명(名)자의 잘못 표기로 봄.
6 自好－자존심이 강하고 명예를 소중하게 생각함.
7 介士－전투에 참가하는 일반 군인. 갑사(甲士)와 같음.

[5]

첨대자우(澹臺子羽)¹⁾는 군자의 용모를 하여 공자가 기대를 걸고 취
하였으나²⁾ 함께 오래 있어 보니 행동이 용모와 맞지 않았다. 재여
(宰予)³⁾의 말솜씨가 우아하고 아름다워 공자가 기대를 걸고 취하였
으나 함께 오래 있어 보니 지능이 언변에 차지 못하였다. 그래서 공
자가 말하기를 '용모를 가지고 사람을 취했더니 자우로 실수하고
말솜씨를 가지고 사람을 취했더니 재여로 실수하였다'라고 하였다.
그러므로 공자의 지혜로도 진실을 잘못 보았다는 소리가 들리고 있
다. 오늘날의 새 변설은 재여보다 더 지나치며⁴⁾ 세상 군주의 듣는
(귀는) 공자보다 더 현혹되어 있다. 그 말이 듣기 좋다 하여 그대로
그를 임용한다면 어찌 실수없이 할 수 있겠는가. 이런 까닭에 위
(魏)가 맹묘(孟卯)의 변설을 믿고 맡겨서 화하(華下)의 환난이 있었
으며 조(趙)가 마복(馬服)의 변설을 믿고 맡겨서 장평(長平)의 재화
가 있었다. 이 두 가지는 변설만을 믿고 맡겼던 실수다. 도대체 단
련한 주석⁵⁾을 보고 청황 빛깔만을 살핀다면 구야(區冶)⁶⁾라도 능히

검을 판정할 수가 없으나 물에서 기러기를 치고 땅에서 망아지를 자른다면 노예일지라도 둔하고 예리함을 헷갈리지 않을 것이다. 이와 입술을 벌리고 생긴 모양만을 본다면 백락(白樂)이라도 능히 말을 판정할 수 없으나 수레를 주고 멍에를 매어 달리는 길[7]을 본다면 노예일지라도 느린 말과 좋은 말을 헷갈리지 않을 것이다. 용모와 복장을 보고 말솜씨만을 듣는다면 공자라도 능히 사람을 판정할 수 없으나 관직으로 시험하고 공적을 매긴다면 보통 사람일지라도 어리석음과 지혜로움을 헷갈리지 않을 것이다. 그러므로 현명한 군주의 관리란 재상은 반드시 주부(州部)로부터 올라오고 용맹스런 장수는 반드시 병졸의 대열에서 발탁된다. 대저 공 있는 자가 반드시 상받게 된다면 작록이 후할수록 더욱 더 힘을 쓰고 벼슬을 옮겨 등급을 거듭한다면[8] 관직이 클수록 더욱 더 다스려진다. 대저 작록에 따라 힘을 쓰게 되며 관직이 잘 다스려짐이 왕자가 되는 길이다.

澹臺子羽, 君子之容也, 仲尼幾而取之, 與處久而行不稱其貌. 宰予之辭, 雅而文也, 仲尼幾而取之, 與處久而智不充其辯. 故孔子曰："以容取人乎, 失之子羽；以言取人乎, 失之宰予." 故以仲尼之智而有失實之聲, 今之新辯濫乎宰予, 而世主之聽, 眩乎仲尼, 爲悅其言, 因任其身, 則焉得無失乎? 是以魏任孟卯之辯, 而有華下之患；趙任馬服之辯, 而有長平之禍. 此二者, 任辯之失也. 夫視鍛錫而察青黃, 區冶不能以必劍；水擊鵠雁, 陸斷駒馬, 則臧獲不疑鈍利. 發齒吻相形容, 伯樂不能以必馬；授車就駕, 而觀其末塗, 則臧獲不疑駑良. 觀容服, 聽辭言, 仲尼不能以必士；試之官職, 課其功伐, 則庸人不疑於愚智. 故明主之吏, 宰相必起於州部, 猛將必發於卒伍. 夫有功者必賞, 則爵祿厚而愈勸；遷官襲級, 則官職大而愈治. 夫爵祿大而官職治, 王之道也.

1 澹臺子羽－공자의 제자로 성은 첨대(澹臺)이며 이름은 멸명(滅明), 자가 자우(子羽)임.

2 幾而取之 - 인정하여 받아들임. 기(幾)는 기(期)자로 통함.
3 宰予 - 공자의 제자 이름. 자는 자아(子我)이며, 말을 잘한다고 알려짐.
4 濫乎 - 내용없이 말을 과도하게 함부로 지껄임.
5 鍛錫 - 동(銅)에 주석을 섞음. 칼을 벼리는 쇠붙이의 질을 말함.
6 區冶 - 월(越) 사람으로 도검(刀劍)을 만드는 명장(名匠).
7 末塗 - 경마할 때 말 달리는 주행로를 가리킴.
8 遷官襲級 - 벼슬자리가 높아지고 등급이 올라감.

[6]

암석 땅[1]이 천리라도 부하다고 일러 말할 수 없고 허수아비[2]가 백
만이라도 강하다고 일러 말할 수 없다. 암석이 크지 않은 것이 아니
고 허수아비 수가 많지 않은 것이 아니나 부강하다고 일러 말할 수
없는 것은 암석은 곡식을 산출하지 못하고 허수아비는 적을 물리치
도록 할 수 없기 때문이다. 지금 장사 벼슬아치[3]나 기술 가진 사람
들이 농사를 안 짓고 먹고 있는데 이는 바로 토지가 개간되지 않은
것으로 암석과 똑같다. 유자나 협객이 군의 노고도 없이 이름을 드
러내는 것은 바로 민을 부리지 못하는 것으로 허수아비와 똑같은
것이다. 도대체 암석이나 허수아비가 화라는 것은 알면서도[4] 장사
벼슬아치나 유자 협객이 개간되지 않은 토지나 부리지 못할 민이
되는 화를 모르니 사물이 같다는 것을 모르는 것이다. 그러므로 대
등한 나라[5]의 군주는 비록 내 주의 주장을 좋아할지라도 내가 (그
를) 조공 바쳐 신하되게 하지 못하고 관내의 제후[6]는 비록 내 행동
을 비난하더라도 내가 반드시 폐백을 가지고[7] 조공들게 한다. 이런
까닭으로 힘이 강하면 남이 조공들고 힘이 약하면 남에게 조공들게
된다. 그러므로 현명한 군주는 애써 힘을 기른다. 대저 엄한 집안에
는 포악한 종이 없으며 자혜로운 어머니에게는 망할 자식이 있다.
나는 이것으로 위세가 포악을 금할 수 있고 후한 덕이 난동을 막기
에 부족함을 안다.

磐石千里, 不可謂富; 象人百萬, 不可謂强. 石非不大, 數非不衆也, 而不可謂富强者, 磐石不生粟, 象人不可使距敵也. 今商官技藝之士, 亦不墾而食, 是地不墾, 與磐石一貫也. 儒俠毋軍勞, 顯而榮者, 則民不使, 與象人同事也. 夫知禍磐石象人, 而不知禍商官儒俠, 爲不墾之地・不使之民, 不知事類者也. 故敵國之君王雖說吾義, 吾弗以入貢而臣; 關內之侯, 雖非吾行, 吾必使執禽而朝. 是故力多, 則人朝; 力寡, 則朝於人. 故明君務力. 夫嚴家無悍虜, 而慈母有敗子. 吾以此知威勢之可以禁暴, 而德厚之不足以止亂也.

1 磐石－큰 바위 덩어리만 넓게 깔려 있는 토지를 가리킴.
2 象人－사람의 형상을 본뜬 인형. 우인(偶人)과 같음.
3 商官－돈으로 벼슬 자리를 사들인 상인이나 기술직에 있는 자.
4 知禍－손해를 입게 될 것이라는 사실 인식을 말함.
5 敵國－힘의 논리로 서로 맞먹는 필적할 상대국.
6 關內之侯－봉호(封号)만 받고 봉토가 없어 기내(畿內)에 머무르는 신하. 직할지 안의 제후.
7 執禽－군주를 처음 만나뵐 때 신하가 예물로 가지고 가는 새.

[7]

대저 성인은 나라를 다스림에 있어 사람들이 나를 위해 선량하기를 기대지 않고 비행을 할 수 없는 수단을 쓴다. 사람들이 나를 위해 선량하기를 기댄다면 나라 안에 열을 헤아리지¹⁾ 못하나 사람들이 비행을 할 수 없는 수단을 쓰면 온 나라를 가지런하게 할²⁾ 수 있다. 통치하는 자는 많은 것³⁾을 쓰고 적은 것을 버리므로 덕화에 힘쓰지 않고 법치에 힘을 쓴다. 도대체 반드시 저절로 곧은 화살대를 기댄다면 백 년이 되어도 화살이 없으며 저절로 둥근 나무를 기댄다면 천 년이 되어도 바퀴가 없다. 저절로 곧은 화살대나 저절로 둥근 나무란 백 년에 하나도 없다. 그런데도 세상이 모두 수레를 타고 새와 짐승을 쏘는 것은 어째서 그런가. 도지개⁴⁾ 방법을 쓰기 때문이다. 비록 도지개를 기대지 않고 저절로 곧은 화살대나 저절로 둥근 나무가 있다 해도 훌륭한 공장이는 귀하게 여기지 않는다. 왜냐하면 타는 자가 한 사람이 아니고 쏘는 것이 한 발이 아니기 때문이다. 상벌에 기대지 않고 저절로 선량해지는 민을 현명한 군주는 귀하게 여기지 않는다. 왜냐하면 국법을 쓸모없게 할 수 없으며 다스리는 바의 (대상이) 한 사람이 아니기 때문이다. 그러므로 술(術)을 터득한 군주는 우연한⁵⁾ 선을 좇지 않고 반드시 그렇게 되어야 할 도를 행한다.

夫聖人之治國, 不恃人之爲吾善也, 而用其不得爲非也. 恃人之爲吾善也, 境內不什數, 用人不得爲非, 一國可使齊. 爲治者用衆而舍寡, 故不務德而務法. 夫必恃自直之箭, 百世無矢 ; 恃自圜之木, 千世無輪矣. 自直之箭, 自圜之木, 百世無有一, 然而世皆乘車射禽者何也? 隱栝之道用也. 雖有不恃隱栝而有自直之箭・自圜之木, 良工弗貴也. 何則? 乘者非一人, 射者非一發也. 不恃賞罰而恃自善之民, 明主弗貴也. 何則? 國法不可失, 而所治非一人也. 故有術之君, 不隨適然之善, 而行必然之道.

1 不什數－십 단위로 헤아릴 것이 안 됨. 십(什)은 십(十).
2 使齊－다스림. 제일(齊一)과 같은 뜻.
3 衆－많은 사람을 다룰 수 있는 객관적인 수단을 가리킴.
4 隱栝－굽은 나무를 바로잡는 도구. 은(隱)은 은(檃)자와 같음.
5 適然－우적(偶適), 즉 뜻밖에 생기는 일.

[8]
만일 어떤 이가 남에게 일러 말하기를 '자네를 반드시 지혜롭고 오래 살게끔 하겠다'라고 한다면 세상은 반드시 잠꼬대¹⁾라고 여길 것이다. 도대체 지혜는 천성이며 수는 명이다. 천성이나 명은 남에게 배우는 것이 아니다. 그런데 사람이 할 수 없는 것을 가지고 남에게 설교를 하니 이것이 세상이 그를 일러 잠꼬대라고 하는 이유다. 할수 없는 것을 일러 말하니 그렇다면 이는 설법²⁾이다. 대저 설법은

천성이 아니다.³⁾ 인의를 가지고 사람을 가르침은 바로 지혜와 수를 가지고 말하는 것이다. 법도를 터득한 군주는 받아들이지 않는다. 그러므로 모색(毛嗇)⁴⁾이나 서시(西施)의 미모를 좋아하더라도 나의 얼굴에 도움이 안 된다. 지택(脂澤)과 분대(粉黛)⁵⁾를 사용하면 처음의 갑절⁶⁾이 될 것이다. 선왕의 인의를 말함은 다스림에 도움이 안 된다. 내 법도를 밝히고 내 상벌을 반드시 하는 것이 또한 나라의 지택과 분대다. 그러므로 현명한 군주는 도움되는 것을 급히 하고 칭송을 미루기 때문에 인의를 말하지 않는다. 지금 무당이 사람을 빌려 말하기를 '너를 천년 만년 (수하도록) 시키겠다'라고 한다. 천년 만년 소리가 귀를 시끄럽게 하지만 하루의 수명도 사람에게 증험이 없다. 이것이 사람들이 무당을 소홀히 대하는 이유다. 지금 세상의 유자들은 군주를 설득하면서 오늘의 다스림이 될 방법을 좋다고 하지 않고 이미 다스려진 공적만을 말하며 관이나 법제에 관한 일을 분명히 하지 않고 간악한 실정을 살피지도 않으며 모두가 예부터의 전승을 말하고 선왕의 성공만을 칭찬한다. 유자들이 말을 꾸며 말하기를 '내 말을 들으면 가히 패왕이 될 수 있다'고 한다. 이것은 말하는 자들⁷⁾ 가운데의 무당이니 법도를 터득한 군주는 받아들이지 않는다. 그러므로 현명한 군주는 실용되는 일을 들고 쓸모없는 것을 버리며 인의에 관한 일⁸⁾을 말하지 않고 학자들의 말을 듣지 않는다.

今或謂人曰：“使子必智而壽”, 則世必以爲狂. 夫智, 性也；壽, 命也. 性命者, 非所學於人也, 而以人之所不能爲說人, 此世之所以謂之爲狂也. 謂之不能, 然則是諭也, 夫諭性也. 以仁義敎人, 是以智與壽說也, 有度之主弗受也. 故善毛嗇・西施之美, 無益吾面；用脂澤粉黛, 則倍其初. 言先王之仁義, 無益於治；明吾法度, 必吾賞罰者, 亦國之脂澤粉黛也. 故明主急其助而緩其頌, 故不道仁義. 今巫祝之祝人曰：“使若千秋萬歲.” 千秋萬歲之聲眊耳, 而一日之壽無徵於人, 此人所以簡巫祝也. 今世儒者之說人主, 不善今之所以爲治, 而語已治之功; 不審官法之事, 不察姦邪之情, 而皆道上古之傳, 譽先王之成功. 儒者飾辭曰: "聽吾言, 則可以霸王." 此說者之巫祝, 有度之主不受也. 故明主擧實事, 去無用, 不道仁義者故, 不聽學者之言.

1 狂 - 실없는 허튼소리. 광(狂)은 광(誑)자와 같음.
2 諛 - 아첨하는 말투. 유(諛)자로 통함.
3 性 - 성(性) 앞에 비(非)자가 누락됨. 타고난 성품이 아님.
4 毛嬙 - 고대의 미녀. 월왕(越王)이 총애하던 여인.
5 脂澤粉黛 - 지택(脂澤)은 입술과 머리카락을 윤기나게 하는 화장품. 분대(粉黛)는 흰 분과 눈썹 그리는 검푸른 물감.
6 倍其初 - 화장하지 않은 본래의 얼굴보다 두 배나 아름다워짐.
7 說者 - 논객(論客). 유세하는 사람을 말함.
8 者故 - 자(者)는 지(之)자와 같으며 고(故)는 사(事)자로 통함.

[9]

지금 정치를 모르는 자는 반드시 말하기를 '민의 마음을 잡으라'고 한다. 민의 마음 잡기를 바라서 그것으로 가히 정치를 할 수 있다면 이윤(伊尹)이나 관중(管仲)이 소용없으며 앞으로 민에게 들으면 될 따름이다. (그러나) 민의 지혜가 쓰일 수 없음은 마치 어린아이의 마음과 같은 것이다. 대저 어린아이란 머리를 깎지[1] 않으면 복통을 일으키고[2] 종기를 째지[3] 않으면 점점 더해진다. 머리를 깎거나 종기를 째려면 반드시 한 사람이 안고 자모가 그를 달랜다. 그러나 오히려 울부짖음을 그치지 않는다. 어린아이는 작게 아픈 것을 견디어 크게 이득되는 것을 가져올 줄 모른다. 만일 위가 밭갈고 김매라고 다그쳐 민의 생업이 후해지더라도 위를 가혹하다고 여길 것이다. 형법을 정비하여 벌을 엄중히 함은 악을 금하기 위한 것이나 위가 엄하다고 여길 것이다. 돈과 곡식을 거두어들여 창고를 충실히 함은 장차 기근을 구하고 전쟁에 대비하려는 것이나 위가 탐욕스럽다고 여길 것이다. 나라 안이 반드시 무장할 줄[4] 알고 사사로운 면제가[5] 없으며 힘을 모아 분투하게 함은 적을 잡기[6] 위한 것이나 위가 포악하다고 여길 것이다. 이 네 가지는 편안하게 다스리기 위한 것이나 민은 기뻐할 줄 모른다. 대저 뛰어나게 통달한[7] 사람을 구하는 것은 민의 지혜가 본보기로 쓰이기에 부족하기 때문이다. 옛날에 우(禹)가 강둑을 트고 물바닥을 파냈으나[8] 민은 자갈을 모았으며[9] 자산(子産)이 밭두렁을 넓히고 뽕나무를 심었으나 정(鄭) 사람들은 헐뜯었다. 우가 천하를 이롭게 하고 자산이 정을 존속시켰으나 모두 그 때문에 비방받았다. 대저 민의 지혜가 쓰이기에 부족함은 역시 분명하다. 그러므로 사람을 등용하면서 현인과 지자를 찾고 정치를 하면서 민의 마음에 맞추기를 기대함은 모두 난의 발단이 되니 더불어 정치를 할 수가 없다.

今不知治者必曰：“得民之心.” 欲得民之心而可以爲治, 則是伊尹・管仲無所用也, 將聽民而已矣. 民智之不可用, 猶嬰兒之心也. 夫嬰兒不剔首則腹痛, 不揊痤則寖益. 剔首・揊痤必一人抱之, 慈母治之, 然猶啼呼不止, 嬰兒子不知犯其所小苦致其所大利也. 今上急耕田墾草以厚民産也, 而以上爲酷；修刑重罰以爲禁邪也, 而以上爲嚴；徵賦錢粟以實倉庫, 且以救饑饉・備軍旅也, 而以上爲貪；境內必知介而無私解, 幷力疾鬪, 所以禽虜也, 而以上爲暴. 此四者, 所以治安也, 而民不知悅也. 夫求聖通之士者, 爲民知之不足師用. 昔禹決江濬河, 而民聚瓦石；子産開畝樹桑, 鄭人謗訾. 禹利天下, 子産存鄭, 皆以受謗, 夫民智之不足用亦明矣. 故擧士而求賢智, 爲政而期適民, 皆亂之端, 未可與爲治也.

1 剔首－체발(剃髮)과 같음. 면도로 머리를 깎음.
2 腹痛－머리를 기르면 피가 머리에 맺히고 반대로 배가 냉해져서 아프게 된다는 미신.
3 揊痤－벽(揊)은 쪼갤 판(判)자의 뜻과 같음. 종기를 쨈.
4 知介－개(介)는 개주(介冑), 즉 군복 차림을 가리킴.

5 私解－사적으로 노역을 면제함. 해사(解舍)와 마찬가지의 뜻.

6 禽虜－금(禽)은 금(擒)자로 통함. 포로로 사로잡음.

7 聖通－명통(明通)과 같음. 사물에 대하여 초능력적으로 밝음.

8 決江濬河－양자강(揚子江) 둑을 터서 물을 돌리고 황하(黃河) 바닥의 모래 흙을 깊게 파냄. 준(濬)은 준설(浚渫)의 뜻.

9 聚瓦石－자갈돌을 모아 던져 일을 방해함.

51 충효(忠孝)

충(忠)은 군신관계이며 효(孝)는 부자간의 윤리다. 한비는 이를 상호 모순되는 덕목이라고 본다. 상벌을 기본으로 하는 법술의 처지에서 세상이 칭송하는 요순 같은 성인이나 충효가 천하에 아무런 도움도 안 된다는 문제의식이다. 도가(道家)의 염담(恬淡)이나 합종(合縱) 연형(連衡) 설도 아울러 비판 대상이 되고 있다.

[1]

천하 사람들이 모두 효제(孝悌)¹⁾와 충순(忠順)²⁾의 도를 옳다고 하지만 효제 충신의 도를 잘 살피고 그것을 바르게 행할 줄은 모른다. 이런 까닭으로 천하가 어지러워졌다. 모두가 요순의 도를 옳다고 하여 그것을 본받는다. 이런 까닭으로 군주를 시해하는 일이 있고 아버지를 잘못되게 만드는 일이 있다. 요·순과 탕·무왕은 혹 군신의 의를 배반하고 후세의 가르침을 어지럽힌 자들이다. 요는 남의 군주이면서 신하를 군주로 받들고³⁾ 순은 남의 신하이면서 군주를 신하로 삼았으며 탕과 무왕은 남의 신하이면서 군주를 시해하고 그 시체를 벌하였다.⁴⁾ 그러나 천하 사람들은 그것을 칭찬하였다. 이것이 천하가 지금에 이르기까지 다스려지지 않는 원인이다.

天下皆以孝悌忠順之道爲是也, 而莫知察孝悌忠順之道而審行之, 是以天下亂. 皆以堯舜之道爲是而法之, 是以有弑君, 有曲於父. 堯·舜·湯·武或反君臣之義, 亂後世之敎者也. 堯爲人君而君其臣, 舜爲人臣而臣其君, 湯·武爲人臣而弑其主·刑其尸, 而天下譽之, 此天下所以至今不治者也.

1 孝悌－부모에 대한 효도와 형제간의 우애를 말함.
2 忠順－충신(忠信)과 같음. 충직하고 거짓없이 온순함.
3 君其臣－요가 생전에 서민이었던 순에게 군주 자리를 양위한 일.
4 刑其尸－무왕이 주(紂)의 시체에서 목을 잘라 효수한 일을 말함.

[2]

대저 이른바 명군은 능히 신하를 길들일 수 있는 자다. 이른바 현신
은 능히 법¹⁾을 밝히고 관직을 다스려 군주를 받드는 자다. 지금 요
는 스스로 밝다 여기면서 능히 순을 길들일 수 없었고 순은 스스로
어질다 여기면서 능히 요를 받들 수 없었으며 탕과 무왕은 스스로
정의라 여기면서 군주²⁾를 시해하였다. 이것은 명군이라면 언제나
물려주려고 하며 현신이라면 언제나 빼앗으려고 하는 것이 된다.
그러므로 지금에 이르기까지 남의 자식된 자로서 아버지의 집을 빼
앗은 일이 있고 남의 신하된 자로서 군주의 나라를 빼앗은 일이 있
었다. 아버지가 되어 자식에게 물려주고 군주가 되어 신하에게 물
려줌은 자리를 안정시키고 가르침을 하나로 하기 위한 도가 아니
다. 내³⁾가 들은 바로는 말하기를 '신하가 군주를 섬기고 자식이 아
버지를 섬기고 처가 지아비를 섬긴다. 세 가지 것이 순조로우면 천
하가 다스려지고 세 가지 것이 거슬리면 천하가 어지러워진다'고
한다. 이것이 천하의 상도(常道)다. 명군 현신이라도 바꾸지 못한다.
그렇다면 군주가 비록 못나더라도 신하가 감히 넘보지 못한다. 지
금 도대체 현자를 높이고⁴⁾ 지자에게 맡기기를 덧없이 함은 역도(逆
道)이나 천하 사람들은 언제나 다스리는 것이라고 여긴다. 이런 까
닭으로 전씨(田氏)가 제(齊)에서 여씨(呂氏)⁵⁾의 자리를 빼앗고 대씨
(戴氏)가 송(宋)에서 자씨(子氏)⁶⁾의 자리를 빼앗았다. 이것이 모두
어질고 지혜로우며 어찌 어리석고 또한 못나서였겠는가. 이는 상도
를 폐하고 현자를 높이면 어지러워지고 법을 버리고 지자에게 맡기

면 위태롭다는 것이다. 그러므로 말하기를 '법을 높이고 현자를 높이지 말아야 된다'고 한다.

夫所謂明君者, 能畜其臣者也；所謂賢臣者, 能明法辟·治官職以戴其君者也. 今堯自以爲明而不能以畜舜, 舜自以爲賢而不能以戴堯, 湯·武自以爲義而弑其君長, 此明君且常與, 而賢臣且常取也. 故至今爲人子者有取其父之家, 爲人臣者有取其君之國者矣. 父而讓子, 君而讓臣, 此非所以定位一敎之道也. 臣之所聞曰："臣事君, 子事父, 妻事夫. 三者順, 則天下治；三者逆, 則天下亂. 此天下之常道也." 明王賢臣而弗易也, 則人主雖不肖, 臣不敢侵也. 今夫上賢任智無常, 逆道也, 而天下常以爲治. 是故田氏奪呂氏於齊, 戴氏奪子氏於宋. 此皆賢且智也, 豈愚且不肖乎? 是廢常上賢, 則亂；舍法任智, 則危. 故曰：上法而不上賢.

1 法辟 — 법률과 형벌. 벽(辟)은 처벌의 뜻.
2 君長 — 주상(主上)과 같음. 『한비자』(韓非子) 특유의 용법.
3 臣 — 여기서 신(臣)이란 한비(韓非) 자신을 일컫는 칭호.
4 上賢 — 『묵자』(墨子)의 상현(尙賢)과 같음. 상(上)은 존(尊)자로 통함.
5 呂氏 — 제(齊)의 시조 여상(呂尙)을 가리킴.
6 子氏 — 송(宋)의 태재(太宰) 대환(戴驩)이 황희(皇喜)와 실권을 다툰 일. 자(子)는 송의 성.

[3]

옛 기록에 이르기를 '순이 고수(瞽瞍)[1]를 만나보고 얼굴이 수심에 잠기었다.[2] 공자가 말하기를 "이때를 맞아 위급하여 천하가 불안하였다.[3] 도를 터득한 자는 아버지라도 정말 자식으로 대할 수 없고 군주라도 정말 신하로 대할 수 없었다"라고 하였다'[4]라고 한다. 내가 말한다면 '공자는 본래 효제·충순의 도를 알지 못하였다'라고 할 것이다. 그렇다면 도를 터득한 자가 나아가 군신이 되지 못하고[5] 물러나 부자가 되지 못한다는 것인가. 아버지가 어진 자식 갖기를 바라는 까닭은 집안이 가난하면 부하게 하고 아버지가 괴로우면 즐겁게 하기 때문이다. 군주가 어진 신하 갖기를 바라는 까닭은 나라가 어지러우면 그것을 다스리고 군주 (권위)가 낮으면 그것을 높여주기 때문이다. 만일 어진 자식이 있더라도 아버지를 위해주지 않는다면 아버지가 집안에 있더라도 고생할 것이다. 어진 신하가 있더라도 군주를 위해주지 않으면 군주가 자리에 있더라도 위태로울 것이다. 그렇다면 아버지가 어진 자식을 두고 군주가 어진 신하를 두더라도 마땅히 해가 되기에 족할 뿐이니 어찌 이득을 얻겠는가.

記曰: "舜見瞽瞍, 其容造焉. 孔子曰:'當是時也, 危哉, 天下岌岌! 有道者, 父固不得而子, 君固不得而臣也.'" 臣曰: 孔子本未知孝悌忠順之道也. 然則有道者, 進不得爲臣主, 退不得爲父子耶? 父之所以欲有賢子者, 家貧則富之, 父苦則樂之; 君之所以欲有賢臣者, 國亂則治之, 主卑則尊之. 今有賢子而不爲父, 則父之處家也苦; 有賢臣而不爲君, 則君之處位也危. 然則父有賢子, 君有賢臣, 適足以爲害耳, 豈得利焉哉?

1 瞽瞍 − 순(舜)의 아버지. 고(瞽)나 수(瞍) 두 글자 모두 눈이 먼 맹인이란 뜻.
2 造焉 − 근심스런 모양. 조(造)는 척(慼)자로 통함.
3 岌岌 − 위태로워 불안해하는 모습. 급(岌)은 휘뚝거릴 급(圾)자와 같음.
4 不得而臣 −『맹자』(孟子)「만장」(萬章)의 인용 구절.
5 臣主 − 군신관계를 맺고 의리를 지킴. 한비 특유의 용법.

[4]
이른바 충신은 군주를 위해하지 않고 효자는 부모를 비방하지 않는다고 한다. 지금 (그러나) 순은 어질기 때문에 군주의 나라를 빼앗고 탕과 무왕은 정의롭기 때문에 군주를 추방하거나 시해하였다.[1] 이 모두가 어질기 때문에 군주를 위해한 자들인데도 천하가 어질다고 한다. 옛날 열사(烈士)[2]는 나아가 군주의 신하가 되지 않고 물러나 집안을 위하지 않았다. 이는 나아가면 군주를 비난하고 물러서면 그 부모를 비방하는 것이다. 그런데 무릇 나아가 군주의 신하가

되지 않고 물러나 집안을 위하지 않는다 함은 세상을 어지럽히고 후사(後嗣)를 끊는도다.[3] 이런 까닭으로 요·순·탕·무왕을 어질다 하고 열사를 옳다 함은 천하를 어지럽히는 방법이 된다. 고수는 순의 아버지인데도 순이 그를 추방하였고 상(象)[4]은 순의 아우인데도 그를 죽였다. 아버지를 추방하고 아우를 죽임은 인이라고 말할 수 없다. 임금의 두 딸[5]을 처로 삼고 천하를 빼앗음은 의라고 말할 수 없다. 인의를 갖지 않았으니 현명하다고 말할 수 없다. 『시』(詩)에 이르기를[6] '넓은 하늘 아래 왕의 땅 아닌 것이 없고 땅 끝까지 왕의 신하 아닌 것이 없다'고 한다. 정말 시의 말과 같다면 이는 순이 밖에 나가서는 군주를 신하로 삼고 안에 들어와서는 아버지를 신하로 삼으며 어머니를 시녀로 삼고 군주의 딸을 처로 삼은 것이 된다. 그러므로 열사가 안으로 집안을 위하지 않고 세상을 어지럽혀 후사를 끊으며 밖으로 군주에게 거슬러[7] 뼈가 썩고 살이 문드러져 땅바닥에 내버려두거나[8] 냇물 골짜기에 흘려보내지더라도 물불 범하기[9]를 피하지 않고 천하로 하여금 그를 따라 본받도록 한다. 이는 천하 사람들이 모두 죽어서 요절하기를 바라는 것이 된다. 이는 모두 세상을 버리고 다스리려 하지 않는 자다.

所謂忠臣, 不危其君 ; 孝子, 不非其親. 今舜以賢取君之國, 而湯·武以義放弒其君, 此皆以賢而危主者也, 而天下賢之. 古之烈士, 進不臣君, 退不爲家, 是進則非其君, 退則非其親者也. 且夫進不臣君, 退不爲家, 亂世絶嗣之道也. 是故賢堯·舜·湯·武而是烈士, 天下之亂術也. 瞽瞍爲舜父而舜放之, 象爲舜弟而殺之. 放父殺弟, 不可謂仁 ; 妻帝二女而取天下, 不可謂義. 仁義無有, 不可謂明. 《詩》云 ; "普天之下, 莫非王土 ; 率土之濱, 莫非王臣." 信若《詩》之言也, 是舜出則臣其君, 入則臣其父, 妾其母, 妻其主女也. 故烈士內不爲家, 亂世絶嗣 ; 而外矯於君, 朽骨爛肉, 施於土地, 流於川谷, 不避蹈水火. 使天下從而效之, 是天下遍死而願夭也. 此皆釋世而不治者也.

1 放弑－탕이 걸(桀)을 내쫓고 무왕이 주(紂)를 쳐 죽인 일.
2 烈士－기질이 강한 사람. 허유(許由)와 같은 은자들을 말함.
3 絶嗣－자손이 없어 대가 끊김. 불효를 저지름.
4 象－순의 이복동생. 순을 죽이려고 매일같이 일을 꾸몄다고 함.
5 帝二女－요(堯)의 두 딸 아황(娥皇)과 여영(女英)을 가리킴.
6 詩云－『시경』(詩經) 「소아」(小雅) 북산(北山)의 인용 시.
7 矯於君－군주의 잘못을 바로잡느라고 그 뜻을 어김.
8 施－죽은 시체를 햇볕에 드러내어 사람들에게 보임.
9 蹈水火－물에 빠지고 불속에 타 죽을 위험에 처함.

[5]

세상에서 열사라고 하는 자는 대중을 떠나 혼자 행동하고 남과 다
르게 처신하며 담백한[1] 학문을 닦고 미묘한[2] 언론을 다루고 있다.
내가 생각하기로는 담백이란 실제로 쓰이지 않는 가르침이며 미묘
함은 법을 무시한 언론이다. 법을 무시하여 나온 언론이나 실제로
쓰이지 않는 데서 나온 가르침이란 것을 천하 사람들은 명찰하다고
일러 말한다. 내가 생각하기로는 사람이 산다고 함은 반드시 군주
를 섬기고 부모를 봉양하는 것이다. 군주를 섬기고 부모를 봉양함
은 담백할 수가 없다. 사람을 다스리려면 반드시 언론과 성실[3]과 법
술로써 해야 한다. 언론과 성실과 법술은 미묘할 수가 없는 것이다.
미묘한 언론과 담백한 학문이란 천하를 헷갈리게 하는 요술이다.
효자가 아버지를 섬김은 아버지 집을 빼앗으려고 남과 겨루는 것이
아니며 충신이 군주를 섬김은 군주의 나라를 빼앗으려고 남과 겨루
는 것이 아니다. 도대체 사람의 자식이 되어 항상 다른 사람의 부모
를 칭찬하여 말하기를 '아무개 자식의 부모는 밤 (늦게) 자고 일찍
일어나 힘써 일하여 재산을 늘려서 자손과 노복들[4]을 먹이고 있다'
고 하면 이는 그 부모를 비방하는 자이다. 남의 신하가 되어 언제나

선왕의 덕이 후하다고 칭송하며 그것을 그린다면 이는 그 군주를 비방하는 자가 된다. 부모를 헐뜯는 자를 일러 불효라 말할 줄 알면서도 군주를 헐뜯는 자를 천하가 모두 어질다고 한다. 이것이 어지러워지는 원인이다. 그러므로 남의 신하된 자로서 요순이 어질다고 칭송하지 않고 탕이나 무왕의 방벌을 칭찬하지 않고 열사가 고결하다고 말하지 않으며 힘을 다하여 법을 지키고 군주를 섬기기에 오로지 마음 쓰는 자가 충신이다.

世之所爲烈士者, 離衆獨行, 取異於人, 爲恬淡之學, 而理恍惚之言. 臣以爲恬淡, 無用之教也 ; 恍惚, 無法之言也. 言出於無法, 教出於無用者, 天下謂之察. 臣以爲人生必事君養親, 事君養親不可以恬淡. 治人必以言論忠信法術, 言論忠信法術不可以恍惚. 恍惚之言, 恬淡之學, 天下之惑術也. 孝子之事父也, 非競取父之家也 ; 忠臣之事君也, 非競取君之國也. 夫爲人子而常譽他人之親曰 : "某子之親, 夜寢早起, 强力生財以養子孫臣妾." 是誹謗其親者也. 爲人臣常譽先王之德厚而願之, 是誹謗其君者也. 非其親者知謂之不孝, 而非其君者天下賢之, 此所以亂也. 故人臣毋稱堯舜之賢, 毋譽湯 · 武之伐, 毋言烈士之高, 盡力守法, 專心於事主者爲忠臣.

1 恬淡 – 세상일에 전혀 관심이 없는 모양. 무욕하여 마음의 평정을 가져옴. 『노자』에 나오는 말.
2 恍惚 – 멍하니 분명치 않아 알기 어려운 상태.
3 忠信 – 여기서는 충(忠) · 신(信) 모두 성실의 뜻으로 쓰임.
4 臣妾 – 남자 종을 가리켜 신(臣)이라 하고, 여자 종을 가리켜 첩(妾)이라 부름.

[6]
옛날에는 민중이 순박하고[1] 우둔했다. 그러므로 허명(虛名)[2]을 가지고 취할 수 있었다. 오늘날의 민중은 교활하게 눈치 빠르고[3] 지혜가 밝아 제멋대로 하고 싶어하며 위의 (말을) 듣지 않는다. 위는 반드시 한편으로는 상을 가지고 권한 다음에 나아가게 하고 또 한편으

로는 벌을 가지고 위협한 다음에 감히 물러서지 못하게 해야 한다. 그러나 세상 사람들은 모두 말하기를 '허유(許由)는 천하를 사양하였으니 상으로도 권하기가 부족하고 도척은 죄를 범하면서 어려움과 맞섰으니 벌로도 금하기가 부족하다'고 한다. 내가 말한다면 아직 천하를 갖기 전에 천하를 아무렇지도 않게 여긴 자는 바로 허유다. 이미 천하를 가진 후에 천하를 아무렇지도 않게 여긴 자는 바로 요·순이다. 염치를 깨뜨리고 재물을 탐내며 죄를 범하고 이득을 쫓아 자신이 죽는 것을 잊은 자는 바로 도척이다. 이 두 가지[4]는 위험한 일이다. 나라를 다스리고 민을 부리는 도는 이 두 가지를 표준으로[5] 삼지 않는다. 정치는 정상적인 것[6]을 다스림이며 도는 정상적인 것을 이끄는 것이다. 천하에 최상의 사람은 상을 가지고 권할 수 없으며 천하에 최하의 사람은 벌을 가지고 금할 수 없다. 그렇다고 하여 최상의 사람 때문에 상을 마련하지 않고 최하의 사람 때문에 벌을 마련하지 않는다면 나라를 다스리고 민을 부리는 도가 상실되고 만다. 그러므로 세상 사람은 흔히들 국법(상벌)을 말하지 않고 합종(合縱)과 연형(連衡)[7]만을 주장한다. 합종을 주장하는 자들이 말하기를 '합종이 성공하면 반드시 패자가 된다'라고 하며 연형을 주장하는 자들도 말하기를 '연형이 성공하면 반드시 왕자가 된다'라고 한다. 동쪽[8]에서의 합종·연형 논의가 하루도 그치지 않았으나 공명을 이루지 못하였고 패자나 왕자가 서지 못한 것은 공허한 주장이 정치를 성공시키는 수단이 아니기 때문이다. 왕자란 독자적으로 행하므로 그것을 일러 왕이라 한다. 이런 까닭으로 삼대의 왕[9]은 이합집산을 하지 않았어도 바르게 하고 오패[10]는 합종·연형을 기다리지 않아도 명찰하였다. 안을 다스려서 밖(외교)을 결단할 따름이었다.

古者黔首悗密蠢愚, 故可以虛名取也. 今民儇詗智慧, 欲自用, 不聽上. 上必且勸之以賞, 然後可進 ; 又且畏之以罰, 然後不敢退. 而世皆曰 : "許由讓天下, 賞不足以勸 ; 盜跖犯刑赴難, 罰不足以禁." 臣曰 : 未有天下而無以天下爲者, 許由是也 ; 已有天下而無以天下爲者, 堯·舜是也 ; 毀廉求財, 犯刑趨利, 忘身之死者, 盜跖是也. 此二者, 殆物也. 治國用民之道也, 不以此二者爲量. 治也者, 治常者也 ; 道也者, 道常者也. 殆物妙言, 治之害也. 天下太上之士, 不可以賞勸也 ; 天下太下之士, 不可以刑禁也. 然爲太上士不設賞, 爲太下士不設刑, 則治國用民之道失矣.

故世人多不言國法而言從橫. 諸言從者曰 : "從成必霸" ; 而言橫者曰 : "橫成必王." 山東之言從橫, 未嘗一日而止也, 然而功名不成, 霸王不立者, 虛言非所以成治也. 王者獨行謂之王, 是以三王不務離合而正, 五霸不待從橫而察, 治內以裁外而已矣.

1 悗密 – 문(悗)은 망정(忘情)의 뜻으로 욕심부릴 줄을 모름. 밀(密)은 입을 다물고 조용함을 말함.
2 虛名 – 민심을 잡으려고 실없이 내세운 명목. 즉 인의(仁義)를 가리킴.
3 儇詗 – 약삭빠르게 속을 들여다봄. 현(儇)은 영리함. 형(詗)은 염탐할 탐(探)자로 통함.
4 二者 – 상으로 권하지 못하고 벌로 금하지 못하는 두 가지 서로 다른 유형을 가리킴.
5 量 – 여기서는 도량형, 즉 일정한 기준을 말함.
6 常者 – 특별하지 않은 일반의 보통 사람.
7 從橫 – 전국시대 소진(蘇秦)의 합종(合縱)과 장의(張儀)의 연형(連衡)이란 외교 책략.
8 山東 – 태항산(太行山) 이동 지역의 전국시대 육국 제(齊)·초(楚)·연(燕)·한(韓)·위(魏)·조(趙)를 가리킴.
9 三王 – 하(夏)·은(殷)·주(周)의 우(禹)·탕(湯)·문(文)·무(武)를 일컬음.
10 五霸 – 제(齊) 환공(桓公)·진(晉) 문공(文公)·초(楚) 장왕(莊王)·오(吳) 합려(闔閭)·월(越) 구천(勾踐)을 말함.

52 인주(人主)

군주가 신하를 대하는 마음가짐을 말한다. 권신이나 측근 세력을 배제하고 법(法)과 술(術)에 능한 사람을 등용해야만 자신과 나라를 지탱할 수 있다는 취지가 담겨 있다. 「애신」(愛臣)이나 「화씨」(和氏)·「고분」(孤憤) 등과 비슷한 내용이다.

[1]

군주가 자신을 위태롭게 하고 나라를 멸망하게 하는 원인은 대신들이 너무 귀해지고 측근들이 너무 위세를 부리기 때문이다. 이른바 귀하다는 것은 법을 무시하고 제멋대로 행동하며 나라의 권력을 장악하여 개인의 이득만을 꾀하는¹⁾ 것이다. 이른바 위세라는 것은 권세를 제멋대로 부리며 일을 마음대로 처리하는²⁾ 것이다. 이 두 가지 것을 살피지 않을 수 없다. 대저 말이 능히 무거운 짐을 지고 수레를 끌어 먼 곳에 이를 수 있는 까닭은 근육의 힘 때문이다. 만승의 큰 나라 군주나 천승의 작은 나라 군주가 천하를 제압하고 제후들을 정벌할 수 있는 것은 위세 때문이다. 위세란 것은 군주의 근육 힘이다. 만일 대신들이 위세를 얻고 측근들이 권세를 제멋대로 부린다면 이는 군주로서 힘을 잃는 것이다. 힘을 잃은 군주로서 능히 나라를 지탱한 자는 천하에 한 사람도 없다. 호랑이나 표범이 능히 사람을 이기고 여러 짐승들을 잡을 수 있는 것은 발톱과 어금니 때문이다. 만일³⁾ 호랑이나 표범이 발톱과 어금니를 잃으면 사람이 반드시 그것을 잡을 것이다. 지금 세가 강하다[4]는 것은 군주에게 발톱과 어금니다. 남의 군주가 되어 발톱과 어금니를 잃는다면 호랑이나 표범과 마찬가지 유가 될 것이다. 송군(宋君)이 그 발톱과 어금니를 자한(子罕)에게 잃고 간공(簡公)이 그 발톱과 어금니를 전상(田常)에게 잃고서도 그것을 빨리 빼앗지 못하였기 때문에 자신은 죽고 나라가 망하였다. 지금 술(術)을 터득하지 못한 군주는 모두 송군이나 간공이 입은 화[5]를 분명히 알면서도 그 과실은 깨닫지 못하니 그 일이 같다는 것을 살피지 못하는 자이다.

人主之所以身危國亡者, 大臣太貴, 左右太威也. 所謂貴者, 無法而擅行, 操國柄而便私者也. 所謂威者, 擅權勢而輕重者也. 此二者, 不可不察也. 夫馬之所以能任重引車致遠道者, 以筋力也. 萬乘之主・千乘之君所以制天下而征諸侯者, 以其威勢也. 威勢者, 人主之筋力也. 今大臣得威, 左右擅勢, 是人主失力 ; 人主失力而能有國者, 千無一人. 虎豹之所以能勝人執百獸者, 以其爪牙也, 當使虎豹失其爪牙, 則人必制之矣. 今勢重者, 人主之爪牙也, 君人而失其爪牙, 虎豹之類也. 宋君失其爪牙於子罕, 簡公失其爪牙於田常, 而不蚤奪之, 故身死國亡. 今無術之主皆明知宋・簡之過也, 而不悟其失, 不察其事類者也.

1 便私－자기만의 사사로운 편리를 도모함.
2 輕重－형량을 마음대로 결정함. 추켜올리거나 깎아내림.
3 當使－당(當)은 당(黨)자로 통함. 아마, 혹시라도, 즉 상시(嘗試)와 같은 뜻.
4 勢重－위세 부릴 지위와 권력 자체를 가리킴.
5 過－여기서 과(過)는 화(禍)자와 마찬가지 뜻으로 쓰임.

[2]

또한 법술을 익힌 인사와 요로의 중신들은 서로 용납되지 않는다. 무엇으로 그것을 밝힐 것인가. 군주에게 술을 터득한 인사가 있으면 대신들이 독단할 수가 없고 가까이 모시는 자가 감히 권력을 팔지¹⁾ 못한다. 대신과 측근들의 권세가 멈추면 군주의 도가 밝아진다. 지금은 그렇지 않다. 요로의 중신들이 세를 얻어 일을 제마음대로 처리해서 사리를 꾀하고²⁾ 측근에서 가까이 모시는 자가 작당지어 한패가 되어서 소원한 자³⁾를 억누른다. 그렇다면 법술을 익힌 인사가 언제 나아가 쓰일 수 있으며 군주가 언제 스스로 결재할⁴⁾ 수 있겠는가. 그러므로 술을 터득하여도 반드시 쓰이지 않으며 더구나 세가 양립되지 못하면⁵⁾ 법술을 익힌 인사가 어찌 위험하지 않을 수 있겠는가. 그러므로 남의 군주된 자가 대신들의 논의를 물리치고 측근의 말⁶⁾을 어기며 혼자 도언(道言)⁷⁾에 맞추지 않는다면 법술을 익힌 인사가 어찌 죽을 위험을 무릅쓰고 나아가 (그 의견을) 말하겠는가. 이것이 세상이 다스려지지 않는 이유다.

且法術之士, 與當途之臣, 不相容也. 何以明之? 主有術士, 則大臣不得制斷, 近習不敢賣重 ; 大臣・左右權勢息, 則人主之道明矣. 今則不然, 其當途之臣, 得勢擅事以環其私, 左右近習, 朋黨比周以制疏遠, 則法術之士奚時得進, 人主奚時得論裁? 故有術不必用, 而勢不兩立, 法術之士焉得無危? 故君人者非能退大臣之議, 而背左右之訟, 獨合乎道言也, 則法術之士, 安能蒙死亡之危而進說乎? 此世之所以不治也.

1 賣重─군주의 권력을 미끼로 자기에게 유리한 거래를 함.
2 環其私─개인의 영역을 만들고 사사롭게 영위함.
3 疏遠─군주와 친숙하지 않은 새로 들어온 신참을 말함.
4 論裁─군주 스스로 여러 가지를 견주어 판단하고 일을 처리함.
5 勢不兩立─중신들과 법술을 익힌 인사가 서로 공존할 수 없는 정황을 가리킴.
6 左右之訟─간악한 신하들을 위하여 측근이 칭송하는 말.
7 道言─법술이 주장하는 도와 내용.

[3]
현명한 군주는 공적을 미루어 작록을 주고 능력을 가늠하여 일을

맡기므로 발탁되는 자는 반드시 어질고 쓰이는 자는 반드시 유능하다. 어질고 유능한 인사가 나아가게 된다면 권세가의 청탁이 멈출 것이다. 도대체 공 있는 자가 후한 녹을 받고 유능한 자가 큰 벼슬자리에 있게 된다면 임협의 인사[1]가 어찌 사사로운 용맹을 떠나서 적을 막는 데 힘쓰지[2] 않을 수 있겠으며 벼슬길 찾는 인사가[3] 어찌 권세가를 꺾고서[4] 결백을 힘쓰지 않을 수 있겠는가. 이것이 어질고 유능한 인사들을 모아서 권세가의 무리를 해산시키는 방법이다. 지금 가까이 모시는 자가 반드시 지혜롭지 않다. 군주가 사람을 대할 때[5] 혹 아는 바가 있다 하여 그것을 듣고는 안에 들어가서 요로에 있는 자들과 그 행동을 논의하고 그 말(의견)에 따라서 어진 자를 쓰지 않으니 이는 못난 자들과 함께 어진 자를 평하게 되는 것이다. 이처럼 지혜로운 자가 어리석은 자에게 헌책(獻策) 결재[6]를 받고 어진 사람이 못난 사람에게 행동을 평가받는다면[7] 어질고 지혜로운 인사가 언제 쓰일 수 있겠는가. 그래서 군주의 총명이 막혀 버리는 것이다. 옛날에 관용봉(關龍逢)은 걸(桀)을 설득하였기 때문에[8] 사지가 상하였고 왕자 비간(比干)은 주(紂)를 간하였기 때문에 가슴이 쪼개졌으며 자서(子胥)는 부차(夫差)에게 충직하였기 때문에 촉루(屬鏤)[9]로 처벌받았다. 이 세 사람은 남의 신하가 되어 충성되지 않은 것이 아니며 주장이 마땅하지 않은 것이 아니다. 그러나 죽는 화를 면하지 못한 것은 군주가 어질고 지혜로운 자들의 말을 살피지 못하고 어리석고 못난 사람에게 가려진 재난이다. 만약 군주가 법술을 익힌 인사를 쓰려 하지 않고 어리석고 못난 사람을 따르려 한다면 누가 감히 세 사람의 위험을 당해 가면서 그 지혜와 능력을 내밀겠는가. 이것이 세상이 어지러워지는 원인이다.

明主者, 推功而爵祿, 稱能而官事, 所擧者必有賢, 所用者必有能, 賢能之士進, 則私門之請止矣. 夫有功者受重祿, 有能者處大官, 則私劍之士, 安得無離於私勇而疾距敵, 遊宦之士焉得無撓於私門而務於淸潔矣? 此所以聚賢能之士, 而散私門之屬也. 今近習者不必智, 人主之於人也, 或有所知而聽之, 入因與近習論其言, 聽近習而不計其智, 是與愚論智也. 其當途者不必賢, 人主之於人, 或有所賢而禮之, 入因與當途者論其行, 聽其言而不用賢, 是與不肖論賢也. 故智者決策於愚人, 賢士程行於不肖, 則賢智之士奚時得用, 而人主之明塞矣. 昔關龍逢說桀而傷其四肢, 王子比干諫紂而剖其心, 子胥忠直夫差而誅於屬鏤. 此三子者, 爲人臣非不忠, 而說非不當也, 然不免於死亡之患者, 主不察賢智之言, 而蔽於愚不肖之患也. 今人主非肯用法術之士, 聽愚不肖之臣, 則賢智之士孰敢當三子之危而進其智能者乎? 此世之所以亂也.

1 私劍之士－칼을 휘두르는 협객. 사나이다운 기질을 지닌 사람.
2 疾距敵－힘써 외적을 물리침. 질(疾)은 격(激), 또는 려(勵)자로 통함.
3 遊宦－벼슬을 구하려고 널리 유세하고 다님.
4 撓於私門－권세가의 기세를 꺾고 바로잡음. 권신을 충고함.
5 於人－법술을 익힌 인사를 상대하여 그 의견을 들을 경우.
6 決策－일에 대하여 올린 방책의 가부를 결정지음.
7 程行－취한 행동의 옳고 그름을 가려서 품평함.
8 而－여기서 이(而)는 이(以)자로 통함. 까닭을 말함.
9 屬鏤－부차(夫差)가 자서(子胥)에게 자결하도록 내려준 칼의 이름.

53 칙령(飭令)

칙령(飭令)이란 명령을 엄격하게 갖춘다는 의미다. 명령을 단단히 하고 법을 확립시켜 나가면 정치가 안정된다는 취지의 내용이다. 한비가 상앙(商鞅)의 법사상을 중시한 점으로 미루어 『상군서』(商君書) 「근령」(靳令) 편을 발췌한 초록이라 할 수 있다. 근(靳)은 말의 가슴에 대어 죄는 가죽끈이다. 다잡는다는 뜻으로 쓰인다.

[1]

명령이 엄격하면$^{1)}$ 법이 바뀌지 않으며 법이 확정되면 잘하는 말로$^{2)}$ 법을 해칠 수 없다. 공에 따라 임명하면 민은 말질이 적고 말 잘한다 하여 임명하면 민은 말질이 많아진다. 법 시행은 신속해야$^{3)}$ 한다. 다섯 마을 정도로 처리하는 자는 왕자가 되고 아홉 마을 정도로 처리하는 자는 강자가 되지만 처리를 늦추는$^{4)}$ 자는 깎여 없어진다. 형벌로 다스리고 상으로 싸우게 하며 후한 녹을 가지고 술을 쓴다. 도성 안의 잘못을 살피면$^{5)}$ 도성에서 간악한 거래가 없어진다. (사치스런) 물건이 많고 공장이가 많으며 농민이 게으르고 간악한 상인이 기승하면 국토가 반드시 깎인다. 민에게 남은 식량이 있어 그 곡식을 내게 하여 작위를 반드시 노력으로 얻게 한다면 농민이 게으르지 않을 것이다. 세 치되는 대롱도 밑바닥이 없으면$^{6)}$ 가득 채울 수가 없다. 벼슬과 작위를 주고 이득될 녹을 냄에 있어 공적으로 하지 않는다면 이는 밑이 없는 것이다. 나라가 공적에 따라 벼슬과 작위를 주면 이것을 일러 많은 지혜$^{7)}$를 가지고 꾀며 많은 용기를 내어 싸워 그 나라는 적대할 수 없다고 한다. 나라가 공에 따라 벼슬과 작위를 주면 다스리는 자는 (수고가) 줄고 말질하는 자가 적어진다. 이것을 일러 정치를 가지고 정치를 덜고[8] 말을 가지고 말질을 없앤다고 한다. 공적에 따라 벼슬과 작위를 주므로 나라는 힘이 강해지며 천하가 이를 능히 침범하지 못한다. 군대가 출동하면 반드시 탈취하고 탈취하면 반드시 그것을 지탱해 나갈 수 있으며 전쟁을 그만두고[9] 치지 않으면 반드시 (나라가) 부해진다.

飭令, 則法不遷 ; 法平, 則吏無姦. 法已定矣, 不以善言害法. 任功則民少言 ; 任善則民多言. 行法曲斷, 以五里斷者王, 以九里斷者强, 宿治者削. 以刑治, 以賞戰, 厚祿以用術. 行都之過, 則都無姦市. 物多末衆, 農弛姦勝, 則國必削. 民有餘食, 使以粟出, 爵必以其力, 則震不怠. 三寸之管毋當, 不可滿也. 授官爵出利祿不以功, 是無當也. 國以功授官與爵, 此謂以成智謀, 以威勇戰, 其國無敵. 國以功授官與爵, 則治者省, 言有塞, 此謂以治去治, 以言去言, 以功授官與爵者也. 故國多力, 而天下莫之能侵也. 兵出必取, 取必能有之 ; 案兵不攻必富.

1 飭令－사안에 따라 알맞은 법령을 틀림없이 내림. 칙(飭)은 바를 칙(飭)자로 통함.
2 善言－교묘하게 입으로는 잘 하나 실없는 말. 인의를 가리킴.
3 曲斷－마을 단위로 빠르게 재단을 내림. 곡(曲)은 범위가 가장 좁은 행정 구역.
4 宿治－결재 처리가 늦어짐. 숙(宿)은 하루 머무를 정도로 정체함이며 치(治)는 이(理)자와 같음.
5 行都之過－도성 안을 순찰하여 범죄를 적발함. 행(行)은 순행(巡行)이란 뜻.
6 毋當－물독이 밑빠진 상태. 당(當)은 저(底)자로 통함.
7 成智－지혜를 다함. 성(成)은 성(盛)자로 많이 모은다는 뜻.
8 以治去治－알맞은 정치를 가지고 필요없는 정치 부담을 줄임. 정치적 낭비 요인을 제거함.
9 案兵－전쟁을 중지하고 삼감. 안(案)은 안(按)자로 통함.

[2]

조정의 일은 작은 것이라도 깨뜨리지 않고 공을 다하여 관작을 얻으며 조정 안에 비록 편벽된 의견[1]이 있더라도 그것으로 서로 범할 수 없다면 이를 일러 술(術)로써 다스리는 정치[2]라고 한다. 힘으로 치는 자는 하나를 내어 열을 얻으나 말로 치는 자는 열을 내어도 백을 잃는다. 나라가 힘을 좋아하면 이것을 일러 치기가 어렵다고 한다. 나라가 (빈) 말만을 좋아하면 이것을 일러 치기가 쉽다고 한다. 능력이 그 관직을 견디고 맡은 일이 가볍더라도 남은 힘을 마음에 두지 않고[3] 겸직의 책임을 군주에게 지우지 않는다면 국내에 원한을 품는 자[4]가 없을 것이다. 현명한 군주는 일을 서로 범하지 못하게 하므로 분쟁이 없으며 인사들로 하여금 관직을 겸하지 못하게 하므로 기능이 늘고 사람들로 하여금 같은 공을 노리지 않게 하므로 다툼이 없다. 형을 무겁게 하고 상을 적게 하면 위가 민을 사랑하는 것이 되므로[5] 민은 상을 타기 위해 죽는다. 상을 많게 하고 형을 가볍게 하면 위가 민을 사랑하지 않는 것이 되므로 민은 상 때문에 죽지 않는다. 이득이 한 구멍으로 나올[6] 경우 그 나라는 적이 없고 이득이 두 구멍으로 나올 경우 그 군대는 반만 쓰이며 이득이 열 구멍으로 나올 경우 그 민은 지키지 않는다. 형을 무겁게 하여 민을 깨우치고[7] 법제를 높여[8] 사람을 부린다면 위가 이득될 것이다. 형을 집행함에 있어 가벼운 것을 무겁게 하면 가벼운 것 (범죄)도 이르지 않고 무거운 것도 오지 않으니 이것을 일러 형으로 형을 물리친다고 한다. 그 나라는 반드시 강해진다. 죄가 무거운데 형이 가벼우면 사건이 생긴다. 이것을 일러 형으로 형을 부른다고 한다. 그 나라는 반드시 깎여 버릴 것이다.

朝廷之事, 小者不毀, 效功取官爵, 廷雖有辟言, 不得以相干也, 是謂以數治. 以力攻者, 出一取十 ; 以言攻者, 出十喪百. 國好力, 此謂以難攻 ; 國好言, 此謂以易攻. 其能, 勝其官, 輕其任, 而莫懷餘力於心, 莫負乘官之責於君. 內無伏怨, 明君使事不相干, 故莫訟 ; 使士不兼官, 故技長 ; 使人不同功, 故莫爭. 重刑少賞, 上愛民, 民死賞 ; 多賞輕刑, 上不愛民, 民不死賞. 利出一空者, 其國無敵 ; 利出二空者, 其兵半用 ; 利出十空者, 民不守. 重刑明民, 大制使人, 則上利. 行刑, 重其輕者, 輕者不至, 重者不來, 此謂以刑去刑, 其國必強. 罪重而刑輕, 刑輕則事生, 此謂以刑致刑, 其國必削.

1 辟言－사리에 어긋나는 옳지 않은 의견. 사언(邪言)과 같음.
2 數治－신하를 통제하고 다루는 정치 기술. 술수(術數)를 말함.
3 莫懷－번민이 없음. 어찌할지 괴로워하지 않음.
4 伏怨－남이 알지 못하는 사이에 숨어드는 원한.
5 愛民－법이 엄격하면 죄를 짓지 않아 민을 사랑하는 결과가 됨.
6 利出一空－상을 내주는 출구가 하나임. 공(空)은 공(孔)자의 뜻으로, 하나라 함은 군주를 가리킴.
7 明民－민을 철저히 타이름. 명(明)은 각(覺)자로 통함.
8 大制－권위 있는 법제. 법제를 분명하게 제정함.

54 심도(心度)

심도(心度)란 민의 심정을 헤아려 법도를 그 안에 세운다는 뜻이다. 사람의 본성이 편안함과 이득을 좋아하고 노고를 싫어하므로 상벌 특히 형 집행을 엄격히 하여 방자스런 마음이 싹트기 전에 미리 막아야 된다는 주장이다. 결과적으로 그것이 민을 사랑하고 이득을 주는 길이라고 한다. 문장은 연속성이 없는 단편적인 내용들이다.

[1]

성인이 민을 다스림에 있어 근본[1]을 헤아려 그 욕망대로 하지 못하게 하고 민에게 이득을 기할 따름이다. 그러므로 형벌을 가함은 민을 미워하기 위함이 아니고 사랑의 근본이 된다. 형벌을 우위로 하면 민이 안정되고 포상을 빈번히 하면 간악이 생긴다. 그러므로 민을 다스릴 경우 형벌을 우위로 함이 다스림의 첫째이며 포상을 빈번히 함은 혼란의 근본이다. 도대체 민의 심성은 혼란을 좋아하고 법에 친숙하지 않다. 그러므로 현명한 군주가 나라를 다스림에 있어 포상을 분명히 하면 민이 공을 세우려고 힘쓰며 형벌을 엄격히 하면 민이 법에 친숙해진다. 공을 세우려고 힘쓰면 공공의 일[2]을 어기지 않고 법에 친숙하면 간악이 싹틀 데가 없다. 그러므로 민을 다스릴 경우 싹이 트기 전에 악을 금하고 군대를 쓸 경우 민심을 전쟁에 길들인다.[3] 금령은 그 근본을 앞세우는 자가 다스려지고 군대는 그 마음에 전쟁을 길들이는 자가 이긴다. 성인이 민을 다스림에 있어 앞서 다스릴 경우 강하고 앞서 싸울 경우 이긴다. 대저 나라의 일이란 앞서서 힘쓰면 민심을 하나로 하고 공공의 일을 들어서 오로지 하면 사욕이 따르지 않으며 고발을 포상하면 간악이 일지 않고 법을 분명히 하면 다스림이 번거롭지 않다. 능히 네 가지 것을 쓸 수 있는 자는 강하며 능히 네 가지 것을 쓸 수 없는 자는 약하다. 대저 나라가 강해지는 것은 정책 때문이며 군주가 존귀해지는 것은 권력 때문이다. 그러므로 현명한 군주는 권력이 있고 정책이 있으며 어지러운 군주도 역시 권력이 있고 정책이 있다. 공적[4]이 같지 않은 것은 서 있는 처지가 다르기 때문이다. 그러므로 현명한 군주는 권력을 잡고서 위를 중히 하며 정책을 일관되게 하여 나라를 다스린다. 이처럼 법은 왕자가 되는 근본이며 형은 (민에 대한) 사랑의 실마리다.[5]

聖人之治民, 度於本, 不從其欲, 期於利民而已. 故其與之刑, 非所以惡民, 愛之本也. 刑勝而民靜, 賞繁而姦生. 故治民者, 刑勝, 治之首也 ; 賞繁, 亂之本也. 夫民之性, 喜其亂而不親其法. 故明主之治國也, 明賞, 則民勸功 ; 嚴刑, 則民親法. 勸功, 則公事不犯 ; 親法, 則姦無所萌. 故治民者, 禁姦於未萌 ; 而用兵者, 服戰於民心. 禁先其本者治, 兵戰其心者勝. 聖人之治民也, 先治者强, 先戰者勝. 夫國事務先而專一民心, 專擧公而私不從, 賞告而姦不生, 明法而治不煩. 能用四者强, 不能用四者弱. 夫國之所以强者, 政也 ; 主之所以尊者, 權也. 故明君有權有政, 亂君亦有權有政, 積而不同, 其所以立異也. 故明君操權而上重, 一政而國治. 故法者, 王之本也 ; 刑者, 愛之自也.

1 本－민생의 기본 원칙. 여기서는 법을 가리키는 말.
2 公事－국사(國事)와 같음. 국가 사업 또는 조정의 명령.
3 服戰－전쟁을 납득시킴. 몸에 싸움이 익숙해짐. 복(服)은 습(習)자로 통함.
4 積－공적이 누적된 상태. 치적(治積)을 쌓아올림.
5 愛之自－사랑하게 되는 시작을 가리킴. 자(自)는 소유생(所由生)과 같은 뜻.

[2]

대저 민의 본성은 노고를 싫어하고 안일을 좋아한다. 안일하면 거칠어지며[1] 거칠면 다스려지지 않고 다스리지 못하면 어지러워진다. 그러면서 상벌이 아래에 행해지지 못할 경우 반드시 막혀 버린다. 그러므로 큰 공을 올리려 하여도 힘 다하기를[2] 꺼릴 경우 큰 공 올리기를 기대할 수 없다. 법을 다스리려 하여도 그 옛(법) 바꾸기를 망설일 경우 민의 어지러움이 다스려지기를 기대할 수 없다. 그러므로 민을 다스림에 일정한 법이 없으며 오직 다스리기만 하면 법이 된다.[3] 법이 때와 함께 바뀌면 다스려지고 다스림이 세상과 들어맞으면 공이 있다. 그러므로 민이 순박하였던 때는 이름으로써[4] 금하면 다스려졌으나 세상의 지혜가 늘었을 때는 형벌로써 다잡아야 따르게 된다. 때는 옮겨가더라도 법이 바뀌지 않을 경우 어지러워지고 재간이 많아지더라도 금제가 변하지 않을 경우 깎여 버린다. 그러므로 성인이 민을 다스림에 있어 법은 때와 함께 옮기고 금제는 재간과 함께 변한다. 능히 힘을 토지에 쓸[5] 수 있는 자가 부하고 능히 힘을 적에게 떨칠 수 있는 자가 강하며 강하고도 막히지 않는 자가 왕자가 된다. 그러므로 왕자의 길은 열어 두는 데 있고 막아 버리는 데 있다. 간악을 막는 자가 반드시 왕자가 된다. 그러므로 왕자의 술수는 밖이 어지럽지 않기를 의지하지 않고 어지럽힐 수 없기를 의지한다. 밖이 어지럽지 않은 것을 믿고서 정책을 세우는 자는 깎이고 어지럽힐 수 없는 것을 믿고서 법을 행하는 자는 흥한다. 그러므로 어진 군주가 나라를 다스림은 어지럽힐 수 없는 술수와 일치한다.[6] 작위가 귀해지면 위가 중해진다. 그러므로 공 있는 자에게 상을 주고 일 맡은 자에게 작위를 준다면 사악이 들어올 데가 없다. 힘 쓰기를 좋아하는 자는 작위가 귀해지고 작위가 귀해지면 위가 존중되며 위가 존중되면 반드시 왕자가 된다. 나라가 일에 힘쓰지 않고 사학(私學)⁷⁾을 의지할 경우 작위가 천해지며 작위가 천해지면 위가 낮아지며 위가 낮아질 경우 반드시 깎여 버린다. 그러므로 나라를 세워 민을 쓰는 길에 능히 밖을 닫고 사학을 막아서 위가 스스로 자신을 믿는 경우에만 왕도를 가히 이르게 할 것이다.

夫民之性, 惡勞而樂佚. 佚則荒, 荒則不治, 不治則亂, 而賞刑不行於天下者必塞. 故欲擧大功而難致而力者, 大功不可幾而擧也 ; 欲治其法而難變其故者, 民亂不可幾而治也. 故治民無常, 唯治爲法. 法與時轉則治, 治與世宜則有功. 故民樸而禁之以名則治, 世知維之以刑則從. 時移而法不易者亂, 能衆而禁不變者削. 故聖人之治民也, 法與時移而禁與能變. 能越力於地者富, 能起力於敵者强, 强不塞者王. 故王道在所開, 在所塞, 塞其姦者必王. 故王術不恃外之不亂也, 恃其不可亂也. 恃外不亂而治立者削, 恃其不可亂而行法者興. 故賢君之治國也, 適於不亂之術. 貴爵, 則上重, 故賞功爵任而邪無所關. 好力者其爵貴 ; 爵貴, 則上尊 ; 上尊, 則必王. 國不事力而恃私學者其爵賤 ; 爵賤, 則上卑 ; 上卑者必削. 故立國用民之道也, 能閉外塞私而上自恃者, 王可致也.

1 荒－게으르고 제멋대로 행동함. 황(荒)은 태(怠)자와 같음.
2 致而力－온 힘을 다함. 이(而)는 기(其)자로 통함.
3 唯治爲法－현실에 맞도록 실제로 다스릴 수 있는 법만을 가리킴.
4 以名－예의염치라는 미명을 표방함. 이름만으로 실속없는 평판.
5 越力－기운을 내어 일어섬. 있는 역량을 발휘함. 월(越)은 발월(發越), 즉 발양(發揚)의 뜻.
6 適於－제일 먼저 따라서 함. 합일(合一)과 같음.
7 私學－국법을 벗어난 개인의 사적 주장이나 학문. 여기서는 유(儒)와 묵(墨)을 가리킴.

948

55 제분(制分)

분(分)이란 형과 상의 구분이다. 상벌은 좋아하고 싫어하는 정서를 바탕으로 민을 지배하는 수단이므로 제정할 때 구분을 분명히 할 필요가 있다는 주장이다. 간악을 막는 일은 통치의 중요한 목표다. 특히 고발이나 연좌 방법을 구체적으로 들어 상벌 효과를 거둘 수 있다고 본다. 상앙의 법사상 영향이 농후하다.

[1]

대저 나라가 넓고 군주가 존중될 때 법을 무겁게 하여 가히 아래로 영이 행해지고 금하면 그치는 데에 이르지 않는 경우가 일찍이 없었다. 이런 까닭으로 남의 군주된 자가 작위를 나누고 녹을 정할 때 반드시 법을 엄히 하고 무겁게 한다. 대저 나라가 다스려지면 민은 안정되나 일이 어지러우면 나라가 위태롭다. 법이 무거울 경우 사람의 정과 맞으나 금제가 가벼울 경우 사실과 어긋난다.[1] 또한 사력(死力)[2]이란 민이 가지고 있는 것이다. 사람의 정이란 사력을 내어서 바라는 것을 얻기를 그만두지 못한다. 그러나 좋아하고 싫어하는 것이란 위가 제어하는 것이다. 민은 이득되는 녹을 좋아하고 형벌을 싫어한다. 위는 좋아하고 싫어하는 것을 장악함으로써 민의 역량을 제어한다. 정치의 실제는 마땅히 어긋나지 않아야 한다. 그러나 금제가 가벼워 일이 어긋나는 것은 형벌과 포상이 어긋나기 때문이다. 민을 다스림에 법을 손에 들지 않고 선[3]을 하려는 것이 이와 같다면 이는 법이 없는 것이다. 그러므로 어지러움을 다스리는 원리는 마땅히 형벌과 포상을 구분하는 일에 힘쓰는 것이 급하다. 나라를 다스릴 경우 법으로 하지 않을 수 없다. 그러나 존속되는 (나라가) 있고 망하는 것이 있다. 망하는 것은 형벌과 포상을 정함에 있어 구분을 하지 않았기 때문이다. 나라를 다스릴 경우 형벌과 포상에 구분이 없을 수 없다. (구분을) 갖는다 하여도 다른 것을 가지고[4] 구분을 삼는다면 구분이라고 말할 수 없다. 명찰한 군주의 구분에 이르러서야 독자적인 구분이 된다. 이런 까닭으로 민이 법을 중히 여기고 금제를 두려워하여 죄에 저촉되지 않기를 바라며 굳이 상을 구하지[5] 않는다. 그러므로 말하기를 '형벌과 포상에 의존하지 않더라도 민은 일에 따른다'라고 하는 것이다.

夫凡國博君尊者, 未嘗非法重而可以至乎令行禁止於天下者也. 是以君人者分爵制祿, 則法必嚴以重之. 夫國治則民安, 事亂則邦危. 法重者得人情, 禁輕者失事實. 且夫死力者, 民之所有者也, 情莫不出其死力以致其所欲 ; 而好惡者, 上之所制也, 民者好利祿而惡刑罰. 上掌好惡以御民力, 事實宜不失矣 ; 然而禁輕事失者, 刑賞失也. 其治民不秉, 法爲善也, 如是, 則是無法也. 故治亂之理, 宜務分刑賞爲急, 治國者莫不有法, 然而有存有亡 ; 亡者, 其制刑賞不分也. 治國者, 其刑賞莫不有分 : 有持以異爲分, 不可謂分 ; 至於察君之分, 獨分也. 是以其民重法而畏禁, 願毋抵罪而不敢胥賞. 故曰 : 不待刑賞而民從事矣.

1 失事實 – 정치의 실제 효력을 그르침. 민의 이득과 맞지 않음.
2 死力 – 모든 역량을 다 발휘함. 죽을 힘을 다하여 노력함.
3 爲善 – 법과 대칭이 되는 도의적인 선을 가리킴.
4 以異 – 형식을 여러 가지로 달리 취함. 다른 표준을 세움.
5 胥賞 – 상 받기를 기다림. 서(胥)는 수(須)자로 통함.

[2]

이런 까닭으로 지극히 다스려진 나라는 간악을 막는 일에 힘쓴다.

이는 무엇인가. 법이 사람의 정과 통하고 정치 원리에 맞기 때문이다. 그렇다면 작은 간악[1]을 물리치는 방법은 어떠해야 하는가. 그것은 실정을 서로 살펴보도록[2] 힘쓰는 일이다. 그렇다면 서로 살펴보도록 하기를 어떻게 해야 하는가. 마을 모두[3]를 서로 연좌시킬 따름이라고 말한다. 금제가 혹시라도[4] 자기에게 관련되는 것이라면 마을 사람[5]이 서로 살펴보지 않을 수 없으며 오로지 (연좌죄를) 면하지 못하게 될까 두려워한다. 간악한 마음을 가진 자가 뜻을 펼 수 없게 함은 살펴보는 자가 많기 때문이다. 이와 같다면 자기를 조심하고 남을 살펴보며 은밀한 간악을 들추어 낸다. 잘못을 고발한 자는 죄를 면하고 상을 받으며 간악을 못 본[6] 자는 반드시 죄에 연루되어 처벌받는다. 이와 같다면 간악한 유가 (모두) 적발된다. 간악이 미세하더라도 용납이 안 됨은 밀고와 연좌에 부침이 그렇게 시키는 것이다.

是故夫至治之國, 善以止姦爲務. 是何也? 其法通乎人情, 關乎治理也. 然則去微姦之道奈何? 其務令之相規其情者也. 則使相闚奈何? 曰 : 蓋里相坐而已. 禁尚有連於己者, 理不得不相闚, 惟恐不得免. 有姦心者不令得忘, 闚者多也. 如此, 則愼己而闚彼, 發姦之密. 告過者免罪受賞, 失姦者必誅連刑. 如此, 則姦類發矣. 姦不容細, 私告任坐使然也.

1 微姦 — 아직 드러나지 않은 미세한 상태의 간악을 말함.
2 相規 — 서로를 감시함. 사찰(伺察), 즉 엿볼 규(闚)자와 같음.
3 蓋里 — 한 마을 전체를 모두 다함. 개(蓋)는 개(皆)자로 통함.
4 尚 — 상(尚)은 가정조사로 당(倘)자와 같은 뜻.
5 理 — 리(理) 리(里)자와 음으로 통함. 온 마을 사람.
6 失姦 — 간악을 숨겨 주거나 고발할 기회를 놓침.

[3]
대저 다스리는 방법에 매우 밝은 자는 법에 맡기고[1] 사람에게 맡기

지 않는다. 이런 까닭으로 술(術)을 가진 나라가 칭찬 (받는 사람)을 쓰지 않으면 적이 없으며[2] 나라 안이 반드시 다스려짐은 법에 맡기기 때문이다. 망하는 나라에 군대로 하여금 그 땅을 횡행하게[3] 하여도 능히 막지 못하는 것은 사람에게 맡기고 법이 없기 때문이다. 자신을 치게 되는 것은 사람이며 남을 치는 것은 법이다. 그러므로 술을 가진 나라는 말을 물리치고[4] 법에 맡긴다. 무릇 실없는 공[5]이 약정에 맞을 경우 알기가 어렵고 잘못의 형적도 말로 가릴 경우 보기가 어렵다. 이런 까닭으로 형벌과 포상이 양쪽으로 헷갈린다. 이른바 약정에 맞아서 알기가 어렵다는 것은 간교한 공이며 신하의 잘못을 보기가 어렵다는 것은 실패의 근원이다. 법에 따르더라도[6] 헛된 공을 분별하지 못하고 정황을 헤아려도 간악의 뿌리에 속한다면 두 가지 것(상벌)이 어찌 양쪽으로 실수하지 않을 수 있겠는가. 이런 까닭으로 실없는 인사가 안으로 이름을 내세우고 담론자가 밖으로 책략을 짜낸다. 그러므로 어리석은 자와 겁쟁이와 협객과 약삭빠른 자[7]가 서로 잇대어 공허한 도를 가지고 속인과 붙어서 세상에 받아들여지고 있다. 그러므로 그 법이 쓰이지 못하고 형벌이 죄인[8]에게 가해지지 않는다. 이와 같다면 형벌과 포상이 어찌 헷갈리지[9] 않을 수 있겠는가. 거짓과 사실[10]이 드러나더라도 법이 그 헤아림을 그르친다. 헤아림이 그릇됨은 법이 그렇게 시키는 것이 아니며 법이 정해지더라도 지혜에 맡기기 때문이다. 법을 버리고 지혜에 맡긴다면 일을 맡은 자가 어찌 그 구실을 다할 수 있겠는가. 구실과 일이 서로 걸맞지 않는다면 법이 어찌 그릇되지 않을 수 있으며 형벌이 어찌 번거롭지 않을 수 있겠는가. 이런 까닭으로 상 벌이 요란해지고 나라의 도가 엇갈리게 되니 형벌과 포상이 분명하지 않기 때문이다.

夫治法之至明者, 任數不任人. 是以有術之國, 不用譽則毋適, 境內必治, 任數也. 亡國使兵公行乎其地, 而弗能圉禁者, 任人而無數也. 自攻者人也, 攻人者數也. 故有術之國, 去言而任法. 凡畸功之循約者難知, 過刑之於言者難見也, 是以刑賞惑乎貳. 所謂循約難知者, 姦功也 ; 臣過之難見者, 失根也. 循理不見虛功, 度情詭乎姦根, 則二者安得無兩失也? 是以虛士立名於內, 而談者爲略於外, 故愚・怯・勇・慧相連, 而以虛道屬俗而容乎世. 故其法不用, 而刑罰不加乎僇人. 如此, 則刑賞安得不容其二? 故實有所至, 而理失其量, 量之失, 非法使然也, 法定而任慧也. 釋法而任慧者, 則受事者安得其務? 務不與事相得, 則法安得無失, 而刑安得無煩? 是以賞罰擾亂, 邦道差誤, 刑賞之不分白也.

1 任數 ― 정해진 제도에 의존함. 수(數)는 법칙 또는 법도를 가리킴.
2 毋適 ― 대적할 자가 없음. 적(適)은 적(敵)자로 통함.
3 公行 ― 공공연하게 순찰다님. 위세를 부림.
4 去言 ― 공허한 칭찬의 말을 버리고 실제 성과를 법에 비추어서 평가함.
5 畸功 ― 실(實)을 떠난 헛된 공. 기(畸)는 불구(不具)의 뜻.
6 循理 ― 법규에 비추어 순리대로 판단함.
7 愚怯勇慧 ― 우(愚)는 유(儒), 겁(怯)은 양주(楊朱), 용(勇)은 임협(任俠), 혜(慧)는 변지(辯智)를 가리킴.
8 僇人 ― 부끄러움을 당한 사람. 륙(僇)은 륙(戮)자로 통함.
9 其二 ― 혼동하기 쉬움. 이(二)는 의심할 이(貳)자와 같음.
10 故實 ― 사실과 그것을 왜곡하는 교지(巧智) 양쪽을 말함.

찾아보기

ㄱ

간공(簡公) 108, 208, 361, 516, 643
간상(干象) 519
간신(姦臣) 61, 109, 186
간장(干將) 433, 511
감무(甘茂) 351, 490, 519, 636, 657, 809
감지(闞止) 361, 516
강걸(江乞) 437, 449
「강고」(康誥) 362
개자퇴(介子推) 422, 548
건계(乾谿) 819
걸(桀) 71, 144, 163, 237, 350, 362, 429, 745, 764, 777, 788, 789, 791, 793, 795, 797, 813, 823, 852, 885, 939
경봉(慶封) 144, 354
계(薊) 90
계손(季孫) 372, 444, 445, 497, 601, 614, 615, 634, 644, 780
계신(季辛) 503
계씨의 반란 754
계진(季眞) 548
고거미(高渠彌) 781, 782
고수(瞽瞍) 929
고요(皐陶) 817
고택(涸澤)의 뱀 358
곡양(穀陽) 141, 267

곤(鯀) 665
공공(共工) 665, 890
공손단회(公孫亶回) 802
공손술(公孫述) 687
공손앙(公孫鞅) → 상군, 상앙 71, 457, 458, 806, 808
공손연(公孫衍) 657, 688
공손지(公孫支) 376
공손홍(公孫弘) 388
공손희(公孫喜) 388
공숙(公叔) 361, 486, 498, 733
공숙좌(公叔痤) 71
공승무정(公乘無正) 366
공의휴(公儀休) 678, 691
공자(孔子) 70, 130, 351, 389, 407, 443, 444, 454, 455, 459, 490, 518, 553, 603~605, 612, 615, 616, 618, 626, 634, 645, 699, 711, 722, 723, 739, 759, 760, 761, 893, 914, 918, 929
공자 개방(開方) 166, 167, 717
공자 규(糾) 387, 392, 719
공자 목이(目夷) 780
공자 미(尾) 638
공자 중이(重耳) 171, 173, 174, 335
공자 하(夏) 638
공중(公仲) 170, 361, 498, 733
관용봉(關龍逢) 71, 163, 815, 939

관중(管仲) 71, 164, 165, 167, 168, 210, 222, 257, 273, 362, 383, 392, 438, 462, 553, 574, 585, 601, 603, 604, 609, 621, 622, 626, 633, 662, 664, 681, 692, 693, 706, 717, 718, 720, 730, 732, 733, 737, 740~742, 744~746, 755~758, 774, 817, 902, 924

광대 129

광율(狂矞) 634, 646, 649

광천(匡倩) 618

교지(交趾) 160

구강(購强) 588

구리(臼里) 회맹(會盟) 352

구범(咎犯) 576, 711, 713, 742

구야(區冶) 918

구천(勾踐) 263, 338, 385, 439, 469, 549

국양(國羊) 655

굴(屈) 지방의 명마 142, 143, 327, 521

굴곡(屈縠) 566

굴공(屈公) 552, 583

굴도(屈到) 786

궁지기(宮之奇) 143, 335, 336, 741

궁타(宮他) 391

규류(樛留) 733, 734

극신(劇辛) 260

극완(郤宛) 505, 506

극헌자(郤獻子) 728, 729

기(夔) 612

기수(淇水) 47

기자(箕子) 336, 370

기정(箕鄭) 594

ㄴ

남궁경자(南宮敬子) 615

노(魯) 목공(穆公) 365, 753

노(魯) 소공(昭公) 497

노(魯) 애공(哀公) 443, 454, 459, 612, 615, 616, 760, 763, 893

노단(魯丹) 375

노자(老子) 277~289, 292, 293, 297, 301, 303~308, 310~312, 314, 315, 317~324, 326~332, 337~348, 768, 851

녹문직(鹿門稷) 706

누계(樓季) 642, 894

ㄷ

단규(段規) 150, 158

단보(單父) 555

단주(丹朱) 820

당계공(堂谿公) 636, 659, 660, 803

당이국(唐易鞠) 654

대(代) 43

대부종(大夫種) 499

대헐(戴歇) 486, 496

대환(戴驩) 476, 516

도(道) 80, 83, 119, 121, 159, 282, 293, 296, 301, 307, 308, 310, 311, 326, 413, 418, 434, 435, 454, 548, 662

『도좌춘추』(桃左春秋) 247

도척(盜跖) 414~419, 424, 894

동곽아(東郭牙) 601, 623

동안우(董安于) 72, 403, 438, 452

동연우(董閼于) 151

동이(東夷) 714

두자(杜子) 346

ㅁ

만승(萬乘) 38, 52, 56, 75, 172, 183, 185, 238, 246, 247, 359, 650, 662, 668, 671, 726, 908, 936

망묘(芒卯) 768, 770

맹묘(孟卯) 918

맹분(孟賁) 379, 404, 405, 408, 413~415, 417, 418, 426, 428, 433, 434, 439, 471

맹상(孟常) 768, 770

맹상군(孟嘗君) 590

맹손(孟孫) 367, 497, 780

맹헌백(孟獻伯) 624, 625

모색(毛嗇) 923

모신(謀臣) 37, 39, 41, 44, 45

몽무(蒙武) 58

묘(苗) 603

무광(務光) 350, 548

무궁(武宮) 547, 558

무령왕(武靈王) 704

무악(舞樂) 159, 162

무왕(武王) 47, 146, 257, 338, 381, 745, 746, 776, 777, 809, 820, 823, 885, 927, 931, 933

묵가(墨家) 912, 914

묵자(墨子) → 묵적 547, 556~558,

묵적(墨翟) → 묵자 548, 858, 912

문왕(文王) 70, 71, 338, 348, 490, 517, 613, 738, 739, 786, 889

문종(文種) 396, 465

미계(靡笄) 싸움 728

미자하(彌子瑕) 196, 197, 442, 784, 785

민산(岷山)의 딸 777

민왕(湣王) 226

ㅂ

박의(薄疑) 637, 668, 669, 681, 705

반수(潘壽) 678, 694~696

반숭(潘崇) 514

방경(龐敬) 475

방공(龐恭) 451, 452

방오(方吾) 679, 697

방원(龐援) 261

백공(白公)의 난 389, 449

백공승(白公勝) 343

백규(白圭) 391, 486, 501

백락(伯樂) 377, 380, 919

백리해(百里奚) 71, 376, 726, 743, 817

백이(伯夷) 184, 224, 407, 415, 416, 419, 424, 431, 607, 814

번신(藩臣) 185

범려(范蠡) 499, 817

범문자(范文子) 631

범저(范且) 72, 548, 568~570

법 93, 96, 99, 102, 104

법술(法術) 100, 178, 179, 181, 183, 201, 209, 213, 214, 216, 221, 223, 420, 432, 774, 800, 806, 807, 812, 937, 938

변수(卞隨) 548

복자천(宓子賤) 72, 555

복피(卜皮) 438, 461, 462, 480

봉몽(逢蒙) 563, 799

부열(傅說) 71

부차(夫差) 263, 338, 416, 499, 763, 939

분황(賁皇) 603, 624, 625

붕당(朋黨) 124, 766

비간(比干) 71, 163, 273, 381, 410, 417, 425, 815, 939

비무극(費無極) 505
비무기(費無忌) 487
비중(費仲) 348, 490, 517, 617, 786
빈서무(賓胥無) 740

ㅅ

사거(史擧) 519
사공구(司空狗) 785
사광(師曠) 146~148, 211, 634, 638, 642, 723~725, 740~742
사마자기(司馬子期) 72
사마자반(司馬子反) 140, 141, 266, 267
사마희(司馬喜) 487, 500, 503
사신(使臣) 133, 169, 518, 693
사어(史魚) 417
사연(師延) 146
사자(使者) 62, 63, 170, 449
사추(史鰌) 773, 845, 851, 858
산동(山東) 42
삼귀(三歸) 626, 627, 731
삼묘(三苗) 813
삼왕(三王) 903
삼진(三晉) 39, 41, 44, 571
삼환(三桓) 486, 497, 778
상군(商君) → 공손앙, 상앙 202, 203, 210, 213, 218, 223, 257
상균(商均) 820
상당(上黨) 42, 43, 61, 260, 440, 475
상벌(賞罰) 37, 84, 86, 87, 93, 101, 109, 115, 117, 121, 182, 221, 241, 265, 275, 419, 425, 432, 464, 647, 677, 715, 720, 722, 843, 844, 847, 878, 883
상신(商臣) 489, 786

상앙(商鞅) → 공손앙, 상군 438, 803, 902
『서』(書) 68, 202
서(徐) 언왕(偃王) 890
서거(徐渠) 802
서기(胥己) 551, 582
서동(胥僮) 493
서문표(西門豹) 72, 403, 441, 480, 602, 619, 620
서수(犀首) 361, 487, 506, 636, 657, 658
서시(西施) 923
서융(西戎) 159, 889
서풍(徐馮) 339
설(薛) 399
설공(薛公) 634, 650, 651, 656
섭공(葉公) 761
성규(成竅) 677, 682, 686
성보(成父) 623
성복(城濮) 675
성인(聖人) 70, 74, 209, 211, 293, 299, 304, 305, 313, 314, 317, 318, 369, 381, 700, 702, 707, 708, 833, 846, 862, 865, 893, 921, 945, 947
성환(成驩) 460
소공석(邵公奭) 826
소대(蘇代) 678, 692, 693
소략(霄略) 731, 732
소릉(召陵) 91
소묘(昭卯) 607
소신직(小臣稷) 725
소실주(少室周) 600, 608
소양왕(昭襄王) 678, 690, 809
소해(少海) 589, 639
소해휼(昭奚恤) 488, 509

소후(昭侯) 553

속담(俗談) 224, 246, 269, 392, 443,
550, 577, 849, 907

손경(孫卿) 763

손무(孫武) 902

손문자(孫文子) 775, 776

손빈(孫臏) 71

손숙오(孫叔敖) 328, 627, 786, 603

손자(孫子) 416

송(宋) 양공(襄公) 553, 588

송고(宋觚) 802

송석(宋石) 500

송연(宋鈃) 548

송영자(宋榮子) 914

수극(垂棘)의 벽(璧) 142, 143, 327,
335, 521

수양(睢陽) 싸움 91

수양산(首陽山) 224, 607

수인씨(燧人氏) 885

수조(豎刁) 111, 113, 165, 167,
717~720, 741, 746, 818

수후(隋侯)의 진주 283

숙손(叔孫) 447, 448, 497, 780

숙손목자(叔孫穆子) 775

숙제(叔齊) 224, 814

숙첨(叔瞻) 171, 174, 335, 336

숙향(叔向) 400, 521, 522, 553,
583, 624, 629, 740, 741, 742

숙후(肅侯) 357

순(舜) 160, 221, 265, 270, 412,
417, 431, 555, 665, 697, 714~
716, 761, 792, 793, 795~797,
820, 823, 886, 890, 913, 927~
929, 931, 933

순식(荀息) 142, 143

숭후(崇侯) 381, 729

습붕(隰朋) 166, 167, 362, 610,
622, 740, 817

습사미(隰斯彌) 373

『시』(詩) 68, 202, 553, 586, 640,
931

식객(食客) 552, 564~566, 865

신공갑(辛公甲) 370

신농(神農) 851

신도(愼到) 788, 789

신불해(申不害) → 신자 440, 472,
592, 593, 635, 636, 770, 806~
808, 810

신생(申生) 245, 489, 513

신자(申子) → 신불해 652, 653, 661

ㅇ

아열(兒說) 562

악래(惡來) 381, 729

악양(樂羊) 366, 367, 606

악정자춘(樂正子春) 398

안리왕(安釐王) 90~92

안영(晏嬰) 444, 590, 603, 735, 736

안자(晏子) 634, 640, 642, 643

안탁취(顏涿聚) 163, 164, 615

애공(哀公) 437, 444, 518

양거(梁車) 604, 632

양자(楊子) → 양주 373, 523, 722

양주(楊朱) → 양자 382, 858

양천(楊倩) 661

양포(楊布) 382

양호(陽虎) 603, 611, 627, 778, 779,
780

양후(穰侯) 42, 513

언(鄢) 264, 733, 734

언릉(鄢陵) 140, 266

엄수(嚴遂) 365, 489

업(鄴) 480, 491, 523, 602, 619, 620, 632, 750
여공(厲公) 485
여구(黎丘) 144
여남(汝南) 809
여수(麗水) 438, 458
여왕(厲王) 199
여이(如耳) 649, 650, 768
여저(黎且) 490, 518
여창(呂倉) 500
여황(如皇) 549
여희(驪姬) 245, 489, 513
역산(歷山) 714
역아(易牙) 112, 113, 166, 167, 717, 718, 746, 818
역적(逆賊) 85, 232
연(燕) 소왕(昭王) 90, 92
연릉(延陵) 681, 707, 708
연릉생(延陵生) 152
연형(連衡) 904, 934
열자(列子) 340
염알(閻遏) 688
염척(審戚) 623
영(郢) 39, 401, 550, 580, 733, 734
예(羿) 383, 416, 425, 548, 563, 767, 799
예양(豫讓) 223
오관(五觀) 820
오기(吳起) 71, 202, 203, 218, 372, 416, 439, 466, 549, 575, 595, 637, 671, 672, 803, 902
오록(五鹿) 675
오보(五父) 거리 644
오자서(伍子胥) 70, 273, 409, 410, 413, 416, 815
오장(吳章) 679, 696, 698
오제(五帝) 903
오패(五霸) 164, 167, 222, 741, 934
오호(五湖) 331
오획(烏獲) 404, 405, 853
옹계(雍季) 710, 711, 713
옹저(雍鉏) 785
왕량(王良) → 왕어기 642, 677, 682, 686, 792, 796, 797
왕수(王壽) 339
왕어기(王於期) → 왕량 677, 681, 683, 685
왕이(王爾) 220, 421
요(堯) 160, 221, 237, 265, 385, 404, 405, 410, 412, 416, 417, 420, 422, 425, 428~431, 564, 602, 613, 637, 665, 688, 694, 697, 715, 716, 761, 788, 790, 792, 793, 795~797, 820, 823, 886, 887, 913, 927, 928, 931, 933
요치(淖齒) 226, 430, 442, 481, 680, 688, 702, 733
우(禹) 160, 270, 568~570, 679, 695~697, 823, 886, 888, 925
우경(虞慶) 548, 567
우공(虞公) 142, 143
원건(爰騫) 503
위(魏) 무후(武侯) 466
위(魏) 문후(文侯) 357, 397, 467, 595
위(衛) 사공(嗣公) 482, 598, 649, 650
위(衛) 사군(嗣君) 463, 668
위(魏) 선자(宣子) 151, 158, 354, 768~770
위(魏) 소왕(昭王) 590

960

위(魏) 소후(昭侯)   650

위(衛) 영공(靈公)   145, 146, 442, 784

위(魏) 혜왕(惠王)   352, 461

위모(魏牟)   548

유가(儒家)   912

유도(幽都)   160

유소씨(有巢氏)   885

유약(有若)   547, 555

유여(由余)   159, 161

유호씨(有扈氏)   813

윤문자(尹文子)   439

윤탁(尹鐸)   151

융왕(戎王)   162

의양(宜陽)   168, 170

이극(李克)   606, 747

이루(離婁)   211

이부기(釐負羈)   171, 174

이사(李斯)   55, 59

이서(犁鉏)   365

이아(夷射)   487, 501, 502

이윤(伊尹)   70, 222, 257, 273, 726, 733, 743, 817, 924

이자(李疵)   552, 584

이주(離朱)   404

이태(李兌)   245, 680, 702, 704, 733

이회(李悝)   439, 467, 597

익(益)   695, 696

인질   232, 451

임등(壬登)   582

임망(任妄)   356

임비(任鄙)   413

임장(任章)   354

ㅈ

자객   180

자고(子皐)   604, 605, 759

자공(子貢)   389, 455, 456, 644, 760, 890

자국(子國)   632

자기(子期)   396

자도(子都)   783, 785

자로(子路)   644

자복려백(子服厲伯)   753

자사(子思)   753, 754, 912

자산(子産)   438, 442, 453, 482, 586, 587, 598, 604, 632, 766, 767, 925

자서(子胥)   353, 381, 389, 401, 421, 490, 521, 763, 783, 939

자어(子圉)   351

자작(子綽)   621

자장(子張)   912

자정(玆鄭)   680, 704

자지(子之)   112, 113, 442, 482, 692~697, 763, 785, 786, 826

자쾌(子噲)   112, 113, 763, 785, 786, 826

자하(子夏)   347, 634, 643

자한(子罕)   108, 338, 677, 683, 686, 756, 824, 900, 937

장강(長江)   221, 331

장견(張譴)   366

장계(張季)   650, 651

장교(莊蹻)   346

장로자(長盧子)   548

장맹담(張孟談)   47, 151, 153~156

장손자(臧孫子)   356, 357

장수(張壽)   506

장어교(長魚矯)   493

장의(張儀)   168, 301, 361, 446, 519, 808

장주(莊周)　548

장홍(萇弘)　490, 521, 522

재여(宰予)　72, 416, 918

저리질(樗里疾)　658

저위궐융(沮衛蹶融)　393

적(翟)　755

적각(翟角)　606

적장만기(赤章曼枝)　394, 395

적택(積澤)　438, 459

적황(翟璜)　498, 600, 606

전구(田鳩)　547, 556, 802

전련(田連)　677, 682, 686

전백정(田伯鼎)　376

전사(田駟)　364

전상(田常, 田成, 田成子, 田成恒)
　72, 107, 108, 113, 163, 164,
　208, 330, 358, 359, 361, 373,
　410, 415, 639~641, 643, 645,
　684, 685, 746, 756, 777, 824,
　900, 937

전영(田嬰)　703

전유(田鮪)　691

전자방(田子方)　654, 606

전장(田章)　691

전쟁(戰爭)　55, 62, 135, 154, 236,
　237, 302, 303, 388, 433, 500,
　587, 713, 823, 846, 858, 903,
　905, 909, 924, 942, 945

전저(專諸)　379, 439, 471

전중(田仲)　566

전힐(顚頡)　637, 674

정(鄭) 간공(簡公)　553, 586, 587

정(鄭) 환공(桓公)　522

정곽군(靖郭君)　399, 492, 656

정소(鄭昭)　517

정수(鄭袖)　487, 503

제(齊) 간공(簡公)　330

제(齊) 경공(景公)　518, 589, 590,
　638, 760, 778

제(齊) 선왕(宣王)　472, 618, 654

제(齊) 호공(胡公)　783

제(齊) 환공(桓公)　71, 90, 92, 111,
　113, 164~166, 222, 257, 258,
　352, 353, 362, 376, 383, 387,
　462, 549, 573, 574, 585, 602,
　609, 621, 622, 626, 662, 664,
　681, 692, 693, 705~707, 717,
　718, 720, 725~727, 730, 732,
　733, 737, 738, 740, 743, 744,
　745, 755~757, 764, 819

제수(濟水)　38, 331

제양군(濟陽君)　487, 502, 507, 508

제후(諸侯)　37, 39, 40, 44, 46, 48~
　50, 52, 54, 55, 58~61, 99, 135,
　137, 139, 144, 160, 164, 170,
　173, 301, 302, 305, 354, 475,
　515, 647, 696, 760, 776, 825,
　920

조(趙) 간자(簡子) → 조 간주　377,
　750, 751

조(趙) 간주(簡主) → 조 간자　611,
　627, 630, 680, 683, 705

조(趙) 성후(成侯)　633

조(趙) 양자(襄子) → 조 양주　151,
　153, 155, 156, 223, 721, 723

조(趙) 양주(襄主) → 조 양자　342,
　608

조가(趙葭)　158

조각(趙刻)　357

조무(趙武)　603, 628, 629

조보(造父)　220, 677, 680~683,
　685, 686, 701, 707, 708

주(紂) 47, 70, 71, 77, 144, 146, 163, 336, 338, 348, 368, 370, 381, 517, 617, 729, 739, 745, 764, 789, 791, 793, 795, 797, 813, 823, 885, 939

주(周) 무왕(武王) 224

주(周) 선왕(宣王) 824

주공(周公) 316, 369, 646, 649

『주기』(周記) 828

주남(周南) 388

주보(主父) 329, 575, 584, 702, 733

『주서』(周書) 355, 380, 790

주우(州吁) 514

주조(周趮) 391

주후(州侯) 494

중기(中期) 768, 770, 771

중모(中牟) 551, 582, 608, 628

중산(中山) 44, 90, 357, 366, 375, 456, 503, 552, 575, 584, 606, 747

중신(重臣) 75, 77, 95, 104, 186, 123, 130, 134, 137, 182, 185, 191, 201, 207, 225, 229, 232, 233, 235~237, 242, 252, 423, 461, 487, 493, 867, 872, 937, 938

중원(中原) 59, 91, 181

중장(中章) 551, 582

중행(中行) 150, 326, 390, 769, 783

증사(曾史) 414

증삼(曾參) 417, 845, 851, 858

증자(曾子) 378, 347, 596, 773

증종자(曾從子) 368

지백(知伯) 47, 151, 156~158, 223, 326, 331, 354, 355, 394, 769, 770, 771, 819

직하(稷下) 562

진(秦) 강공(康公) 356

진(秦) 목공(穆公) 159, 161, 162, 173, 754, 726

진(晉) 문공(文公) 510, 593, 610, 614, 672~674, 710~713, 742, 755

진(秦) 소왕(昭王) 576, 687, 768

진(秦) 양왕(襄王) 688

진(晉) 여공(厲公) 140, 266, 493, 783

진(陳) 영공(靈公) 819

진(晉) 영후(靈侯) 786

진(晉) 평공(平公) 146, 148, 149, 400, 511, 628, 629, 638, 723~725, 740

진(晉) 헌공 (獻公) 142, 143, 173, 331, 335, ,513, 521

진(秦) 혜왕(惠王) 657

진(秦) 효공(孝公) 202, 203, 213

진병(陳騈) 548

진서파(秦西巴) 367

진수(陳需) 488, 506, 508

진양(晉陽) 47, 151, 154, 355, 608, 721, 722

진진(陳軫) 371

ㅊ

참무휼(參無恤) 786

참정(讒鼎) 398

창힐(蒼頡) 898

채(蔡) 환공(桓公) 333

천리마(千里馬) 647, 649

천자(天子) 352, 360, 362

첨대자우(澹臺子羽) 918

첨하(詹何) 284, 548

초(楚) 공왕(共王) 140, 141, 266,

267

초(楚) 도왕(悼王) 202, 203

초(楚) 무왕(武旺) 199

초(楚) 문왕(文旺) 199, 890

초(楚) 성왕(成王) 514, 758

초(楚) 영왕(靈王) 111, 144, 145, 819

초(楚) 장왕(莊王) 90, 92, 216, 328, 344, 346, 666, 786

촉과(燭過) 750

추고(鄒賈) 258

추연(鄒衍) 260

춘신군(春申君) 216

『춘추』(春秋) 225, 250, 454, 634, 643

충신(忠臣) 139, 164, 223, 263, 410

치이자피(鴟夷子皮) 358

칠조(漆雕) 914

ㅌ

탁곡(涿谷) 588

탕(湯) 70, 222, 257, 350, 726, 743, 745, 746, 776, 777, 820, 885, 886, 927, 931, 933

태갑(太甲) 820

태공망(太公望) 257, 348, 613, 634, 646~649, 817

태산(泰山) 148

태재비(太宰嚭) 499

ㅍ

파오산(播吾山) 549, 575

패왕(覇王) 37, 39, 41, 42, 44, 48, 203, 221, 222, 327, 623, 817, 843, 844

팽희(彭喜) 352

편작(扁鵲) 333, 334, 409

포견(暴譴) 486, 501

포륙(圃陸) 674

포문자(鮑文子) 779, 780

포성(蒲城) 755

포숙아(鮑叔牙) 165, 352, 392, 692, 733, 744

포초(鮑焦) 548, 858

풍(豐) 889

풍리(馮離) 802

풍저(馮沮) 365

ㅎ

하백(河伯) 437, 445

하육(夏育) 404, 405, 408, 413~ 415, 417, 418, 426, 428, 433, 434

하징서(夏徵舒) 819

하후씨(夏后氏) 885

한(韓) 강자(康子) 150, 151

한(韓) 선왕(宣王) 361, 556, 622, 698, 733

한(韓) 소후(昭侯) 110, 441, 470, 478, 509, 592, 659, 660, 807

한괴(韓傀) 365

한구(韓咎) 398

한단(邯鄲) 42, 45, 451, 452, 475, 628

한수(漢水) 328

한외(韓廆) 489, 516

한추(韓樞) 590

한헌자(韓獻子) 728, 729

함곡관(函谷關) 60, 473

합려(闔廬) 401

합종(合從) 44, 46, 48~50, 52, 55, 904, 905, 934

해제(奚齊) 245, 513
해중(奚仲) 421, 795
해호(解狐) 603, 630, 631
허유(許由) 385, 694, 814, 934
현상(絃商) 622
협객 133
형백류(邢伯柳) 631
형소(荊蘇) 56, 58
형옹(衡雍) 328, 345, 675
혜독(惠竇) 755
혜문군(惠文君) 491, 523
혜시(惠施) 437, 446, 548, 558
혜자(惠子) 364, 371, 377, 383
혜자(慧子) 376
호(鎬) 889
호구(壺丘) 400, 401
호돌(狐突) 516
호언(狐偃) 672, 673

호타(呼沱) 44
혼헌(渾軒) 601
화각(華角) 858
화사(華士) 646
화산(華山) 549, 576
화씨지벽(和氏之璧) 199, 200, 283
화하(華下)의 환난 918
환곡(洹谿) 47
환두(讙兜) 813
환혁(桓赫) 380
황제(黃帝) 148, 564, 897
『황제서』(黃帝書) 125
황하(黃河) 38, 90, 221, 345
황희(皇喜) 516
회계산(會稽山) 270
효새(殽塞)의 환란 56
후직(后稷) 341, 817
희부기(僖負羈) 741

HANGIL GREAT BOOKS **55**

한비자 II

지은이 한비
옮긴이 이운구
펴낸이 김언호

펴낸곳 (주)도서출판 한길사
등록 1976년 12월 24일
주소 10881 경기도 파주시 광인사길 37
홈페이지 www.hangilsa.co.kr
전자우편 hangilsa@hangilsa.co.kr
전화 031-955-2000~3 **팩스** 031-955-2005

CTP출력 블루엔 **인쇄** 오색프린팅 **제본** 경일제책사

제1판 제1쇄 2002년 2월 20일
제1판 제14쇄 2019년 6월 10일

값 25,000원

ISBN 978-89-356-5402-4 94150
ISBN 978-89-356-5403-1 (전2권)

한길그레이트북스 인류의 위대한 지적 유산을 집대성한다

1 관념의 모험
앨프레드 노스 화이트헤드 | 오영환

2 종교형태론
미르치아 엘리아데 | 이은봉

3·4·5·6 인도철학사
라다크리슈난 | 이거룡
2005 『타임스』 선정 세상을 움직인 100권의 책
『출판저널』 선정 21세기에도 남을 20세기의 빛나는 책들

7 야생의 사고
클로드 레비-스트로스 | 안정남
2005 『타임스』 선정 세상을 움직인 100권의 책
2008 『중앙일보』 선정 신고전 50선

8 성서의 구조인류학
에드먼드 리치 | 신인철

9 문명화과정 1
노르베르트 엘리아스 | 박미애
2005 연세대학교 권장도서 200선
2012 인터넷 교보문고 명사 추천도서
2012 알라딘 명사 추천도서

10 역사를 위한 변명
마르크 블로크 | 고봉만
2008 『한국일보』 오늘의 책
2009 『동아일보』 대학신입생 추천도서
2013 yes24 역사서 고전

11 인간의 조건
한나 아렌트 | 이진우
2012 인터넷 교보문고 MD의 선택
2012 네이버 지식인의 서재

12 혁명의 시대
에릭 홉스봄 | 정도영·차명수
2005 서울대학교 권장도서 100선
2005 『타임스』 선정 세상을 움직인 100권의 책
2005 연세대학교 권장도서 200선
1999 『출판저널』 선정 21세기에도 남을 20세기의 빛나는 책들
2012 알라딘 블로거 베스트셀러
2013 『조선일보』 불멸의 저자들

13 자본의 시대
에릭 홉스봄 | 정도영
2005 서울대학교 권장도서 100선
1999 『출판저널』 선정 21세기에도 남을 20세기의 빛나는 책들
2012 알라딘 블로거 베스트셀러
2013 『조선일보』 불멸의 저자들

14 제국의 시대
에릭 홉스봄 | 김동택
2005 서울대학교 권장도서 100선
1999 『출판저널』 선정 21세기에도 남을 20세기의 빛나는 책들
2012 알라딘 블로거 베스트셀러
2013 『조선일보』 불멸의 저자들

15·16·17 경세유표
정약용 | 이익성
2012 인터넷 교보문고 필독고전 100선

18 바가바드 기타
함석헌 주석 | 이거룡 해제
2007 서울대학교 추천도서

19 시간의식
에드문트 후설 | 이종훈

20·21 우파니샤드
이재숙
2005 서울대학교 권장도서 100선

22 현대정치의 사상과 행동
마루야마 마사오 | 김석근
2005 『타임스』 선정 세상을 움직인 100권의 책
2007 도쿄대학교 권장도서

23 인간현상
테야르 드 샤르댕 | 양명수
2007 서울대학교 추천도서

24·25 미국의 민주주의
알렉시스 드 토크빌 | 임효선·박지동
2005 서울대학교 권장도서 100선
2012 인터넷 교보문고 MD의 선택
2012 인터넷 교보문고 MD의 선택
2013 문화비평가 기 소르망 추천도서

26 유럽학문의 위기와 선험적 현상학
에드문트 후설 | 이종훈
2005 서울대학교 논술출제

27·28 삼국사기
김부식 | 이강래
2005 연세대학교 권장도서 200선
2012 인터넷 교보문고 필독고전 100선
2013 yes24 다시 읽는 고전

29 원본 삼국사기
김부식 | 이강래 교감

30 성과 속
미르치아 엘리아데 | 이은봉
2005 『타임스』 선정 세상을 움직인 100권의 책
2012 인터넷 교보문고 명사 추천도서
『출판저널』 선정 21세기에도 남을 20세기의 빛나는 책들

31 슬픈 열대
클로드 레비-스트로스 | 박옥줄
2005 서울대학교 권장도서 100선
2005 연세대학교 권장도서 200선
2008 홍익대학교 논술출제
2012 인터넷 교보문고 명사 추천도서
2013 yes24 역사서 고전
『출판저널』 선정 21세기에도 남을 20세기의 빛나는 책들

32 증여론
마르셀 모스 | 이상률
2003 문화관광부 우수학술도서
2012 네이버 지식인의 서재

33 부정변증법
테오도르 아도르노 | 홍승용

34 문명화과정 2
노르베르트 엘리아스 | 박미애
2005 연세대학교 권장도서 200선
2012 인터넷 교보문고 명사 추천도서
2012 알라딘 명사 추천도서

35 불안의 개념
쇠렌 키르케고르 | 임규정
2012 인터넷 교보문고 필독고전 100선

36 마누법전
이재숙·이광수

37 사회주의의 전제와 사민당의 과제
에두아르트 베른슈타인 | 강신준

38 의미의 논리
질 들뢰즈 | 이정우
2000 교보문고 선정 대학생 권장도서

39 성호사설
이익 | 최석기
2005 연세대학교 권장도서 200선
2008 서울대학교 논술출제
2012 인터넷 교보문고 필독고전 100선

40 종교적 경험의 다양성
윌리엄 제임스 | 김재영
2000 대한민국학술원 우수학술도서

41 명이대방록
황종희 | 김덕균
2000 한국출판문화상

42 소피스테스
플라톤 | 김태경

43 정치가
플라톤 | 김태경

44 지식과 사회의 상
데이비드 블루어 | 김경만
2002 대한민국학술원 우수학술도서

45 비평의 해부
노스럽 프라이 | 임철규
2001 『교수신문』 우리 시대의 고전

46 인간적 자유의 본질·철학과 종교
프리드리히 W.J. 셸링 | 최신한

47 무한자와 우주와 세계·원인과 원리와 일자
조르다노 브루노 | 강영계
2001 한국출판인회의 이달의 책

48 후기 마르크스주의
프레드릭 제임슨 | 김유동
2001 한국출판인회의 이달의 책

49·50 봉건사회
마르크 블로크 | 한정숙
2002 대한민국학술원 우수학술도서
2012 『한국일보』 다시 읽고 싶은 책

51 칸트와 형이상학의 문제
마르틴 하이데거 | 이선일
2003 대한민국학술원 우수학술도서

52 남명집
조식 | 경상대 남명학연구소
2012 인터넷 교보문고 필독고전 100선

53 낭만적 거짓과 소설적 진실
르네 지라르 | 김치수·송의경
2002 대한민국학술원 우수학술도서
2013 『한국경제』 한 문장의 교양

54·55 한비자
한비 | 이운구
한국간행물윤리위원회 추천도서
2007 서울대학교 추천도서
2012 인터넷 교보문고 필독고전 100선

56 궁정사회
노르베르트 엘리아스 | 박여성

57 에밀
장 자크 루소 | 김중현
2005 서울대학교 권장도서 100선
2000·2006 서울대학교 논술출제

58 이탈리아 르네상스의 문화
야코프 부르크하르트 | 이기숙
2004 한국간행물윤리위원회 추천도서
2005 연세대학교 권장도서 200선
2009 『동아일보』 대학신입생 추천도서

59·60 분서
이지 | 김혜경
2004 문화관광부 우수학술도서
2012 인터넷 교보문고 필독고전 100선

61 혁명론
한나 아렌트 | 홍원표
2005 대한민국학술원 우수학술도서

62 표해록
최부 | 서인범·주성지
2005 대한민국학술원 우수학술도서

63·64 정신현상학
G.W.F. 헤겔 | 임석진
2006 대한민국학술원 우수학술도서
2005 연세대학교 권장도서 200선
2005 프랑크푸르트도서전 한국의 아름다운 책100
2008 서우철학상
2012 인터넷 교보문고 필독고전 100선

65·66 이정표
마르틴 하이데거 | 신상희·이선일

67 왕필의 노자주
왕필 | 임채우
2006 문화관광부 우수학술도서

68 신화학 1
클로드 레비-스트로스 | 임봉길
2007 대한민국학술원 우수학술도서
2008 『동아일보』 인문과 자연의 경계를 넘어 30선

69 유랑시인
타라스 셰브첸코 | 한정숙

70 중국고대사상사론
리쩌허우 | 정병석
2005 『한겨레』 올해의 책
2006 문화관광부 우수학술도서

71 중국근대사상사론
리쩌허우 | 임춘성
2005 『한겨레』 올해의 책
2006 문화관광부 우수학술도서

72 중국현대사상사론
리쩌허우 | 김형종
2005 「한겨레」 올해의 책
2006 문화관광부 우수학술도서

73 자유주의적 평등
로널드 드워킨 | 염수균
2006 문화관광부 우수학술도서
2010 동아일보 '정의에 관하여' 20선

74·75·76 춘추좌전
좌구명 | 신동준

77 종교의 본질에 대하여
루트비히 포이어바흐 | 강대석

78 삼국유사
일연 | 이가원·허경진
2007 서울대학교 추천도서

79·80 순자
순자 | 이운구
2007 서울대학교 추천도서

81 예루살렘의 아이히만
한나 아렌트 | 김선욱
2006 「한겨레」 올해의 책
2006 한국간행물윤리위원회 추천도서
2007 「한국일보」 오늘의 책
2007 대한민국학술원 우수학술도서
2012 yes24 리뷰 영웅대전

82 기독교 신앙
프리드리히 슐라이어마허 | 최신한
2008 대한민국학술원 우수학술도서

83·84 전체주의의 기원
한나 아렌트 | 이진우·박미애
2005 「타임스」 선정 세상을 움직인 책
「출판저널」 선정 21세기에도 남을 20세기의 빛나는 책들

85 소피스트적 논박
아리스토텔레스 | 김재홍

86·87 사회체계이론
니클라스 루만 | 박여성
2008 문화체육관광부 우수학술도서

88 헤겔의 체계 1
비토리오 회슬레 | 권대중

89 속분서
이지 | 김혜경
2008 대한민국학술원 우수학술도서

90 죽음에 이르는 병
쇠렌 키르케고르 | 임규정
「한겨레」 고전 다시 읽기 선정
2006 서강대학교 논술출제

91 고독한 산책자의 몽상
장 자크 루소 | 김중현

92 학문과 예술에 대하여·산에서 쓴 편지
장 자크 루소 | 김중현

93 사모아의 청소년
마거릿 미드 | 박자영
20세기 미국대학생 필독 교양도서

94 자본주의와 현대사회이론
앤서니 기든스 | 박노영·임영일
1999 서울대학교 논술출제
2009 대한민국학술원 우수학술도서

95 인간과 자연
조지 마시 | 홍금수

96 법철학
G.W.F. 헤겔 | 임석진

97 문명과 질병
헨리 지거리스트 | 황상익
2009 대한민국학술원 우수학술도서

98 기독교의 본질
루트비히 포이어바흐 | 강대석

99 신화학 2
클로드 레비-스트로스 | 임봉길
2008 「동아일보」 인문과 자연의 경계를 넘어 30선
2009 대한민국학술원 우수학술도서

100 일상적인 것의 변용
아서 단토 | 김혜련
2009 대한민국학술원 우수학술도서

101 독일 비애극의 원천
발터 벤야민 | 최성만·김유동

**102·103·104 순수현상학과
현상학적 철학의 이념들**
에드문트 후설 | 이종훈
2010 대한민국학술원 우수학술도서

105 수사고신록
최술 | 이재하 외
2010 대한민국학술원 우수학술도서

106 수사고신여록
최술 | 이재하
2010 대한민국학술원 우수학술도서

107 국가권력의 이념사
프리드리히 마이네케 | 이광주

108 법과 권리
로널드 드워킨 | 염수균

109·110·111·112 고야
홋타 요시에 | 김석희
2010 12월 한국간행물윤리위원회 추천도서

113 왕양명실기
박은식 | 이종란

114 신화와 현실
미르치아 엘리아데 | 이은봉

115 사회변동과 사회학
레이몽 부동 | 민문홍

116 자본주의·사회주의·민주주의
조지프 슘페터 | 변상진
2012 대한민국학술원 우수학술도서
2012 인터파크 이 시대 교양 명저

117 공화국의 위기
한나 아렌트 | 김선욱

118 차라투스트라는 이렇게 말했다
프리드리히 니체 | 강대석

119 지중해의 기억
페르낭 브로델 | 강주헌

120 해석의 갈등
폴 리쾨르 | 양명수

121 로마제국의 위기
램지 맥멀렌 | 김창성
2012 인터파크 추천도서

122·123 윌리엄 모리스
에드워드 파머 톰슨 | 윤효녕 외
2012 인터파크 추천도서

124 공제격치
알폰소 바뇨니 | 이종란

125 현상학적 심리학
에드문트 후설 | 이종훈
2013 인터넷 교보문고 눈에 띄는 새 책
2014 대한민국학술원 우수학술도서

126 시각예술의 의미
에르빈 파노프스키 | 임산

127·128 시민사회와 정치이론
진 L. 코헨·앤드루 아라토 | 박형신·이혜경

129 운화측험
최한기 | 이종란
2015 대한민국학술원 우수학술도서

130 예술체계이론
니클라스 루만 | 박여성·이철

131 대학
주희 | 최석기

132 중용
주희 | 최석기

133 종의 기원
찰스 다윈 | 김관선

134 기적을 행하는 왕
마르크 블로크 | 박용진

135 키루스의 교육
크세노폰 | 이동수

136 정당론
로베르트 미헬스 | 김학이
2003 기담학술상 변역상
2004 대한민국학술원 우수학술도서

137 법사회학
니클라스 루만 | 강희원
2016 세종도서 우수학술도서

138 중국사유
마르셀 그라네 | 유병태
2011 대한민국학술원 우수학술도서

139 자연법
G.W.F 헤겔 | 김준수
2004 기담학술상 변역상

140 기독교와 자본주의의 발흥
R.H. 토니 | 고세훈

141 고딕건축과 스콜라철학
에르빈 파노프스키 | 김율
2016 세종도서 우수학술도서

142 도덕감정론
애덤스미스 | 김광수

143 신기관
프랜시스 베이컨 | 진석용
2001 9월 한국출판인회의 이달의 책
2005 서울대학교 권장도서 100선

144 관용론
볼테르 | 송기형·임미경

145 교양과 무질서
매슈 아널드 | 윤지관

146 명등도고록
이지 | 김혜경

147 데카르트적 성찰
에드문트 후설·오이겐 핑크 | 이종훈
2003 대한민국학술원 우수학술도서

148·149·150 함석헌선집 1·2·3
함석헌 | 함석헌편집위원회
2017 대한민국학술원 우수학술도서

151 프랑스혁명에 관한 성찰
에드먼드 버크 | 이태숙

152 사회사상사
루이스 코저 | 신용하·박명규

153 수동적 종합
에드문트 후설 | 이종훈

154 로마사 논고
니콜로 마키아벨리 | 강정인·김경희
2005 대한민국학술원 우수학술도서

155 르네상스 미술가평전 1
조르조 바사리 | 이근배

156 르네상스 미술가평전 2
조르조 바사리 | 이근배

157 르네상스 미술가평전 3
조르조 바사리 | 이근배

158 르네상스 미술가평전 4
조르조 바사리 | 이근배

159 르네상스 미술가평전 5
조르조 바사리 | 이근배

160 르네상스 미술가평전 6
조르조 바사리 | 이근배

161 어두운 시대의 사람들
한나 아렌트 | 홍원표

162 과거와 미래 사이 (근간)
한나 아렌트 | 서유경

●한길그레이트북스는 계속 간행됩니다.